KB260606

사회와 복지

사회와 복지

개정판

백종만 최원규 최옥채 윤명숙 홍경준 이상록 박현선

나눔의집

우리나라를 포함하여 대부분의 국가들은 사회복지를 시혜나 자선이 아니라 국민의 권리라고 헌법에서 선언하고 있다. UN은 한 걸음 더 나아가 사회복지에 대한 권리가 한 사회의 구성원이기 때문에 가지게 되는 시민의 권리 내지는 국민의 권리를 넘어서서, 인간이기 때문에 가지는 기본적 인권으로서 자유권과 함께 인간의 존엄성을 유지하는데 필수적인 권리임을 1948년 세계인권선언을 통하여 세계에 선언하였다.

사회복지 개론이나 교양 과목으로 사회와 복지를 수강하는 대학생들을 대상으로 '사회복지'라는 용어와 관련하여 질문했을 때, 대다수는 고아원이나 양로원을 떠올리며, 오갈 곳이 없는 사람들을 돕는 것이라고 대답하고 있다. 대학생들의 사회복지에 대한 인식이 이런 정도이니 많은 사람들이 사회복지를 자선이나 선행과 같은 것으로 보는 것도 그리 놀랄 일은 아닐 것이다. 사회복지를 자선이나 선행과 동일시하는 사람들의 사회복지에 대한 관점은 보수적이고 시혜적이며 가부장주의적이다. 이들에게 사회복지의 대상자는 생존권을 가진 인간으로 다가오는 것이 아니라 연민과 동정의 대상으로 다가오고 있다. 흔히 생각하듯이 사회복지가 오갈 곳 없고 돌보아줄 친지가 없는 어려운 처지에 있는 사람들을 돕는 일을 포함하고 있지만, 사회복지 제도는 불우한 사람들뿐만 아니라 직업을 가지고 정상적인 가정생활을 영위하는 사람들까지 포괄하고 있다. 일반 대중들은 대체로 고용보험, 국민연금, 산재보험, 의료보험, 보육서비스, 각종 상담 등 다양한 사회복지서비스를 이용하며 살아가고 있다. 그러나 아직도 우리사회에 사회복지가 왜 필요한 것인지를 제대로 이해하지 못하는 사람들이 많으며, 또한 사회보험제도의 속성을 제대로 이해하지 못하고 사보험과 혼동하거나 자본주의 사회에서 사회보험을 강제하는 것을 공산주의로 몰아치는 극단적인 생각을 하는 사람들도 많다.

이 책은 대학생들을 대상으로 사회복지를 올바르게 이해하는데 필요한 다양한 관점과 지식을 제공할 목적을 가진 교양서로 준비되었다. 필자들은 대학교에서 "사회와 복지"라는 매우 넓은 내용을 포괄할 수 있는 제목의 교양과목을 수년 동안 강의해 왔다. 강좌의 제목이 포괄적이기 때문에 강좌의 내용도 강의를 제공하는 사람에 따라서 강조점이 상이했던 것도 사실이다. 교양과목으로서 사회와 복지라는 강의는 사회복지의 사회학이라는 관점에서 사회에서 사회복지의 생성·발전과 사회에서의 기능을 중심으로 접근 가능하며, 또한 사회복지의 대상이 되는 각종 사회적 이슈(사회문제)를 중심으로 접근할 수도 있으며 문제 해결 방법으로 사회복지 접근방법을 중심으로 각각 한 학기를 강의할 수도 있다. 그러나 비록 교양서로 쓰여졌지만 사회복지를 전공으로 입문하는 학생들도 독자층으로 배제할 수 없기 때문에 위의 세 가지 중 어느 한 가지만을 강조하여 다루는 극단은 피하기로 합의하였다.

여러 사람들이 함께 교재를 집필하는 것은 장점과 함께 단점이 있다. 전문 분야에 대하여 좀더 풍부하고 깊은 내용을 담을 수 있다는 장점이 있는 반면에 사회복지를 보는 관점이 상이함에 따라 각 부분간의 논리적 연결이나 일관성이 결여되어 전체적으로 혼란을 초래할 수 있는 단점이 있다. 이 책은 교양서이자 입문서이니 만큼 필자들은 자신의 관점만을 소개하거나 주장하기보다는 현재 거론되고 있는 다양한 관점이나 이론을 포괄적으로 소개하여 독자들에게 좀더 많은 판단의 여지를 주는 동시에 앞에서 말한 단점을 최소화 하고자 하였다. 또한 각 장마다 우리 사회의 상황을 염두에 두고 우리의 현실과 관련하여 내용을 구성하고자 하였다. 그럼에도 불구하고 공동집필에 따른 장점보다 단점이 부각되었다면 그것은 집필대표를 맡은 사람의 능력 부족이었음을 밝혀둔다.

이 책은 크게 네 부분으로 구성되어 있다. 간단하게 요약하면, 1부는 사회복지의 본질적 성격에 관해 기초적인 사항으로 사회복지의 영역과 초점 및 발달사를 소개한다. 2부는 사회복지의 생성과 발전의 동기들(motives)을 상부상조의 동기, 정치 · 경제적 동기, 전문직업주의 동기로 나누어 다룬다. 다음으로 3부는 사회복지라는 목적을 성취하는 여러 가지 수단과 방법을 개인 · 집단 · 가족과 사회복지, 지역사회와 사회복지, 제도 및 정책과 사회복지로 크게 3분류하여 소개한다. 끝으로 4부는 사회복지의 주요 이슈를 소개한다. 각 이슈에 대해서 현상과 문제를 소개하고 이를 해결하기 위한 노력이나 실천활동에 대해서 다룬다.

우리 사회의 사회복지 수준이 한 단계 높아지기 위해서는 시민들이 사회복지에 대한 전근대적인 인식에서 하루 빨리 탈피할 필요가 있다. 이 책이 이런 목적에 조금이라도 기여하게 되기를 바란다. 이 책이 나오는 데에는 여러 사람의 숨은 노력이 들어 있다. 나눔의집 출판사의 류보열 사장님과 관계한 여러분에게 고마움을 표한다. 그리고 원고 독촉에 애쓴 전북대학교 사회복지지원센타의 이재경 간사에게도 고마움을 표하고자 한다.

2000년 2월

집필자 대표 **백 종 만**

제1부

사회복지의 본질

사회복지라는 용어를 듣고 여러분들은 다음과 같은 다양한 이미지들을 떠올릴 것이다: 요람에서 무덤까지 기본적인 생활을 국가가 중심이 되어 보장하는 사회; 빌어먹을 힘이 있는 것도 신의 축복이라는 한 걸인 어르신의 말에 감동 받아 꽃동네를 일군 오웅진 신부 같은 자선사업가의 활동; 어려운 처지에 있는 장애인 · 노인 · 아동 등에 대한 이웃 주민들의 도움과 보살핌; 교회나 사찰 등 종교기관이 불우한 시민이나 신도들에게 제공하는 금품이나 서비스; 기업에서 종업원에게 제공하는 각종 편의나 지원 등이 그 예이다. 현대 사회에서 사회복지는 위와 같이 국가가 주도하는 사회복지, 이웃들의 보살핌이나 자선사업가의 활동, 기업복지 등의 다양한 제도와 활동을 포함하고 있는 매우 복잡한 모습으로 존재하고 있다.

사회복지는 인간들이 삶의 과정에서 직면하는 어려움을 함께 나누는 활동이나 제도를 포함하고 있기 때문에 모든 사람으로부터 환영 받을 것으로 생각하지만 꼭 그러한 것만은 아니다. 국가가 주도하는 사회복지 제도는 개인이나 기업의 조세부담을 늘리고 개인의 자유를 침해하며 복지 혜택에 의존하여 놀고 먹는 사람들을 양산하는 것이라고 비판을 받기도 한다. 우리 사회도 최근에 국민기초생활보장법의 도입, 국민연금의 확대, 건강보험제도의 도입과 의약분업 등을 둘러싸고 사회계층간 이념적 갈등과 경제적 이해 관계가 심각하게 대립되고 있다.

사회복지제도나 프로그램의 목적과 그 생성 배경이 무엇인지를 밝히고, 사회복지 문제를 둘러싼 사회적 대립과 갈등의 근원을 이해하려면 사회복지 문제를 접근하는 철학적 관점의 차이를 이해해야 할 것이다. 사회복지를 어느 한 관점에서만 바라보고 설명하는 것은 마치 장님이 코끼리 몸의 일부만을 만지면서 코끼리의 전체 모습을 말하는 것과 같은 우를 범하는 것이다. 사회복지의 정체성을 전체적으로 파악하기 위해서는 사회복지를 바라보는 다양한 관점에 대한 인식을 토대로 사회복지의 개념과 사회복지의 방법을 이해해야 할 것이다.

제1부에서는 사회복지를 보는 다양한 관점과 개념 및 발달사를 기술함으로써 독자들이 사회복지 문제를 여러 측면에서 이해할 수 있는 기본적인 지식을 갖추는 데 초점을 둔다. 제1장에서 독자들은 사회를 보는 보수주의 관점, 자유주의 관점, 갈등주의 관점에 따라서 사회복지 문제에 접근하는 근본적인 입장이 어떻게 다른가를 이해하게 될 것이다. 제2장에서는 사회복지를 자유시장체계 밖의 경제적 이전기제로 보는 개념, 인간의 사회적 기본욕구 충족기제로서 보는 개념, 사회복지의 사회적 기능에 초점을 둔 개념을 소개한다. 아울러 인간문제에 대한 사회적 대응 양식으로서 각종 사회복지 유형과 프로그램들을 소개함으로써 사회복지의 대체적인 윤곽을 그려 볼 것이다. 제3장에서는 사회복지학의 관심 연구 문제와 사회복지학과 인접 학문과의 관계를 살펴보고 사회복지 방법에 대하여 소개한다. 제4장에서는 사회복지의 역사를 설명한다. 여기서는 사회복지가 어떤 계기로 어떤 경로를 거쳐서 성장해 왔는가를 개괄적으로 소개함으로써 사회복지가 등장하게된 사회적 배경을 이해하도록 하며, 아울러 장래의 변화를 전망해 볼 수 있도록 할 것이다.

제1장

사회복지를 보는 경쟁적 관점

관점이란 가치관에 기초하여 현상을 바라보는 시각을 말한다. 사회복지를 바라보는 관점은 사회복지가 어떠해야만 한다고 생각하는 가치관에 따라서 다르며, 또한 사회복지의 존재 근거(cause), 의도, 기능과 그 영향력에 대한 가치관에 따라서 다르다. 많은 사람들이 사회복지는 이타주의에 근거를 두고 있다고 생각하고 있지만, 사회복지는 이타주의 외에 불우한 사람들의 욕구 및 이들을 통제하는 사람들의 정치적·경제적·사회적 이해관계가 동태적으로 상호 작용하는 과정에서 생성된다.

사회복지는 욕구를 가진 사람들을 돕고 사회의 여러 제도와 구조를 유지하려는 두 가지 의도를 가지는데, 이 두 가지 의도가 사회복지의 목적과 프로그램에 서로 상반되게 반영되어 복지 프로그램이 사회에 미치는 영향이나 결과에 대한 평가가 서로 상충되기도 한다. 사회복지 프로그램의 결과는 클라이언트를 얼마나 잘 도왔는가 라는 면과 사회의 통제 요구에 얼마나 효과적인가라는 두 가지 면에서 상반되게 평가될 수 있다.

기능주의 관점은 사회복지가 인간 욕구를 충족시키는 동시에 특정한 사회질서와 제도의 유지에 기여한다고 본다. 예를 들면 공공부조 프로그램은 여러 가지 면에서 사회에 기능적이다. 낮은 수준의 지원으로 생계를 도와주지만, 조세부담을 줄이고 사람들이 복지수혜자의 지위에서 벗어나도록 근로유인을 강화한다. 정신병동은 원하지 않으면서도 정신적으로 병든 사람들을 사회로부터 격리시켜 수용하고; 낮은 보조금 수준은 질이 낮은 상품시장을 유지시키며; 사회복지 프로그램은 사회사업과 인간서비스 시장에 직업을 제공한다. 이와 대조적으로 갈등주의 관점은 사회의 권력 엘리트들이 근본적인 사회변화를 예방하고 대중들을 통제하기 위하여 사회복지 제도를 의도적으로 도입한 것으로 보고 있다.

여기서는 사회복지를 보는 관점을 근본적으로 기능주의 관점에 속하는 것으로 볼 수 있는 보수주의 관점과 자유주의 관점, 이에 대비되는 갈등주의 관점이라는 세 가지 관점으로 구분하여 설명한다.[1] 보수주의자들은 사회복지는 자본주의 사회의 기본적인 사회제도들을 보충하는 기능(residual function)을 수행한다고(또는 수행해야만 한다고) 주장하며 자유주의자들은 사회복지는 사회를 유지하는데 필요한 주된 사회제도의 하나라고 주장한다. 반면 갈등주의자들은 사회복지제도가 자본주의 사회의 근본적인 변화를 거부하고 대중들을 통제하기 위한 수단이라고 주장한다.

1. 보수주의 관점

보수주의자는 근본적으로 변화를 싫어하며, 시장경제에 정부가 개입

---

1) 사회복지를 보는 관점의 분류와 설명은 Phyllis J. Day, *A New History of Social Welfare*, Boston: Allyn and Bacon, 2000, 36-42; Philip R. Popple, Leslie Leighninger, *Social Wok, Social Welfare, and American Society*, Needham Heights, MA: Allyn and Bacon, 1996, ch.1, ch.2; Charles Zastrow, *Introduction to Social Work and Social Welfare*, 7th ed., Belmont, CA: Wadsworth Publishing Company, 2000을 참조함.

하지 말아야 한다는 입장을 가지고 있다. 작은 정부가 가장 좋은 정부라는 신념을 지니고 있어 정부의 개입은 시장 기능을 저해하고 개인의 자유를 침해하는 것이다. 개인은 자율적인 존재이기 때문에 개인이 처한 문제와 상황이 어떠하든 각 개인은 자신의 행동에 책임져야 한다고 본다. 사회복지의 대상이 되는 시장에서 탈락된 자들이 발생하는 것은 개인의 불행이거나 도덕상 결함 때문이지 시장의 결함 때문이 아니라고 본다. 따라서 시장에서 탈락한 사람들은 일차적으로 가족이 돌보아야 하며 사회는 가족이 돌볼 수 없는 경우에만 개입해야 한다고 주장한다. 다른 사회제도—특히 가족과 시장경제—를 통해서 개인의 욕구가 적절하게 충족될 수 없을 때에 한정해서 일시적으로 응급시에 단기적으로 사회복지 서비스가 제공되는 것이 바람직하다고 주장한다. 가장 전형적인 보수주의 관점의 기원을 우리는 17세기 영국의 빈민법에서 찾을 수 있으며, 이러한 관점은 오늘날까지도 끈질긴 생명력을 가지고 각종 복지 프로그램에 반영되고 있다.

사회복지를 보는 보수주의 관점(Conservative Perspective)은 '불행에 대한 자선'(Wilensky, Lebeaux, 1965: 138)이라는 말에 집약되어 있다. 따라서 사회복지는 개인의 권리가 아니라 사회구성원의 도덕적 의무에 따른 선물로 여겨진다. 서비스를 이용하는데 각종 제약이 부과되며, 서비스를 요구하는 자에게는 사회로부터 낙인(stigma)[2] 이 부과되기도 한다. 보수주의 관점은 문제의 치유 또는 욕구의 충족을 명백하게 내세우고 있

---

2) 낙인(烙印)은 소나 말 등 가축의 소유를 확인하는 징표로 사용되는 것인데, 고대 서구에서 죄수나 노예에게도 낙인을 사용하였다. 영국의 사회복지 발달과정에서 건장한 부랑인이 빈민원(poor house)에 수용되어 일하고 그 대가로 보호받는 것을 거부하고 도망치거나 길 거리에서 구걸하다가 발각되는 경우에 S(slave)나 V(vagabond)자의 낙인을 이마에 찍었다고 한다. 오늘날과 같이 문명화된 시대에 복지서비스 수급자를 불로 지지는 야만적 낙인은 사라졌지만, 다른 형태의 수치심을 유발시킬 수 있는 기제를 동반한다.

지만 잠재적으로는 사회적 통제를 목적으로 하는 경우가 흔하다. 서비스를 적게 주기 위하여 최소자격원칙(less eligibility principle)과[3] 자산조사(means test)[4] 가 공공부조 방식의 생계지원 프로그램에 채택되고 있다. 사회사업 치료에서 초기 의료모델은 이 관점을 반영하고 있다(Day, 2000: 37). 의료모델은 건강한 사회로부터 이탈한 사람들을 치료하고 보호하는 서비스 방식으로서, 문제의 원인을 사회구조적인데서 찾기보다는 개인에게 책임을 묻는 것으로서 라이언(Ryan)이 언급한 희생자 비난 이데올로기와 연결된다(Ryan, 1971).

보수주의 관점에 기초한 사회복지 프로그램의 특성은(Day, 2000: 37)
- 다른 사회제도에서 탈락했을 때, 응급상황에
- 단기간에 걸쳐서
- 정상적인 사회제도(특히 시장과 가족)가 제 역할을 회복할 때까지 임시변통으로
- 자산조사를 통해서 수급자격을 결정하며
- 낙인을 부과함으로써 수급자가 다른 원조 수단을 찾도록 강요하고
- 최소한의 서비스를 주면서도 가급적 주기를 꺼려하고 억제한다.

---

3) 1601년 엘리자베스 빈민법(Elizabethan Poor Laws of 1601)에서 나온 원칙으로 공공의 도움을 받는 사람은 누구도 그 지역에서 최저임금을 받는 사람보다도 더 많은 보조금을 받을 수 없다는 것이다.

4) 자산조사란 공공부조 수급자격을 결정함에 있어서 소득과 재산을 조사하는 것이다. 대상이 되는 소득과 재산은 공공부조 신청자 개인의 것만이 아니라, 일반적으로 법이나 관습상 부양 의무자의 것까지도 조사 대상에 포함된다. 따라서 자산조사는 공공부조 신청자의 사적인 생활을 공적인 영역으로 드러내게 되어 수치심을 유발하게 될 가능성이 크다. 미국의 경우에 AFDC(Aids to Families with Dependent Children) 수혜자인 편모가정을 사회사업가가 야간에 기습적으로 방문하여 편모가정인지 여부를 체크하는 일이 사생활 침해라는 문제를 제기하기도 했었다.

2. 자유주의 관점

자유주의 관점(Liberal Perspective)에서 사회복지는 개인의 권리로 인식된다. 서구사회의 역사는 시민권의 확대 역사로 볼 수 있는데 자유권, 정치권, 사회권의 순서로 시민권이 확대되어왔다는 것이다. 사회권의 개념은 시민이라는 한 가지 조건만으로 최소한도의 인간다운 생활을 할 권리를 시민들에게 보장한다는 의미를 내포하고 있다. 즉 사회복지 서비스를 받을 자격요건 중 핵심적인 것은 그 사회의 정당한 구성원이라는 자격으로, 그 사회의 구성원이면 누구나 자산조사를 받지 않고 어떤 사회적 낙인도 없이 서비스를 받을 권리를 갖는다는 것이다.

보수주의 접근에 따르면 곤경에 처한 사람들에 대한 지원은 도덕적인 의무에 지나지 않지만, 자유주의 접근에서는 곤경에 처한 사람들은 도움을 받을 권리를 가진다고 본다. 자유주의자들은 산업사회에서는 사회복지제도가 개인들의 생활을 충족하도록 돕는 역할을 수행하는 것이 정상적인 상황이고 따라서 사회복지는 사회에서 정당성을 인정받은 제도로서 상부상조의 기능을 수행하는 것이라고 본다(Wilensky & Lebeaux, 1965: 139). 다시 말해서 산업사회에서는 시장제도와 가족제도가 제대로 기능을 발휘하지 못하는 경우가 많기 때문에 사회복지제도가 시장제도와 가족제도의 실패를 상시적으로 대체할 필요가 있다는 것이다. 따라서 사회복지는 보수주의 관점에서 주장하는 것처럼 임시의 응급 기능을 수행하는 것이 아니라 하나의 독립된 사회제도로 자리잡고서 상부상조의 기능을 수행하는 것이 당연하고 또 바람직하다는 것이다.

자유주의자들은 개인들의 역할 수행상의 문제는 개인적 요인과 제도적 요인이 상호 중첩적으로 작용하여 발생된다고 본다. 따라서 사회복지는 두 가지 과제를 갖는데, 하나는 훈련, 교육, 상담, 치료 등을 통하여 개인을 변화시키는 것이고, 다른 하나는 정치적 행동, 사회계획, 환경에의 개입을 통하여 사회를 변화시키는 것이다. 사회사업 전문직은 전통적으로 이 입장을 택했는데 바로 환경속의 개인이라는 관점에서 사회문제를 보는 것이다(Popple & Leighninger, 1996: 49).

자유주의 관점에 기초한 사회복지 프로그램의 특성은(Day, 2000: 39)
- 복지프로그램의 규정에 적합한 모든 사회구성원들이 사회복지서비스를 이용할 수 있고
- 욕구가 지속되는 한 서비스의 제공에 아무런 시간상의 제약이 없이
- 자산조사를 한다고 하더라도 서비스를 거절하기 위한 목적이 아니라 사람들이 얼마나 비용을 지불해야 하는지를 결정하기 위해서
- 서비스를 신청하거나 서비스를 받는데 아무런 사회적 낙인이 부과되지 않으며
- 복지프로그램을 빨리 떠나라는 사회적 압력이 존재하지 않는다.

3. 갈등주의 관점

사회학, 정치경제학, 여성학 이론을 사회복지에 적용하여 사회복지의 역사를 평가하고 인간에 대한 서비스에 있어서 좀더 행동 지향적이고 급진적인 접근방법을 제시하는 관점이 있다. 이 관점은 사회문제의 원인을 개인의 결함보다는 사회구조의 결함으로 본다는 점에서 다소간 자유주의 관점과 유사한 것으로 보이지만 보다 근본적인 사회구조의 개혁을 요구한다는 점에서 차이가 있다. 대체로 이 관점들은 갈등이론에 기초하고 있다. 갈등이론은 사회구조를 통제하는 자들과 그들에게 통제 당하고 착취당하는 사람들간의 갈등에 주목한다.

갈등이론을 사회복지에 적용한 선구자 집단중의 하나인 피븐(Piven)과

클로와드(Cloward)는 사회복지 역사를 보면 불우 집단들이 착취에 항거할 때에 복지프로그램이나 각종 편익들이 생겨나고 저항이 종료될 때까지 확대되었다고 언급하고 있다. 저항이 끝나면 복지가 줄어들기도 하지만 저항이전의 수준으로까지 내려가는 경우는 드물기 때문에 대중들을 한동안 잠잠하게 만든다는 것이다(Piven & Cloward, 1971). 따라서 복지프로그램의 확대는 이타주의 동기가 아니라 정치·경제적 동기에서 이루어진다고 본다. 복지는 저항을 잠재울 목적으로 시행되고 실제 복지수준은 낮기 때문에 노동자들은 낮은 수준의 임금과 근로 조건을 감수하고서도 열심히 직업을 찾고 일하게 된다는 것이다. 결국 저렴한 노동비용을 유지하여 자본의 이윤을 극대화하는 데 장애를 받지 않는 수준에서 복지가 제공된다는 것이다.

제임스 룰(J. Rule)은 사회갈등을 일탈적인 사회문제로 규정함으로써 사회갈등의 성질이 변하게되고, 사람들은 문제의 해결책을 찾을 수 있을 것이라고 믿게 된다고 한다(J. Rule, 1978). 이렇듯 근본적인 갈등을 사회문제로 규정함으로써 사회로부터 일탈된 자들을 변화시켜야 한다는 주장이 힘을 갖게 되고, 일탈자들을 변화시키도록 고용된 사람들이—예컨데 사회복지사—열심히 헌신적으로 일하여 상류계급들을 사회의 현재 상태(status quo)를 변화시켜야 한다는 부담으로부터 벗어나게 만든다는 것이다. 예를 들면 미국에서는 흑인계 미국인들의 실업률은 매우 높은데, 그 이유가 인종주의에 따른 직업차별 문제로 규정된다면 인종차별을 철폐시키는 노력을 해야한다. 그러나 사회문제로 규정된다면 그 해결책은 직업훈련프로그램일 것이나, 결국은 인종차별이 남아있기 때문에 훈련받은 직업에 종사하지 못하게 되고, 위험하고 수입이 낮은 직종에 종사하게 된다고 본다. 이들은 인종차별, 성차별, 계급차별을 사회문제로 보는 것은 사회의 착취구조의 변화보다는 희생자 변화를 해결책으로 선택하는 것이라고 본다.

갈등론자들 중 정통 맑스주의자들은 사회복지가 사회의 불평등구조를 유지시키는 데 기여한다고 비판한다. 그래서 치료적인 복지를 확대하기보다는 억압적인 정치 · 경제구조를 철폐할 것을 옹호한다. 한편 사회주의 페미니스트들은 여성들의 경제적 억압에 주목하며 남성들과는 달리 이중적인 억압에 시달린다고 본다. 자본주의 사회에서 여성들은 노동자로서 착취당하는 한편 가정에서는 가사노동의 가치를 인정받지 못하고 남성에게 경제적으로 의존함으로써 착취를 당한다고 본다. 급진주의 페미니스트들은 역사적으로 볼 때 성적 특권을 유지시켜온 가부장주의 체제가 여성들을 정치적으로 착취하는 데 주목하며, 그 결과 여성들의 사회적 지위를 낮추고 남성과 동등한 사회적 지위를 유지하지 못하게 한다고 본다. 특히 가부장주의 성 역할을 갖도록 사회화됨으로써 여성들은 복종적이고 권력이 따르지 않는 역할만을 수행하며 남성중심 체제에 순응한다는 것이다. 여성주의 관점에서는 가부장주의 사회에서는 사회복지 체제도 남성 중심으로 짜여져 있다고 본다. 이들은 여성의 빈곤화에 특히 주목하면서, 여성들은 가정이나 학교에서 가부장 사회에 순응하도록 사회화되어서 능력이 있는 노동자로 성장할 수도 없고 일할 기회도 갖지 못한다고 본다(Day, 2000: 40-41).

요약하면 갈등이론은 사회문제를 다음같이 말한다(Day, 2000: 42).
- 불우 집단의 잘못보다는 사회구조의 결함에 문제의 원인이 있다.
- 엘리트집단들이 다른 계급을 착취함으로서 축적한 특권을 유지하려고 하는 데서 사회문제가 생긴다.
- 사회문제는 사회구조 자체가 변화될 때까지 그대로 남아있다.
- 사회문제를 추적해보면 계급, 인종, 성 문제에 기초한 구조적인 불평등이 존재한다.
- 사회복지가 구조적인 불평등을 유지시키는데 상당히 기여하고 있다

고 비판한다.

한 사회에서 사회복지의 발전은 그 사회의 지배적인 정치 철학에 직·간접으로 영향을 받게 된다. 우리나라는 극우 보수주의적 정치관이 지배하고 있어 사회복지 확대를 주장하는 목소리를 공산주의자의 사상과 동일시하는 매카시즘 분위기가 있다. 서구 자본주의 국가에서 발전하기 시작한 사회복지는 자본주의체제가 지속적인 자기 성장을 유지하기 위하여 만들어낸 자본주의체제의 자정능력의 산물이라고 이해된다. 자유주의 관점에 입각하여 사회복지를 확대해야 한다는 주장마저도 공산주의적 발상이라고 매도하는 우리 사회의 이데올로기적인 편협성으로 사회복지 문제에 대한 건전한 토론 문화조차도 만들어 내지 못하고 있다. 지난 99년 의료보험을 통합하는 과정에서 의료보험조합의 적립금을 강제로 통합하는 것은 국민의 사유재산권을 침해한 것이라고 헌법소원을 낸 일이나 한 유력한 경제 신문에서 사회보험제도는 자유민주주의 사유재산권 보장을 침해하는 공산주의 발상이므로 공적 연금제도를 포기하고 사적연금제도를 도입하라는 주장들은 우리 사회의 극우 보수주의적 복지관의 일면을 드러낸 것이라 볼 수 있다.

참고문헌

Day, Phyllis J., *A New History of Social Welfare*, Boston: Allyn and Bacon, 2000.

Gilbert, N., & Terrell, P., *Dimensions of Social Welfare Policy*, Englewood Cliff, N.J.: Prentice Hall, 1998.

Marshall, T.H., *Class, Citizenship, and Social Development*, Garden City, N.Y.: Anchor Books, 1965.

Morales, Armond and Sheafor, Bradford W., *Social Work: A Profession of Many Faces*, Boston: Allyn and Bacon, 1989.

Philip R. Popple, Leslie Leighninger, *Social Wok, Social Welfare, and American Society*, Needham Heights, MA: Allyn and Bacon, 1996.

Piven, Frances Fox and Cloward, Richard, *Regulating the Poor*, New York: Random House, 1971.

Rule, James B., *Insight and Social Betterment: Applied Social Science*, New York: Oxford University Press, 1978.

Ryan, William O., *Blaming the Victim*, New York: Pantheon Books, 1971.

Wilensky, Harold and Lebeaux, Charles, *Industrial Society & Social Welfare*, New York: Free Press, 1958.

Zastrow, Charles, *Introduction to Social Work and Social Welfare*, 7th ed., Belmont, CA: Wadsworth, 2000.

1. 우리나라 정당의 정강 정책을 검토하여 그들 정당의 사회복지에 대한 관점이 무엇인가에 대해서 조사해보자.

2. 2001년 전반기(3월-5월)에 사회적 쟁점으로 떠오른 건강보험 재정 파탄문제와 해법에 관하여 신문이나 잡지에 나타난 사설이나 전문가의 시론을 수집하시오. 수집된 자료를 토대로 사회복지 문제를 보는 관점의 차이가 문제 진단과 해법의 주장에 있어서 어떤 차이를 보이고 있는가를 정리해 보시오

3. 여러분들 주위에서 도움을 필요로 하는 사람을 찾아보고 그 사람을 도와야 할 의무(도덕적 또는 법적)가 누구(혈연, 동료, 이웃, 종교기관, 지역사회, 지방정부나 국가)에게 있는지를 생각해보자.

제 2 장

사회복지 : 개념, 형태, 구성요소

사회복지는 정의하기 어려운 매우 복잡한 개념이다. 그 이유는 사회복지가 시대의 흐름에 따라 그 의미와 내용이 변화하여 왔고 국가나 사회에 따라서 그 의미와 내용이 서로 다르게 사용되고 있기 때문이다.

이 장에서는 다양한 의미와 내용을 가진 것으로 이해되는 사회적 실제(social reality)로서 사회복지를 포괄적으로 설명하는 개념 정의를 고찰하게 된다. 먼저 사회복지에 대한 서술적인 개념 정의로 "시장기제 밖의 경제적 이전으로서 사회복지"와 "인간의 사회적 기본욕구 충족기제로서 사회복지"를 소개하고, 현대사회에서 사회복지의 기능이 무엇인가를 중심으로 사회복지를 정의하는 "기능적인 개념"을 설명할 것이다. 그리고 사회복지의 의미 내용이 시대에 따라 어떻게 변화했는지를 서술하게 된다. 또한 인간의 사회적 기본 욕구를 충족시키기 위한 사회 공동의 대응 양식으로서 사회복지의 대응 형태를 개괄적으로 소개하고, 사회복지 제도를 구성하는 요소를 주체, 대상자, 급여의 종류, 재원으로 나누어 각각에 대하여 간략하게 설명할 것이다.

1. 사회복지의 개념

1) 사회복지 개념의 다양성

일상에서 사용되는 사회복지의 뜻은 사전에서 찾아보면 대체로 사회적으로 잘 지내는 행복한 상태 내지 만족스런 상태와 그것을 지향하는 활동의 의미를 포함하고 있다.[5] 그러나 국가마다 사회복지가 무엇인가에 대하여는 다르게 이해되어 사용되고 있다. 마카로브(Marcarov)는 사회복지가 국가마다 다른 맥락에서 사용되고 있다고 지적한다. 예를 들면, 폴란드에서 사회복지는 전쟁이나 산재로 인한 부상자에 대한 보상을 의미하며, 스웨덴에서는 사회복지는 소득을 좀더 평등하게 분배하려는 목적을 가지고 있고, 이란에서는 노동력의 질을 향상시키고 사람들에게 저축을 장려하는 활동도 사회복지에 포함된다(Marcarov, 1978: 23). 미국인들은 일을 할 수 없는 가난한 사람들에게 돈을 주는 것을 사회복지라고 생각하며, 일본에서도 사회복지는 미국과 마찬가지로 좁은 의미로 사용되고 있고, 우리나라에서도 사회복지는 가난하고 의지할 곳 없는 사람들에 대한 사회적 원조로서 좁게 사용되고 있다.[6] 한편 영국에서는 사회복지라는 용어보다 사회 서비스라는 용어가 일반적으로 사용되고 있는데 사회 서비스(social services)는 소득보장, 교육보장, 고용보장, 주택보장, 의료보장, 대인사회서비스(personal social services)의 6개 영역을 포

---

5) 영어 welfare는 well과 fare의 복합명사로서 well은 '편안히 잘 지내는 상태 내지는 만족스런 상태'를 의미하며, fare는 '먹다, 지내다, 해나가다, (일이) 잘 되어 나가다'의 의미를 가진다. 따라서 복지는 만족하고 편안한 상태를 의미하는 목적 지향적인 개념과 그러한 상태를 달성하기 위한 활동을 의미하는 수단 지향적인 개념이 동시에 포함되어 있다. 옥편에서 복지라는 한자의 뜻을 찾아보면 복부야(福富也), 복영야(福盈也)로 즉 복은 물질적 풍요(富)가 가득찬 상태(盈)를 의미하며, 지(祉)는 정신적 안정상태를 의미하고 있다. 우리말 사전에도 복지는 행복, 안녕 등과 같은 의미로 사용된다.

함하고 있다. 이와 같이 국가에 따라서 사회복지는 가난한 사람들에 대한 경제적 원조활동으로 좁게 사용되기도 하고, 소득재분배의 평등화를 지향하는 활동으로 폭넓게 사용되기도 한다. 이처럼 각 국가에서 인식되고 있는 사회복지 제도의 내용으로 사회복지 개념을 파악하는 것은 혼란을 야기한다. 따라서 사회복지의 특성을 중심으로 한 두 가지 서술적 개념과 사회복지의 기능을 중심으로 한 기능적 개념을 소개함으로써 사회복지의 의미에 관해 독자들의 이해를 높이고자 한다.

2) 시장체계 밖의 경제적 이전 기제로서 사회복지

자유시장경제 체제에서는 사람들이 생활에 필요한 기본적인 재화나 서비스를 소비하기 위해서는 그에 해당하는 시장가격을 지불하여야 한다. 사회복지의 특징 중 하나는 서비스 급여의 제공이 이런 자유시장기제와는 다르게 이루어진다는 것이다. 즉 많은 사회복지 급여들이 가격을 지불하지 않고 무료로 제공되거나, 실제 자기가 지불한 시장 가격보다 많은 양의 급여가 제공되거나 혹은 적은 양의 급여가 제공된다. 전자의 예로 1종 의료보호 서비스를 받는 사람들은 아무런 대가를 지불하지 않고 의료서비스를 무료로 이용한다. 후자의 예로 각종 사회보험의 가입자들은 소득의 크기에 따라 보험기금에 기여하고 사회적 위험의 크기에 따라 급여를 배분받는다. 이와 같이 많은 사회복지 급여들이 시장체제에서 이루어지는 등가 교환의 원리와는 다른 원리에 따라 이루어지고 있다.

---

6) 우리나라에서도 사회복지는 가난한 사람들에 대한 지원으로 좁게 사용되고 있어서, 사회보장이라는 개념보다 좁은 의미로 사용되고 있다. 헌법 34조 2항에서도 국가는 사회보장, 사회복지 증진에 노력해야 한다고 양자를 구별하여 사용하고 있다. 실제로 국가예산의 기능별 항목 분류에서도 사회복지는 사회보장보다 하위 목록으로 분류되고 있다. 70년대의 개발시대에는 사회복지란 말보다 사회개발이란 용어가 더 널리 폭넓게 사용되기도 하였다.

길버트(Gilbert)와 테렐(Terrell)은 이런 의미에서 사회복지를 "경제적 시장 밖에서 이루어지는 급여 배분 기제"라고 말하고 있다(Gilbert & Terrell, 1998: 54).

이와 같이 사회복지를 정의하는 것은 두 가지 이점이 있다(Popple & Leighninger, 1996: 28). 첫째는 개념적으로 분명하여 모호하지 않다는 것이다. 따라서 사회복지를 다른 서비스와 구분하기가 용이하다. 만약 어떤 사람이 가격을 지불하지 않거나 시장가격보다 낮은 가격으로 어떤 상품이나 서비스를 이용한다면 그 사람은 사회복지서비스를 이용하는 것이라고 볼 수 있다. 둘째는 오늘날 많은 사람들이 대가를 직접 지불하지 않거나(예컨데 65세 이상의 노인에게 지급되는 교통비), 지불 금액의 다소에 관계없이 사회적 위험의 크기에 따라 서비스를 이용하기(건강보험급여) 때문에 사회복지 서비스 이용자들에게 악령처럼 따라 다니는 낙인 문제를 회피할 수 있다는 점이다. 즉 사회복지 수혜자들에게 흔히 쏟아졌던 비난으로 "아무런 대가를 지불하지 않고 복지급여를 받는 소수의 빈곤자 집단"이라는 낙인이 비합리적이라는 점을 설득할 수 있다.

그러나 이러한 정의는 한계를 가지고 있다(Popple & Leighninger, 1996: 29). 첫째는 실제로 많은 사회복지 프로그램들은 경제적 이전을 포함하지 않고 있는 경우도 있으며, 시장체계에서와 같이 등가교환이 이루어지고 있는 경우도 있다. 전자의 예로는 정신건강센터의 서비스 수혜자들과 같이 직접적인 경제적인 가치를 가진 서비스를 받지 않는 경우가 있으며, 후자의 예로는 이윤을 추구하는 기업이 운영하면서 이용자들로부터 시장가격을 받고 있지만 많은 사람들에게 사회복지 프로그램의 하나로 인식되고 있는 유료 노인요양원이 있다. 따라서 위의 정의는 모든 사회복지서비스를 포함하지 못하고 포괄적이지 못하다는 한계를 갖는다. 둘째는 대부분의 사람들이 사회복지 서비스라고 생각하지 않는 분야에서 이루어지는 시장체계 밖의 경제적 이전을 배제하지 못한다는 점이다. 농민에 대한 농기계 구입 보조금 같은 것은 이러한 예이다. 이런 문제점을 회피하기 위해서 사회적 기본욕구 충족 기제로 사회복지를 보는 개념 정의를 살펴보기로 한다.

3) 사회적 기본욕구 충족 기제로서 사회복지

사회복지학에서는 사회 구성원들의 보편적인 욕구[7]를 충족시키기 위한 사회 공동의 책임이 사회복지라는 개념이 널리 인정되고 있다 (Macarov, 1995: 17). 가장 널리 인용되는 정의 중 하나인 프리드랜더 (Friedlander)의 정의에서도 인간의 사회적 기본욕구를 충족시키는 것을 사회복지의 목적이라고 보고있다(Friedlander, 1980: 4).

> 사회복지는 "사회질서 유지와 사람들의 복지에 기본이 되는 사회적 욕구를 충족시키는 각종 급여 제공을 보장하고 강화하는 서비스, 급여, 프로그램 및 법의 체계로서 …… 개인이나 집단이 만족할 수준의 삶과 건강을 누리며, 지역사회와 가족의 욕구와 잘 조화를 이루면서 그들의 행복을 증진시키고, 자신들이 가진 능력을 최대로 증진시킬 수 있도록 개인적 사회적 관계를 증진시키는 것이다."

여기서 인간의 사회적 기본욕구란 무엇인가를 좀더 구체적으로 살펴보기로 한다.

(1) 인간 욕구

사회복지에서 관심을 가지는 인간의 욕구는 "인간이 그 존립을 위하여 필수 불가결하게 충족해야 할 본질적인 것"으로 이해된다(현외성 외,

---

7) need를 욕구로 번역하지 않고 필요로 번역하는 것이 원래의 뜻에 부합된다고 생각한다. 그러나 우리 학계에서 욕구라는 용어로 번역되어 사용되는 경우가 많아 이 책에서도 욕구라는 용어를 사용한다.

1993: 12). 이와 같이 욕구는 인간의 존립에 필요 불가결한 것으로 그 존재가 객관적·도덕적·사회적으로 승인되어야 한다는 점에서 단순한 주관적인 욕망과 다르다.[8] 따라서 이러한 욕구가 충족되지 않을 경우에 인간 존립 그 자체가 위협받게 되어 사회복지 개입이 요구된다.

사회복지 개입이 요구되는 인간의 보편적 욕구는 무엇인가? 매슬로우는 모든 인간은 생물학적 생존의 욕구(영양, 휴식, 따뜻함 등), 안전의 욕구(생명의 보존과 안전감 등), 소속감의 욕구(집단의 성원이 되고, 사랑하고 사랑받기 등), 존경의 욕구(인정받고 ,존경받고, 수용되며, 칭찬받기 등), 자아실현의 욕구(자신의 잠재력을 최대로 발휘하기)라는 5가지의 공통 욕구를 가지고 있다고 한다(Maslow, 1970: 35-58). 매슬로우가 주장한 인간의 욕구이론은 사회복지학에 몇 가지 시사점을 주고 있다(현외성 외, 1993: 13-14). 첫째, 인간의 욕구들은 위계적인 특성[9]을 가지고 있어 욕구 충족을 위한 사회복지서비스는 낮은 수준의 욕구로부터 출발하여 높은 수준의 욕구를 지향한다는 점이다.[10] 둘째, 각국의 사회복지 서비스의 수준을 비교할 수 있는 준거기준으로 활용할 수 있다는

---

8) 욕망(원하는 것)이 주관적·심리적 상태를 나타낸다면 욕구(필요)는 객관적인 조건을 의미한다(Miller, 1976: 129). 욕구가 객관적인 조건을 수반한다는 것은 욕구가 도덕적 기준에 의해서 객관적으로 정당화될 수 있어야 한다는 의미이다. 즉 사람들에게는 원하지 않지만 객관적으로 필요한 것들이 있고, 역으로 원하지만 객관적으로 필요하지 않은 것들이 있을 수 있다. 예를 들자면 영희는 인슐린을 필요로 한다' (그녀는 당뇨병에 걸렸는데도 인슐린을 원치 않으며, 오히려 쵸코릿을 원한다). '재승이는 채소를 좀더 먹을 필요가 있다' (채소는 건강에 좋은 음식임을 재승이는 알고 있지만 채소를 먹기를 원하지 않는다). '성진이는 비타민 C를 좀더 먹기를 원한다' (그러나 성진이는 이미 하루의 정량을 다 먹었다. 따라서 성진이는 더 이상 비타민 C를 먹을 필요가 없다).

9) 사람들은 생물학적 생존의 욕구가 어느 정도 충족된 다음에야 안전의 욕구를 가지게되며, 소속감의 욕구는 앞의 두 가지 욕구가 어느 정도 충족된 다음에야 비로소 발생되는 식으로 5가지 욕구가 순차적으로 발현된다는 것이다. '금강산도 식후경', '목구멍이 포도청' 이라는 속담은 바로 생물학적 생존의 욕구가 가장 기초적인 욕구임을 잘 표현하고 있다.

점이다.

사회복지는 인간 욕구 충족을 지향하고 있지만 현실 세계에서 사회복지는 인간의 모든 욕구를 각 개인이 원하는 수준만큼 모두 다 충족시켜 주고 있는 것은 아니다. 그러면 사회복지가 지향하는 인간 욕구 충족의 내용과 수준은 무엇인가? 이와 관련해서 기본욕구(basic needs)에 관한 논의가 필요하다.

(2) 기본 욕구

기본 욕구는 세 가지 특성을 내포한다. 즉 모든 인간이 가지는 공통의 욕구로서(공통성), 그것이 충족되지 않으면 인간성이 말살되는(필수 불가결성) 최소한 수준(사회최저기준)의 것이라는 세 가지 특성을 가진다 (현외성 외, 1993: 15). 첫 번째 특성은 성별, 종교, 인종, 연령에 관계없이 모든 인간이 가지는 공통의 욕구로서 매슬로우가 지적한 욕구가 여기에 포함된다고 할 수 있다. 두 번째 필수불가결성은 인간다움을 유지하는 데 없어서는 안될 욕구를 의미한다. 이 필수불가결성에 관한 논의는 인간 존재 근거에 관한 철학적이고 도덕적인 논쟁을 필연적으로 수반한다. 프란트(Plant)는 '생존(survival)과 자율(autonomy)'을 기준으로 제시 (Plant, 1980: 117)[11]하였으나 욕구를 구체화하는데 있어서 나타나는 논쟁을 근본적으로 해결해 주지는 못하고 있다. 세 번째 특성은 욕구의 수준

---

10) 즉 생존의 욕구가 가장 기초적이고 기본적인 욕구이기 때문에 대부분의 사회복지 프로그램들이 이러한 기본적인 생존의 욕구와 안전의 욕구를 충족시키는 것을 직접적인 목적으로 하고 있는 것부터 출발하였다. 예를 들면, 공공부조, 고용보험, 연금보험, 의료보장, 산재보험 등 복지제도의 대부분은 바로 생존의 욕구 충족을 지향하고 있는 사회복지 프로그램으로 비교적 일찍 도입되었다. 한편 소속감이나 존경, 자아실현의 욕구 등 좀더 상위의 욕구를 충족시키는 사회서비스(성인 교육, 은퇴 준비 프로그램, 자기개발 훈련 프로그램, 사교클럽 등)는 대체로 생존욕구를 충족시키는 사회복지제도가 도입된 후에 발전되고 도입된 프로그램들이다.

에 관한 것으로 사회적 최저수준 또는 국민 최저수준으로 욕구의 내용과 수준이 한 사회의 사회적, 경제적 조건에 따라서 결정된다는 것을 의미한다.[12]

(3) 사회적 욕구

자본주의 사회에서 인간욕구 충족의 기본 기제는 시장경제체제이다. 그러나 자본주의 발전 과정에서 시장기제를 통해서 인간의 기본 욕구가 충족되지 못하는 상황이 대량으로 지속적으로 발생함에 따라서 사회적

---

11) 그는 어떤 도덕적 입장에 선다고 하더라도 인간의 생존은 다른 모든 인간의 가치를 추구하는 전제가 되고 사람이 스스로 의도적인 활동을 할 수 있는 자율성은 인간의 존엄과 창조 행위의 기초가 된다는 점에서 도덕적인 논쟁을 수반하지 않을 것이라고 주장한다. 따라서 생존과 자율은 사회복지를 제공해야 하는 강한 의무(obligation)를 사회에 부과하는 기반을 제공할 수 있다고 주장한다. 인간의 생존과 자율을 증진시키는 욕구를 만족시키는 것은 자선이나 자비가 아니라 필수적인 의무이고, 따라서 시민들은 국가나 사회에 이 욕구의 충족을 일종의 권리로서 요구할 수 있는 근거를 갖게 된다고 한다. 프란트가 주장하는 바와 같이 생존과 자율을 인간의 기본 욕구로 확인할 수 있고, 이 욕구의 충족을 권리로서 주장할 수 있다하더라도, 실제로 이들 욕구를 충족시킬 사회복지 정책과 프로그램을 입안하고 집행하려면 그 목록이나 수준을 구체적으로 확인하여 결정하는 과정을 거쳐야 한다. 이 과정은 필연적으로 각 사회의 사회적·종교적·경제적·도덕적인 면을 반영하여 이루어지기 때문에 논란을 피할 수 없게 된다. 이런 맥락에서 한 사회의 사회복지는 그 사회의 기본 욕구에 관하여 여러 가지 복잡한 현실적이고 규범적인 판단과 해석을 반영하고 있다고 볼 수 있다. 그런데 각 사회는 문화적·종교적·경제적·사회적으로 상이하기 때문에 사회마다 기본 욕구의 구체적인 목록과 수준이 달라지게 된다고 볼 수 있다. 따라서 프란트가 제시한 기준도 욕구의 개념 정의에 관련하여 발생하는 도덕적 논쟁을 근본적으로 해결하는 데에는 한계가 있다고 할 수 있다.

12) 예를 들어 2001년 현재 미국과 한국에서 인간다운 생존을 유지하기 위한 국민최저 수준이 같을 수는 없다. 또 같은 사회라 하더라도 시대에 따라 생존 유지의 기초 수준을 결정하는 기준은 다를 것이다. 우리나라의 경우에 1970년대 초까지 냉장고는 사치품에 속하고 생존에 필수적인 품목으로 여겨지지 않았으나, 소득 수준이 향상하고 우리의 식생활이 인스턴트 식품에 많이 의존하게 된 현재는 냉장고가 생존하는데 없어서는 안될 생필품으로 인식될 수 있다.

욕구라는 개념이 등장하게 되었다. 즉 인간의 기본 욕구가 충족되지 못하는 상태가 개인적인 차원에서가 아니라 사회적인 차원에서 발생한 것이라는 인식이 확산됨에 따라서 사회적 욕구 개념이 사회복지 개입의 근거로 채택되게 된 것이다. 이와 같이 사회적 욕구 개념은 인간 기본 욕구 미충족 상태가 사회 구조적 맥락에서 발생하고 있다는 사회적 인식의 변화를 반영한 개념이다.

(4) 욕구 결정 기준

브래드쇼(Bradshaw)는 인간욕구의 결정 기준을 중심으로 욕구를 4가지 종류—규범적 욕구(normative need): 그 사회의 지배적 규범이나 전문가에 의해서 규정되는 욕구; 비교된 욕구(comparative need): 다른 사람들과 비교의 관점에서 규정되는 욕구; 느끼는 욕구(felt need): 필요에 처한 사람이 주관적으로 느끼는 욕구; 표현한 욕구(expressed need): 필요에 처한 사람이 외부로 표현하는 욕구—로 분류하고 있는데(Bradshaw, 1972: 640-3) 이러한 분류는 사회복지학에서 욕구를 결정함에 있어서 중요한 의미를 지닌다.

욕구는 욕구의 대상을 왜 필요로 하는가를 객관적 · 도덕적으로 정당화할 필요가 있는데, 누구의 관점에서 정당성을 판단하는가는 사회복지 실천에서 매우 중요하다. 브래드쇼의 분류는 욕구를 누구의 입장에서 식별하고 정당화할 것인가라는 가정을 내포하고 있다. 규범적 욕구와 비교된 욕구는 정당성 판단에 있어서 필요(need)로 하는 사람의 주관적 판단보다는 전문가의 의견이나 사회의 지배적인 규범, 사회 일반 사람들의 의견을 우선하는 개념이다. 한편 느끼는 욕구와 표현한 욕구는 당사자의 주관적인 판단을 우선하는 개념이다. 브래드쇼는 서비스에 대한 욕구를 평가함에 있어서 당사자들에게 필요성을 묻게 되는데, 민주주의에서 당사자의 의견 반영은 무척 중요한 가치를 지니기 때문에 당사자의 입장에서 보는 욕구 개념이 중요하다고 지적하고 있다(Bradshaw, 1972: 641).
또한 당사자의 의견 반영은 사회사업 실천에서도 사회사업의 기본 가치
와 관련하여 중요하다. 그것은 사회사업의 주된 가치의 하나인 자기결정
의 원리에 더욱 충실할 수 있고, 문제 해결에서 자기 스스로 필요한 것으
로 규정한 문제는 동기부여가 되어 더 잘 해결될 수 있다는 가정에 부합
되기 때문이다.

사회사업 실천에서 느끼는 욕구와 표현한 욕구 개념을 중요시한다고
하여 욕구를 개념화하는 데 요구되는 객관적 · 도덕적 조건의 존재를 부
인하는 것은 아니다. 욕구를 식별하고 구체화하는 하위 단계에서는 객관
적인 조건에 부합되면서도 당사자의 주관적인 판단을 용인할 수 있는 여
지가 많기 때문이다. 예를 들어 노인들에게 적당한 운동이 필요하다는
객관적인 조건이 있다면, 노인들에게 여러 가지 운동(에어로빅, 요가, 수
영) 중 취미에 맞는 것을 선택하도록 노인들의 의견을 반영하는 것이 가
능하고 바람직할 것이다.

(5) 사회문제, 사회적 위험, 사회적 욕구간의 관련성

사회복지학에서 사회적 욕구와 관련하여 자주 사용되는 개념으로 사
회적 위험과 사회문제가 있다. 그런데 사회적 위험, 사회적 욕구, 사회문
제의 개념은 상호 밀접하게 관련되어 있기 때문에 이들간의 상호 관련성
을 이해할 필요가 있다. 이들 세 가지 개념들의 상호 관련성을 아래와 같
이 요약할 수 있다.

(사회적)위험 발생 ⇒ (사회적)욕구 미 충족 상태 ⇒ 인간문제 또는 사회
문제의 발생과 규정 ⇒ 문제 해결을 위한(욕구를 충족시키기 위한) 사회
적 노력(사회복지)

인간은 수태된 후부터 죽을 때까지 생존과 인간다운 생활을 위협하는

여러 가지 위험(risks)을 경험하게 되며, 이러한 위험으로 인간의 기본적인 욕구 충족을 위협받게 된다. 이런 위험 중에서 사회구성원 대부분에게 보편적으로 발생할 가능성이 많고 위험의 발생과 그 결과에 대한 책임을 위험에 처한 개인에게만 전가할 수 없는 경우가 있다. 사회복지학에서는 그러한 위험을 특히 사회적 위험(social risk)이라고 한다. 다시 말해 위험 발생의 원인에 대한 책임을 그 위험에 처한 당사자에게만 묻는 것이 실제로 불가능하거나 사회적 · 도덕적으로 바람직하지 않은 경우에 사회가 공동체적 차원에서 공동으로 대처하기로 명시적 혹은 묵시적으로 승인한 위험이 사회적 위험인 것이다.

한 사회가 어떤 위험을 사회적 위험으로 승인하느냐 여부는 한 사회의 도덕적 규범과 그 위험 발생의 원인에 대한 사회적 인식에 달려 있다. 따라서 각 사회마다 승인된 사회적 위험의 목록은 상이할 수 있다. 국제노동기구(ILO)는 1952년에 "사회보장의 최저기준에 관한 조약"에서 현대 산업사회에서 국가가 보장해야할 9가지 사회적 위험들을 열거하고, 국가가 이러한 위험들로부터 시민들을 지키기 위하여 9가지의 사회보장 급여를 제공할 것을 권고하였다. 또한 이러한 사회보장 급여는 외국인에게도 평등하게 제공되어야 한다는 것을 명시함으로써 사회보장에 대한 권리가 시민의 권리를 넘어서서 인간의 권리로 보장되어야 할 것을 선언하고 있다.[13]

ILO의 조약에서 추론할 수 있는 사회적 위험들의 목록은 질병, 노동능력 상실이나 감소, 실업, 노령, 산업재해, 자녀 양육, 직업병, 임신과 분만, 부양자의 사망이다. 이러한 사회적 위험들은 개인의 노동 능력을 감소시키거나, 상실하게 하고, 뿐만 아니라 소득자체를 상실하게 하거나 감소시켜서 인간 생활을 위협한다. 위에서 열거한 사회적 위험들에 대응하는 사

---

13) ILO 조약 102호에 대해서는 다음 인터넷 사이트를 참조.
   http://ilolex.ilo.ch:1567/scripts/convde.pl?query=C102&query0=C102&submit=Display

회보장 급여들로 의료치료, 상병급여, 실업급여, 노령급여, 산재급여, 가
족급여, 폐질급여, 모성급여, 유족급여 등이 있다.

사회적 위험이 발생하게 되면 그 위험에 처한 사람이나 가족들은 생존
의 유지에 필요한 기본 욕구를 충족하는 데 어려움을 겪게 되고 위험에
처한 사람들의 수가 많아져 사회가 받아들일 수 있는 범위를 넘어서게
되면 그런 상황은 해결되어야 할 사회문제[14] 로 규정된다. 이렇게 일단
사회문제로 규정되면 문제를 해결하기 위한 사회적 노력이 각종 사회복

---

14) 사회문제는 대체로 다음과 같은 속성을 가지고 있다. ① 상당수의 사람들이 영향을 받
는 어떤 사회적 조건이나 상황이 존재하고, ② 그 사회적 조건이 바람직하지 못하다고
생각하여 그 개선이 요구되고, ③ 그것을 해결하기 위한 사회적 자원이나 기술이 존재
할 때 그 사회적 조건은 해결되어야 할 사회문제로 규정된다. 그런데 사회문제에 대한
이 같은 개념 규정을 이해하기 위해서는 더 상세한 설명이 필요하다.
첫째, "얼마나 많은 사람이 영향을 받아야 그것이 사회문제로 규정되는가?" 어떤 절대
적인 기준은 존재하지 않는다고 볼 수 있다. 혼히 개인문제와 사회문제의 구별이 하나
의 기준이 되는데, 사회문제는 사회성과 보편성을 가진 반면에 개인 문제는 그렇지 않
은 것으로 구별된다. 사회성은 문제발생의 사회적 맥락과 문제해결의 사회적 맥락을
의미한다. 전자는 개인의 욕구가 충족되지 않은 상태가 개인의 책임보다는 사회제도
나 구조상의 결함과 실패로 야기된다는 것이고, 후자는 문제해결에서 개인적인 해결
보다는 사회공동의 노력이 필요하다는 것을 의미한다. 그러나 문제발생의 사회적 맥
락 여부에 대한 판단에 있어서 사회과학적 지식의 한계와 이해관계의 상충으로 갈등
이 발생하게 된다. 다음으로 보편성은 어떤 문제가 지닌 영향력이 특정 개인에게만 한
정된 것이 아니라 사회구성원 대다수에게 미친다는 의미이다.
둘째, "바람직성 여부를 누가 판단하는가?" 민주주의 사회를 염두에 둘 때 다수의 사
람들이 바람직하지 못하다고 생각할 때 사회문제로 규정된다고 할 수 있으나, 실제 현
실 민주주의 제도의 운영에서 모든 사안을 투표로 결정하는 직접 민주주의는 아주 제
한적이다. 따라서 결국 문제 해결에 필요한 자원, 지식, 기술, 정보 등에 대한 통제력을
가진 집단이 가장 큰 영향력을 행사한다.
셋째, 그것을 해결하기 위한 사회적 자원이나 기술이 존재한다. 문제 상황을 개선하는
데 필요한 지식과 기술 자원이 존재해야만 해결 가능한 사회문제로 규정될 수 있다.
예를 들면 질병의 원인이 세균이라는 것이 과학적으로 밝혀지기 전에는 질병이 자연
재해나 신의 처벌로 이해되었다. 그러나 이제는 방역을 잘 못하여 전염병이 창궐한다
면 그것은 사회문제화 되기 쉽다.

지 제도와 프로그램의 형태로 등장하게 된다고 볼 수 있다.

4) 사회복지의 기능적 개념

사회복지의 기능적 개념은 사회복지가 사회에서 수행하는 기능을 중심으로 의미를 파악하는 것이다.

한 사회가 공동체로서 존속하고 발전해 나가기 위해서는 상호 의존적인 단위인 개개인들이 자신의 역할과 책임을 잘 수행해야만 하며, 사회제도들이 잘 기능하여 개개인들이 자신의 지위에서 역할을 잘 수행 할 수 있도록 해야 한다.[15] 만약 한 사회에 상호의존적으로 기능하지 못하는 개인들이 많다면 그 사회체제는 무너지게 된다. 사람들이 개인적 수준에서든 제도적 수준에서든 상호의존적으로 그들의 역할을 잘 수행하지 못할 때 그들은 의존적인 존재(being dependent)가 된다. 서구사회의 경우에는 19세기 말에 이르기까지는 가족제도, 종교제도, 경제제도, 정치제도를 통하여 개개인이 처한 의존 문제를 어느 정도 해결할 수 있었다. 그러나 19세기 말경에 이르러서는 농업사회로부터 산업사회로의 변화가 급속하게 진행됨으로써 기존의 사회제도만으로는 사회구성원들의 의존 문제를 적절하게 해결할 수 없게 되었다(Popple & Leighninger, 1996: 30).

---

15) 상호 의존적인 개인이란 개개인이 그가 점유하고 있는 사회적 지위(social status)와 관련된 모든 역할들을 적절하게 수행하는 사람을 의미한다. 개개인이 상호의존적으로 적절하게 사회적 기능을 잘 수행한다는 것은 두가지 차원을 내포하고 있다. 첫째는 개인적인 역할 수행으로서 예를 들면 사회가 잘 기능하기 위해서는 부모들은 부모에게 주어진(또는 기대된)역할을 잘 수행해야 한다. 둘째는 개개인들이 그들의 역할을 잘 수행할 수 있도록 사회제도들이 잘 기능해야 한다. 예컨데 아동을 경제적으로 잘 부양해야하는 부모의 역할은 경제제도가 모든 사람들이 고용될 수 있도록 잘 기능해야 한다는 것이다.

　현대 산업사회에서 사회복지제도는 의존의 문제를 다루고, 인간간의 상호 의존성을 촉진시키는 제도로서 기능한다. 산업화 이전에는 가족이나 종교제도와 같은 기본적인 제도가 이 기능을 수행하였다. 병에 걸리거나 늙거나 일을 하지 못하는 사람들은 가족(주로 확대가족)이나 교회로부터 도움을 받았다. 산업화가 진행됨에 따라서 의존 문제를 해결하는 기존 제도들의 능력을 손상시키는 두 가지 사건이 발생하였다. 첫째는 산업화, 도시화, 이주민의 증대, 그리고 이동성(mobility) 증가가 맞물려 발생하면서 기존의 사회제도에 손상이 생겨났다. 확대가족과 가까이 거주하는 사람들, 한 교회에 종신토록 다니는 사람들, 지역사회나 이웃에 강한 유대를 가지고 사는 사람들의 수가 점점 더 적어졌다. 그래서 병들고 늙고 일할 수 없는 사람들이 도움을 받을 곳을 찾기 어렵게 되었다.

　둘째는 산업화, 도시화, 이주민의 증대로 의존적인 사람이 될 수 있는 사회적 위험이 대량으로 증가하였다. 의존성이 사회의 안정을 위협할 정도로 통제할 수 없는 수준으로 증대하는 데 따른 사회의 초기의 대응은 억압(repression)이라는 말로 대변할 수 있다. 빈곤에 대한 대응은 감옥이나 구빈원이었으며, 청소녑 범죄에 대한 대응은 소년범에 대한 처벌을 강화하거나 감옥에 넣는 일이었고, 아동의 방임이나 학대에 대한 대응은 부모를 고소하거나 아동을 가정으로부터 격리시키는 것이었다. 이와 같이 의존적인 사람들에 대한 억압적 접근은 사람들이 스스로 통제할 수 있는 의사결정을 잘 못 내려서 의존 상태에 빠지게 된다는 가정에 근거하였다. 그러나 의존적인 사람들의 대다수가 통제할 수 없는 특정한 상황 때문에 의존 상황에 떨어지게 된다는 것이 경험을 통해서 확인되었다(Popple & Leighninger, 1996: 36-37). 자유주의자들은 의존 상황이 적절한 교육이나 의료치료를 받을 기회가 부족하여 발생한 것으로 보고 있으며, 급진주의자들은 산업화에 따라 발생한 이런 변화들이 우연히 발생한 것이 아니라 자본가들이나 권력 엘리트들이 자본주의를 유지하기 위하여 의도적으로 발생시킨 것으로 보고 있다(Popple & Leighninger, 1996: 35).

위와 같은 관점에서 윌렌스키와 르보는 미국 사회에서 산업화가 충분하게 진행되기 이전에는 시장제도나 가족제도의 실패를 임시적으로 보충하는 잔여적 기능을 사회복지가 수행하였지만, 산업화가 성숙되고 세계대공황을 거치면서 사회복지가 독립된 하나의 제도로서 기능하게 되어 잔여적 개념(residual concept)에서 제도적 개념(institutional concept)으로 사회복지의 의미가 변화되었다고 주장한다. 잔여적 사회복지 개념은 사회복지를 하나의 독립된 제도가 아니며 응급적이고 일시적인 지원체계로 본다. 만일 사회의 다른 제도들이 제대로 기능을 잘 수행한다면—가족이 아동이나 노인의 보호 책임을 잘 수행하고, 교회가 불운한 사람들을 돕고, 경제제도가 모든 사람들에게 일자리를 잘 제공하면—사회복지는 필요하지 않다는 것이다. 제도적 사회복지개념은 산업사회에서는 시장제도나 가족제도만으로는 인간이 사회적 지위에 따른 사회적 역할을 적절하게 수행하지 못하기 때문에 기존의 사회제도를 대체하거나 보충하는 새로운 사회제도인 사회복지제도가 필요하다고 본다. 산업사회에서는 가족이나 교회가 아동양육 기능이나 노인 보호의 기능을 완벽하게 수행할 수 없으며, 시장제도도 완전고용을 달성할 수 없기 때문에 영구적으로 제일선 기능을 수행하는 사회복지제도가 필요하다는 것이다.

그 동안 우리 사회는 잔여적 관점에 입각한 사회복지가 지배적이었으나 최근 10여년 동안 점차로 사회복지에 관한 제도적 접근이 꾸준하게 증가하였다. 1988년 국민연금제도의 도입은 노령, 장애, 부양자의 사망이 현대 산업사회에서 대부분의 국민들이 직면하게 되는 사회적 위험으로 인식한 것이며, 1995년 고용보험제도의 도입은 모든 사람들이 실업이라는 사회적 위험에 노출되었음을 인식한 것이다. 1970년대 중반에 도입되어 1980년대 말에 전 국민을 대상으로 확대된 건강보험도 상병이 현대 산업사회에서 노동력의 상실을 초래하고 소득 중단을 야기하며 질병의 치료에 따른 경제적 손실을 발생시키는 사회적 위험이라는 인식에 기초한 것이라 할 수 있다. 그러나 제도적 관점에 입각한 사회복지제도의 확대 과정에서 이에 대한 반대의 움직임도 만만치 않게 나타나고 있음을 볼 수 있다. 공적인 국민연금제도를 폐지하고 사적 연금을 전면적으로 도입해야 한다는 주장과 건강보험의 급여를 축소하고 민간 의료보험을 확대해야 한다는 주장이 경제계를 주축으로 끊임없이 제기되고 있다.

5) 사회복지 개념의 변화

역사적으로 사회복지 제도나 활동은 산업화, 경제발전, 그리고 사회의 민주화에 따라 그 내용과 특성이 변화되었다. 로마니신(Romanyshyn)은 서구사회를 중심으로 전 산업사회로부터 19세기의 자유방임 자본주의를 거쳐서 후기 산업사회로 변화하면서 사회복지 개념이 자선과 교정, 복지국가, 복지사회로 변화되어왔다고 설명한다(Romanyshyn, 1971: 4-15).

자선과 교정으로서의 복지는 경멸적 개념이다. 영국 엘리자베스 빈민법과 근로의욕을 해치지 않으면서 빈곤을 구제한 당시 중산층들의 자선관에 연유하는 것으로 자조정신과 개인의 도덕적 책임을 강조한다. 빈민에게 최저한도로 구제를 베풀어서 그들이 생존하기 위해서 노동하지 않을 수 없게 함으로써 빈민들을 훈육하고 사회의 보호 비용을 줄이는 기능을 하였다. 이 시대의 억압적인 사회복지를 잘 표현하고 있는 '자선이라는 쓰디쓴 빵' 에 대한 도전은 산업화의 진전에 따라 주된 사회세력으로 성장한 노동자들의 정치세력화와 그에 따른 점진적인 민주화 과정과 함께 시작되었다. 이러한 과정에서 자선과 교정으로서의 복지를 대체하고 등장한 것이 복지국가이다.

복지국가는 국가가 모든 시민들에게 최저한도 수준의 교육, 주택, 보건, 영양, 소득을 보장하는 것을 의미하며, 이것이 자선이 아니라 일종의 정치적 권리의 하나로 여겨지는 그런 사회를 지칭하는 것이다. 욕구 충족의 어려움을 개인의 도덕적인 결함으로 설명하는 대신 사회적 관련성에서 설명하며, 문제를 해결하기 위한 집합적인 책임을 인정한다. 따라서 국가는 단순히 개인의 재산과 생명을 지키는 야경꾼의 역할을 넘어서서 기회의 균등을 증진시키기 위해서 개인의 사유재산에 개입하게 된다. 로스토우(Rostow)가 지적하고 있는 바와 같이 한 국가가 높은 기술 수준을 가지게 되면 '대량 소비 단계'에 진입하고, 지속적인 성장의 조건인 대량소비 수준을 유지하기 위해서는 인간개발과 사회개발에 자원을 투입해야만 한다(Rostow, 1960). 이와 같이 고도의 기술 수준에 바탕을 둔 대량소비사회를 유지하기 위해서 국가는 인간 개발에 투자할 필요가 있으며, 그 결과 소득 재분배, 인간서비스의 개발, 물리적 사회적 환경을 개선하기 위한 정부의 투자가 시작된 것이다. 그러나 경제성장에 대한 투자에서 인간개발과 사회개발을 위한 투자로의 이행이 자동적으로 이루어진 것은 아니다. 그러한 이행은 한 국가에서 권력의 배분 상황과 지배적인 사회 가치를 반영하여 차별적으로 이루어 졌다. 국가마다 시기와 정도의 차이는 있지만 마샬(Marshall)은 서구 사회에서 복지국가로의 이행에 대한 압력이 부분적으로는 시민권의 평등성을 요구한 시민계급의 성장에서 나온 것으로 보고 있다(Marshall, 1965: Ch. 4). 그러나 복지국가의 등장에 대해서 재활이라는 이름아래 이루어지는 정부의 규제가 개인의 프라이버시와 자율성을 침해한다는 비판이 생겨났다. 그에 덧붙여 복지국가가 국민의 최저생활을 보장한다라는 신화에도 불구하고 복지국가를 표방하고 있는 여러 나라에서 아직까지 기회균등이 확보되지 않았으며, 최소한도의 생활 수준도 확보하지 못했다는 비판에 직면하여 복지 사회론이 등장하게 된다.

복지사회라는 개념은 모든 인간을 최대한 개발하자는 소망에서 출발하며, 사람이 중심에 서있고 인간의 존엄성과 공동체(community)라는 가치가 기회 균등이라는 가치보다 소중히 여겨진다. 복지가 분리된 별개의 제도로서 취급되는 것이 아니라 사회의 목적으로 간주된다. 그래서 모든 사회제도는 우리가 원하는 사회질서와 우리가 소중히 여기는 인간을 얼마나 개발할 수 있는가 라는 점에서 평가되어야 한다는 것이다. 모든 자원과 지식은 인간을 상품생산의 도구로서 활용하는데 사용되어서는 안 되며, 인간의 영혼을 개발하고 지구를 인간이 살기 좋은 거주환경으로 바꾸는 데 사용되어야 한다고 본다. 이러한 사회는 인간 공동체 사회로서 자선과 정의를 존중하는 사회이다. 여기서 자선은 가족 구성원을 대하는 것과 같은 선한 의지를 지역사회 구성원에게도 가지는 것을 의미한다. 타인에 대한 도덕적 책무는 개인의 행위 차원뿐만 아니라, 인간의 능력을 최대로 동등하게 실현할 수 있는 제도를 개발하고 발전시키는 일에도 적용되어야 한다는 것이다. 우리가 복지사회의 관점을 받아들인다면 사회복지의 영역은 대폭 확대되고 복지 공급에 대한 국가의 책임이나 역할을 복지국가 개념에서보다 덜 강조하게 되며, 개인과 집단을 포함한 사회 공동체 전체의 책임을 강조하게 된다.

로마니신은 전 산업사회로부터 후기 산업사회로의 이행과정에서 사회복지에 대한 관점의 변화를 구체적으로 세분하여 다음과 같이 설명하고 있다(Romanyshyn, 1971: 33-37).

첫째, **잔여적 개념에서 제도적 개념으로**: 잔여적 개념은 사회복지를 시장이나 가족과 같은 정상적인 사회구조를 통하여 욕구를 충족할 수 없는 사람들이 최후로 의지하는 것으로 본다. 잔여적 개념은 응급적이고 일시적인 구호에 그치며, 도움을 필요로 하는 사람들의 성격상의 결함을 강조한다. 반면 제도적 개념은 변화하는 사회 경제 환경에 사람들이 잘 대처하도록 일선에서 돕는 서비스가 산업사회에는 필요하다고 본다. 따라서 사회복지는 정상적이고 사회제도로서 사회에서 정당한 지위를 가지게 된다는 것이다.

둘째, **자선에서 시민의 권리로**: 자선으로서의 복지가 19세기 중산층의 자선관을 반영하는 것이라면 시민권으로서의 복지 개념은 노동자들이 시민계급으로 성장하는 과정에서 획득한 권리 목록의 확대로 본다. 18세기에 노동자들은 신체, 언론, 재산의 자유 등 자유권을 확보하고 난 후 19세기 초 중반 이후에 정치권을 확보했다. 이를 바탕으로 19세기 말에 사회권으로서 복지에 대한 권리를 확보하게 된다.

셋째, **특수성에서 보편성으로**: 사회복지를 빈민들에 대한 특별한 서비스로 보는 것에서 벗어나, 많은 사람들이 보편적으로 가지고 있는 욕구를 충족시키는 프로그램으로 보는 것이다. 현대 산업사회에서 실업, 노령, 장애, 부양자의 사망, 높은 의료비 등의 사회적 위험에 많은 사람들이 노출되어 있기 때문에 보편적인 사회복지 프로그램이 필요하게 된다.

넷째, **최저수준에서 적정수준으로**: 사회의 생산력이 발전함에 따라 사회복지의 보장 수준의 기준이 최저 수준의 보장으로부터 적정수준으로 옮아가게 되었다. 이러한 변화는 절대적인 빈곤 개념을 대체하여 상대적인 빈곤 개념이 등장하게 된 데에서도 찾아 볼 수 있다.

다섯째, **개인으로부터 사회 개혁으로**: 사회복지에 대한 초기의 관점은 개인의 도덕적인 결함에서 욕구발생의 원인을 찾았다. 이러한 성격상의 결함에 대한 강조는 19세기에 출발하여 20세기에도 정신건강분야에서 일부 적용되고 있다. 금세기에는 대부분의 사회복지 문제의 발생 원인을 구조적인 사회제도의 결함에서 찾고있다.

여섯째, **자발적 자선에서 공공으로**: 공공부문이 복지에 대한 책임을 지기 시작한 것은 16세기 말에서 17세기 초 영국 빈민법까지 거슬러 올라갈 수 있지만, 19세기 혹은 20세기 초까지도 미국의 경우는 자발적인 사회복지 활동에 크게 의존하였다. 그러나 산업화의 진전에 따라 발생한 대규모의 문제들을 중산층의 자선만으로 대처하기 어렵게 되고, 국가의 복지 기능을 확대하라는 정치적 압력의 증대로 정부의 개입이 증가되었다.

일곱째, **빈민에 대한 복지로부터 복지사회로**: 복지사회 개념에서는 모든 사회제도를 개인들의 발전에 얼마나 기여하는가의 면에서 평가한다. 현재 전반적인 복지 현실이 이런 개념과는 상당히 거리가 있으나, 이런 종류의 관점이나 철학은 우리나라에서는 복지제도의 인간화 또는 삶의 질의 향상 등이라는 슬로건에서 찾아 볼 수 있다.

2. 인간 욕구에 대한 사회복지 대응 양식 : 사회복지의 형태

인류 사회는 인간의 사회적 기본 욕구를 충족시키기 위하여 6가지 서로 다른 종류의 사회적 대응 양식을 발전시켜왔다: 상부상조, 자선과 박애, 공공복지, 사회보험, 대인사회서비스, 보편주의 급여가 바로 그것이다(Handel, 1982). 한 국가의 사회복지 시스템은 이러한 6가지 대응 양식들의 다양한 조합으로 구성되어 있다고 볼 수 있다. 사회복지 시스템을 이해하기 위해서는 각 대응 양식의 강점과 약점 및 어느 양식이 어떤 상황에서 특정한 욕구를 잘 충족시키는지를 알 필요가 있다

상부상조(Mutual Aid)

사회복지에서 가장 오래된 형태이다. 친구와 이웃, 사회집단 등에 의해서 이루어지며 원시 공동체 사회에서의 주된 사회복지 기제이다. 상부상

〈표 2-1〉 인간 욕구에 대한 사회복지의 대응 양식

상부상조	공식적 지역사회구조 밖에서 이루어지는 상호간 책임의 표현. 돕는 자와 도움을 받는 자는 상황에 따라 역할을 서로 바꿀 수도 있는 동료들임.
자선과 박애	자발적 기부에 의해서 정부 밖에서 이루어지는 부의 재분배. 보통 주는 자가 받는 자보다 높은 지위에 있음. 유형이나 무형의 급여가 제공됨.
공공복지	정부기제(조세 등)를 사용하여 스스로 기초 생계를 얻을 수 없는 사람들에게 생계를 보장.
사회보험	프로그램이 의도하는 기준에 맞는 프로그램에 기여한 사람(피보험자)에게 돈을 지불하는데 사용할 기금에의 기여가 요구됨.
대인사회서비스	사회적 기능 수행상 문제를 예방하거나 치유하는 조직(정부나 비정부 조직)이 제공하는 무형의 서비스임.
보편주의 급여	특별한 기여나 다른 제한이 없이 특정 범주에 속하는 모든 사람들이 이용할 수 있는, 정부가 제공하는 금전적 원조나 서비스.

자료 : (Johnson & Schwartz, 1997: 6)에 기초하여 작성함

조는 유대교와 기독교의 전통이기도 하다. 중세의 길드도 상부상조의 기능을 수행했으며, 우리나라의 계, 두레 등도 상부상조의 예이다. 상부상조는 퇴니스가 말한 공동사회에서 더욱 활발하지만 오늘날에도 비슷한 가치나 문화를 가진 사람들끼리 상부상조가 이루어진다. 상부상조의 이점은 상대적으로 자율적이고 낙인이 부과되지 않고, 비용이 많이 들지 않으며, 문화적으로도 거부감이 적다는 것이다. 보통 짧은 기간 동안에 재정적인 큰 부담 없이 이루어진다. 상부상조는 거의 모든 인간 사회에 존재하나 그에 대한 관심과 이해가 상대적으로 부족하다.

자선과 박애

사회에 계급구조가 생기면서 상부상조 외에 새로운 원조기제가 필요해졌다. 유럽에서 중세에는 봉건체제와 교회가 복지기능을 수행했다. 봉건영주는 장원에 사는 농노들의 복지에 대한 책임이 있었다. 이 시기에 교회는 구빈원 등 자선시설을 운영하였다. 교회에서 이루어진 복지활동

은 교회의 규범을 받아들이도록 함으로써 사회통제의 기능도 수행했다. 19세기말에서 20세기초에 영국과 미국에서는 자선과 박애활동에서 자선조직협회와 인보관이 중요한 역할을 수행했다. 오늘날에도 많은 민간기관들이 복지기능을 수행하고 있으나 점점 정부의 보조금이나 서비스 구입[16]에 의존하는 경향이 있다. 자선과 박애에 의해 운영되는 민간기관의 장점은 정부기관에 비하여 좀더 개별적이고 융통성이 있으며 자율적이라는 점이다. 또한 실험적이고 시범적인 프로그램을 운영할 수 있다는 것이다. 단점은 계급구조를 강화하고 낙인을 부과할 수 있다는 점이다. 또한 자원의 부족으로 욕구 충족에 제한이 있으며, 각각 독립적으로 기능하기 때문에 서비스 조정이 어렵다. 그리고 문화적, 종교적, 인종적으로 형평성 있게 서비스를 제공하기 어렵다.

공공복지[17]

공공복지는 조세를 재원으로 도움이 필요한 자에게 재정적인 원조나 시설보호를 제공하는 것이다. 영국과 미국에서 공공복지의 기원은 1601년 빈민법에 그 기원을 두고 있다. 공공복지체계의 장점은 두 가지이다. 하나는 형평성 보장이다(정해진 기준에 해당하는 사람 모두에게 서비스가 주어짐). 상부상조나 자선과 박애는 형평성을 보장할 수 없다. 다른 하나는 조세를 재원으로 하기 때문에 재정 규모가 크고 안정적이라는 점이다. 단점은 정부 관료제에 의해서 운영되므로 개개인의 개별적인 욕구에 반응하지 못하여 융통성이 적고, 문서주의, 규칙과 규정을 과잉하게 적용하는 등 관료주의의 병폐가 나타난다는 점이다. 또한 역사적으로 공

---

16) 서비스 구입(purchase of service)은 정부가 민간기관과 서비스 계약을 통하여 민간기관이 서비스를 제공하도록 하고 정부가 그 비용을 부담하는 서비스 공급방식이다.

17) 공공복지(public welfare)는 미국에서 조세를 재원으로 한 정부 운영의 복지를 지칭하는 용어로 사용되고 있다.

공부조를 받는 사람에게는 낙인이 부과되는 가치관이 현재까지도 존재하고 있다는 점이다. 각종 공공부조 프로그램이 이 범주에 속한다.

사회보험

사회보험은 정부가 관리하는 기금에 시민(사용자와 피용자)이 기여금[18]을 낼 것이 요구되는 체제이다. 피보험자가 법에서 정한 조건에 처하게 되면 기금에서 급여가 지불된다. 19세기말 독일 비스마르크 정부가 도입한 질병보험, 노령보험, 산재보험이 효시이다. 한국의 고용보험, 의료보험, 국민연금, 공무원연금, 군인연금, 사립학교교직원연금, 산업재해보상보험 등이 이 범주에 속한다.

사회보험은 여러 가지 장점을 가진다. 우선 개인이 기여를 하기 때문에 낙인을 수반하지 않는다는 점을 지적할 수 있다. 또한 비록 기여금을 낸 사람에게만 급여 수급자격이 주어지지만 적용 범위가 넓어서 보편주의에 가깝다는 장점이 있다. 그러나 인구구조가 노령화되면서 급여를 받는 사람은 많아지고 기여자는 점점 적어져 안정적인 재정을 확보하는 문제가 각 국가에서 관심 사항으로 떠오르고 있다. 또 한 가지는 계절 노동자나, 주부, 소규모 사업장 노동자 등이 사회보험에서 배제되는 경우가 많아 사회보험에 가입되지 않은 계층이 존재한다는 점이다.

대인사회서비스

모든 사회복지 욕구의 충족이 현금이나 현물로 이루어지는 것은 아니

---

18) 가입자의 부담금을 사회보험에서 기여금(contribution)이라는 용어를 사용하고 사보험에서는 보험료(premium)라는 용어를 사용한다. 그것은 사회보험의 경우 수직적 소득재분배가 일어나도록 기여와 급여가 연계되어 있어 사회공동체에 대한 기여라고 볼 수 있기 때문이다. 사보험의 경우에는 보험료의 수준에 정비례하여 보험급여를 수령한다는 점에서 공동체에 대한 기여라고 볼 수 없다.

다. 현금이 아닌 형태의 도움을 상부상조나 자선 및 박애에서 찾아 볼 수 있으나 모든 욕구에 대응하지 못하고 또 적용범위가 제한적이다. 대인사회서비스의 핵심은 개별사회사업(casework)으로 불리는 각종 상담이지만 정보제공이나 의뢰서비스, 집단서비스, 사회화 서비스, 지지서비스 등도 이 범주에 속한다. 사회서비스는 직접적 간접적으로 개인의 사회적 기능 수행을 돕는 비물질적인 도움으로 정의된다(Kahn, 1979: 13-14). 사회사업은 대인사회서비스 영역에서 활동하는 주된 전문직으로 성장하였다. 최근까지 대인사회서비스는 주로 민간부문에서 이루어지고 있는데, 미국의 경우에 정신건강, 아동학대 방지 프로그램 등은 1960년대 이후 대부분 정부가 직접 운영하고 있다. 우리나라는 부녀상담과 보호관찰을 제외한 거의 대부분의 대인사회서비스는 민간부문의 영역에서 이루어지고 있다. 이들 대인서비스에 관한 법률로는 사회복지사업법, 노인복지법, 장애인복지법, 아동복지법, 모자복지법, 정신보건법, 보호관찰등에관한법률, 청소년기본법 등이 있다. 장점은 인간 개개인의 구체적인 상황에 개별적으로 반응할 수 있다는 것으로 소득 수준과 관련없이 발생하는 인간의 욕구에 반응한다. 이 서비스가 갖는 최대의 약점은 인간의 삶에 깊숙하게 파고 들어가기 때문에 개입적일 수밖에 없다는 것이다.

보편주의 급여

이 급여는 사회의 모든 구성원들에게 정부가 서비스나 재정적인 원조를 제공하는 것이다. 자산조사가 필요하지 않으며, 특정한 인구 범주(아동, 장애인, 65세 이상 노인 등) 또는 시민이라는 사실 외에 어떤 자격요건을 필요로 하지 않는다. 아동수당, 노인수당, 국가보건의료서비스 등이 이 범주에 속하는 프로그램이다. 우리나라는 장애인에 대한 간접적인 보조로 전화세, 자동차세 감면 등과, 65세 이상 노인에 대한 교통비 지급

정도가 이 범주에 속하는 프로그램이다. 장점은 자격관리가 용이하여 행정비용을 절약할 수 있고, 낙인이 부과되지 않는다는 점이다. 가장 큰 문제점은 물론 막대한 비용이 필요하다는 점이다.

3. 사회복지의 구성요소

사회복지는 사회복지 급여나 서비스를 제공하는 책임을 지는 주체와 서비스를 이용하는 사람, 제공되는 서비스나 급여의 종류, 서비스에 필요한 재정으로 구성된다고 볼 수 있다. 여기서는 이들 구성요소들에 대하여 간략하게 살펴보기로 한다.[19]

사회복지의 주체

사회복지의 공급주체로는 정부, 비영리 민간부문, 비공식 부문(가족, 이웃 등), 영리부문의 네 가지가 있는데 역사적으로 보면 근대 사회로 올수록 비공식부문으로부터 비영리민간부문과 공공부문으로 서비스 제공 주체의 상대적 중요성이 커지게 되었다고 볼 수 있다. 영리부문이 사회복지 서비스 공급에 등장하기 시작한 것은 수십년이 되지 않지만 대인사회서비스의 영역에서 그 위치가 커질 것이 예상된다. 각 주체에 의한 서비스 공급이 가지는 장단점을 요약하면 다음과 같다(백종만, 1994: Ch. 2).

첫째, 정부가 직접 공급하는 법정 서비스가 갖는 이론적인 측면에서의 긍정적인 효과는 형평성이 확보되며, 책임성이 확보될 여지가 많고, 서비스에 대한 접근을 권리로서 가능하게 한다. 또한 영리부문이나 비영리부문보다 서비스 범위가 넓고 크며, 예방적인 서비스를 다룰 수 있다. 그

---

19) 이 부분에 대해서 더 자세한 것은 Gilbert & Terrel의 저서 *Dimensions of Social Welfare Policy*와 김태성, 송근원의 『사회정책론』을 참고하기 바란다.

리고 정부부문의 서비스에 대해서는 광범위하고 다양한 형태의 시민참
여가 가능하다. 특히 비영리부문의 서비스에서 보다 정치적 참여를 통한
통제 가능성이 크다. 그러나 이와 같은 정부주도의 서비스 제공이 갖는
긍정적인 효과들이 실제 정책에서 어느 정도로 나타날 수 있는가에 대해
서는 비판적인 입장도 있다. 정부운영의 서비스 공급도 만약 분절적인
정부의 행정구조를 가지고 시행 될 경우에는 이러한 장점들이 약화 될
수도 있다. 공식적인 책임과 실천간에 괴리로 공공부문의 목표를 달성하
는데 어려움이 있는데 그 이유는 정책목표의 모호성, 자금부족, 과도한
관료화, 전문인력 및 행정적인 결함이 그 원인이 된다. 그리고 서비스가
지방정부의 책임으로만 운영되는 경우에 지역간의 격차가 있을 수 있다.
즉 영국에서와 같이 대인사회서비스가 권리로 인정되는 국가에서도 지
방 사회서비스부간의 격차가 커서 소위 '지역적 부정의(territorial injus-
tice)'의 문제도 발생할 수도 있다는 것이다.

둘째, 비영리민간이 공급 주체가 될 때 자율적이고, 융통성이 있고, 프
로그램이 혁신적이고, 시민의 자원봉사정신을 함양하고, 시민을 대변하
여 변화를 주도하고, 효율적이며, 다양한 서비스를 제공하는 장점을 가
질 수 있다. 그러나 문제점은 서비스급여의 지역적 형평성을 저해하며,
재정상의 곤란에 직면하여 새로운 서비스를 개발하는 데 힘을 기울이기
보다는 정부의 재정지원을 받을 수 있는 사업의 확장에만 치중하게 된다
는 점이다. 아울러 지역사회 단위 또는 전국적 단위에서 민간 기관간의
서비스 조정과 자원 배분에 관한 협의와 조정이 결여되기 쉬워서 자원사
용의 우선 순위 결정에 있어서 공공의 이익이 반영되지 않는다. 특히 비
영리부문은 자원의 제약과 특수적인 관심으로 서비스 욕구에 부분적으
로 대응하게된다.

셋째, 영리민간이 서비스, 공급자인 경우에는 이용자에게 선택의 기회
를 확대한다는 점과, 경쟁을 통하여 질 높은 서비스를 제공할 수 있게 한

다는 장점이 예상된다. 그러나 지불능력이 있는 사람만 보호하여 결국 중상류층 중심의 서비스만 확대하게 된다는 결정적인 결점이 있으며, 소비자 선택권의 보장이라는 이론상의 이점은 실제에 있어서는 공급자간의 경쟁이 적은 경우가 많기 때문에 잘 드러나지 않게 된다.

넷째, 비공식부문의 강화와 상부상조를 통해 서비스 욕구를 충족시키려는 정책지향이 가지는 한계는 세 가지이다. 통상적으로 요보호자들은 사회적 관계망이 존재하지 않거나 존재하더라도 이용하기 어려우며, 이용할 수 있는 자원이 부족하고, 보호가 필요한 기간동안 충분하게 지속적으로 제공되기 어렵다.

사회복지의 대상자와 선정 기준

사회복지 발전과정에서 사회복지의 대상은 빈민에서 일반 시민으로 그 범위가 확대되어 왔다. 오늘날 사회복지 프로그램에서 사회복지 대상자를 선정하는 데 사용하는 기준들로는 보편주의, 선별주의, 자산조사기준, 보상기준, 진단적 기준이 있다. 보편주의와 선별주의에 대해서는 앞에서 간략하게 그 개념을 설명하였기 때문에 나머지 기준에 대하여 설명하기로 한다.

자산조사 기준은 기본적으로 선별주의에 입각한 것으로 빈민법의 전통에서 만들어진 것으로 오늘날에도 공공부조 대상자를 선정하는 중요한 기준으로 활용되고 있다. 자산조사는 서비스 신청자의 자산뿐만 아니라 가족의 소득과 재산까지도 조사하게 되는데, 이는 가족의 책임을 강조하는 잔여적 복지관에 입각한 것이다.

보상기준은 첫째는 사회적 희생이나 공헌에 대하여 사회가 보상한다는 의미에서 사용되는 것과 기여금에 대한 보상의 의미로 사용되는 두 가지가 있다. 국가 유공자나 원호대상자에 대한 국가의 특별한 지원은 바로 전자의 보상기준에 입각한 것이라고 볼 수 있으며, 여러 가지 사회보험제도는 후자의 보상기준에 입각한 것이라 볼 수 있다.

진단적 기준은 대인사회서비스 영역에서 주로 사용되는 기준으로서, 전문가가 개별적이고 구체적으로 클라이언트의 욕구를 사정해서 적절한 서비스를 제공하는 데 사용되는 기준이다.

서비스 선정 기준에 있어서 보편주의 원칙이 적용될수록 그 사회복지 프로그램의 권리성이 잘 확보될 수 있으며, 자산조사 기준이나 진단적 기준은 불가피하게 낙인을 수반하게 된다는 점에서 권리성을 확보하는 데 어려움이 있다.

사회복지의 급여

사회복지 급여에는 여러 가지 형태가 있다. 가장 보편적인 급여는 현금이고 일부에서 현물이 지급되기도 한다. 그러나 현금과 현물 외에 유가증서, 기회, 참여, 조세감면, 무형의 서비스가 있다.

현금은 소비자 선택권을 가장 잘 보장한다는 점에서 가장 보편적으로 사용되는 급여이다. 또한 현물과는 달리 운반과 보관에 많은 비용이 들지 않는다는 장점이 있다. 그러나 수급자가 그 현금을 사회복지를 통해서 달성하고자 하는 본래의 목적과 다른 용도로 사용하는 것을 막기가 곤란하다. 반면에 현물은 소비자 선택권을 제한하는 반면에 사회복지 급여 본래의 목적에서 벗어나지 않고 특정 재화의 소비를 통제할 수 있고, 대량으로 현물을 구입함으로써 경우에 따라서는 비용을 줄일 수도 있는 장점이 있다. 이와 같은 현물과 현금 급여의 장단점을 절충하기 위하여 유가증서(voucher)가 사용된다. 증서는 특정한 종류의 물품과 교환할 수 있기 때문에 소비자의 선택권을 보장함과 동시에 사회복지 프로그램을 통해서 달성하고자 하는 목적을 벗어나 현금이 사용되는 것을 막는다. 이 증서의 대표적인 예가 미국의 식품권(food stamp)으로 이것을 가지고 자신의 구미에 맞는 식품을 선택적으로 구입할 수 있게 된다.

현금과 현물이 유형적 서비스라면 무형의 비물질적인 서비스가 있다. 이 서비스는 인간서비스(human service) 혹은 대인사회서비스(personal social service)로 불리는데, 오늘날에는 여러 전문직들이 서비스에 관한 지식과 기술을 사용하여 고객에게 직접적으로 서비스를 전달하는 특징을 갖는다. 대인사회서비스는 상담, 의뢰, 정보제공, 개별사회사업, 집단사회사업, 지역사회조직사업 등을 통해서 제공된다.

이외에 흔히 사용되는 사회복지 급여로는 기회가 있다. 이것은 기회의 평등을 확보하기 위한 급여로 성, 인종, 장애에 따른 차별을 줄이기 위해서 흔히 사용된다. 장애인 고용할 당제, 공무원의 특정 비율을 여성으로 충원한다는 조치가 이에 해당한다. 다만 이 급여는 특정 개인에게 직접적인 권리를 주는 것은 아니라는 점에서 다른 급여와 구별될 필요가 있다. 참여도 기회와 유사한 성격을 갖는 급여로 사회복지서비스에 관한 중요한 정책결정 과정에 서비스 수급자의 참여를 보장하여 수급자의 이익과 의견이 구조적으로 반영되도록 한다. 사회복지 급여는 직접적으로 수급자에게 현금을 이전하는 방법 외에 각종 조세감면(tax credit)과 조세공제(tax deduction)를 통하여 수급자의 가처분 소득을 실질적으로 증가시키는 방법도 있다. 이 조세 감면은 일반 사람들 모두에게 특정 재화의 소비를 장려하기 위하여 세금을 낮게 부과한다든지 특정 범주의 사람들에게만 조세를 감면해 주는 방식(예를 들어 장애인에 대한 전화세, 자동차세 등 감면 조치)이 있다. 조세 공제는 특정 상품이나 서비스의 구매에 사용된 비용을 과세소득에서 공제해주는 것으로, 우리나라에서는 의료비 공제, 부양가족 공제, 경로우대 공제, 장애인 공제, 교육비 공제, 주택자금 공제 등이 사용되고 있다.

사회복지의 재정

사회복지 재정의 원천으로는 공공 재정, 기여금, 기부금, 서비스 이용료가 있다.

조세를 재원으로 조성되는 공공재정은 오늘날 복지국가에서 가장 중요한 재정 원천이다. 사회복지에서 공공재정을 접근할 때는 사회복지에 투입된 공공재정의 규모(총액 또는 GDP대비 일정 비율)가 중요하지만 조세체계의 구조가 누진적인지 여부도 매우 중요하다. 일반적으로 사회복지 재원으로 공공재정이 선호되는 것은 대체로 그 나라의 조세체계가 누진적으로 짜여져 있기 때문에, 공공재정을 통하여 사회복지의 중요한 목적 중의 하나인 소득재분배 목표를 더욱 잘 달성할 수 있기 때문이다. 따라서 우리가 사회복지 공공재정을 논할 때, 그 사회의 조세체계의 형평성 여부를 함께 고려하는 것이 중요하다.

기여금은 사회보험의 재정원천으로서 아주 중요하다. 근로자들의 경우에는 대체로 사회보험의 기여금을 사용자와 절반씩 부담하는 경우가 많으나, 국가가 사회보험 기금에 출연하여 사용자와 피용자의 부담을 경감시켜주는 경우도 있다. 다만 산업재해보상보험의 경우에는 근로자가 직접 기여금을 내지 않고 전적으로 사용자의 부담으로 운영이 된다. 사회보험은 1년 정도의 단기간을 기준으로 보험 수리를 계산하는 의료보험 같은 것과 20-30년의 장기적인 시계를 가지고 보험 수리를 계산하는 연금보험이 있다. 장기적인 수지 균형을 맞추는 연금보험에서는 적립된 기금의 관리와 운영이 중요한 문제로 부각된다. 특히 인구구조가 노령화되면서 의료보험과 연금보험의 경우에 재정 적자 문제가 세계 각국의 현안이 되고 있다.

기부금은 복지국가에서도 중요한 위치를 차지하고 있다. 민간 기부금의 주요 원천은 개인기부자와 기업단위의 기부금이다. 특히 기부금은 민간비영리가 운영하는 사회복지 조직의 중요한 재정 원천의 하나이다. 오늘날 기업은 민간모금기구나 정부에 기부금을 직접 납부하기도 하지만 사회복지를 지원할 목적으로 기업복지 재단을 설립하여 운영하기도 한다. 우리나라에서도 이런 기업재단이 1년에 수백억 원 이상의 자금을 사회복지 부문에 지원하고 있다. 또 여러 나라에서 조직적인 민간모금 활동이 존재하는데, 대표적인 것으로 미국의 United Way가 있으며, 우리나라에는 사회복지공동모금회가 1998년부터 활동하고 있다.

　오늘날 대부분의 사회복지서비스는 무료로 제공되지만 서비스 이용에 이용료가 부과되기도 한다. 서비스 이용료를 부과하는 목적은 서비스 비용을 충당하기 위한 목적과 서비스 이용료를 받음으로써 서비스의 남용을 줄여보자는 의도가 작용한다. 우리나라에서는 대인사회서비스의 영역에서 종래의 극빈층 위주의 정책에서 탈피하여 서비스 요구를 가진 전국민을 대상으로 상정하되, 소득수준에 따른 서비스재원 부담의 차별화라는 정책을 지향하고 있다. 그런데 최저생계비 미만 계층에 대한 대인사회서비스는 국가재정보조를 받는 비영리민간을 통해서 제공하고 최저생계비 이상 계층은 유료 서비스로 제공하려는 서비스의 차별화 정책은 많은 문제를 야기하게 된다. 즉 공공 서비스전달체계가 확립되지 않고 비영리민간에 대한 극소한의 재정지원을 통해서 최저생계비 미만 계층의 대인사회서비스 욕구를 충족시키려는 정책은 서비스 공급의 지역적 불균형, 불충분한 재정지원과 비전문 자원봉사자 활용의 강조에 따른 서비스의 질적인 저하, 전국적인 수준에서 민간기관의 활동과 서비스에 대한 조정과 통합의 결여에 따른 서비스 중복 등의 문제점을 극대화하게 된다(백종만, 1994: 52-53). 또한 영리기업에 의한 유료 사회복지서비스를 상류층을 위해서 적극 도입하는 것은 서비스의 질을 계층별로 차별화하게 되는 부작용을 낳을 것으로 예상된다.

참고문헌

김태성 · 송근원, 『사회정책론』, 서울: 나남출판사, 1995.

백종만, 「사회복지서비스에서 국가와 민간간의 역할분담모형 개발과 적용에 관한 연구」, 서울대 박사학위 논문, 1994.

현외성 외, 『사회복지학의 이해』, 서울: 유풍출판사, 1993.

Louise C. Johnson, Charles L. Schwartz and Donald S. Tate(1997), *Social Welfare: A Reponse to Human Need,* 4th ed. Boston: Allyn and Bacon.

Miller, D.(1976), *Social Justice,* Oxford: Clarendon Press.

Abraham H. Maslow(1970), *Motivation and Personality,* New York: Harper and Row.

Bradshaw, J.(1972), "The Concept of Social Need," *New Society,* no. 496, pp. 640-43.

Timms, Noel & Watson, David ed.(1978). *Philosophy in Social Work,* Boston: Routledge & Kegan Paul.

Timms, Noel ed.(1980), *Social Welfare: Why and How?,* Boston: Routledge & Kegan Paul.

Handel, G.(1982), *Social Welfare In Western Society,* New York: Random House.

Kahn, A. J.(1979), *Social Policy & Social Services,* New York: Random House.

Plant, R. "Need and Welfare," in Noel Timms ed.(1980), *Social Welfare: Why and How?,* Boston: Routledge & Kegan Paul, pp.103-122.

Morris, Robert(1981), *Rethinking Social Welfare: Why Care for the Stranger?,* New York: Longman.

Macarov, David(1995), *Social Welfare: Structure and Practice,* Thousand Oaks, C.A.: Sage Publication.

1. 아래의 자료원들을 활용하여 우리나라에서는 사회복지가 어떤 의미로 사용되고 있는가에 대해서 알아보자.

   자료원: 사람들에 대한 인터뷰, 신문의 사설이나 칼럼, 정부의 예산분류 체계, 대통령의 연두 시정연설 등

2. 현재 우리나라에서 여러분들이 생각하는 인간다운 생활을 위해서 필요한 기본욕구의 구체적인 목록은 무엇이고 그 수준은 대략 어느 정도여야 한다고 생각하는가?

3. ILO가 제시한 9가지 사회적 위험의 목록에 대하여 각각의 목록이 어떤 근거나 이유에서 사회적 위험으로서 이해될 수 있는지를 논리적으로 설명해 보시오.

4. 사회복지 급여나 서비스의 공급주체에 따라 서비스 공급에 있어서 어떤 이론적 실제적 강점과 약점이 있는지 알아보자.

5. 현대 산업사회에서 사회복지가 독립된 사회제도의 하나로 등장하게 된 배경에 대하여 논의해 보시오.

제3장

사회복지학과 사회복지방법

이 장에서는 학문으로서 사회복지학의 성격과 연구 내용을 간략히 설명하고 사회복지를 달성하기 위한 방법의 분류에 관하여 개괄적으로 설명한다. 그리고 사회복지의 방법 중에서 전문적 접근 또는 기술적 접근, 미시적 접근 등으로 분류되는 사회사업을 중심으로 사회사업의 목적과 사회복지의 철학적 관점에 따른 세 가지 실천 지향을 소개하고, 사회사업 실천을 구성하는 4가지 차원을 서술한다. 또 사회사업 분야의 끊임 없는 쟁점인 사회개혁 대 개인변화를 둘러싼 논쟁을 소개한다. 사회복지의 방법에 관한 소개는 본서의 제3부에서 좀더 구체적으로 다루어진다.

1. 학문으로서 사회복지

1) 사회복지학의 성격

사회과학은 인간 상호간의 상호작용에 관하여 관심을 갖고 연구한다. 사회복지학은 인간사회에서 발생하는 상호작용 중에서도 특히 '인간 상

호간의 원조활동'에 관한 사회현상을 그 주된 연구대상으로 한다는 점
에서 사회과학의 분과 학문이다. 사회복지학은 인간 상호간의 원조활동
이 발생하는 원인과 결과 규명에도 관심을 갖지만, 인접 사회과학 이론
이나 지식을 토대로 원조활동의 인과관계에 개입하여 인과관계를 변화
시키는 기술이나 지식을 개발하고 실천하는데 더욱 관심을 둔다. 이 점
에서 사회복지학은 순수 과학적인 관심보다는 응용 과학적 관심이 강한
학문 분과이다. 한편 연구방법에서는 사회복지학은 다른 인접 사회과학
과 구별되는 어떤 독자적이고 고유한 연구방법을 사용하는 것은 아니며,
인접 사회과학과 연구 방법을 공유한다. 사회복지학에서 사용하는 연구
방법은 연구 문제의 내용이나 수준에 따라 그에 적합한 연구 방법을 선
별적으로 채택하여 적절하게 활용하고 있다.

2) 사회복지학의 연구 문제

　인간상호간의 원조활동에 관심을 가지고 있는 사회복지학의 연구 문
제는 연구하려는 현상의 내용과 수준에 따라 매우 다양할 수 있다. 즉 가
족, 친족, 친구, 이웃, 동업자조합, 기업, 국가 등 여러 수준에서 상호 원조
활동이 이루어지고 있는데, 이들 각 수준에서 일어나는 상호원조 현상을
연구 대상으로 하고 있다는 점이다.[20]

　먼저 우리는 '인간은 왜 서로 도와야 하는가?' 라는 질문을 해볼 수 있
을 것이다. 이는 당위의 문제이고 철학적인 문제로서 복지사상이나 복지
철학의 연구문제라고 할 수 있다. 다음으로는 다양한 수준에서 서로 돕는
현상에 관한 순수 과학적 관심이 있을 수 있다. 이러한 수준에서 제기해
볼 수 있는 연구 문제를 예시하면 다음과 같은 것들이 있을 수 있다. 도움

---

20) 사회복지학의 연구 관심이나 연구문제에 대해서는 윤찬영, 『더불어 사는 사회를 위한
　　이론과 실천』,(전주: 전주대학교 출판부, 2000)을 참조하는 것이 도움이 될 것이다.

의 유형이 시대, 장소에 따라 왜 다르게 나타나는가?; 도움을 받을 상황이나 조건이 왜, 어떻게 발생하는가?; 왜 모든 사람이 인간다운 생활을 하지 못하는가? 등이다. 끝으로 응용 사회과학적 관심으로 사회복지학의 주된 연구 관심 분야이다. 즉 어떻게 돕는 것이 문제 해결에 효과적인가? 라는 수준에서 적극적으로 개입에 관한 지식이나 기술을 개발하는 것이다.

3) 사회복지학과 다른 학문과의 관계[21]

사회복지학은 인접 사회과학의 이론과 지식을 기반으로 출발하였지만, 인간문제의 발생과 해결에 관한 독자적인 이론과 지식을 축적해오고 있다. 사회복지학과 관련된 다음의 각 사회과학 분과의 연구 초점을 보면 각 학문간의 유사성과 차이점을 알 수 있다.

사회학: 인간의 사회적 행위에 관한 연구, 특히 조직, 제도 인간사회의 발전에 관한 연구
심리학: 인간의 심리내적 과정과 행위에 관한 연구
정신의학: 정신병의 진단, 예방, 치료에 관한 연구
정치학: 정부의 정치제도의 구조 원리, 과정에 관한 연구
경제학 재화의 생산, 소비, 분배에 관한 연구
문화 인류학: 인류문화에 관하여 고고학적, 민속학적, 언어적, 사회적, 심리적 자료를 연구

위에서 예시한 인접 사회과학이 개발한 이론이나 연구는 내용이나 성격에 따라서 사회복지학의 지식기반의 일부로 사용될 수도 있고 그렇지 않을 수도 있다. 만일 이론이나 연구가 인간의 사회적 기능을 높이는 목적에 직접 적용될 수 있는 것들이면, 그 지식들은 사회복지학 지식기반

---

21) 사회복지학의 성격과 사회과학과 사회복지학의 관계에 대해서는 김성이, 김상균의 『사회과학과 사회복지』(서울: 나남출판사, 1996)를 참조하는 것이 도움이 될 것이다.

의 일부가 된다. 과거에 사회복지학은 지금보다는 상대적으로 더욱 응용 과학이었다. 즉 주로 다른 학문의 이론과 연구에 기반하여 지식을 구성 하고 그러한 지식을 사회 프로그램을 통해서 적용하는 데 초점을 두었었 다. 최근에는 사회복지학에서 이론개발과 연구를 활발히 하고 있으며, 그 결과 사회복지학은 이제 성숙한 학문분과로서 자신의 이론적인 기반 을 구축해 나아가고 있다.

예를 들어보면, 사회문제의 원인에 관한 사회학 연구(청소년 비행, 빈 곤, 인종차별 등)는 사회복지학의 지식기반의 일부로 활용될 수 있다. 그 와 같은 문제의 원인과 결과를 이해해야만 사회복지는 그런 문제를 예방 할 수 있다. 제도가 개인에 미치는 영향에 관한 사회학적 연구는(정신병 동과 감옥에 관한 연구) 사회복지의 실천에 중요한 영향을 미친다. 이동 성, 도시화, 세속화, 집단형성, 인종관계, 편견, 자본의 축적과정 등에 관 한 이론과 지식은 사회복지의 지식기반으로 활용될 수 있다. 그러나 미 문명 부족의 사회조직에 관한 연구와 같은 것들은 사회복지의 목적에 직 접 적용될 수 없기 때문에 사회복지의 지식기반이 될 수 없다. 심리학의 경우 인간발달과 치료기법에 관한 이론과 연구가 사회복지학의 지식기 반이 될 수 있다. 그러나 동물의 사고과정에 관한 실험연구는 사회복지 학의 지식기반으로 활용될 수 없다(Zastrow, 2000: 6-7).

2. 사회복지 방법

1) 사회복지 방법의 분류

사회복지의 방법은 사회복지라는 목적을 달성하려는 현실적인 수단을 의미한다. 사회복지의 방법은 개별사회사업, 집단사회사업, 지역사회조

직사업과 같은 직접적 사회사업 실천방법과 사회복지행정, 사회복지조
사와 같은 간접적 사회사업실천 방법, 사회복지 정책 등으로 나뉘어져
각기 독자적인 이론적 배경과 그에 따른 기술을 발전시키면서 발전되어
왔다(장인협, 1990). 이러한 방법은 각기 나름대로 발전되었지만 하나의
통일되고 일관된 방법으로서 정체감을 확립하지 못하고 있다. 그동안 사
회복지를 달성하려는 수단으로서 사회복지 방법의 분류는 학자에 따라
다양하게 이루어져 왔지만 대체로 사회복지 방법을 정책론적 접근과 기
술론적 접근(또는 전문적 접근)으로 나누는 이분법 분류가 우리나라에서
널리 받아들여졌다(김영모 · 남세진, · 신섭중 · 1982). 70년대 이후 직접
적 사회사업 실천방법을 하나의 이론체계로 묶어서 접근하려는 다양한
시도가 이루어지고 있으나 아직까지 통일되고 합의된 분류는 이루어지
지 않은 실정이다.[22]

최근 한국사회복지대학교육협의는 개인과 집단 수준에서의 사회사업
개입방법을 사회사업실천론으로 통일하고, 지역사회조직사업을 중심으
로 한 지역사회복지론과 사회복지정책론을 별도의 과목으로 제시하는
표준 사회복지 교육과정을 마련하였다. 이런 변화에 맞추어 본서에서는
사회복지의 방법을 사회복지 정책을 중심으로 국가 수준에서 접근하는
거시적 접근과 지역사회 수준에서 접근하는 중범위적 접근, 개인 · 집
단 · 가족을 중심으로 접근하는 미시적 접근으로 나누기로 한다.

2) 사회사업의 이해

사회사업(social work)은 사회복지 방법의 하나로서 전문적 접근에 속

---

[22] 사회사업의 전통적인 3대 방법(개별사회사업, 집단사회사업, 지역사회조직사업)을 묶
어서 하나의 이론체계를 구성하려는 노력의 하나로 사회체계이론을 원용한 통합방법
론이 등장하였다(Pincus & Minahan, 1973).

한다. 여기서는 본서의 사회복지 방법 분류 중에서 미시적 접근과 중범
위적 접근을 포함하고 있는 사회사업을 이해하는데 필요한 기본적인 몇
가지 사항을 간략하게 소개한다.

(1) 목적과 기능

사회사업(Social Work)은 인간의 사회적 기능 수행상의 문제 해결을 돕
는 전문직으로서 19세기 말에서 20세기 초에 미국에서 성장하기 시작했
다. 사회사업의 목적과 기능을 알아보기 위해 몇 가지 개념 정의를 먼저
살펴보기로 한다.

> 사회사업은 개인, 집단의 사회적 기능 수행 능력을 향상시키고자 개인과
> 환경간의 상호작용을 통하여 형성되는 사회관계를 중시한다. 이 같은 활
> 동은 손상된 능력을 회복시키고, 개인적, 사회적 자원을 제공하고, 사회
> 적 역기능을 예방하는 것이다(Bollim, 1958: 18).

> 사회사업은 개인, 집단 또는 지역사회를 돕는 전문적 활동으로 그들을 도
> 와 사회적 기능 수행 능력을 회복하거나 높이고 그와 같은 목적 달성에
> 우호적인 사회적 환경을 창조하는 것이다(NASW, 1973: 4-5).

> 사회사업은 개인과 사람들의 과업 수행과 가치실현에 영향을 미치는 사
> 회제도간의 상호 작용에 관심을 갖고 또 이에 개입한다(Pincus &
> Minahan, 1973: Xii).

이들 정의에서 공통점은 **사회사업의 목적과 기능**은 사람들의 **문제 해
결 능력을 키우고 회복시키는 것**이며 또 **사회 환경이 인간의 욕구를 더
욱 잘 충족시키도록 개선시키기 위해서 노력한다**는 점이다. 이와 같이
사회사업은 인간의 사회적 기능 수행상의 문제를 해결하기 위하여 개인
수준에서의 개입과 개인을 둘러싼 환경 수준에서의 개입을 통하여 인간
의 문제를 해결하려는 이중 초점(dual focus)을 지향하고 있다.

(2) 실천방법의 지향

사회사업이 개인의 변화와 환경의 변화를 추구하는 이중 초점을 지향하고 있음에도 불구하고 구체적인 사회사업 실천에서 인간 문제의 발생 원인에 관한 규정과, 정치적, 이데올로기적 관점에 따라서 사회사업이 개인의 변화와 환경의 변화 중 어느 것을 강조하는가 라는 점에서 실천방법의 지향이 다르게 나타난다. 매취와 쿰(Match & Quam)은 문제 규정과 정치적, 이데올로기적 관점에 따라 사회사업 실천방법의 지향을 중도지향의 실천, 급진지향의 실천, 보수지향의 실천이라는 세 가지로 구분하고 있다(Match & Quam, 1985: Ch.1, Ch.2).

첫째, **중도지향의 접근 방법**(moderate orientation to practice)이다.

중도지향의 접근 방법은 기본적으로 자유주의 시각에 토대를 두고 있다. 자유주의자들은 자본주의 사회의 기본가치(개인주의, 경쟁, 소유욕)가 사회에 최대의 이익을 가져다준다고 가정한다. 그러나 자유만을 보존하는 것은 자본주의의 유지에 도움이 되지 않는 면이 있기 때문에 자본주의의 과정을 수정하지만 경제체제에 대한 근본적인 변화는 거부한다. 자유주의자들은 불평등을 감소시키기 위해 헌신하지만 완전한 평등은 생산성과 효율을 떨어뜨린다고 본다.

미국 사회사업교육은 자유주의적 가치에 기초하고 있으며[23](Ephross & Reisch, 1982: 273-291), 인간 문제는 개인과 환경의 동태적인 상호작용 과정에서 발생한다는 이중 초점(dual focus)을 가지고 있다. 사회문제의 발생과 해결에 있어서 개인과 환경과의 관련성을 중시하는 사회사업 실

---

23) 에프로스와 라이쉬는 가장 널리 쓰이고 있는 사회사업교재를 조사 분석한 결과 어떤 교재도 보수주의나 급진주의적 입장을 채택하지 않고 있다는 것을 발견하였다. 이들이 가장 영향력이 있는 교재에 한정해서 분석하였지만, 이 논문은 자유주의 관점을 미국 사회사업교육이 채택하고 있는 복지관이라는 것을 보여 주고 있다.

천의 이중 초점은 사회문제에 관한 자유주의적 시각과 적절히 조화될 수 있다. 핑커스(Pincus)와 미나한(Minahan)의 일반사회체제 이론을 원용한 통합적 접근방법(Pincus and Minahan, 1973)이나 저메인(Germain)의 생태체계적 접근 방법(Germain, 1979)은 인간의 문제를 환경과의 관련성 속에서 이해하고 접근하는 대표적인 사회사업 실천 모델중의 하나이다.

둘째, 보수지향의 접근방법(conservative orientation to practice)이다.

이 접근이 기반하고 있는 보수주의 시각의 기본 가정은 시장체계와 자본주의가 최선이며, 복지는 개인을 국가에 복종시키고 개인의 창의성을 말살한다는 것이다. 사유재산의 불가침을 신성시하여 복지는 개인의 사유재산을 타인이나 집단에게 강탈당하는 것이라고 주장한다. 보수주의의 대변자인 미국의 한 상원의원은 "복지는 개인을 존엄하고, 근면하고, 스스로 자립하려는 정신을 가진 존재로부터 의존적인 동물로 바꾸는 것"이라고 신랄하게 비판한다. 사회문제의 근원은 개인의 성격상의 결함에 있는 것이므로 자본주의는 비난받을 수 없다는 것이다.

사적 자선은 수급자의 권리에 기초하는 것이 아니라 기부자의 관용에 기초하므로 용인된다. 그래서 국가의 역할은 외적의 침입이나 개인의 사적재산에 대한 침해를 지켜주는 역할 정도만 해야 하고, 국가는 복지활동에서 손을 떼야 하며, 사기업이 최소한의 정부규제를 받고 활동할 수 있도록 해야한다고 주장한다. 보수주의적 관점에 입각하여 활동하는 사회복지사들은 엄격한 자격심사, 일과 연계된 복지(workwelfare)에 대한 엄격한 감독 등 현대적인 사회통제기제를 더욱 강화한다. 이런 관점은 잔여주의적 복지관과 일맥 상통한다. 따라서 인간문제를 해결하기 위해서 심리역동이론에 기초한 사회사업 실천을 강조한다. 이 심리역동이론에 입각한 접근은 가족의 역동성, 가족구조, 성적 갈망, 행위의 유인 등 개인의 경험을 강조한다. 사회사업 발전의 역사에서 보면 이런 보수주의 시각은 1880년대의 자선조직화운동(C.O.S)에도 반영되어있으며, 1920년대 유행한 프로이드(Freud)의 정신분석이론에 토대를 둔 정신사회사업의 실천도 보수주의 관점을 반영하고 있다.

셋째, **급진지향의 접근방법**(radical orientation to practice)이다.

이 접근은 급진주의 관점에 기초하고 있다. 급진주의 관점은 다양하지만 공통으로 가지고 있는 한 가지 가정은 현재의 자본주의 경제체제가 사람들에게 공동의 이익을 주도록 운영되지 않는다는 것이다. 급진주의자들은 경제체제 물론 사회복지가 지배 계급의 이익에 봉사하도록 운영되고 짜여져 있다고 믿는다. 공공구제의 일차적인 목적은 경제 질서와 정치 질서의 안정화이며, 공공구제는 부차적이다(Piven & Cloward, 1971).

자유주의자와 보수주의자는 완전 평등은 근로 동기와 생산성에 해로운 것으로 본다. 그러나 급진주의 관점은 소유와 경쟁에 기초한 자본주의는 인간의 선한 충동을 왜곡한다고 주장한다. 이 관점의 영향을 받은 접근 방법을 급진주의 사회사업(radical social work)으로 부른다. 급진주의 사회사업은 인간 문제의 발생 원인으로서 사회경제체제를 강조한다. 이들은 중도적 접근이 채택하고 있는 인간간의 상호작용의 관점이나 보수주의 접근이 채택하고 있는 개인의 심리내적 요인의 관점을 거부한다. 레오나드(Reonard)는 사회사업 실천은 급진적 사회체계 이론에 기반을 두어야 하며, 비판의식을 발전시키는 접근을 해야 한다고 주장한다(Leonard, 1982: 40). 이러한 정치적 입장을 가진 사회사업가들은 전통적인 사회사업 실천은 전문직이 추구하는 목적인 인본주의적이고 평등주의적인 사회를 달성하는 데 오히려 방해가 된다고 주장한다. 따라서 급진지향의 접근에서는 인간문제의 원천으로서 인간의 상호작용 문제보다는 사회경제체제 자체의 개혁을 강조한다.

(3) 사회사업 실천의 구성 차원

사회사업 실천은 실천 장(field), 사회문제, 사회사업의 실천 단위, 실천 방법이라는 4가지 차원으로 구성된다.

첫째, 사회사업 실천 장은 노인복지, 주거, 산업복지, 의료, 장애인 재활, 정신건강, 교정복지, 아동복지, 학교사회복지, 여성복지, 공공부조 영역 등을 포함한다.

둘째, 사회사업 실천의 대상이 되는 사회문제는 매우 다양하다. 예를 들어, 약물남용, 알코올중독, 성인범죄, 청소년 비행, 발달장애, 정신질환, 아동학대와 방임, 빈곤, 질병 등이 있다.

셋째, 사회사업의 관심 단위는 개인, 가족, 소집단, 공식조직, 지역사회, 지역, 전체사회 등으로 구분할 수 있는데, 사회사업 실천 방법에 따라 관심의 단위가 상이하다.

넷째, 실천 방법은 개별사회사업, 집단사회사업, 사례관리, 가족치료, 지역사회조직사업, 사회복지 조사, 사회복지행정, 사회계획 등으로 구성된다.

사회사업실천의 네 가지 차원을 조합하면 사회사업에서 수많은 전문 분야를 선택할 수 있는 기회가 존재한다. 예를 들어 한 사회복지사(social worker)가 학교사회복지 실천을 선택한다고 가정하자. 이 학교사회복지를 실천하는 직무에 있어서 사회복지사는 청소년 비행, 약물남용, 아동학대, 성차별과 같은 다양한 사회문제에 관심을 가질 수 있다. 또 그는 학생 개인, 학생집단, 가족, 교직원 집단 등의 관심 단위와 함께 문제를 해결할 수 있다. 이 경우에 학교사회복지사는 문제 상황에 적절한 실천 방법―예를 들어, 개별사회사업, 집단치료, 지역사회조직사업을 포함한 제 실천 방법―을 선택하여 문제를 해결하게 된다.

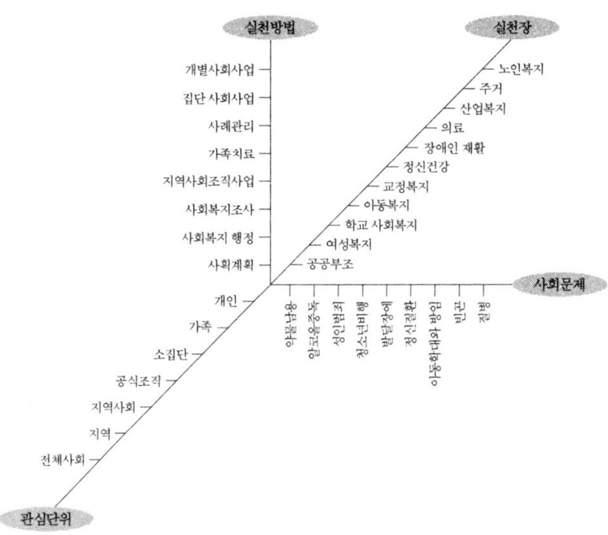

〈그림 3-1〉 사회사업 실천의 구성요소: 4차원 모델

(4) 사회사업의 쟁점: 개인치료 대 사회개혁

① 개인과 환경에 대한 논쟁

사회사업 전문직은 개인의 욕구를 충족시키고 사회변화에 헌신한다는 두 가지 목표를 추구하는 것으로 이해되고 있다. 미국 사회사업 100년의 발전 과정을 보면 이 두 개의 목표 중 어느 목표에 사회사업 전문직이 헌신하고 기여했는가? 또는 헌신하고 기여해야 하는가를 둘러싼 갈등과 대립이 그치지 않고 있다.[24] 인간의 문제를 해결하기 위하여 개인을 변화

---

24) 1998년 미국 사회사업 교육 100주년을 기념하여 미국사회사업가 협회가 발행하는 학술지 *Social Work*에는 버클리 대학의 스팩트(Spect)와 플로리다 주립대학의 카렌 (Karen)간에 "100년의 논쟁: 사회개혁이냐 개인치료냐" 라는 주제의 대담(Karen, 1998: 501- 509)과 뉴욕 대학의 아브라모비츠 "사회사업과 사회개혁: 투쟁의 장" (Abramovitz, 1998: 512-526)이라는 두 개의 글이 실렸다. 이 글들은 미국 사회사업 교육과 실천이 개인 치료 중심으로 이루어지고 있는 상황에서 출발하여 역사를 더듬어 가면서 사회사업의 사명과 장래의 실천 방향에 관하여 논의하고 있다.

시켜야 하는지, 사회 제도와 환경을 변화시켜야 하는가에 관한 논란은 사회사업의 이중 초점을 통하여 조화와 통합을 모색하기도 하였지만, 앞에서 살펴본 바와 같이 사회사업 실천방법의 지향에 따라서 근본적인 논쟁과 갈등이 유발되고 있다.

② 미국 사회복지 쟁점의 변천

아브라모비츠(Abramovitz, 1998)는 사회사업에서 행동주의가 상대적으로 소홀하게 취급된 배경으로 사회사업의 전문직으로의 변화 역사에 주목한다. 그는 사회사업에서 행동주의의 전통이 명맥을 유지했음에도 불구하고[25] 사회사업이 세 가지 점에서 대내외적으로 "현상유지의 시녀"라는 비판에 시달리게 된다고 주장한다

첫째는 커다란 사회질서 속에 위치한 전문직의 구조적 위치이다. 사회사업 전문직은 1800년대 이래로 개인의 욕구충족과 시장경제의 요청간에서 해결할 수 없는 모순을 중개하는 데 종사해왔다. 이러한 모순은 자

---

25) 초기에 사회사업의 행동주의에 대한 갈등은 사회를 변화시킬 것인가 개인을 변화시킬 것인가를 둘러싸고 인보관운동(Settlement House Movement)과 자선조직화운동(Charity Organization Society)간에 일어났다. 19세기 말까지는 개인의 변화를 강조한 COS가 우세했으나, 1910년에는 인보관 운동의 리더 중의 한 사람인 제인 아담스(Jane Addams)가 COS가 지배했던 자선교정협회의 대표로 뽑힐 정도로 인보관 운동과 사회개혁 운동의 정신이 사회사업을 지배했다. 이 시기의 주된 성과는 노동자 보상보험, 모성연금, 노동자보호법을 통과시킨 것이다.
사회사업에서 개혁의 바람이 잠잠해지기 시작한 것은 1차 대전을 계기로 등장한 보수주의 물결이다. 사회개혁을 주도하는 인보관운동 리더들은 계속 목소리를 높였지만 그들의 목소리는 주목을 받지 못하게 되었다. 1930년대에 경제공황으로 사회개혁의 바람이 다시 살아 날 분위기가 형성되었으나, 사회사업 전문직은 한 목소리를 내지 못하였다. 당시 대부분의 사회복지사들은 민간기관에서 근무했고 정신심리적 관점에서 정서적 서비스를 주고 있었기 때문에 재정적인 원조를 주는 공공기관은 그들이 근무할 곳이 못된다고 생각하였으나, 많은 민간 기관들이 재정상의 압박과 증가하는 케이스를 감당하지 못하고 문을 닫게 되었다.

유주의가 지배하고 경제가 번영을 구가할 때 중재하기가 쉬운데 보수 반동의 시대나 경제 침체기에는 양자간의 조화를 중재하기가 어렵게 된다. 어려운 시기일수록 사람들은 국가에게 시장의 남용을 방지하고 구조적인 개혁을 할 것을 요구하고, 사회복지사들에게 어느 편에 설 것인가를 결정하도록 강요한다는 것이다.

둘째는 시장경제에서 전문직화에 대한 요청이다. 사회사업의 사회개혁에 대한 헌신의 요구는 사회사업의 전문화 요구에 부정적으로 작용하고 있다는 점이다. 사회사업의 전문화 역사를 보면 초창기에는 심리내적인 문제보다는 사회환경의 문제를 더욱 중요시하고 접근하였다. 그러나 1920년대에는 사회학적 패러다임을 버리고 심리학적 패러다임을 채택하게 됨으로서 사회사업은 대의(cause)에서 기능(function)으로 그 사명이 옮아 짐으로서 개혁을 주창하기보다는 서비스의 효율을 주장하게 되

그러나 일부 사회복지사들은 지난 몇 십년 동안 중산층을 대상으로 정신역동 이론으로 무장하고 민간기관에서 활동한 전문직에 대하여 의문을 갖기 시작하였다. 이시기에 사회복지사들의 노조결성운동, 정부의 빈곤 구제의 비효율성에 대한 비판, 흑인 차별에 대한 항거 등이 일어났다. 수 천 명의 사회복지사들이 공공부문에서 일을 갖기 시작했고, 사회사업 분야의 리더들은 1933년에 연방긴급구호법, 1935년 사회보장법을 입안하고 입법화에 기여하였다. 1930년대 말에는 많은 사회복지사들이 공공부문에서 일하게 되었다. 1940년대에 들어서는 사회사업교과과정에 사회정책이 포함됨으로써 정부의 정책결정에 사회복지사가 어떻게 참여할 것인가를 배우게 되었다.
1950년대에도 사회복지사들이 정부의 사회복지 프로그램을 개혁하고 개선시키는데 기여하였으나, 1960년대에 들어서 사회사업이 사회변화에 상대적으로 무관심하다는 대 내외의 비판으로 사회사업 내부에 교과과정 개편 요구와 흑인 문제에 대한 관심 증가 요구가 일어났다. 그리고 사회사업 내부에서 전문주의에 대한 비판과 함께, 흑인과 여성들이 독자적인 조직을 만들기도 하고, 좀더 급진 지향의 사회복지사들은 별도의 조직을 결성하여 사회사업이 추구할 이상과 가치는 기업의 이익보다 사람을 위해 봉사하며, 빈민들에게 권력을 확보해주며, 사회조건을 개선시키는 것이라고 주장하였다. 1970년대 중반에는 행동주의 사회복지사들은 *A Socialist Journal of Social Services*라는 별도의 저널을 출판하기도 하였다. 1970년대 초반에 미국사회복지사협회는 오랜 동안 지켜왔던 전문주의와 정치적 행동주의와의 결별에 종말을 선언하였다.

었다. 전문직으로 성장하기 위해서는 사회사업이 다수 소비자에게 부응하는 상품이 되어야 하는데, 정신심리이론을 채택함으로써 사회사업은 요금을 받고 중산층에게 상품을 제공하게 되었다. 또한 전문화는 자금을 제공하는 사람들로부터 승인을 받아야 하는데, 미국의 사회사업은 현상 유지를 바라는 부자들로부터 자금을 받았다.[26] 대공황 시기에 사회개혁의 바람이 다시 살아났으나, 2차 대전 후에 사회사업이 다시금 전문화의 길을 강화하게 되면서 행동주의가 쇠퇴하게 된다.[27]

셋째는 지난 100년간 정치적 분위기 변화의 영향이다. 보수주의 시대와 경제가 어려운 때에는 개혁에 부정적인 정치적인 분위기가 형성된다. 사회사업 100년의 역사는 개혁과 보수의 물결이 반복되었다고 말 할 수 있다. 그러나 70년대 이후의 금세기 말까지는 보수의 물결이 지배적이다. 70년대에서 90년대까지 밀려온 보수의 물결로 사회복지는 감축예산

---

26) 1차 대전 전에는 모금이 개인 후원에 의존했으나, 1920년대에는 지역 기업과 강한 연계를 가진 지역공동모금에 의존하게 되고, 정부의 지원금을 받게 되면서 사회개혁 지향의 프로그램이나 활동은 쇠퇴하게 된다.

27) 사적 사회사업 시장이 성장하고 심리학적 경향의 개별 사회사업 교육과정을 밟은 사람들에 대한 사설 기관의 수요가 증가하고 이들이 높은 보수를 받게 된다. 사설 기관에 요금이 도입되고 중산층 클라이언트가 증가함에 따라 사회복지사들은 공공기관으로부터 사설기관으로 자리를 옮기게 된다. 2차 세계 대전 후에 빈곤자의 구제는 공적 시스템을 통하여 어느 정도 이루어지고 약물남용, 비행, 정신 질환들이 양산됨으로써 사회사업은 심리치료적 기술과 지식을 더욱 확대하게 된다. 이러한 경향에서 개혁을 지향하는 사적기관이나 개혁 지향의 지식과 이론을 전달하는 연구자가 줄어들게 된다. 사회사업의 3대 접근 방법의 통합이 진행되면서도 실제 사회사업 전문직에 있어서 집단사회사업과 지역사회조직사업은 주변적인 위치를 차지하게 된다. 이런 경향에서 1970년대 중반까지 사회복지사 협회는 석사학위소지자 만을 사회복지사로 인정하고, 사회사업교육협의회도 대학원 과정만을 공인하였다. 또한 70년대 중반까지는 정치적 행동을 전문직의 기능에서 배척하였다. 80년대 중반에는 몇 개의 대학만이 지역사회조직사업 전공을 개설하였다. 많은 사회복지사들은 80년대 90년대의 처벌적인 복지법안에 침묵하였으나, 소수의 행동지향 사회복지사들은 이들의 비정치적 입장을 성토하고 사회사업이 정치적 투쟁의 장에서 전문직으로 남을 것을 요구하였다.

기조에서 축소의 길을 걷게 된다. 비록 옹호와 행동주의가 미국에서 죽은 것은 아니었지만 정부와 기업은 행동주의자들을 효과적으로 공격할 수가 있었다.

아브라모비츠는 이런 역사적 변천을 염두에 두면서 미국에서 사회사업이 사회개혁의 대의를 회복하기 위한 몇 가지 제안을 하고 있다.

첫째, 사회사업 교육에서 사회사업 전문직 형성의 역사와 함께 사회개혁과 사회행동의 역사를 교육하는 것이 중요하다는 것이다. 둘째는 보수주의 시기일수록 사회사업 전문직이 자유주의적 아젠다를 창출하고 유지하는 일에 더욱 힘써야 한다는 것이다. 셋째, 역사적으로 소수만이 변화의 목소리를 유지했고 전문직이 놓인 사회구조적 지위와 항상 갈등을 일으켰지만 그들의 저항이 오늘날 사회복지와 사회를 개선시키는 데 기여했다는 사실을 인정하고 사회복지사들은 정치적 투쟁의 장에 남아있어야 한다는 점을 인정해야 한다는 것이다.

③ 한국 사회복지의 논쟁과 지향점

한국의 사회사업·사회복지 교육과 실천 현장에는 위와 같은 대립과 갈등이 있었는가? 한국의 사회사업은 1950년대에 미국의 사회사업을 직수입하여 교육과 실천이 시작되었다. 물론 60년대 70년대의 미국의 개인 변화 지향의 사회사업 실천이론이 당시의 한국의 사회상황에 적합한 것은 아니었다고 하겠다. 당시의 우리 상황은 국가 주도의 경제개발과정에서 급속한 산업화 도시화의 문제를 안고 있었으며, 열악한 주거·보건·의료 상황과 산업 노동자의 열악한 근로조건과 생활의 문제를 안고 있었다. 당시에 우리 사회가 더욱 절실하게 필요로 한 것은 사회심리적 접근의 사회사업이 아닌 국가 중심의 사회복지제도의 도입과 정비였다. 이런 과정에서 한국의 사회사업 교육에서 거시적 접근이 필요하다는 인식이 커지게 되었다. 그리하여 1970년 대 중반 이후에 각 대학들이 사회복지학과로 명칭을 변경하면서 교과 과정에서 거시적인 사회정책 접근과 사회보장제도에 관련된 강좌들이 보강되게 되었다. 우리나라의 사회복지 교육과 실천에서는 사회변화 지향이냐 개인 변화 지향이냐를 둘러싼 본격적인 논쟁은 없었다. 60년대 70년대에 사회사업 실천 현장은 외국의 후원을 받는 외원 기관과 주로 외원 기관의 재정적인 후원을 받아 운영되는 사회복지 수용시설이 전부였다. 자생적 기관이 아닌 외원 기관이 중심에 있는 사회사업 실천 현장에서 사회 개혁과 개인 변화 논쟁이 생기지 않은 것은 어쩌면 당연한 일이라 생각한다. 70년대 중반 이후 외원이 철수하면서 우리나라의 사회사업 실천 현장은 대부분 정부의 지원을 받는 비영리 민간부문이 운영하는 생활시설이나 사회복지관 장애인복지관 등의 이용시설이었다. 이들 생활시설이나 이용시설들은 외원과 정부의 자원에 주로 의존하여 성장하였고 운영되고 있기 때문에 구조적으로 이들 현장에서 거시적이고 구조적인 사회변화를 요구하는 힘이 결집될 수 없었다. 지역사회 민간사회복지 협의체로서 사회복지협의회가 1970년대에 결성되었으나 자발적으로 구성되지 않았고, 그 회원이 주로 정부나 외원에 재정적으로 의존하는 시설 단체였기 때문에 사회개혁 프로그램을 유도하고 촉구하는 기능을 수행하지 못하였다. 전문가 단체로서 한국사회복지사협회도 1960년대에 결성되었으나 이 역시 겨우 명맥을 유지하는 정도였다.

우리나라의 사회사업 실천에서 사회변화, 사회개혁을 요구하는 목소리가 결집되기 시작한 계기는 1986년 사회민주화 운동 이후라고 볼 수 있다. 한국사회복지학회, 한국사회복지대학교육협의회, 한국사회복지사협회 등은 사회복지의 쟁점 사안에 대해 성명서를 내거나 국회 및 정부 관련기관을 대상으로 의견서를 전달하고 그것을 선전하는 역할을 담당하는 행동분과위원회를 두어 활동하였으나 90년대 초 중반까지는 주로 전문직의 이해관계가 걸린 사회복지사 자격제도와 관련된 사안이나 복지예산 확보를 중심으로 이루어 졌다. 90년대 중반이후 지방자치가 본격적으로 실시되면서 지역사회 수준에서 사회복지문제에 관심을 갖는 시민사회단체들이 생겨나기 시작하였고 이들 단체들은 사회복지 문제와 관련하여 지방정부나 중앙정부가 새로 사회복지 정책이나 계획을 입안하거나 수정ㆍ변경하도록 압력을 가하는 활동을 시작하였다. 전국적인 차원에는 참여연대가 시민의 권리확보를 슬로건으로 사회복지위원회를 두고 정부의 각종 사회복지 정책에 대해 대안을 제시하고, 정책을 감시하며, 사회복지 문제를 공공의 문제로 이슈화하는 역할을 수행하고 있으며, 사회복지 전문가 단체들과 사안별로 결합하여 이들과 후원을 주고받기도 한다. 최근의 이런 변화에서 우리가 주목하는 것은 사회복지사들이 이런 시민사회단체와 개별적인 수준에서 또는 조직적인 수준에서 결합하여 함께 사회행동을 기획하고 집행하는데 참여하는 경우가 늘어가고 있다는 점이다.

최근 10여 년 동안 우리의 사회복지교육과 사회복지실천 현장에서 일어나고 있는 변화는 한편에서는 임상사회사업, 정신보건사회복지사 등의 분야를 중심으로 개인 문제 해결 중심의 전문화를 추구하는 노력이 존재하고 다른 한편에서는 사회정책적 접근이나 지역사회조직, 사회행동을 통한 사회변화를 추구하려는 노력이 동시에 존재하고 있다는 점이다.

참고문헌

김성이 · 김상균, 『사회과학과 사회복지』, 서울: 나남출판사, 1996.

김영모 · 남세진 · 신섭중, 『현대사회복지론』, 서울: 한국복지정책연구소 출판부, 1982.

윤찬영, 『더불어 사는 사회를 위한 이론과 실천』, 전주: 전주대학교 출판부, 2000.

장인협 · 이혜경 · 오정수, 『사회복지학』, 서울: 서울대출판부, 2001.

장인협, 『사회복지학개론』, 서울: 서울대출판부, 1990.

전재일 외(3rd ed.), 『사회복지개론』, 서울: 형설출판사, 1999.

현외성 외 4인, 『사회복지학의 이해』, 서울: 유풍출판사, 1993.

Abramovitz, Mimi, "Social Work and Social Reform: An Arena of Struggle," *Social Work,* Vol.43, No.6, 1998, 512-526.

Bollim, Werner, "The nature of Social Work," *Social Work,* vol.3, no.2, April, 1958.

Ephross, P.H. and Reish, M., "The Ideology of Some Social Work Texts," *Social Service Review* 56, June, 1982.

Friedlander, Walter A., *Introduction to Social Welfare,* 5th ed., Englewood Cliff, N.J.: Prentice Hall, 1980.

Gilbert, N., & Terrell, P., *Dimensions of Social Welfare Policy,* Englewood Cliff, N.J.: Prentice Hall, 1998.

Germain, Carel, *Social Work Practice: People and Environment: An Ecological Perspective, New York:* Columbia University Press, 1978.

Karen, S. Haynes, "The One Hundred-Year Debate: Social Reform versus Individual Treatment," *Social Work,* Vol.43, No.6, 1998, 501-511.

Leonard, Peter, "Towards a Paradigm for Radical Practice," in *Radical Social Work,* (ed. by) Brake, Mike and Bailey, Roy, New York: Pantheon Books, 1975.

Macarov, David, *Social Welfare: Structure and Practice,* Thousand Oaks, CA: Sage

Publication, 1995.

Marshall, T.H., *Class, Citizenship, and Social Development*, Garden City, N.Y.: Anchor Books, 1965.

Match, Mary and Quam, Jean, *Social Work: An Introduction*, Columbus, Ohio: Bell & Howell Company, 1986.

Philip R. Popple, Leslie Leighninger, *Social Wok, Social Welfare, and American Society*, Needham Heights, MA: Allyn and Bacon, 1996.

Pincus, Alan and Minahan, Anne, *Social work Practice: Model and Method*, Itsca, Ill.: Peacock, 1973.

Piven, Frances Fox and Cloward, Richard, *Regulating the Poor*, New York: Random House, 1971.

Restow, W.W., *The Stages of Economic Growth*, Cambridge, England: Cambridge University Press, 1960.

Romanyshyn, John M., *Social Welfare: Charity to Justice*, New York: Random House, 1971.

Skidmore, Rex A. and Thackeray, Milton G., Introduction to *Social Work*, 3rd ed., Englewood Cliffs, N.J.: Prentice Hall, Inc., 1982.

Wilensky, Harold and Lebeaux, Charles, *Industrial Society & Social Welfare*, New York: Free Press, 1958.

Zastrow, Charles, *Introduction to Social Work and Social Welfare*, 7th ed., Belmont, CA: Wadsworth, 2000.

1. 사회복지학과 인접학문간의 관계에 대하여 설명해 보시오.

2. 사회사업에서 이중 초첨(dual focus)이란 무엇인가?

3. 사회사업 실천을 구성하는 4가지 차원의 요소는 무엇인가?

4. 미국 사회사업 전문직의 발달 역사에서 사회개혁보다도 개인치료적 정향이 더욱 두드러지게 나타난 배경에 대하여 생각해 보시오.

제4장

사회복지의 역사

사회복지는 앞에서 살펴보았듯이 다양한 개념과 복합적인 기능을 지니고 있다. 그런데 현대사회에서 찾아볼 수 있는 사회복지의 여러 형태들, 예컨대 공공 사회정책, 사회보험 및 사회복지서비스, 그리고 민간의 자발적 복지 등의 형태들은 전근대사회에서도 그와 유사한 것들이 있었다. 요컨대 사회복지는 어느 날 갑자기 출현한 것이 아니라 오랜 시간을 거쳐오면서 변화 · 발전되어 온 것이라는 점이다. 따라서 현대사회의 사회복지를 둘러싼 이론과 실천 양 측면의 쟁점과 과제를 이해하기 위해서는 사회복지가 발전해 온 역사적 과정을 이해하는 것이 필요하다.

구체적으로 사회복지사 연구(혹은 학습)의 의의는 다음과 같이 세 가지로 정리될 수 있다(감정기 외, 2001). 첫째, 사회복지사 연구를 통해 현대 사회에 제도화된 사회복지의 생성 및 발달 과정 그리고 역사적 특성을 이해할 수 있다는 점이다. 둘째, 과거의 사회문제와 사회적 욕구 그리고 그와 관련하여 등장했던 사회복지 제도 및 프로그램의 등장과 변천 과정에서 나타난 성공 또는 실패의 원인이나 조건 등에 대한 지식을 확보함으로써 현재의 사회복지 정책, 제도, 프로그램 개발에 활용할 수 있다는 점이다. 마지막으로 사회복지의 역사를 공부하고 연구하는 것은 우리에게 적합한 사회복지의 모형을 개발하는데 중요한 단서를 제공해 줄 수 있다는 점이다. 이는 사회복지의 역사를 연구하는 과정에서 사회복지 제도의 변천과 존재에 관한 어떤 법칙성을 발견하려는 것을 의미한다. 이러한 법칙성이 우리의 사회·문화적 전통과 어우러질 때 한국사회복지 모형의 개발이 가능해질 것이다.

그렇다면 다양한 형태와 변모양상을 보일 것으로 예상되는 사회복지의 역사를 어떻게 고찰할 것인가? 우선 생각해 볼 수 있는 사회복지사의 접근방법은 인류역사를 몇 개의 시기로 나누고, 각각의 시기를 특징짓는 사회복지의 양상을 기술하는 것이다. 사회복지사의 시기구분에는 다양한 접근이 있겠으나, 여기에서는 전근대사회(고대에서 중세까지), 구빈법 시기(대략 16세기부터 19세기말), 사회보험시기(19세기말에서 20세기 중반) 및 복지국가시기(20세기 중반 이후)로 구분하고자 한다. 또 다른 접근방법은 사회복지의 여러 형태들 각각의 기원과 변모를 통사적으로 추적해보는 것이다. 이타주의에 기반을 둔 자선과 박애, 구성원의 호혜성에 기반을 둔 상부상조, 국가의 복지책임 발현으로서의 공공복지, 그리고 전문가에 의한 비물질적 원조로 특징지워진 사회복지 서비스 등이 사회복지의 여러 형태들인데, 그것들 각각의 출현과 변모를 통사적으로 고찰하는 것도 가능하다. 이 장에서는 위 두 가지 접근방법을 결합하여 각 시기별로 주요 사회복지 형태들의 발전과 변화를 요약하기로 한다.

1. 전근대사회의 사회복지

현대의 사회복지는 산업화 이후에 주로 발전되었으나, 그 이전에도 제2장에서 정의한 사회복지의 개념에 부합되는 사회복지 실체들이 존재했었다. 전근대사회의 사회복지를 대별하면 자선·박애(charity and philanthropy), 상부상조(mutual aid) 그리고 공공복지(public welfare) 세 가지로 구분된다. 자선은 종교의 교리에 기반을 둔 이타적 목적의 시여(giving)로서 오늘날의 민간 사회복지와 접맥되고 있다. 자선의 뿌리는 서양의 기독교, 동양의 불교, 중동의 이슬람교 등 주요 종교의 교리에서 찾아볼 수 있다. 박애는 공동체의 삶의 질 향상을 위한 이타적 행위로서 종종 자선과 동일시되고 있다. 상부상조는 어떤 공동체 안에서 대등한 사회적 지위를 지닌 구성원들 사이에 이루어지는 호혜적(reciprocal) 도움을 의미한다. 서양의 직업협회(collegia)와 길드(guild), 그리고 한국의 계와 품앗이 등이 상부상조의 원형들이다. 한편 전근대사회의 공공복지는 현대의 그것과 비교할 때 매우 잔여적인 것이었음에도 불구하고 사회질서의 유지라든가 농업생산력의 보존을 위한 장치로 가동되었다. 역사적으로 볼 때 공공복지는 국가기구가 출현한 이후 대두하였으며, 자선·박애나 상부상조에 비해 뒤늦게 출현한 것으로 이해된다.

1) 자선·박애

자선(慈善; charity)과 박애(博愛; philanthropy)는 종종 혼용되는 개념이나 엄밀하게는 다소 다른 의미와 기원을 갖고 있다. 자선은 라틴어 caritas(혹은 carus; 형제애)로부터 연유하였고, 박애는 그리스어 philo(사랑)와 anthropos(인류)의 합성어로부터 연유하였다(Trattner, 1999: 2). 양자 모두 주는 자와 받는 자 사이의 분명한 지위차이를 기반으로 한 사회복지의 형태이다. 보통 자선은 궁핍하거나 의존적인 자에 대한 개인적인 소규모 도움행위를 의미하는데 비해, 박애는 어떤 대의(大義; causes)—그것이 궁핍한 자를 돕는 것이든 혹은 공동체의 삶의 질 향상을 위한 것(예컨대 공공도서관의 건립)이든—에 공감하여 비교적 대규모로 이루어지는 기부(giving) 행위를 의미한다(Handel, 1982).

자선과 박애는 기부의 행위로서 종종 부유한 자가 가난한 자에게 또는 부유한 자와 가난한 자 사이에 어떤 조직이 매개자로 행위함으로써 이루어진다. 역사적으로 보면 기부가 자발적으로 이루어지는 것을 이상으로 생각했으나, 기부를 자극하기 위한 사회적 압력이 행사되기도 하였다. 박애를 위한 기부는 사회복지 이외의 목적을 위해 이루어지기도 하는데, 예컨대 박물관, 오케스트라, 극장, 대학을 지원하기 위해 이루어지기도 한다. 서구 사회에서 자선의 기원은 대표적으로 기독교 종교에서 찾아볼 수 있고, 박애의 뿌리는 멀리 그리스.로마에서 발견할 수 있다.

(1) 기독교의 자선

세계 어느 종교든 그 교리에서 이타적 선행, 즉 자선을 강조하지 않는 것을 찾아보기는 힘들다. 서구의 대표적 종교인 기독교에서는 빈민과 무능력자를 정당하게 대하는 의무가 특별히 강조되었다. 이 의무들은 '네 이웃을 너 자신과 같이 사랑하라' 고 이스라엘인들에게 명령했던 자비롭고 은혜로운 신의 개념으로부터 연유한다. 돌고프와 펠드스타인(Dolgoff & Feldstein, 1984)에 따르면 유태교의 이타주의는 다음 두 개의 개념에 입각하고 있다. 즉, Tzedakah(혹은 Tzaddakah)와 Chesed가 그것이다. 전자는 자선과 정의의 혼합 개념이고, 후자는 사랑을 베푸는 친절함(loving kindness)이다.

탈무드와 구약에서는 빈민, 과부, 고아, 병자 및 이방인에 대한 처우를 담은 법들을 소개하고 있다. 구체적으로 굶주린 자를 먹이고, 헐벗은 자를 입히고, 이방인을 묵게 하며, 밭의 한 구석을 굶주린 자를 위해 수확하지 않고 남겨놓도록 하는 의무들이 열거되어 있다. 굶주린 자는 타인의 수확물로 배를 채울 수는 있었으나, 그것을 가져갈 수는 없었다. 또한 매 7년에 한 번의 수확은 빈민들을 위한 것으로 돌리고, 매 50년째, 즉 희년(Jubilee)에는 노예를 해방하고, 성밖의 재산을 원 소유주에게 반환한다는 내용도 포함되어 있었다. 낙인(stigma) 없이 자선을 베풀었다는 점에서 초기 기독교 사회복지는 특징적인 모습을 지닌다. 예컨대 초기 지역 자선상자에는 다른 사람이 알 수 없도록 돈을 넣거나 필요한 만큼 가져갈 수 있었다. 후일 히브리 철학자 마이모니데스(Maimonides)는 '마지못해 기부하는 것'에서부터 '빈곤예방을 위한 것'까지 8등급으로 자선을 세분하기까지 하였다(Popple & Leighninger, 1996: 132).

서기 361년에 기독교가 공인된 이후 교회는 궁핍자에 대한 공식적인 자선기관이 되었다. 국가, 교회, 자발적 사회복지 기능이 중복되었다. 교회는 자체 법과 행정기구, 조세제도 및 법원과 처벌기구까지 지니게 되었다. 육체와 정신 모두를 교회의 소관으로 하였다. 지배자들은 백성을 통제하기 위하여 자선을 줄 필요가 없었다. 그러나 조금 주어진 자선도 보통 지배자의 임종시의 유언이나 종교적인 구원을 바라고, 친척, 가까운 가신, 군지도자 또는 교회에 주어지는 것이 보통이었다. 다수의 영주 역시 교회 주교를 겸임하여 십일조와 세금을 징수하였고, 기부와 유산을 관리하였다. 대부분은 그 교구민을 돕기 위해서가 아니라 자신의 사욕을 위해 이용하였다.

한편 오늘날 우리가 사회복지 시설로 지칭하는 시설들도 나타났다. 6세기경에 성직자들은 불행한 자를 돌보는 것을 일차적 임무로 하는 종교단(Orders)을 세웠다. 그들이 세운 수도원은 중세의 다목적 보호시설(hospital)의 기능을 수행하였다. 이곳에서는 의료도움뿐 아니라 숙박, 보호 등을 여행자와 과부, 고아, 노인, 궁핍자 등에게 제공했다. 8세기에는 교인의 십일조가 의무화되었다. 초기에는 주교와 교구를 지원하는데 사용되었던 십일조는 후일 네 가지 용처에 배분되었는데, 그것들은 주교, 교구 목사, 교회 유지보수, 그리고 자선이었다.

기독교 자선활동에 관한 체계화 노력도 나타났다. 1140년 이탈리아의 수도승 그라티안(Gratian)은 〈자선에 관한 교황의 칙령(Decretum)〉을 집필하였다. 이는 빈민처우에 관한 일련의 규정들(교황의 칙령, 교회위원회의 경전, 교회 율법사들의 해석 등)이 종종 모순되는 내용을 담고 있었기 때문에 이를 정리하기 위한 것이었다. 여기에서는 빈곤을 자발적 빈곤(성직자, 수도승과 수녀)과 비자발적 빈곤(과부, 고아)으로 구분하고 있고, 빈곤이 범죄가 아니라는 점을 분명히 하고 있었다.

중세 교회는 점차 사유재산에 비판적인 입장을 표명하게 되었다. 13세기에 교회법으로 부자는 빈자를 도와야 한다는 내용이 설파되었다. 이는 사회정의와 가난한 자를 도울 부자의 의무를 명시한 것으로서 기독교리에 사회복지에 관한 제도적 관점이 어느 정도 정립되었음을 의미하는 것이었다. 일부 왕, 공작, 상인, 영주들이 동냥을 제공하거나 다목적 시설(hospital)이나 자선원(almshouse)을 설립하였다. 중세 교회가 자선을 강조한 것은 가난한 자를 돕는 것이 곧 구원에 이르는 길로 생각되었기 때문이었다. 그런 의미에서 중세의 빈민은 현세에서 지은 죄를 속죄할 수 있는 기회를 주는 '신의 빈민'으로 인식되었다.

⑵ 그리스, 로마시대의 박애

그리스 도시국가에서 박애는 '인간에게 자애로운 신에 의한 인간사랑'의 의미를 지닌 개념이었다(Handel, 1982; Day, 1997). 기원전 4세기에 접어들면 박애의 의미는 권력자가 도시 재정에 기부함으로써 그 부하나 추종자들에게 친절함을 보이는 것으로 변하게 되었다. 그리스에서는 박애의 개념이 시민권의 개념과 밀접하게 관련되어 있었다. 모든 시민은 도시국가의 정치.사회생활에 참여하였다. 시민들은 기부자(benefactor)에게 감사를 표하였다. 대부분의 기부는 개인이 아닌 도시국가, 클럽, 협회(꼴레지아; collegia)에 기탁되었기 때문에 이들 집단은 기부자를 영예롭게 하는 결의를 통과시킴으로써 감사를 표하였다.

물질적 기부에 대해 영예로 감사를 표하는 교환방식은 도시국가의 사회생활에 중요하였다. 부유한 사람은 대개 무보수인 공직을 담당하였다. 부유한 사람은 자신의 재산을 정부 운영경비 외에도 재정위기나 식량부족과 같은 긴급자금에 기부하도록 압력을 받았다. 그 대가로 시민들은 기부자를 영예롭게 하는 결의를 민회에서 채택하였으며, 기부자의 명단은 공공연하게 게시되어 부유한 사람들의 기부를 자극하였다. 기부의 압력이 강했던 만큼, 기부하지 않는 자로부터는 영예를 박탈하거나 그가 원하지 않는 힘든 공직을 맡겼으며, 극단적으로는 법정에서 처벌하거나 재산을 몰수하기도 하였다.

고대 그리스에서는 '가치있는 빈민' 과 '가치없는 빈민' 의 구분이 나타났으나 그 의미는 후세와는 현격한 차이가 있다. 가치없는 빈민은 교양없고 항상 빈궁한 사람들로서 그들은 거의 동정을 받지 못했다. 가치없는 빈민은 노동자나 실업자와 같이 바닥에 있는 사람들이었다. 이들에 대해서는 박애기부를 거절하였다. 기부자들은 그들을 가치가 없는 사람들로 여겼는데, 그 이유는 그들로부터 감사(gratitude)를 받는다는 것이 전혀 영예롭지 못한 것이었기 때문이었다. 실업자는 게으른 사람으로 간주되었고, 따라서 방치되었다. 노예 역시 시민권이 없었고 구호를 받을 수 없었다. 거지 역시 추방되었다. 그 이유는 거지를 돕는 것이 구걸근성(pauperism)을 조장한다고 보았기 때문이었다.

한편 가치있는 빈민은 좋은 가문에서 자라난 교양있고, 유복하게 살았던 사람들 중에 곤경에 처한 사람들이었다. 이들에 대해서는 부자들이 동정심을 가졌고 도움을 줬다. 가치있는 빈민들에 대한 부자들의 동정심은 두려움에 바탕을 둔 것이었다. 즉 유복한 자신들도 언젠가 궁핍할 지 모른다는 두려움이 동정심의 근거를 형성한 것이었다. 이러한 두려움에서 부자들은 클럽이나 협회가 조직한 상호부조기금에 기부금을 내게 되었다. 결국 그리스의 박애는 영예에 대한 사랑, 두려움에서 비롯된 것이지 약자나 무능력자에 대한 관심에서 비롯된 것은 아니었다. 그런 의미에서 본다면 그리스의 빈민보호는 이타적이었다기보다는 이기적이고 자기본위적(self-seeking)이었다.

그리스 도시국가에는 숙박소와 의료센터, 옛 종교사원의 잔재들이 전국에 산재해있었다. 아테네에서는 식량부족시에 시민들에게 곡식을 배분하였다. 또한 장애인에 대한 수당과 연금도 있었다. 불경기시의 공공 곡식배분과 다양한 불행자들을 위한 수용보호시설이 있었다. 고아원과 유족 연금은 전쟁에서 사망한 자의 자녀에게 지급하였다. 여타의 고아들은 18세 생일까지 부양되었다. 그러나 빈민에 대한 처우는 가혹하였다. 피임과 낙태, 그리고 영아살해가 정당화되었다. 플라톤은 그의 〈공화국〉에서 장애인과 노인에 대한 안락사를 촉구하기도 하였다. 마카로브(Macarov)는 "그리스에서 박애의 개념이 유래함에도 불구하고, 박애의 정신은 그곳에 결코 존재한 적이 없었다"고 하였다. 그 이유 중의 하나는 자선에 관한 종교적 계명이 부재한 데에서 찾을 수 있다는 것이다. 소크라테스, 플라톤, 아리스토텔레스는 "자연 미덕"에 자선을 포함시키지 않았다. 그들이 말한 자연 미덕은 사려분별(prudence), 절제(temperance), 불요불굴의 정신(fortitude), 그리고 정의(justice)였다.

로마의 박애도 실질적으로는 그리스와 유사하였다. 박애활동도 시민권의 개념에 의해 지속적으로 형성되었으며, 수세기 전에 그리스에서 형성된 영예의 개념도 지속되었다. 로마사회의 사회복지는 다분히 정치적인 고려에서 이루어졌다. 초기로마에서는 득표를 위해 자유민들과 소년들에게 불규칙적으로 시여를 베풀었다. 이때 급여를 받을 자격은 욕구가 아닌 투표권을 가졌느냐의 여부였다.

2) 상부상조

상부상조(mutual aid)란 도움이 제공되는 방식에 대한 통제가 도움받는 사람들 자신에 의해 좌우되는 도움의 형태이다. 왜냐하면 도움 제공자와 도움 받는 자가 서로 입장이 뒤바뀔 수 있다는 점에서 다른 사회복지의 유형, 예컨대 자선.박애, 공공복지, 사회적 서비스와 구분되기 때문이다(Handel, 1982). 자선은 부자나 유복한 자가 빈자에게 일방적으로 자원을 이전하는 것을 의미한다. 공공복지는 납세자가 납부한 조세를 공적부조를 통해 혹은 사회복지서비스 기관을 통해 이러한 도움없이는 살아가기 힘든 사람들에게 이전된다. 사회복지 서비스 역시 불평등한 관계 위에 서 있다. 기술과 지식을 가진 전문가가 그것들이 없는 자에게 서비스를 제공하는 도움의 형태인 것이다. 위의 세 가지 모두 도움을 주는 자로부터 도움 받는 자에게로의 도움의 흐름이 존재하며 양자의 구분이 명확하다. 그러나 상부상조에서는 서로간에 도움을 주기 위해 사람들이 결속한다. 어떤 유형에서는 참여한 사람들이 공동기금에 기여를 하기도 한다. 집단의 모든 구성원은 욕구가 발생할 때 기금에서 지원받는다. 그러나 사전에 누가 언제 도움을 필요로 할지는 모르는 상태이다. 이러한 형태의 상부상조는 멀리 로마제국까지 거슬러 올라간다.

상부상조에서는 참여자들 사이에 공유된 정체성이 존재한다. 예컨대 동일한 직업, 동일한 인종집단, 동일한 동네 거주, 동일한 문제를 보유한다는 것 등이 그것이다. 그들은 기딩스(Franklin Giddings)가 명명한 동류의식(consciousness of kind)을 공유하고 있는 것이다. 역사적으로 살펴볼 때 상부상조는 인류가 집단생활을 한 이래 존재해 온 것으로 추측할 수 있다. 호혜성의 원리에 입각한 상부상조의 전통은 한국의 품앗이나 두레의 예에서 보듯 장구한 역사를 갖고 있다.[28] 서양에서 이러한 상부상조가 출현한 시점이 언제인지는 불분명하지만 적어도 로마시대의 협회(꼴레지아)나 중세의 길드에서 그 형태를 살펴 볼 수 있다.

---

28) 우리나라 전통사회의 상부상조에는 계, 향약, 공굴, 부근 등 다양한 형태들이 있었으며, 계의 경우처럼 오늘날까지 계승되는 것도 있다.

(1) 로마의 협회(collegia)

고대 이집트의 경우 장의단체와 소금.석고상인들의 협회와 같은 협회의 존재가 확인되고 있는데, 로마시대에 이러한 협회가 더욱 번성하였다. 로마시대에 중요한 직업협회로는 아프리카와 이집트에서 곡물을 수송해 오는 해운업자협회와, 제빵업자협회 및 정육업자협회 등이었다. 이들 직업협회 외에도 사교, 친목, 부조 등을 위한 비영리사단체(sodalitates, collegia sodalicia)가 있었는데, 후자의 경우 특히 소시민들의 장의단체(collegia funeraticia)가 대표적인 예였다.[29]

협회는 회원간에 일종의 상호보험(mutual insurance) 기능을 수행하였다. 로마 시대 꼴레지아의 회원은 매월 공동기금에 기여할 의무를 지고 있었고, 회원이 사망하면 장례비를 지원하거나 유족들에게 연금을 지급하였다. 직업, 거주지, 인종집단 또는 동류의식을 갖게 하는 여타 회원조직에 기반하여 성립된 협회의 상호보험 기능은 중세의 길드를 거쳐 오늘날까지 이어져 내려오고 있다.

(2) 중세의 길드

중세시대 다수의 지역에서 공제조합(fraternities)이나 길드로 불리는 자발적 협회들이 조직되었다. 직인길드는 봉건영주의 기득권에 대항하여 자발적 결사체를 조직할 수 있는 권리를 얻기 위한 노력의 과정에서 발전했다. 직인길드와 교구 공제조합은 아프거나 소득상실로 불행을 당한 회원을 서로 돕는 내용을 포함시켰다. 대부분의 공제조합에서는 회원이 구호를 받을 수 있기 위해서는 그 이전에 7년 동안 회비 납부를 요구하였다.

중세시대에는 두 종류의 길드가 시민생활에 특히 중요하였다. 그 하나는 상인길드였고, 다른 하나는 직인길드였다. 상부상조 조직으로서의 길

---

29) 최병조, "사법상 단체에 관한 일반론—단체법론의 역사적 발전과정을 중심으로", http://plaza.snu.ac.kr/~romanist/choe/53.html

드 형태 가운데 최초로 출현한 조직인 상인길드(merchant guilds)는 중세 시민조직의 핵을 구성하고 있었다. 이미 10세기에 상인들은 여행시 말과 수레 및 화물을 상호 보호하기 위한 조직을 결성하였다. 한편 산업이 점차 세분화되어감에 따라 등장한 것이 직인길드(craft guilds)이다. 동일 직업, 예컨대 제빵, 구두수선, 석공, 목공 등에 종사하는 직인(artisan)들이 영업의 보호와 상부상조를 위해 결사한 것이 직인길드이다. 직인길드가 이미 존재해왔던 상인길드보다 더 중요해짐에 따라 그 지도자들은 시민 행정기구에서 일정한 영향을 행사하기 시작하였다. 점차 마을의 어느 누구도 특정 길드에 소속되지 않고서는 제조업에 종사할 수 없게 되었다. 길드의 목적은 외부자들에 대하여 특정 제조업의 독점권을 유지하는데 있었다. 예컨대 마구제작공들은 담합하여 상점주인들이 그들에게 요구하는 물량을 정하고, 상점들이 판매할 수 있을 만큼의 마구제작가게를 열도록 장인들에게 허용하였다.

　길드의 여러 기능 가운데 사회복지와 관련하여 중요한 상부상조 기능은 다음과 같다. 첫째, 빈곤한 회원에 대한 장례비와 유족지원, 둘째, 빈곤한 회원의 딸을 위한 결혼지참금 지급, 셋째, 일종의 건강보험으로 회원모두를 포괄하여 환자에게 보호를 제공하는 것 등이 그것들이다. 그 외에도 길드는 지역사회 공익을 위한 활동도 수행하였다. 예컨대 교회당을 건축한다든가, 지방 교회나 성당에 유리창을 기증한다든가, 교회 건축시 수시로 도움을 준다든가, 혹은 도박과 고리대금에 탐닉하는 회원의 도덕성을 감시하는 활동을 수행하였다. 길드회원들은 서로 돕는 형제(confraternities)로 불리웠다.

3) 공공복지

공공복지(public welfare) 또는 공공 사회복지(public social welfare)는

정부를 통해 사회의 의존인구, 즉 빈민 뿐만 아니라 아동, 노인, 장애인 등을 보호하는 사회복지의 한 형태이다(handel, 1982). 공공복지는 빈민의 처우와 관련하여 상당한 정도 자선을 계승한 것이다. 그러나 내용이나 범위에서 자선보다 훨씬 그 폭이 넓다. 공공복지는 다양한 보호형태를 지닌다. 역사적으로 볼 때 소득제공이 주요 보호형태이며 이는 공공부조로 지칭된다. 공공복지는 또한 특별한 서비스 형태로 발전되어 왔다. 예를 들면 위탁가정보호 같은 것들이다. 공공복지는 소득과 서비스를 국가가 의존인구에게 제공하는 것인데, 그 자원은 자발적 기부보다는 시민의 조세수입으로 이루어진다. 결국 공공복지에서는 국가가 중요한 기능을 담당한다. 여기서 말하는 국가란 사회구성원들에게 적법한 결정을 강제할 수 있는 조직된 공공권위를 의미한다. 정부에는 중앙정부, 지방정부 등 다양한 수준의 행정부가 포함된다. 공공복지와 자선과의 차이점을 아는 것이 주요한데, 공공복지는 국가라는 공공의 권위에 의해 궁핍한 자에 대한 의무를 받아들이는 것을 의미하고, 자선은 임의적 기부에 주로 의존한다. 그러나 공공복지와 자선과의 구분이 분명치 않은 경우도 있다. 공공복지는 20세기의 용어이고 그 이전에는 공공자선(public charity)으로 불리웠다. 이는 사적 자선과 구분되는 의미에서 사용된 용어이다. 현대 서구의 공공복지는 영국 튜더왕조 특히 엘리자베드 여왕시의 구빈법에서 유래한다. 그러나 국가기구가 출현한 고대로부터 공공복지는 존재하였다. 물론 종교와 정치가 분리되지 않았던 만큼 어디까지가 세속적인 국가에 의한 공공복지이고 어디까지가 종교적 자선인지가 불분명하기는 하다.

기원전 6000년에서 기원전 3000년경에 이미 역사기록이 시작되었고, 문명이 발생하였다(Day, 1997). 정착농업이 발생할 수 있는 여건이 잘 갖춰진 메소포타미아 지방(티그리스강과 유프라테스강 유역), 인도평원(인더스강 유역), 이집트(나일강 유역), 중국(황하 유역) 등에서 문명이 발생하였다. 여기서 말하는 문명이란 국가권력의 체계화를 포함한 것이다. 국가권력은 홍수통제를 위한 대규모 관개사업, 외적의 침입에 대비한 공동방위 등의 기능적 필요로부터 출현하였다. 고대국가는 농민과 농업의 보호를 위해 공공복지를 제공하게 되었다. 이집트와 중국 등의 사례가 이를 잘 보여준다.

(1) 이집트

기원전 수 천년 전에 나일 삼각주의 비옥한 평야지대를 무대로 이집트 문명이 싹을 틔웠다(Day, 1997; Dolgoff & Feldstein, 1984). 기원전 5500년 이전에 강력한 부권왕조 국가가 출현하였다. 이집트 제1왕조부터 파라오들은 농민보호를 위한 법을 만들었다. 건강한 노동력을 안정적으로 공급하고 빈민이 직접 파라오에게 불만을 말할 수 있는 통로를 만들었다. 당시 믿음에는 신은 빈민에게 그들을 억압하는 사람을 영원히 저주할 수 있는 힘을 주었다는 것이었다. 권력자들은 그 저주를 두려워했다. 이집트의 사회복지는 노동자의 경제적 욕구와 생사에 관한 종교적 욕구 양자에 기반을 둔 것이었다. 자주 범람하는 나일강의 홍수를 다스리기 위해 제방을 쌓는 일은 농민들의 부역을 통해 해결하였다. 모든 성인 남자들은 7년에 1년씩은 파라오의 일을 해야 하였다. 관개사업이 어느 정도 이루어진 후(후기 왕조) 부역은 파라오의 무덤과 사원 건축을 위해 동원되었다. 수상(grand vizier)이 지시하는 관료체계가 토목사업, 곡물의 수확과 저장, 곡물배분, 구제를 책임졌다. 구제는 노동력을 보호하고 유지하기 위해 이루어졌다.

제4왕조에서 제6왕조 동안(기원전 2700년에서 기원전 2200년) 농민들은 중소 영주에게 소속되었다. 성실한 노동이 강조되었고 장사를 통한 개인적 부의 축적도 강조되었다. 생필품은 중앙통제되었고, 소요가 발생하거나 또는 식량이 제한되면 국경을 폐쇄하기도 하였다. 그 이유는 현지의 수확량과 생필품이 그 지방인구를 위해 충분할 수 있도록 하기 위한 것이다. 이집트에 일찍이 창(倉)제도가 마련된 것은 농업에 기반을 둔 경제체제 하에서 농민보호가 그만큼 중요하였기 때문이었다. 농업보호와 농민보호를 위해 창제도를 만든 사정은 뒤에 소개할 중국의 경우에도 동일하다.

(2) 중국

황하 유역의 광활한 농토를 배경으로 일찍이 고대국가가 출현하였다 (Day, 1997; Dolgoff & Feldstein, 1984). 기원전 1500년경에 왕조가 출현하였다. 기원전 1000년경에는 상나라를 멸망키키고 주나라가 출현하였다. 주나라 때에 이미 공공복지와 관련된 법제도가 정비되어 있었다.[30] 주나라의 법령집인 『주례(周禮)』 「지관편(地官篇)」 대보식(大保息)조에 보면 여섯 가지 공공복지 프로그램들이 소개되어 있다. 그 내용은 자유 (慈幼; 오늘날의 아동복지에 근사한 것으로 고아보호 등을 내용으로 함), 양로(養老; 노인복지에 근사한 것으로 경로잔치 등을 규정), 관질(寬疾; 장애인복지에 근사한 것으로 환자와 장애인들의 부역 면제 등을 규정), 안부(安富; 부유한 사람들을 편안하게 하는 내용), 진궁(振窮; 환과고독 (鰥寡孤獨) 사궁(四窮)의 구휼에 관한 내용), 휼빈(恤貧; 빈민을 구호하는 내용) 등이다.

한편 흉년시의 구제와 치안을 위한 정책들도 이미 주나라 때 수립되었다. 그 내용을 보면(『周禮』, 「地官篇」 大司徒 12荒政條) 다음과 같다.

첫째, 산리(散利)로서 공공 창고의 곡식을 풀어 백성들에게 널리 이롭게 한다. 둘째 박정(薄征)으로 세금을 가볍게 해서 재난을 당한 백성의 부담을 덜어준다. 셋째, 완형(緩刑)으로 흉년시에는 형벌을 가볍게 해서

---

30) 최익한, 『조선사회정책사』, 서울: 박문출판사, 1946.

민심을 안정시킨다. 넷째, 이력(弛力)으로 흉년시에 부역을 덜어준다. 다섯째, 사금(舍禁)으로 평상시 금지하였던 유력자 소유의 토지(연못과 삼림)에서 수렵과 채취행위를 허용한다. 여섯째, 거기(去幾)로서 시장에서 재화의 유통을 돕기 위해 시장에 대한 기찰을 중지한다. 일곱 번째, 생례(眚禮)로서 손님을 맞이하는 예의를 대폭 간소화한다. 여덟 번째, 쇄애(殺哀)로서 흉년에 다수 발생하는 장례에서 서로 조문을 상쇄한다. 아홉 번째, 번악(蕃樂)으로서 흉년시에 음주가무를 중지한다. 열 번째 다혼(多昏)으로서 흉년시에는 예물을 갖추지 않고 결혼을 치르도록 권장한다. 열한 번째 색귀신(索鬼神)으로 흉년의 원인을 초자연적인 귀신의 조화로 생각하고, 그간 방치했던 사당이나 기도처를 찾아 귀신에게 제사를 지낸다. 열두 번째, 제도적(除盜賊)으로 흉년시 민심을 흉흉하게 하는 도적을 제거하여 민생의 안녕을 꾀한다. 그 외에도 자연재난이 닥치면 식량사정이 좋은 지방으로 백성을 이주시킨다든지(移民), 식량을 조달한다든지(移粟),31) 혹은 화폐를 주조하여(作布) 물류유통의 확대를 꾀하기도 하였다.32) 일종의 경기부양책이었던 셈이다.

농업에 기반을 두고 있던 왕조에서는 흉년시 농민들의 보호가 중요한 과제였다. 흉년이 되어 식량이 떨어지면, 농업생산력인 농민들의 수가 줄어드는 것은 물론, 이듬해 종자로 사용되어야 할 곡식까지도 소비해버릴 우려가 있었다. 이러한 사정에 대비하고자 만들어진 것이 창제도이다. 앞에서 소개한 12황정 가운데 첫 번째인 산리(散利)는 국가가 관리하는 창제도를 기반으로 한 것이었다. 창제도는 흉년시 구제의 기능을 수행했을 뿐 아니라 물가조절 기능을 수행하였다. 그런 의미에서 본다면 창제도는 사회복지제도이면서 동시에 경제제도였다. 중국의 창제도는 우리나라와 일본 등에 전파되었다.

---

31) 大荒, 大札, 則 令邦國移民通財舍禁弛力薄征緩刑
32) 『周禮』「地官篇」司市章, 國凶荒札喪則市無征而作布

지금까지 간략하게 살펴 본 전근대 사회의 사회복지는 다음과 같이 정리될 수 있다. 첫째, 자선과 박애, 상부상조 및 공공복지로 대별되는 전근대사회의 사회복지는 그 보호수준에서 보았을 때 매우 미미한 기능을 수행하는데 그쳤다는 점이다. 주는 자의 자의(恣意)에 기대는 자선과 박애, 소수의 성원들 사이에서 한정된 보호만을 제공했던 상부상조, 그리고 사회불안 예방과 농업생산력 보존을 위한 최소한도의 공공복지로서는 전근대사회의 빈곤문제나 의존문제를 해결하는데는 크게 역부족이었다. 둘째, 사회복지의 제공주체 측면에서 보았을 때 공공(즉 국가)에 의한 복지제공보다는 민간(자선과 박애, 그리고 무엇보다도 가족이나 친족과 같은 일차적 혈연망)에 의한 복지제공이 더 두드러졌다는 점이다. 공공복지의 발전은 다음에 소개할 구빈법 시기 이후 확대되기 시작한 것으로 볼 수 있다. 셋째, 전근대사회에서는 보호의 내용이 주로 의식주의 해결을 염두에 둔 것들에 치중되었다는 점이다. 일부 의료 서비스가 있기는 하였으나 대부분의 사회복지 급여는 생존에 직결되는 일차적 욕구의 충족에 초점이 맞춰져 있었다.

2. 구빈법 시기의 사회복지

서구의 사회복지는 중세 말에서 근세 초에 이르는 격변기에 양적, 질적으로 큰 변모를 보이게 된다. 대중빈곤의 문제는 사회불안을 야기할 정도로 심각해졌고, 이에 따라 사회통제를 주목적으로 하는 억압적인 국가정책들이 대두하였다. 구빈법으로 대표되는 중세 말, 근세 초의 공공 사회복지는 '억압 속의 구제' 로서 발전하였다.

1) 중세 장원경제의 해체와 부랑인 문제

신대륙의 발견과 이에 따른 상품화폐경제의 발전은 장원경제에 심각한 영향을 미쳤다. 당시 부흥했던 양모산업으로 인해 농경지였던 장원의 토지가 목초지로 변화되었다. 농경에 종사하던 많은 수의 농노들은 소수의 목동만을 제외하고는 삶의 근거지를 잃게되었다. 오늘날의 관점에서 본다면 경제구조의 변동에 따른 실업자로 전락한 것이다. 이들 실업자들은 삶의 터전을 떠나 부랑하게 되었다. 충분히 예측할 수 있는 바처럼 부랑인들의 존재는 사회적으로 긴장을 유발하고 불안을 야기하는 것으로 비쳐지게 되었다. 이러한 사정을 배경으로 부랑빈민에 대한 억압적인 정책들이 대두하였다.

빈민에 대한 국가의 억압적인 정책이 대두한 다른 배경은 14~15세기에 걸쳐 유럽 지역에서 맹위를 떨친 흑사병과 관련된 것이다. 1348년부터 2년에 걸친 흑사병으로 농업노동력의 급격한 감소와 그 당연한 귀결로 농업노동자 임금의 상승 현상이 초래되었다. 일부 농민은 임금수준이 높은 타지역으로 이동하기도 하였다. 이러한 사정은 농촌지주의 이익에 반하는 것들이었다. 지주들의 이해를 반영하여 농업지역에서 임금수준을 통제하고, 농민의 이주를 규제하기 위한 조치들이 마련되었다.

한편 중세 말 이후 서구의 주요 도시는 증가하는 걸인 문제에 대처하는 새로운 방식들을 고안해내기 시작하였다. 걸인을 등록케 한다든가, 걸인을 원거주지로 추방한다든가, 해당 도시의 걸인 가운데 구걸하지 않으면 살아갈 수 없는 걸인에게만 '구걸허가증'을 발급한다든가, 혹은 걸인들의 동태를 감시하는 감독관리를 임명한다든가 하는 등의 조치들이 취해졌던 것이다. 걸인대책에 관한 아이디어 가운데 16세기 사회복지사상가였던 후안 루이스 비브(Juan Luis Vives)의 다음과 같은 계획은 이후의 구빈법의 내용에 영향을 미쳤다(Dolgoff & Feldstein, 1984). 그가 부르제

(Burges) 시 당국에 제출한 구호계획을 보면, 첫째 빈민을 등록하여 관리하고(이 내용은 1531년 헨리 Ⅷ세 법에 반영되었다), 둘째 구빈사업을 위한 사적인 기부를 장려하며(1536년 법에 반영되었다), 셋째, 구호와 노동을 결합하는 방식으로 성격개조가 필요한 개인을 처벌하고(영국에서 무자비하게 적용된 구걸억제 프로그램들에 반영되었다), 넷째, 빈민의 도덕성과 동태를 감시하는 것 등으로 이루어져 있었다.

영국에서 구빈과 관련한 일련의 중요한 입법들을 소개하면 다음과 같다.

⑦ 1349년 노동자칙령(Ordinance of Labourers): 노동능력이 있는 걸인들에게 개인적 자선을 하지 못하게 하였다.

ⓛ 1388년 케임브리지법(Statute of Cambridge): 모든 노동자와 걸인들의 이동을 금하고, 노동능력이 없는 빈민들의 구제를 각 지방의 책임으로 규정하였다.

ⓒ 1564년 합법정주법(Statute of Legal Settlement): 이 법은 교구 관리로 하여금 부랑걸인에게 거주지를 지정해줄 수 있는 권한을 부여하였는데, 이 장소가 후에 작업장으로 발전하였다. 노동능력이 없는 빈민들을 보호하기 위한 시설의 설치를 규정한 것은 '억압속의 구제'를 향한 일보 발전으로 평가된다.

ⓔ 1598년 구빈법(Act For the Relief of the Poor): 모든 교구에 빈민감독관을 두고, 이들에게 실업자를 위한 구직활동과 자활능력이 없는 이들을 위한 보호시설 설치의 책임을 부과하였다.

ⓜ 1601년 엘리자베스 구빈법(Elizabethan Poor Law): 종전의 산발적이었던 구빈법들을 집대성한 법으로 '구(舊) 구빈법(Old Poor Law)'으로 불리기도 한다. 그 내용은 다음과 같다(감정기 외, 2001).
첫째, 추밀원(樞密院)을 정점으로 하는 중앙집권적 빈민통제를 특성으로 하며, 빈민의 관리를 국가의 책임으로 하되 빈민의 권리는 아직 수용되지 않았다. 각 교구에는 교구위원회의 임명을 받은 빈민감독관이 구빈세 징수 등의 구빈행정을 담당하였다.
둘째, 빈민의 유형을 노동능력 유무를 중심으로 분류하였다. 먼저, 노동능력이 있는 빈민(the able-bodied poor)은 교정원(house of co-

rrection)이나 작업장(work house)에 수용하여 노동을 하게 하였고, 이들에 대한 자선은 금지하였으며, 이주도 제한하였다. 노동능력이 없는 성인 빈민(the impotent poor)은 구빈원에 수용하여 보호함(indoor relief)을 원칙으로 하되, 거주할 집이 있으면 원외구제(outdoor relief)를 병행하였다. 가족책임을 우선 원칙으로 삼았기 때문에, 보호할 가족이 있을 경우에는 구제의 대상에서 제외하였다. 요보호 아동(dependent children)은 시민에게 무료 위탁보호를 시키거나, 유료로 위탁할 경우에는 최저입찰자에게 위탁보호시켜 도제로서 활용하도록 하였다.

2) 피비린내 나는 입법들

구빈법에는 빈민에 대한 가혹한 처벌내용들이 있었다(김태성.성경륭, 1993). 예컨대 1349년의 〈노동자칙령〉에는 자신의 교구를 이탈하는 사람을 체벌하고 도망자(fugitive)라는 의미의 'F' 자 낙인을 찍는 내용이 들어 있었다. 1536년에 제정된 〈건장한 부랑인과 걸인 처벌법(the Act for Punishment of Sturdy Vagabonds and Beggars)〉에서는 걸식 부랑인이 첫 번째 잡히면 매질을 하고, 두 번째 잡히면 귀를 자르며, 세 번째 잡히면 사형에 처한다는 내용도 들어있었다. 1547년 법(the Act for the punishment for the Vagabonds and for the Relief of the Poor and the Impotent Persons)에서는 노동능력 있는 부랑인이 3일 이상 노동을 거부하면 가슴에 'V' 자 낙인(Vagabonds를 의미)을 찍어 노예로 삼도록 하였으며, 다시 도망치면 이마에 'S' 자 낙인(Slave를 의미)을 찍어 평생토록 노예가 되도록 하였다. 구빈법들이 지닌 가혹하고 억압적인 성격 때문에 마르크스는 이를 '피비린내 나는 입법'으로 지칭한 바 있다. 대표적인 법으로서 〈정주법(Settlement Act, 1662)〉과 〈작업장법(Workhouse Test Act or Knatchbull's Act, 1723)〉을 들 수 있다.

(1) 정주법

엘리자베스 구빈법이 제정된 지 약 60년 후에 빈민들의 거주이전을 보다 엄격히 제한하는 새로운 법률이 제정되었다. 이 법이 규정하고 있는 핵심적인 사항은 구빈의 대상이 될 수 있다고 판단되는 새로운 전입자를 그들의 출생 교구로 추방할 수 있도록 한 점이다. 보다 나은 구제를 찾아 빈민들이 떠도는 것을 막음으로써, 노동력을 안정적으로 확보하고자 했던 농업지주들의 이해가 반영된 제도였다(김동국, 1994: 66).

(2) 작업장법

작업장법은 빈민의 정주, 고용 및 구제에 관한 법률들을 개정한 것이다. 이 법은 작업장을 단일 교구 단위나 인접한 교구들간의 연합에 의해서 세울 수 있도록 하였다. 이 법에 의해 처음으로 빈민들에게 작업장 선서를 강요하게 되었다. 작업장 선서란 구제를 받기 위한 조건으로 작업장에 입소하여 노역하겠다는 것을 약속하는 행위를 의미한다. 당시의 작업장은 실질적인 강제노역장으로서 가혹한 처벌과 노동력 혹사가 일상적으로 일어나는 곳이었다. 당연히 궁지에 몰린 빈민 이외에는 가능한 수단을 다해서라도 입소하지 않으려는 무서운 곳이기도 하였다.

3) 구빈제도의 인도주의화

18세기 중반 이후 작업장법에 의한 작업장 중심의 구빈행정이 실패하면서 구빈행정 개혁의 필요성이 대두되기 시작하였고, 교구 중심의 구빈행정이 초래하는 비효율의 문제도 인식되기 시작했다. 여기에 작업장의 비참한 생활과 착취 현상에 대한 인도주의적 관심으로, 구빈제도가 조금씩 인도주의적 성격을 띠어가기 시작했다(김동국, 1994: 115-7). 이러한 변화를 반영한 것이 길버트법(Gilbert's Act, 1782)과 스핀햄랜드 제도

(Speenhamland system, 1795)이다.

(1) 길버트법

〈빈민의 구제·고용 개선을 위한 길버트법〉(Thomas Gilbert's Act- For the Better Relief and Employment of the Poor)은 각 주(county) 단위로 구빈을 조직화하기 위해 제정되었다. 교구연합은 공동으로 작업장을 설립할 수 있었는데, 이 작업장은 노인, 질환자, 신체 허약자 등만을 구제의 대상으로 삼았다. 노동능력이 있는 빈민들(paupers)은 가정 근처의 지주, 농업 경영자, 기타 고용주 등에게 임금보조 수당을 지원하여 고용하게 함으로써 최저생계비 수준의 급료를 지급하게 하였다. 시설외 구제(즉 거택구제; outdoor relief)의 방식을 적극 채용하였음을 알 수 있다. 이 제도가 갖는 긍정적인 의미는, 구빈행정의 억압적 성격이 완화되고, 시설외 구제를 확대시키는 계기가 되었다는 점에서 찾을 수 있다(감정기 외, 2001).

(2) 스핀햄랜드 제도

스핀햄랜드 제도는 1795년에 버크셔(Berkshire) 교구의 스핀햄랜드 (Speenhamland)에서 식품(즉 빵)의 가격과 가족의 수에 따라 빈곤 노동자의 임금을 보충해주는 제도였다. 물가에 연동하여 급여액수를 결정하는 일종의 보충급여제도가 탄생한 것이다. 이러한 제도하에서 농업지주들은 임금수준을 낮추게 되었고, 그 부담(물가와 실제 임금간의 격차)은 고스란히 납세자에게 전가되었다. 그 결과로 후일 구빈법 개정의 빌미를 제공하게 되었다(감정기 외, 2001).

4) 신구빈법

18세기 후반에서부터 19세기 초반에 나타났던 구빈법의 인도주의화 경향은 곧 반발에 직면하게 되었다. 그 반발은 스핀햄랜드 제도에 따른 임금보조가 구빈세 부담을 증가시켰기 때문에 야기된 것이었다. 다른 한 편에서는 구빈행정과 같은 국가의 개입을 '보이지 않는 손'이 지배하는 시장에 대한 부당한 간섭으로 생각한 자유주의 이념도 구빈법의 개정배 경으로 작용하였다.

1834년의 개정 구빈법(The Poor Law Amendment Act)은 노동능력이 있는 빈민에 대한 원외구제를 중단하는 대신, 노동능력이 없거나 노동의 대가로는 생계유지가 불가능한 빈민에 대해서만 구제를 제공하였다. 그 런데, 이러한 구제에는 중요한 원칙이 적용되었다. "열등처우(less eligibility)"의 원칙이 그것인데, 국가에 의한 구제수준이 최하층에 속하 는 독립 노동자들의 생활수준보다 낮게 유지되어야 한다는 원칙이었다. 이와 같은 열등처우의 원칙은 이 법에 의해 부활된 작업장 선서 (workhouse test)와 표리의 관계를 가졌다. 엄격하게 관리되는 작업장은 노동능력이 있는 빈민들이 국가로부터 구제를 받는 최후의 수단이 되도 록 한 것이다(감정기 외, 2001).

3. 사회보험시기의 사회복지

사회보험제도는 로마시대의 협회(꼴레지아)나 중세의 길드와 공제조 합(fraternities), 그리고 근세 이후 출현한 우애협회(friendly societies) 등 의 상부상조 제도들을 국가주도의 제도로 발전시킨 것이다. 서구의 각국 에서 사회보험 제도가 도입되기 시작한 것은 대개 19세기 종반에서 20세 기 초반까지의 시기이다. 이 시기는 산업화의 진척에 따라 자본의 독점 화가 진행되는 가운데 자본주의의 구조적 특성에서 비롯되는 문제들이 사회문제로 부각되던 때이다. 이러한 문제들 중에서 노령, 질병, 재해, 실업 등과 같은 임금 생활자의 최저생활을 위협하는 각종 사회적 위험 (social risks)에 대한 국가의 개입이 본격화되는 첫 출발점이 바로 강제적 사회보험제도의 도입인 것이다.

이러한 사회보험 제도를 등장하게 한 구체적인 배경과 시기는 나라마다 다양하나, 일반적으로 ㉠ 산업화 이후의 자본주의 발전과 병행한 각종 사회문제의 심화, ㉡ 그러한 문제의 해결에 대한 가족 및 시장기능의 한계 및 그것에 대한 인식, ㉢ 노동운동의 정치세력화를 통한 정치적 압력, ㉣ 근대국가의 성장과 개입적 기능의 확대 등을 든다. 사회보험은 그러나 산업화의 진전이 빨랐던 영국이 아닌 후발산업국인 독일에서 19세기 후반에 먼저 출현하였다.

1) 독일 비스마르크의 3대 사회보험 입법

독일에서 세계 최초로 사회보험제도를 등장하게 한 요소가 무엇일까? 당시 독일의 상황을 요약해 본다면, 늦게 시작하였으나 빠르게 진행된 산업화와 이에 따른 노동자 생활조건의 악화, 이러한 상황에 대처하기 위한 수단으로서 확산된 노동운동의 정치화와 이에 대한 지배세력의 견제, 사회문제에 대한 국가개입의 필요성에 관한 관념의 대두, 그리고 비스마르크의 독특한 통치 스타일 등을 꼽을 수 있다.

비스마르크는 '선량한' 노동자에 대한 보호와 '소요자'들에 대한 제재조치를 구분함으로써 노동자들을 제도권으로 흡수할 수 있을 것으로 기대하였다. '소요자'란 당시 독일에서 급속하게 확산되고 있던 사회주의 이념에 동조하는 노동자들을 의미한다. 체제유지를 위해 이들은 탄압의 대상이 되었고, 급기야 1878년의 〈사회주의자 탄압법〉이 제정되기에 이른다. 그러나 사회주의자 탄압법만으로는 당시의 심각한 경제불안과 노동자의 빈곤, 그리고 사회주의의 확산을 막기에는 역부족이었다. 그리하

여 사회주의자 탄압법을 보충할 수 있는 유화적인 수단으로 3대 사회보
험 입법이 추진되었다. 그런 의미에서 사회주의 확산에 대응한 비스마르
크의 정치는 '당근'과 '채찍'으로 묘사되기도 한다. 이러한 배경 아래
제정된 것이 1883년의 〈질병보험〉, 1884년의 〈산업재해보험〉 및 1889년
의 〈노령폐질보험〉이다.

2) 사회보험의 확산

독일에서 처음 출현한 사회보험제도는 유럽 여러 나라들에 확산되었
다. 사회보험 제도의 제1세대라고 할 수 있는 산업재해보상보험, 질병보
험(의료보험) 및 연금보험 등은 1차 세계대전 이전까지 거의 모든 유럽
국가에 도입되었다. 각 국가의 산업화의 정도, 외국 제도에 대한 모방 등
이 사회보험 제도의 확산에 영향을 미쳤는데, 어떤 국가가 사회보험 제
도를 도입하는데 영향을 미친 가장 중요한 요인은 자본주의적 산업화가
고도화되는 단계에서 전개된 국가-자본가 계급의 지배연합과 사회주의
정당-노동계급의 저항 연합간의 갈등과 투쟁이었다(김태성.성경륭,
1993: 94).

4. 복지국가의 발전과 재편

복지국가란 국민의 복지에 대해 국가가 많은 책임을 지는 역사상 실재
하는 국가형태를 의미한다. 이러한 복지국가(welfare state)의 출현시점
을 중세 말에서 근세 초의 구빈법 시기로 보는 견해가 있는가 하면, 본격
적인 복지국가의 출현은 20세기 중반부터라고 보는 견해도 있다. 이렇게
복지국가의 출현 시점에 대한 견해가 상이한 것은 구성원의 삶의 질에

대해 국가가 관여한 정도가 어느 정도였느냐에 대한 시각차이 때문이다. 20세기에 들어서면서 서구 제국들은 포괄적인 사회복지 정책들을 시행하기 시작하였다. 사회보험의 제2세대 제도라고 할 수 있는 실업보험제도가 다수의 국가에서 출현하였고, 가족수당(아동수당)제도나 각종의 사회복지 서비스들이 도입되기 시작하였다. 당연히 이전 시기에 출현하였던 노령연금이나 산재보험 및 질병보험 등의 제도에서도 대상인구의 확대라든가 제공되는 급부와 서비스의 확장이 이루어지게 되었다.

서구에서 복지국가가 출현하게 된 배경은 국가마다 다소 상이하였으나, 대체로 다음과 같은 두 가지 상황이 중요하게 작용하였다. 첫째, 자본주의 경제체제의 모순이 누적되면서 발생하였던 대공황이다. 대공황은 대량실업과 이에 따른 대중빈곤의 문제에 대한 국가 개입을 불러 일으켰다. 1930년대 미국 대공황으로 1935년에 사회보장법(Social Security Act)이 제정된 것이 대표적인 사례이다. 둘째, 세계대전의 영향을 들 수 있다. 특히 제2차 세계대전의 여파로 사회복지 정책과 프로그램에서의 발전이 나타났다. 전쟁은 대공황의 영향과 마찬가지로 기존의 모든 공적·사적 복지제도들이 파산하거나 작동 불능한 상태로 만들어 버렸으며(김태성·성경륭, 1999), 이는 국가의 책임과 개입을 당연한 것으로 만들었다. 총력전 형태의 전쟁에서 승리하기 위해 구미의 국가들이 효과적인 국민 동원 전략의 수단으로 종전 후의 평화시에 대하여 더 나은 삶을 보장할 것을 약속할 수밖에 없었던 결과이다(김태성·성경륭: 104-105). 그러한 약속을 가장 잘 보여주는 사례가 영국 복지국가의 청사진이 되었던 베버리지 보고서였다.

1) 베버리지(Beveridge) 보고서

제2차 대전의 종식이 기대되던 시기에 영국정부는 전후 사회개혁을 위한 청사진을 마련하는 작업에 착수하였다. 세계대전을 치르면서 '전쟁의 고통을 분담했으니까 전쟁 후의 번영도 공유해야 한다' 는 분위기가 형성되었다. 베버리지를 위원장으로 한 위원회는 1942년에 속칭 〈베버리지 보고서〉(원제목 Social Insurance and Allied Services)를 작성하였다. 베버리지 보고서에는 현대사회의 주요 사회문제를 '5대 거인(Five Giants)' 으로 묘사하고 있는데, 그것들은 궁핍(want), 질병(disease), 무지(ignorance), 불결(squalor) 및 나태(idleness)이다. 궁핍은 빈곤을 의미하며 소득보장 정책을 통해 해결이 시도되었다. 질병에는 의료보장, 즉 영국이 자랑하는 국민보건서비스(NHS: National Health Service)를 통해 그것의 퇴치가 계획되었다. 무지는 교육정책을 통해, 불결은 주택정책을 통해, 그리고 나태-즉 실업-에는 고용정책이 강구되었다. 이들 5대 거인 가운데 가장 중요한 해악은 궁핍이었으며, 사회정책은 직접, 간접으로 궁핍의 문제에 대한 대응과 관련되어 있었다. 베버리지는 자신의 계획이 성공하기 위한 세 가지 전제조건으로 완전고용과 아동수당, 그리고 무상 국민보건서비스(NHS)를 강조하였다. 베버리지 보고서에 담긴 구상들은 제2차 세계대전 종전 이후 실제 제도와 프로그램으로 실현되었다.

2) 복지국가의 발전

두 차례의 세계대전과 대공황의 경험은 복지국가의 확립 과정에서 제도적 확충, 복지수혜자 범위의 확대, 복지예산의 증대와 같은 양상으로 나타났다(김태성 · 성경륭, 1993: 105-112). 첫째, 제도의 확충으로서 2차대전 후 1950년 이전 시기까지 대부분의 서구 선진국가에서는 실업보험과 가족수당 등을 포함한 현대적 사회복지제도를 구성하는 거의 모든 제도를 완비하게 된다. 일반적으로 실업보험과 수당제도(allowance)는 다른 사회보험과 공공부조에 비하여 늦게 시기적으로 등장하게 된다. 그 이유는 실업보험의 경우 일을 하지 않는 사람에게 급여를 준다는 점에서 이데올로기적으로 사회적 합의가 쉽지 않기 때문이며 수당제도는 대상자 수에서 보편적이면서도 기본욕구를 충족시켜주어야 하기 때문에 재정부담이 매우 크기 때문이다.

둘째로 사회복지 수혜자 범위가 대폭 확대되었다. 산재보험, 질병보험, 노령연금, 실업보험 등 네 가지 복지제도에 의해 보호되는 대상자의 수를 1890년 이후 1970년까지 시계열적으로 분석한 플로라와 앨버(Flora and Alber, 1981)에 따르면 전체적으로 보아 1919년까지는 약 27% 수준에 머물러 있었다. 그러나 1920년에서 1945년 사이에 약 60%로 급상승한 것으로 나타났다.

셋째로 복지 예산의 확대이다. 1920년을 기준으로 보면 9개 국가가 GDP의 3% 이상을 사회분야에 지출하고 있었다. 그러나 1940년이 되면 거의 모든 국가들이 GDP의 5% 이상을 사회지출에 투입하게 되었다. 일반적으로 사회복지 지출에 가장 소극적으로 알려진 미국조차도 유럽국가들 못지 않은 사회분야에 대한 공공재정의 팽창을 보여주고 있다(Pierson, 1991: 111-113). 또한 전후 집합주의에 대한 거부로 신자유주의적 경제시스템을 도입한 독일도 1915년에 이미 GDP의 5% 수준을 넘고 있다. 국가의 전통적 기능은 전쟁의 경제적 지원이었는데 국가가 GDP의 3~5%를 사회복지를 위해 지출한다는 것은 국가의 전통적 기능을 상대적으로 약화시키고 국가의 복지기능을 새로이 강화했다는 점에서 이전 국가와는 다른 복지국가의 출발이라고 할 수 있다(김태성 · 성경륭, 1993: 109-110; Pierson, 1991).

전후 25년 간 복지국가는 1973년 석유 파동(oil shock)이 일어날 때까지 사회복지에 대한 재정 지출을 더욱 확대해 나갔다. 하지만 제도적 측면에서는 뚜렷한 변화가 일어난 것은 아니다. 다만 전후의 경제 호황과 합의의 정치구도 속에서 사회복지 지출을 늘려 나갔고 복지국가 성립과 함께 출범한 다양한 제도들의 내용이 조금씩 변화하면서 급여수준, 적용대상이 확대되어갔다. 이런 과정을 통해서 복지국가는 더욱 세련되게 발전했으며 이러한 복지국가의 여러 제도들이 세계 전역으로 확산되어 갔다. 이 시기 사회복지 예산이 팽창한 직접적인 원인은 상대적 비용의 상승, 인구구조의 변화, 새롭게 개선된 서비스, 증대하는 사회적 욕구와 같은 네 가지를 들 수 있다(Gough, 1979: 84-94).

3) 복지국가의 위기와 재편

1960년대까지 세계적인 자본주의의 호황과 합의의 정치 구도 하에서 안정적으로 팽창하던 서구 복지국가들은 1970년대 중반에 이르러 위기를 맞이하게 된다. 이러한 위기의 배경으로는 첫째, 경기침체, 성장의 둔화 및 실업의 증대, 지하경제 문제, 세금회피와 탈세 등의 경제적 배경, 둘째, 정부에 대한 신뢰성 저하, 정당에 대한 애착의 결여, 관료 기구의 비효율성 및 통제 강화, 이익집단 중심의 비효율적 다원주의 등의 정치·행정적 배경, 셋째, 아노미 현상, 사회통합의 이완 현상, 성별·계층별 갈등 현상 등의 사회문화적 배경들이 제시되고 있다(현외성 외, 1992: 27-29). 하지만 1973년 10월 중동전쟁으로 석유 생산량이 줄고 가격이 폭등하는 이른바 석유 파동(oil shock) 이후 복지국가 위기의 배경에는 혼합경제와 포디즘 생산체계의 붕괴, 전후 합의의 붕괴, 노동연대의 약화 등의 좀더 근본적인 변화가 있었다.

1980년대에 들어서면서 대서양의 양편에 있는 영국과 미국에서 신자유주의 이념을 신봉하는 신우파 정당이 집권하게 되었다. 영국의 대처정부와 미국의 레이건 행정부가 바로 그것이다. 이들 신우파 정권들은 복지국가의 해체를 공약으로 제시한 공통점을 지니고 있었다. 과도한 사회복지 지출이 경제성장을 둔화시키고 정부의 재정위기를 불러왔다는 신

넘체계를 기반으로 이들 신우파 정권은 복지비의 삭감 및 지출 구성의
변화, 공공 서비스를 포함한 공공부문의 민영화 및 기업에 대한 규제의
완화, 지방정부의 역할 축소, 노조를 포함한 사회세력의 약화 등의 정책
기조를 견지하였다. 영국과 미국에서 진행된 이러한 정책이념은 각각 대
처리즘(Thacherism)과 레이거노믹스(Reaganomics)라는 별칭을 얻게 되
었다.

　신우파들이 득세한 1980년대의 복지국가는 복지제도의 내용과 양적인
측면에서 많은 변화(주로 축소 경향)가 초래되었음에도 불구하고 결코
해체된 것은 아니었다. 오히려 신우파의 공약과는 달리 복지지출에서의
감소보다는 완만한 증가가 이어졌다. 즉 GDP 대비 사회복지비 지출비
율은 증가하였으나 그 증가율은 과거에 비해 낮아졌던 것이다. 또한 복
지제공의 전제조건으로 일할 것을 요구하는 노동연계복지(workfare)가
발전하였다. IMF 구제금융 사태 이후 한국에서 대두된 ‘생산적 복지’는
이러한 노동연계복지와 맥을 같이하는 것이다.

5. 한국 사회복지사의 흐름

　근대화 과정에서 서구에 뒤졌던 우리나라는 사회복지분야에서도 서구
에 비해 낙후된 모습을 보이고 있다. 일반적으로 현대 사회복지제도는
농경사회에서 산업사회로 전환함에 따라 대두되었다. 주지하는 것처럼
우리나라에서 산업화는 20세기 중반 이후에 본격적으로 시작되어 일찍
이 산업화 과정을 거쳤던 서구에 비해 최소한 1세기 이상 지체되었다. 그
결과 아래 표에서 보는 바와 같이 사회복지제도의 출현시기에서 우리나
라는 서구국가에 비해 거의 1세기 가까운 지체를 보이고 있다.

〈표4-1〉 서구와 한국의 주요 사회보험제도 입법시기 비교

사회복지제도	서구의 최초 도입시기(국가)	한국의 도입시기	시차
의료보험	1883(독일)	1977	94년
산재보험	1884(독일)	1963	79년
연금보험	1889(독일)	1988	99년
실업보험	1911(영국)	1995	84년

그러나 산업화 이전 시기의 사회복지 발전양상에서는 우리나라가 반드시 서구에 비해 낙후되었던 것으로 볼 수는 없을 것이다. 오히려 우리의 전통사회에서는 농민보호를 위한 공공복지제도들과 민간 상부상조 전통이 면면히 이어져 내려온 것을 확인할 수 있다.

1) 전통사회의 공공복지

농경을 기반으로 하였던 우리나라 전통사회에서 자연재해로 인한 농업생산의 축소나 농민의 감소는 왕조국가의 존립에 커다란 위협으로 작용하였다. 삼국시대 이래 역대 왕조에서는 자연재해에 미리 대비하는 정책과 재해 발생 후 이재민을 보호하고 농업생산력을 유지하기 위한 정책들을 제도화했다.

(1) 재해대비 정책들

홍수나 가뭄 등의 자연재해에 대비하는 정책들은 일차적으로 치산치수(治山治水)로 표현되는 대규모 관개사업이었다. 삼국시대에 이미 김제 벽골제를 비롯한 제방들이 축조되었다. 자연재해에 대비하는 이차적인 정책들은 재해발생시 이재민을 보호하는 각종의 정책들인데, 창(倉)제도가 가장 중요하였다.

일찍이 고구려 고국천왕 16년(서기 192년)에 재상 을파소의 건의에 의

해 진대법이 시행되었는데[33], 이것이 고려왕조 때에는 흑창, 의창, 상평 창[34] 등으로 제도화되었다. 조선왕조에서도 상평창과 의창이 존속되었고, 조선후기에는 환곡제도로 개칭되었다. 이상이 국가기구가 관리한 공공의 창제도였다면, 이미 고려시대부터 백성들이 곡식을 출자하여 만든 유비창(有備倉, 고려)과 사창(社倉, 조선)도 있었다.

(2) 이재민과 빈민 보호 정책들

자연재해 발생 후 이재농민을 보호하는 정책들은 여러 가지가 있었다. 첫째, 이재민을 위해 식량과 종자를 대여하거나 무상으로 제공하는 정책들이 있었다. 삼국시대부터 이재민에게는 관곡을 제공해왔다. 이재 농민 외에도 소위 '환과고독(鰥寡孤獨)'으로 불리는 네 부류의 빈민, 즉 사궁 (四窮)— '홀아비, 과부, 고아 및 독거노인' —에게도 관곡이 무상으로 지급되었다. 둘째, 이재농민들에게 세금을 감면해주는 정책이 있었다. 전

---

33) 진대법과 관련하여 『삼국사기』, 「고구려본기」 고국천왕조에는 다음과 같은 기록이 나온다.

十六年秋七月, 墮霜殺穀, 民饑, 開倉賑給. 冬十月, 王烟于質陽, 路見坐而哭者, 問何以 哭爲. 對曰 臣貧窮, 常以傭力養母. 今歲不登, 無所傭作, 不能得升斗之食, 是以哭耳. 王 曰 嗟乎! 孤爲民父母, 使民至於此極, 孤之罪也. 給衣食以存撫之. 仍命內外所司, 博問 鰥寡孤獨老病貧乏不能自存者, 救恤之. <u>命有司, 每年自春三月至秋七月, 出官穀, 以百 姓家口多小, 賑貸有差, 至冬十月還納, 以爲恒式, 內外大悅.</u> (유사에게 명하여 '해마다 봄 3월부터 가을 7월까지 관곡을 내어주되, 가구원의 많고 적음에 따라 빌려줌에 차등을 두고, 겨울 10월에 이를 되돌려 받도록 하는 것을 영구한 법으로 하라' 하니 성안과 성밖의 백성들이 크게 기뻐하였다)

진대법을 일명 내외대열법이라 한 것은 위 기사 끝 부분을 인용한 것이다.

34) 상평창(常平倉)은 경제제도이면서 사회복지제도이기도 했다. 상평이란 말 자체는 '항 상 균형을 유지한다' 는 의미로 물가(곡가)를 안정시킨다는 의미가 담겨있다. 흉년시 에 곡가가 등귀하면 저장된 곡식을 방출하여 곡가를 낮추고, 풍년에 곡가가 떨어지면 곡식을 시가보다 높은 가격으로 사들여 저장함으로써 곡가의 안정을 기하였던 것이 다. 아울러 상평창을 비롯한 국가의 창제도는 전쟁에 대비한 전략물자(곡식) 비축 기 능을 수행하는 등 경제-복지-군사 등의 기능을 지닌 다목적 제도였다.

통사회의 세금은 곡식으로 납부하는 조(租)와 노동력을 동원하는 용(庸), 그리고 특산품으로 납부하는 조(調)가 기본이었다. 자연재해가 발생하면 세금(租庸調)을 감면하거나 납부를 유예하는 등의 조치가 취해졌다.[35] 세금감면 조치는 자연재해 이외에도 국가에 경사스러운 일이 있을 때 이루어지기도 하였다.

셋째, 구호재원을 마련하기 위해 곡식을 기부하는 사람에게 명예를 주는 정책이 있었다. 고려시대의 납속보관지제(納粟補官之制)나 조선시대의 공명첩(空名帖), 원납제(願納制) 등이 여기에 속한다.

넷째, 자연재해 발생시 왕이 스스로에게 책임을 물어 자성하는 의미에서 거처를 소박한 곳으로 옮긴다든가(避殿), 고기반찬을 줄인다든가(減膳), 오락을 삼가는(蕃樂) 등의 검소하고 소박한 모습을 보임으로써 민심을 안정시키고 관료들에게 근신하도록 한 것을 들 수 있다.

그 외에도 자연재해시에는 형벌을 경감하고 죄수를 석방하기도 하였고, 불사를 일으키거나 기우제와 같은 제사를 지내기도 하였고, 걸인들을 위해 급식하기도 하였다.

이제까지 간략히 살펴 본 우리나라 전통사회 공공복지제도들은 왕자인정(王子仁政)이라는 유교의 통치이념이나 불교의 자비사상 등에 근거를 두고 있었다. 그러나 전통사회에서 국가기구가 피치자들인 백성들에게 안정적이고 충분한 복지를 제공한 것은 아니었다. 오히려 조선후기 환곡의 예에서 볼 수 있듯, 사회복지제도가 종종 백성들로부터 원성을 사는 악정으로 둔갑한 경우도 있었다. 전통사회에서 공공 사회복지제도가 수행한 기능은 자연재해시에 농민을 보호하여 농업생산력을 유지함으로써, 사회와 민생의 안정을 도모하는데 있었다. 백성들은 마을공동체

---

35) 세금감면은 오늘날의 소위 '조세복지(fiscal welfare)' 에 해당한다.

단위에서 서로 돕는 상부상조 전통과 관행을 발전시킴으로써 삶의 안정을 도모해야만 하였다.

2) 전통사회의 상부상조

전통사회의 상부상조 제도 혹은 관행들에는 다음과 같은 것들이 있었다. 첫째는 전통사회 민간에서 널리 행해진 계가 있다. 계는 그 형태와 내용의 변화를 보이면서 오늘날까지 계승되고 있는 매우 오래된 상부상조 제도이다. 둘째로는 조선중기에 대두한 향약을 들 수 있다. 마을의 양반지배층에 의해 주도된 향약은 그것의 4대 덕목의 하나인 환난상휼(患難相恤) 강목을 통해서 볼 수 있듯이 상부상조 기능도 수행한 조직이었다. 다음으로는 두레, 부근, 공굴 등과 같이 노동력의 교환이나 공동노동을 위한 협동관행들이 있다. 이들 협동관행들은 일차적으로는 동가의 노동력 교환을 목적으로 하고 있었지만, 종종 사회적 약자에 대해 일방적인 노동력 이전을 해왔음으로 하여 전통사회 복지관행으로 인정될 수 있는 것들이다. 협동관행들은 제도화나 조직화 측면에서 앞에서 든 계나 향약보다는 대체로 느슨하였다. 마지막으로는 제도화나 조직화라는 측면에서 현저하게 약한 원조 또는 자선관행 또는 습속들이 있다. 동냥, 탁발, 걸립, 된장서리, 마당쓸이, 개구멍받이 등이 그것들이다. 이외에도 지방에 따라 또는 시대에 따라 다양한 명칭과 내용의 상부상조 또는 원조 기제들이 있었다.

(1) 계

한국 전통사회에서 가장 보편적인 민간의 조직형태였던 계는 그것의 종류와 발전과정에서 매우 다양하였다. 회원사이의 친목도모를 위한 사교계가 있었는가 하면, 경조사에 상부상조하기 위한 혼상계도 있었다.

계의 운영주체나 운영범위는 대개 지연이나 혈연과 같은 일차적인 연고를 바탕으로 하거나 또는 학연이나 직업과 같은 기능적인 연고를 바탕으로 한 20~40명 정도의 동류적 기반 위에서 이루어졌다.[36] 대부분의 계는 그것의 일차적 목적 외에도 상부상조 기능을 수행했는데, 장례, 혼인, 제사, 질병, 학비, 공동납세 등의 예기치 않은 과다한 비용지출 사건들에 대한 공동대처 기제를 담고 있는 경우가 많았다. 이러한 사건들이 발생하면 현물이나 현금 또는 노동력의 형태로 보호를 제공하였고, 정신적인 위로와 같은 심리적인 보호가 수반되기도 하였다. 이러한 급부를 위한 자원은 계원의 출자(현금, 현물, 노동력 등)로 충당되었으며, 그런 점에서 계의 운영원리는 호혜성에 바탕을 둔 보험원리에 가까운 것으로 이해된다.[37]

계는 그것이 표방한 공동가치를 실현하고 공동목적을 달성하며, 일상적인 위험(문제)을 해결하고, 회원간의 단결과 화합을 이끌어내는 조직이었다. 아울러 계를 통해 특정의 집단이 여타 집단에 대해 은연중 행동을 통제하거나, 신분계급적 지배를 강화하기도 하였고, 때로는 국가의 지배와 압력에 공동으로 대처하는 자구적인 기능도 수행하였다.

(2) 향약

향약은 주민교화와 풍교확립을 위한 유생·양반 주도의 조직체였다. 향약의 4대 덕목 중 환난상휼(患難相恤)조가 전통사회 상부상조와 관련하여 향약이 주목받는 소이이다. 향약은 양반과 지배층이 주도하여 전체 주민(한 동네 또는 여러 동네의 주민들)을 그 범위에 포괄하고 있었다. 환난상휼 조에 따르면 약인들은 일곱 가지 사고 또는 위험이 발생할 경

---

36) 신용하·박명규·김필동 편, 『한국사회사의 이해』, 서울: 문학과 지성사, 1995, p. 209.
37) 나병균, 「계와 사회보장」, 하상락 편, 『한국사회복지사론』, 서울: 박영사, 1989, pp. 238-239.

우 향약으로부터 보호를 받았는데, 그것들은 ① 수화(水火), ② 도적(盜賊), ③ 사상(死喪), ④ 질병(疾病), ⑤ 고약(孤弱), ⑥ 무왕(誣枉), ⑦ 빈핍(貧乏)이다.[38] 이들 사고나 위험이 실현되면 물질이나 노동력의 제공이 주로 이루어졌고, 종종 정신적 위로가 수반되기도 하였다. 급부를 위한 자원은 약인들의 출자로 충당되었다. 그런 점에서 향약도 계와 마찬가지로 호혜성에 바탕을 둔 보험원리에 입각해 있었다. 향약은 그것이 표방한 공식목표가 화민성속(化民成俗)에 있었지만, 그 이면에는 유교이념을 강제하고자 하는 양반과 지배층의 숨은 의도가 배어 있었다.[39]

(3) 협동관행들

한국 전통사회에는 공동의 노력을 동원하기 위한 협동관행들이 널리 행해졌다. 이는 적기에 대량의 노동력을 동원해야만 하는 농업의 특성에 비롯된 바 크다. 한편 이들 협동관행들은 사회적인 약자들에 대해서는 반대급부 없이 노동력을 제공하는 원조기능도 수행했다. 두레, 공굴, 부근, 울력, 화막 꾸리기, 지경 넘기기, 집지(집지 봐주기) 등이 여기에 속한다.

두레는 농경을 위한 공동노동 조직이면서 공동방위, 공동제사 및 상호부조 등의 기능을 수행한 마을자치조직이었다.[40] 공굴은 마을 안에 중병자나 불구자, 과부 그리고 초상을 당한 사람의 농사를 마을 사람들이 공

---

38) 향약의 환난상휼 조에 규정된 내용들은 다소의 변형이 있다. 예컨대 율곡 이이가 해주에서 행한 해주향약에는 화재, 도적, 중병, 무고, 과년(過年), 절량(絶糧), 상사 등에 대한 부조가 규정되어 있었다. 최일섭, 『지역사회복지론』, 서울: 서울대학교 출판부, 1987, p. 84.

39) 나병균, 「향약과 사회보장」, 하상락 편, 『한국사회복지사론』, 서울: 박영사, 1989, pp. 185-214.

40) 신용하, 「두레공동체와 농악의 사회사」, 『한국사회연구』, 제2집, 서울: 한길사, 1984.
최일섭, 『지역사회복지론』, 서울: 서울대학교 출판부, 1987, pp. 79-80.
신용하 · 박명규 · 김필동 편, 『한국사회사의 이해』, 서울: 문학과 지성사, 1995, pp. 218-220.

동으로 지어주는 민속을 일컫는다. 무보수봉사를 원칙으로 하여 각자 점심을 갖고 와서 일을 해주나 마을의 유지가 공굴날 주식을 부담하는 관례도 있었다.[41] 부근은 주로 북한 지방에서 널리 행해지던 풍습으로 공굴보다 봉사범위가 넓어 농사일뿐 아니라 동네사람이 집을 신축할 때 또는 10세 미만의 아이가 죽었을 때의 장사 등에 노동력을 제공하였다.[42] 울력은 마을사람 중에서 병이나 기타 어려운 여건으로 일을 할 수 없게 되었을 때 이웃집에서 노동력을 제공하여 농사일이나 가사를 거들어 준 관행이었다.[43] 화막 꾸리기는 동네사람 집에 큰불이 나거나 홍수로 재산을 모두 소진당했을 때 짚 서너 단, 이엉 한 마름, 서까래 하나, 기둥재목 하나씩 등을 형편에 따라 갖고 와서 새로 집을 지어주는 관행이었다.[44] 집지(집지 봐주기)는 새 집을 지을 때 마을 사람들이 하루에 한 집씩 돌아가며 흙, 나무 등을 운반하고 벽 바르는 일 등을 도와주는 관행이었다.[45] 지경 넘기기는 연고자가 없는 부랑인이나 나그네가 산간마을에 와서 병이 나는 경우 환자에게 연고지를 물어서 연고지까지 환자를 역마차 식으로 운반하였던 관행이다. 지경 넘기기는 외지 환자를 돕는다는 의미를 지녔지만, 실제로는 외부의 환자에 대하여 마을이 책임을 지지 않으려는 의도가 더 컸다 한다.[46]

협동관행들은 대개 자연적으로 형성된 동네주민들 사이에 자발적으로 조직되었다. 공동노동이 필요한 농번기의 협동노동이 주된 일이었고, 간

---

41) 이규태, 「한국사에 있어서의 복지관」, 『복지사회의 이념과 방향』, 아산사회복지사업재단, 1979, pp. 34-35; 최일섭, 『지역사회복지론』, 서울: 서울대학교 출판부, 1987, p. 86.

42) 이규태, 앞의 논문, pp. 34-35.

43) 나병균·허남순·차흥봉, 「전통적 복지관행」, 한림대학 아시아문화연구소, 『홍천군의 전통문화』, 1987, pp. 195-243.

44) 나병균 외, 앞의 논문, pp. 212-234.

45) 나병균 외, 앞의 논문, pp. 24-38.

46) 나병균 외, 앞의 논문, p. 28.

혹 마을의 공유지나 과부, 병약자의 농지에 대한 무상의 노동력 제공도 이루어졌다. 대개는 동등한 가치를 갖는 노동력의 교환에 바탕을 둔 협동관행이지만, 사회적 약자에 대한 노동력 제공을 통해 원조기능을 수행하였다. 협동관행들은 마을단위의 공동과제 해결과 구성원 결속이라는 목표를 지니고 있었다.

(4) 원조(자선) 관행들

한국 전통사회에는 일방적으로 재화와 서비스가 이전되는 원조와 자선의 관행들도 있었다. 오늘날까지도 '동냥아치' 라든가 '동냥젖' 등의 용례에 남아있는 동냥은 본래 수행하는 스님이 쌀같은 것을 얻으려고 마을을 돌아다니는 일이나 또는 그렇게 얻은 돈이나 먹을 것을 가리키나, 보통은 구걸(탁발)과 같은 것이었다. 한편 일종의 공동모금이랄 수 있는 걸립은 마을에 식량이 떨어진 집이 있거나 또는 마을 공동의 경비지출이 필요할 때 주민들이 농악을 울리면서 가가호호 방문하여 풍악과 연예를 베풀어 돈이나 곡식을 얻는 관행이었다.

전통사회에서는 소위 보릿고개라는 춘궁기를 보내는 것이 힘든 경우가 적지 않았다. 마을의 빈농들이 춘궁기에 의존할 대상은 부잣집이었다. 그러나 빈궁한 기색을 표현하는데 있어서 직접적이고 노골적인 방법보다는 간접적이고 암시적인 방법들을 동원하였다.[47] 된장서리가 그 한 예인데, 이는 춘궁기 때 식량이 떨어진 아낙들이 나물을 캐서 부잣집에 가져다주면 안주인이 된장이나 쌀, 음식을 나누어주는 관행이었다.[48] 이와 대칭되는 것이 마당쓸이인데, 이는 부잣집 늙은 하인이 비를 들고 있을 때 빈곤한 사람이 와서 대신 마당을 쓸어주면 그 사람 집에 식량이 떨어졌다는 것을 의미하므로 하인이 주인에게 이야기하여 곡식을 나누어

---

47) 이규태, 앞의 논문, p. 37.
48) 나병균 외, 앞의 논문, p. 24.

주었던 관행이었다.[49] 한편 개구멍받이라는 관행은 빈핍한 부모가 자녀를 유복한 집 개구멍을 통해 밀어 넣음으로써 일종의 입양이 이루어지도록 한 것이다.[50] 이 때 아이를 받은 집에서는 이를 거절하지 않고 키우는 것이 관행이었다. 이들 관행들은 대개 동네나 소규모 지역을 범위로 하여 이루어졌다.

이상에서 살펴 본 전통사회 상부상조 제도와 협동관행 및 원조관행에 반영된 복지이념을 정리하면 다음과 같다.

첫째, 전통사회 상부상조 제도나 협동관행 및 원조행위에 담겨진 복지이념으로 자발성을 들 수 있다. 향약이나 일부 동계의 경우에 가입이 강제된 흔적이 있으나, 거의 모든 조직들은 대체로 주민들의 자발적인 의사에 따라 가입과 탈퇴가 자유롭게 이루어졌다.

둘째, 전통사회 복지이념은 마을공동체와 같은 작은 사회적 단위에서 주로 혈연과 지연(간혹 학연)을 기반으로 하고 있었다는 점이다. 이는 사회적 이동이 적고, 마을 단위에서 독립적이고 폐쇄적인 생활영위가 가능했던 전통사회 사회구성에 알맞는 복지이념이라고 평가할 수 있다. 마을보다 더 큰 지역단위의 연대성은 일부 향약의 그것을 제외한다면 찾아보기 힘들다.

셋째, 상부상조와 원조의 대상범위가 대개는 '아는 이웃'에 한정되었다는 점이다. '모르는 이웃'에 대한 원조행위가 전혀 없었던 것은 아니나 전체적인 윤곽은 '아는 이웃'에 의한 '아는 이웃'에 대한 원조와 상부상조였던 것이다.

넷째, 상부상조나 협동관행 또는 원조관행 모두 단위지역 내에서의 자

---

49) 나병균 외, 앞의 논문, p. 220.

50) 최원규, 「조선 후기의 아동복지」, 하상락 편, 『한국사회복지사론』, 서울: 박영사, 1989, pp. 265-266.

조(self help)원리를 구현하였다. 혈연을 기반으로 하였건 또는 지연을 기반으로 하였건 상부상조 제도와 협동관행들은 외부체계로부터의 원조 또는 간섭으로부터 독립적인 위상을 유지할 수 있었다.

다섯째, 일부 원조관행을 제외한다면, 상부상조 제도와 협동관행들은 운영원리로서 대부분 호혜성의 원리에 입각한 보험원리가 적용되었다. 따라서 구성원 누구도 상호관계에서 손해보는 일이 발생하지 않았으며, 약정된 위험이나 문제가 출현하면 구성원 누구나 당연히 급부에 대한 기대를 가질 수 있었다. 같은 맥락에서 구성원 누구나 자원의 출자와 노동력의 제공과 같은 기여의무를 당연한 것으로 받아들였다.

여섯째, 상부상조의 내용에 있어서는 자연재해건 또는 삶의 주기 가운데 자연스럽게 나타나는 애경사이건 물질적인 급부와 정신적인 급부들이 혼합되는 형태의 급부가 제공되었다. 한편 급부의 수준은 눈앞에 닥친 문제나 위험을 헤쳐나가기 위한 정도에 그치고 있었다. 그 이유는 당시의 생산력으로 보다 높은 수준의 보호를 제공하는 것이 불가능하였기 때문이었다. 급부에 있어서 물질적인 급부(물질, 금품 및 노동력)가 중요하였지만, '아는 이웃' 들로부터의 정신적인 위안과 같은 무형의 급부가 수반되는 경우도 적지 않았다.

마지막으로 기능에 있어서 전통사회 상부상조 제도와 협동관행 및 원조관행들은 공동체(혈연, 지연 및 학연)의 결속과 질서의 유지, 공동과업의 달성 및 곤궁의 해결이라는 다양한 기능을 수행한 것으로 이해할 수 있다. 또한 국가기구의 수탈과 지배계급에 의한 착취로부터의 보호책 내지는 자구책으로서의 기능을 수행하기도 하였다. 한편 전통사회에서 널리 행해진 상부상조 제도와 관행들은 일제강점기를 거치면서 그 기능이 급격히 쇠퇴하였으며, 존속된 것들도 그 내용이 변질되었다.

3) 일제식민통치의 영향

일제시대는 우리나라 사회복지 역사에서 일종의 단절과 변질의 시대였다. 단절이라 함은 조선시대까지의 공공 사회복지제도들이 이 시기에 대부분 소멸되었다는 것을 의미하고, 변질이라 함은 이전시기까지의 상부상조 전통이 크게 변하였다는 점을 의미한다. 1910년의 강제병합 이후 일제당국은 식민정책의 일환으로 시혜 혹은 자선의 개념에 입각한 사회복지 정책을 시행하였다. 일본왕의 은사금(恩賜金)으로 구제사업을 실시한 것이 대표적인 예이다. 일제는 또한 조선민중들의 자치조직들을 억제하여 계와 두레 및 향약이 크게 위축되거나 변질되는 결과를 낳게 되었다.

20세기 전반에 일본에서는 근대적인 사회보험제도와 공적부조제도들이 도입되었지만, 식민지 조선에는 거의 소개되지 않았다. 예외적으로 1929년에 일본에서 시행한 구호법의 내용을 바꾸어 1944년에 조선구호령을 실시한 것을 들 수 있다.

한편 20세기를 전후한 시기에 조선에 온 서구 선교사들은 당시 자국에서 운영되고 있던 복지시설들을 소개하였다. 서구식 양로원과 고아원 및 장애인시설들이 이들 선교사들에 의해 조선에 소개되었고, 이후 우리나라 사회복지가 시설중심으로 발전하는 계기를 제공하였다. 일제시대의 공공 사회복지는 기본적으로 구호사업이었으며, 그 실상은 형식적이고 시혜적인 것으로 식민지 민중에 대한 통제를 목적으로 한 것이었다.

4) 한국 현대 사회복지의 흐름

해방 이후 우리나라는 3년간의 미군정을 거쳐 1948년 8월 15일에 대한민국 정부수립을 보게되었다. 미군정 3년 동안 사회복지 측면에서 커다

란 변화는 보이지 않으나, 한 가지 주목할 것은 서구의 선교단체와 해외
원조단체들이 남한에서 자유롭게 활동할 수 있는 여건이 갖추어지게 되
었다. 이들 외원단체들은 1950년의 한국전쟁을 계기로 대거 진출하여 비
조직적이고 자선적이며, 종교우선적인 구제활동을 전개하였다. 그러한
와중에서 서구의 근대적 사회사업(social work) 개념이 도입되었다.

(1) 한국전쟁과 시설복지의 발전

구호방법으로서 시설복지는 실상 구한말이나 일제시대에도 선교단체
들에 의해 소개, 실천되었다. 그러나 해방 후 시설구호사업이 이전 시기
의 시설사업과 방법상 동일한 것이었다고 해도 그것이 한국의 사회사업
발전에 미친 영향이라는 점에서는 그 비중에서 현격한 차이가 있다. 일
제시대까지의 고아원, 양로원 등의 시설보호사업은 선교단체들에 의해,
매우 현저하게 드러나는 일부의 고아, 노인들만을 대상으로 한 것이었
다. 그러나 해방 이후, 특히 한국전쟁 이후 시설구호사업은 그것의 양적
인 규모면에서 이전 시기와는 비교할 수 없을 만큼 확대되었다. 이 시기
에 발생한 전쟁고아는 조선말이나 일제시대에 존재하던 고아와는 그 양
적인 측면에서, 그리고 사회적인 의미에서 현저한 차이가 있었다. 전쟁
미망인, 피난민 등의 경우에도 마찬가지이다. 그런 의미에서 본다면 한
국전쟁은 한국 사회사업 발전에서 시설중심의 사회사업이 정착되도록
하는데 결정적인 영향을 미쳤다고 할 수 있다.

시설중심의 사회사업이 발전하게 된 것은 일차적으로는 전쟁이라는
혼란한 상황 때문이지만, 외원단체들이 막대한 원조물자를 통하여 시설
지원에 나섬으로써 촉진된 면도 없지 않다. 전쟁기간 응급구호를 위해
외원단체로부터의 지원에 의존할 수밖에 없는 한국 사회사업계는 전후
복구사업이 어느 정도 마무리된 이후에도 시설사업 이외의 다른 사회복
지 서비스 방도를 강구하는데 적극적으로 나서지 않았다. 외부로부터의

지속적인 지원이 가능한 시설을 제쳐놓고 다른 원조방법을 찾아야할 필요성을 덜 느낀 때문이다. 이 시기에 시설중심의 사회사업이 정착됨으로써, 한국 사회사업에는 어떤 새로운 문제집단이 발생하면, 일차적으로 시설을 설립하여 수용 및 격리하는 전통이 형성되었다. 아울러 사회사업은 시설에 수용된 요보호자를 대상으로 하는 것이라는 인식을 널리 확산시키는 데에도 영향을 미쳤다.

(2) 선성장-후복지 논리와 복지제도 시행의 비형평성

한국전쟁의 상처가 어느 정도 아물은 1960년대 한국사회는 여전히 저발전으로 인한 궁핍이 만연되어 있었다. 해마다 거의 어김없이 보릿고개가 찾아올 정도로 농민들의 삶은 빈궁하였으며, 도시로 몰려든 실업자들도 일자리를 찾기 어려워 빈곤한 생활을 영위하기는 마찬가지였다. 빈곤으로 인한 가족해체문제도 심각하게 나타나, 전쟁고아를 수용하던 시설들이 가정에서 버림받은 아동들을 수용하는 시설로 변화되었다. 5.16군사쿠테타 이후 집권한 군사정부는 경제개발계획을 추진함으로써 그들이 혁명공약의 하나로 내건 "도탄에 빠진 민생고를 시급히 해결"하고자 하였으나, 빈곤문제는 여전히 심각하였으며, 오히려 산업화와 도시화에 따른 새로운 사회문제들이 배태되고 있었다.

소위 성장제일주의로 지칭되는 우리나라의 산업화 과정에서 분배나 복지는 거의 무시되었다. 제3공화국에서 제5공화국에 이르기까지 이루어진 사회복지제도의 발전은 사회불안에 대처하기 위해 마지못한 선택으로 이루어졌으며, 어떤 적극적이고 이상적인 이념에 기초해 이루어진 것은 아니었다. 또한 어떤 근대적인 사회복지제도가 출현하였다고 하여도 그것은 제도시행의 편의를 좇아 이루어졌다. 1977년에 시작된 의료보험제도의 경우 대기업 노동자로부터 시작하여 점차 중소기업 노동자와 농어민 그리고 자영업자를 포괄하게 된 것이 그 전형적인 예이다. 한편

제3세계 사회복지 발전에서 나타나는 일반적인 경향의 하나인 기득권층을 우선시하는 복지제도의 발전양상도 우리나라에서 나타났다. 연금제도가 이를 잘 보여준다. 우리사회의 핵심세력인 공무원과 군인 그리고 사립학교 교원에 대한 연금제도는 일찍이 1960년대 초 이래 시행되어왔다. 그러나 일반 노동자를 대상으로 한 국민연금제도는 그보다 거의 30여 년이 늦은 1988년부터 단계적으로 시행되었다.

일반 국민을 위한 공공의 사회복지 제도가 뒤늦게 시행되거나 또는 부적절한 내용을 지니게 됨으로써, 국민들은 삶의 주기에서 봉착하는 각종의 사회적 위험에 거의 방치되는 생활을 영위해왔다. 서구 복지국가들에서 '요람에서 무덤까지'의 슬로건 아래 국민생활의 각종 영역을 사회적으로 보호해왔던 것에 비교한다면, 우리나라 국민들은 개인과 가족이 사회적 위험을 대부분 극복해야만 하는 상황에 처해왔던 것이다. 아울러 사회복지에 대한 국가책임의 회피는 민간 사회복지부문의 부담증대를 가져왔다. 그러나 자원동원 능력이 취약한 민간복지부문이 다양한 사회문제로 인한 복지욕구를 충족시키는 것은 기본적으로 불가능하였다. 이러한 배경으로부터 국가는 민간 사회복지계를 지원하지 않을 수 없었으며, 이를 통해 국가는 복지책임을 민간복지계에 전가함과 동시에 민간복지에 대한 통제권을 장악하게 되었다.

(3) 민주화의 진전과 복지국가를 위한 진전

1980년대 중반에 이르기까지 우리나라에서 사회복지는 호사스런 이상으로 간주되었다. 그 결과 재분배나 사회복지를 요구하는 목소리는 불온한 이념으로 억압을 받아왔던 것이다. 그러던 것이 사회적 불균형이 심화되고, 선성장-후분배 정책기조가 지닌 문제점들이 노정되기 시작하면서 민주화와 사회복지에서 진전이 이루어지기 시작하였다. 그 결정적인 계기는 1987년의 6.10 민주항쟁이었다.

　1980년대 후반 이래 우리나라는 사회복지 측면에서 제도발전을 추구해왔다. 빈곤인구에 대한 공공부조 서비스를 전담하는 사회복지전문요원을 배치하는가 하면(1988), 국민연금제도의 시행(1988), 아동복지법과 노인복지법 및 장애인복지법의 개정(1989), 전국민 의료보험 확대적용(1989), 장애인고용촉진법의 제정(1991), 영유아보육법 및 청소년기본법의 제정(1991), 고령자고용촉진법의 제정(1992), 고용보험제도의 시행(1995) 등이 그 예들이다.

　한편 1997년 말부터 위기상황에 돌입한 경제사정으로 사회복지 제도발전에서 중요한 전기가 마련되었다. 소위 'IMF 경제위기'로 지칭되는 대량실업사태로 인해 우리나라의 사회적 안전망이 부실하다는 지적이 공감을 얻은 반면, 경제회생을 위해 복지를 잠시 양보해야한다는 주장도 대두되었다. 1930년대 미국대공황을 계기로 사회보장법(1935)을 제정했던 미국의 경우와는 달리 우리나라에서는 대량실업에 임기응변으로 대처하는 일시적 조처들이 양산되었다. 아직까지도 극복되지 못한 경제위기 국면에서 한국의 사회복지가 나아가야 할 방향이 무엇인가에 대해서는 견해가 다양하다. 세계적인 경쟁체제하에서 효율을 중시하는 신자유주의적 개혁기조가 사회복지에서도 관철되어야 한다는 주장이 정부로부터 제기되고 있다. 반면 사회복지에서는 불평등을 조장하는 효율이나 생산성보다는 평등지향적인 복지제도의 재분배 기능을 강조하는 주장도 제기되고 있다. 궁극적으로 한국 사회복지의 발전여부는 신자유주의 이념과 평등주의 이념 간의 현실적인 힘 겨루기를 통해 결정될 것으로 보인다.

참고문헌

감정기 · 최원규 · 진재문. 『사회복지발달사』, 서울: 나남(근간), 2001.

김동국. 『서양사회복지사론: 영국의 빈민법을 중심으로』, 서울: 유풍출판사. 1994.

김상균. 『현대사회와 사회정책』, 서울대학교출판부, 1987.

김태성 · 성경륭. 『복지국가론』, 나남, 1993.

나병균, 「계와 사회보장」 하상락 편, 『한국사회복지사론』, 서울: 박영사, 1989.

나병균, 「향약과 사회보장」, 하상락 편, 『한국사회복지사론』, 서울: 박영사, 1989.

나병균, 허남순, 차흥봉, 「전통적 복지관행」, 한림대학 아시아문화연구소, 『홍천군의
        전통문화』, 1987.

신용하, 「두레공동체와 농악의 사회사」, 『한국사회연구』, 제2집, 서울: 한길사, 1984.

신용하, 박명규, 김필동 편, 『한국사회사의 이해』, 서울: 문학과 지성사, 1995.

원용찬. 『사회보장발달사』, 전주: 신아출판사, 1998.

이규태, 「한국사에 있어서의 복지관」, 『복지사회의 이념과 방향』, 아산사회복지사업
        재단, 1979.

이인재 · 류진석 · 권문일 · 김진구. 『사회보장론』, 나남출판, 1999.

임송산, 『불교복지-사상과 사례I』, 서울: 법수출판사, 1983.

최원규, 「조선 후기의 아동복지」, 하상락 편, 『한국사회복지사론』, 서울: 박영사, 1989.

최익한, 『조선사회정책사』, 서울: 박문출판사, 1946.

최일섭, 『지역사회복지론』, 서울: 서울대학교 출판부, 1987.

현외성 외. 『복지국가의 위기와 신보수주의적 재편』, 대학출판사, 1992.

Day, P. J., *A New History of Social Welfare, 2nd ed.*, Allyn & Bacon, 1997.

Dolgoff, R. & D. Felstein. *Understanding Social Welfare*, 2nd ed., New York:
        Longman, 1984.

Esping-Anderson, G. The Three World of Welfare Capitalism, Cambridge: Polity Press,
        1990.

Flora, P. and Alber, J. "Modernization, Democratization, and the Development of

Welfare States in Western Europe", In P. Flora and A. J., Heidenheimer eds., *The Development of Welfare States in Europe and America,* London: Transaction Books, 1981, p. 37-80.

Fraser, Derek. "The English Poor Law and the Origins of the British Welfare State"., W. J. Mommsen. ed., *The Emergence of the Welfare State in Britain and Germany 1850-1950,* London: Croom Helm Ltd., 1981.

George, V. "The Future of The Welfare State," In V. George & P. Taylor-Gooby eds., *European Welfare Policy,* New York: St. Martin Press, 1996, pp. 1-30.

Giddens, A. *The Third Way: The Renewal of Social Democracy,* Polity Press, 1998.

Gough, I. *The Political Economy of The Welfare State,* London and Basingstoke: Macmillan Press Ltd., 1979.

Handel, G. *Social Welfare in Western Society,* Random House, 1982.

Jones, C. *The Making of Social Policy in Britain 1830-1990,* London: The Athlone Press, 1991.

Pierson, C. 현외성 · 강욱모 역, 『전환기의 복지국가』, 경남대학교 출판부, 1998.

Popple, P.R., Leighninger, L. *Social Work, Social Welfare, and American Society,* Allyn & Bacon, 1996.

Romanyshyn, J.M. *Social Welfare; Charity* to Justice, Random House, 1971.

Trattner, W.I. *From Poor Law to Welfare State: A History of Social Welfare in America,* The Free Press, 1999.

추천자료

최종식. 『서양경제사론』, 서울: 서문당, 1978.

Armstrong, P., A. Glyn, & J. Harrison. 김수행 역, 『1945년 이후의 자본주의』, 동아출판사, 1993.

Beveridge, W. H. Social Insurance and Allied Services, Cmd. 6404, London: Hmso, 1942.

Rimlinger, G. V. 한국사회복지학연구회 역, 『사회복지의 사상과 역사』, 한울아카데미, 1991.

1. 자신이 살고 있는 지역(혹은 동네)에 남아있는 전통적인 상부상조제도나 관행에는 어떤 것들이 있는지 그 내용을 정리해 보시오.

2. 국내외의 유명한 자선사업가나 박애주의자 한사람을 택하여 그 행적을 정리하고, 그 사람의 활동이 사회복지 발전에 준 의미를 논의해 보시오.

3. 전근대사회 사회복지의 특징을 정리해 보시오.

4. 구빈법의 억압적 성격에 대해 설명해 보시오.

5. 복지국가의 출현에서부터 위기 및 재편까지의 과정을 요약, 정리해 보시오.

6. 사회복지 개념의 진화과정에 비추어 사회복지 역사의 흐름을 설명해 보시오.

사회복지의 동기

 사회복지의 동기

　인간의 욕구를 충족시키고, 사회문제를 완화하려는 사회복지는 몇 가지의 동기에 의해 발전해왔다. 사회복지 발달과 관련된 이러한 동기들은 ① 상부상조 ② 종교적 계명 ③ 이데올로기 ④ 정치적 이익 ⑤ 경제적 고려 ⑥ 전문직업주의이다. 물론, 사회복지를 조직화하는데 관련된 이러한 동기들은 시대와 공간에 따라 그 상대적 중요성이 달라져왔다. 가령, 오늘날 사회복지 전문가들에 의해 주도되는 사회복지 실천의 주요 동기는 전문직업주의이다. 또한 국가에 의해 주도되는 각종 사회복지 정책은 상부상조나 종교보다는 정치적 이익이나 경제적 고려, 혹은 이데올로기와 더 밀접한 관련을 맺고 있다. 하지만 그렇다고 해서 상부상조나 종교적 계명에 의해 주도되는 사회복지가 덜 중요한 것은 아니다. 인간의 본질적 속성과 밀접한 관련을 맺고 있는 상부상조나 종교적 계명은 시대와 공간과는 무관하게 사회복지를 존재하게 하는 핵심적 동기이기 때문이다.

　또한 사회복지 발달의 다양한 동기들은 서로 복잡한 관계를 가지기도 한다. 어떤 동기의 부각은 또 다른 동기의 부각을 동반하기도 하며, 반대로 약화시키기도 한다. 현실에 존재하는 사회복지는 사실 이러한 다양한 동기들의 조합에 의해 더 잘 설명될 수 있다.

　사회복지의 다양한 동기들을 살펴봄으로써, 우리는 사회복지에 대해 가졌던 상식(?)들을 바꿀 수도 있을 것이다. 가령, 사회복지는 전적으로 이타적이거나 선한 동기에 의해서만 수행되는 것은 아니다. 어떤 경우에 사회복지는 사람들을 통제하기 위해, 혹은 경제적 이득을 추구하기 위해서도 조직될 수 있다. 하지만 중요한 점은 인류가 집단적으로 삶을 조직화하기 시작한 이후, 사회복지는 그 인류의 생존을 보장하는 수단으로써 언제나 존재해왔다는 점이다. 시간이 흘러간 먼 미래에, 여기에서 언급하지 않은 또 다른 사회복지의 동기가 출현할 수도 있다. 하지만 그 동기가 무엇인가와는 별개로 사회복지는 인류의 집합적인 삶을 보장하는 수단으로 여전히 존재할 것이다. 왜냐하면 사회복지는 인간의 본질적인 속성과 관련되어 있기 때문이다.

사회복지의 동기에 주목하여 제5장에서는 상부상조의 동기와 종교적 동기를, 제6장에서는 이데올로기와 정치 그리고 경제적 측면에서 사회복지의 동기를, 제7장에서는 전문직업주의 측면에서 사회복지의 동기를 살펴보도록 하겠다.

제 5 장

상부상조와 종교

  이 장에서는 사회복지의 동기 중에서 상부상조의 동기와 종교적 동기를 살펴본다. 이 두 가지의 동기는 인류가 집단적으로 삶을 조직화하기 시작한 이후, 사회복지의 동기로서 가장 오랜 역사를 가지고 있다. 우선 상부상조의 동기는 사회복지의 동기 중 가장 오래되었고, 인간의 보편적인 속성과 관련된 것으로, 과거에는 물론이며 오늘날까지도 사회복지와 대단히 밀접한 관계를 가지고 있다. 가족을 비롯한 각종 사회적 결사체에 의해 주도되는 상부상조는 특히 민간의 비공식 부문에서 행해지는 다양한 사회복지 실천의 바탕이다. 주고받음의 형태에 따라 '선물교환' 과 '일반화된 교환' 으로 구분되는 상부상조의 사례들을 우리는 도처에서 발견할 수 있고, 그러한 사실은 사회복지가 인간의 본질적인 속성과 관련되어 있음을 증명하는 것이다.

  종교적 계명에 기초한 사회복지 실천 또한 대단히 긴 역사를 가지고 있다. 거의 모든 종교는 같은 종교를 믿는 사람들끼리, 혹은 곤경에 처한 사람들에게 자선을 베풀도록 가르치고 있다. 사회적으로 종교가 커다란 역할을 수행하던 시대나 지역에서 사회복지는 주로 종교적 계명에 따른 시혜적인 구호활동으로 전개되었고, 사회복지의 전 과정은 주로 종교적 계명에 기초하여 이루어졌다. 특히 종교의 교리는 여러 사회복지 활동을 위한 근거를 확립해 주었고, 또한 여러 사회에서 사회정책의 이념을 제공해 주기도 하였다.

1. 상부상조

1) 상부상조의 기원

사회복지의 동기 중 가장 오래되었고, 보편적인 것은 바로 상부상조에 대한 필요성이다. 과거에는 물론이며, 오늘날까지도 상부상조와 사회복지는 대단히 밀접한 관계를 가지고 있다. 특히 민간의 비공식 부문에서 행해지는 다양한 사회복지 실천은 상부상조의 동기에 기초하여 이루어지고 있다.

상부상조의 역사는 선사시대에 그 뿌리를 두고 있다. 인간은 혼자서는 자연 속에서 만나게 되는 각종의 위험에 대처할 수가 없어서 생명을 유지하기 위해서라도 집단을 이루면서 살아가야만 했다. 이것이 종족, 씨족과 같은 형태로 발전하였던 것이다. 사회발전의 이 단계에서 개별적 인간의 생존 자체는 별로 중요한 문제가 아니었다. 보다 중요한 것은 집단 그 자체의 존속과 재생산이었다. 이러한 조건 하에서 상부상조는 의식적으로, 또는 합목적적으로 추구된 것이 아니라 생활을 꾸려나가는 유일한 길로 받아들여진 절대절명의 규범이었다. 어떤 학자의 연구에 의하면, 인간이 이제까지 생존해있는 이유는 다른 동물이나 식물을 지배하거나 파괴할 수 있는 능력을 가졌기 때문이 아니라, 다른 인간과 상부상조할 수 있는 능력을 가졌기 때문이다(Macarov, 1995).

인간이 종족이나 씨족의 일부로서 생활하게 되면서, 이들은 서로 유사한 경험과 정서를 가지게 되었다. 이 때문에 인간은 지금도 혼자 외톨이로 있기보다는 어떤 집단의 일원이 되고자 하는 욕구를 무의식 중에 가지고 있다. 상부상조에 대한 인간의 욕구는 출생에서 가장 극적으로 드러난다. 아기는 부모에게 완전히 의존한다. 그렇다고 이것이 완전히 일방적인 것은 아니다. 부모는 아기 때문에 무한한 행복감을 얻기 때문이다.

이와 같이 상부상조는 인간관계의 본질 그 자체이며 개인과 사회의 존재기반이다. 따라서 사회복지는 사회가 상부상조의 기능을 수행하도록 발전된 관계들의 유형이라고 파악할 수도 있다.

2) 상부상조의 원리

상부상조는 두 사람 이상의 관계에서 존재할 수 있다. 즉, 두 명 이상의 사람이 무엇인가를 주고받는 관계 속에서 만들어지는 것이다. 두 명 이상의 사람이 서로간에 주고받는 관계를 흔히 쌍방적 교환이라고 한다. 하지만 상부상조는 쌍방적 교환과는 다르다. 미국의 교환이론의 대표라고 말할 수 있는 호만스(Homans, 1974)는 교환을 "적어도 2인 이상이 관련되어 있으면서, 유형 또는 무형의 보상을 가져오는, 또 비용이 요구되는 활동을 주고받는 것"이라고 정의한다. 이러한 정의에서 쌍방적 교환은 ① 대면하고 있는 2인 사이의 한정적 관계 ② 경제적 동기에 기초한 행위 ③ 독립된 개체의 합리적 선택으로 특징 지워진다.

따라서 쌍방적 교환은 시장을 통해 이루어지는 교환에서 가장 전형적으로 이루어진다. 시장의 가격기구는 자원을 효율적으로 배분하는 '보이지 않는 손'의 역할을 수행하며, 합리적인 경제주체들이 이 가격기구의 신호에 따라 서로 등가 교환한다. 나의 욕구를 충족시켜주는 쌀 1가마를 얻기 위해서는 그에 해당하는 가격만큼의 돈을 지불해야 한다. 나는 쌀 1가마를 통해 나의 욕구를 충족했지만, 그 대신에 그에 상응하는 비용을 지불하는 것이다.

상부상조 또한 인간의 욕구충족에 기여하지만 동시에 인간이 소속된 집단적 관계를 보다 긴밀하게 유지하는 역할을 수행한다. 즉 상부상조의 핵심적 목표는 경제적 이득이 아니라 사회적 연대의 확산이라는 것이다. 사회적 연대의 확산을 목표로 하는 상부상조는 선물교환(gift exchange)이나 일반화된 교환(generalized exchange)이라는 개념으로 풀이되어왔다(Mauss, 1990; Ekeh, 1974).

우선, 선물교환은 주고받는다는 점에서는 쌍방적 교환과 같지만, 그 교환이 물질적인 등가성보다는 상징적인 등가성(symbolic equivalence)에 근거한다는 점에서 확연히 구분된다. 또한 상징적 등가성에 기초한 선물교환의 일차적인 목적은 희소한 자원의 획득보다는 주고받는 과정에서 생성되는 상호간의 부채(負債)의식을 매개로 한 사회적 연대에 있다. 생일에 주고받는 선물을 생각해보자. 생일에 선물을 받은 사람은 다른 사람의 생일에 선물을 해야 할 의무를 가진다. 그러한 의무를 가진다는 점에서 선물교환 역시 쌍방적이다. 하지만 내가 받은 선물의 가격을 따지고, 그 가격과 일치하는 선물을 돌려주어야 하는 것은 아니다. 나의 처지와 상대방의 처지가 고려되면서 적당한 성의가 담긴 선물이 주고받아지는 것이다.

한편 일반화된 교환이라는 개념은 쌍방적 교환과는 달리 집단적이라는 특성을 가진다. 우리나라의 전통적인 계조직에서는 인생의 주요한 사건들, 가령 혼인이나 회갑, 장례를 맞은 계원에게 나머지 계원들이 돈이나 노력을 모아서 도움을 제공해왔다. 오늘날까지도 우리나라에서는 이러한 형태의 상부상조가 널리 일반화되어있다. 생일을 맞은 당사자가 생일파티를 친구들을 위해 돌아가면서 열어준다든지, 혹은 집을 새롭게 장만한 사람이 그의 동료들을 초대하여 집들이를 번갈아 가면서 하는 것,

자녀에 의해 이루어지는 부모의 부양, 부모에 의해 이루어지는 자녀 양육 역시 일반화된 교환의 한 예이다.

일반화된 교환은 사람들간의 신뢰관계에 기초하고 있으며, 이 신뢰는 다시 되풀이되는 일반화된 교환을 통해 강화된다. 내가 누구에게 무엇인가를 주면, 그 사람 역시 나나 다른 사람에게 무엇인가를 줄 것이라는 기대가 되풀이되어 충족되면서 상부상조는 일종의 규범으로 사람들 사이에 내재화된다. 사회적 연대는 이 내재화된 규범을 기초로 발전하게 되는 것이다.

3) 상부상조와 사회적 결속체

인간들이 상부상조하면서 만들어낸 종족이나 씨족은 점차 지역, 언어, 종교, 핏줄, 직업 등에 기초한 각종의 결속체들로 변화해갔다. 이러한 다양한 결속체들은 모두 상부상조의 기능을 수행하지만 상부상조의 가장 기본적인 지점은 바로 "두 사람 이상의 사람들이 가족으로서의 정체성을 가지고 지속적으로 관계를 맺어 가는 결속체"인 가족이다.

(1) 가족

가족은 상부상조의 기능만을 수행하는 것은 아니지만, 가족을 가족으로 정의할 수 있게 하는 핵심적 요소는 가족 성원간의 지속적인 상부상조이다. 전통사회의 경우, 가족의 상부상조 기능은 특히 중요했다. 여러 세대로 구성된 가족의 각 구성원들은 생계를 꾸려나가는데 요구되는 각자의 역할을 수행해야 했다. 각기 다른 역할을 수행했지만, 어느 누구의 역할이라도 소홀히 된다면 가족 전체의 생존과 번영은 불가능한 것이었다. 가족성원들의 사회적, 문화적, 교육적 욕구 또한 상부상조를 통해 충족되었다. 부모의 부양이나 자녀의 양육, 사회생활과 경제의 조직화에 필요한 각종 지식과 기술의 습득은 가족성원들의 상부상조를 통해 이루어졌다. 전통적인 가족의 상부상조 기능은 대단히 중요한 것이어서, 오늘날에도 전통적인 대가족 제도가 강력하게 남아있는 사회에서는 사회복지에 대한 국가의 역할이 약한 경향이 있다. 가족성원에 대한 가족의 강력한 보호제공이 때로는 외부로부터의 도움을 억제하는 효과를 가지는 것이다.

산업화의 진행에 따라 전통적인 대가족 제도는 점차 핵가족 제도로 변화하였다. 이러한 가족구조의 변화는 가족성원들 사이의 상부상조를 상당히 약화시켰다. 가족성원에 대한 가족의 보호기능 또한 가족구조의 변화에 따라 약화되었다. 점차 심각성이 더해가고 있는 노인문제나 아동문제는 가족구조의 변화에 따라 대두된 것이다. 노동시장에 대한 여성의 참여 증대 역시 가족성원 사이의 전통적인 상부상조 기능을 크게 변모시켰다.

오늘날의 가족구조는 더 이상 전통사회의 그것과는 다르다. 서구사회의 경우에는 여기에서 더 나아가 부모와 자녀로 구성된 핵가족 제도 역시 가장 보편적인 형태의 가족구조는 아니다. 자녀없는 가족, 편부모 가족, 동성연애 가족, 계약 가족 등 다양한 구조를 가진 가족들이 점차 증가하고 있는 실정이다. 사회복지에 대한 국가나 제3섹터의 역할이 점차로 커지는 배경 중의 하나는 바로 가족구조의 변모에 따라 초래된 가족의 상부상조 기능의 약화라고 할 수 있다.

(2) 다른 사회적 결속체

상부상조의 가장 기본적인 지점은 가족이지만, 가족만이 상부상조를 제공하는 것은 아니다. 특히 사회가 점차 복잡해짐에 따라, 상부상조의 기능을 수행하는 사회적 결속체들이 많이 등장하게 되었다. 이러한 사회적 결속체들의 일부를 살펴보면 다음과 같다.

① 계

　오늘날 계는 서민들의 금융단체로서 또는 친목단체로서 널리 퍼져있다. 하지만 조선시대까지의 계는 한국인의 사회생활의 광범위한 영역에 걸친 생활공동체 조직으로 대단히 다양한 형태로 존재해왔다.

　계는 촌락을 단위로 조직된 동계(洞契), 친족집단을 조직기반으로 결성된 족계(族契), 산림의 보호와 이용을 목적으로 한 송계(松契), 사교와 친목을 도모하기 위한 사교계(社交契) 등 다양하게 존재해왔다. 이중에서 가장 일반적인 계조직인 동계는 조직의 구성원이나 창립의 목적이 양반이 주도하는 향약이나 동약과는 기본적으로 다른 하층민의 생활공동체 조직이다(한국고문서학회, 1996). 동계는 촌락의 모든 주민이 구성원이 되며, 임원을 선출하고 마을의 생업이나 동제와 같은 의례, 공동 노동조직으로서의 두레, 촌회 등을 주관하며 상부상조하는 일상생활의 필요에서 자율적으로 조직되었다. 계는 대략 8가지 정도의 기능을 수행했는데(김필동, 1992), 그것은 다음과 같다.

공동가치의 실현: 구성원들이 중시하는 공동의 가치를 실현하는 수단으로 기능함.

공동사업의 수행: 구성원들이 공동으로 필요한 사업을 일으키는 수단으로 기능함.

공동결속과 통합: 구성원간의 단결을 도모하고 자신이 속해있는 집단의 위신을 과시함.

사회통제: 공동체의 질서유지를 위한 수단으로 기능함.

정서적 이완: 계원간의 친목을 도모하고 정서적 교류를 나누는 계기로 기능함.

사회보장: 돌발적인 경제적 곤경에 대해 공동으로 대처함.

의례: 유교적인 의례를 통해 유교 이데올로기를 내면화함.

영리추구: 계의 운영을 통한 구성원 각자의 경제적 이익의 증대를 도모함.

② 두레

두레는 기본적으로 경작을 위한 공동노동의 조직으로 오늘날에는 사실상 소멸되었다. 그 기원은 계보다 더 오래되어 원시시대까지 거슬러 올라갈 수 있다. 주로 삼남지방에서 보편화된 두레는 자연촌락을 단위로 10명에서 30명 내외로 구성되었다. 한 해의 농사를 준비하는 회의로서의 호미모듬, 모내기가 끝난 뒤의 대동회의, 대동놀이를 하였고, 호미씻이로서 농사를 마무리하는 회의를 하였다. 두레가 작업을 하는 농지는 그 마을의 전체농지인데, 마을의 공유지, 과부나 병약자 등 노동력 결핍자의 경작지에 대해서는 무상으로 해 주었다. 또한 장정 두 사람을 낸 가족과 한 사람을 낸 가족이 상부상조하는 경우에도 서로 제공한 노동력의 차이를 놓고 그것을 계산하여 따지는 일이 없이 공동으로 함께 작업하였다.

즉, 두레의 특징은 이에 참여하는 성원들이 자신들의 삶 속에서 발생하는 다양한 문제를 해결하는데, 이해관계를 초월하여 반대급부를 기대함이 없이 공동부조를 한다는 것이다.

③ 품앗이

두레와 달리 품앗이는 상부상조를 하되 반대급부를 정확히 계산하여 교환하는 방식이다. 가령, 경작의 경우에도 노동력을 정확하게 교환하여 협조하면서 다른 성원의 일을 함께 해주는 것이다. 협조를 받은 사람은 정확하게 협조받은 노동력을 계산하여 반대급부로서 그만큼의 노동을 갚아준다. 앞서 살펴본 계 역시 품앗이의 한 형태라고 볼 수 있다.

하지만 품앗이는 완전히 이해타산에만 기초한 노동력의 교환은 아니다. 물론, 정확한 반대급부가 있지만, 품앗이는 이해계산의 토대 위에서 적극적으로 상호협조하는 것을 중시한다.

④ 우애조합과 공제조합

산업화 초기단계에서 작업조직의 노동조건은 대단히 열악한 상태였다. 6~7세 아동들의 노동이 성행하였고, 불결한 환경에서 하루 12~14시간 노동은 일반화되어 있었다. 작업조직은 노동자의 노동을 착취하는 것을 통해 이윤을 확보하는 것을 일반화된 원리로 수용했으며, 국가 역시 작업조직에서 제기되는 개인적·사회적 욕구에 대해 별다른 관심을 기울이지는 않았다.

이런 상황에서 개인적·사회적 욕구에 대한 대응은 전적으로 노동자 자신의 자조에 의해 이루어져야 했고, 실제로 많은 수의 자조조직들이 18세기에 등장한다. 우애조합, 공제조합, 생활협동조합 등의 명칭을 가진 조직들이 바로 그것이다. 최초의 공제조합은 영국 뉴케슬의 제화공들에 의해 1719년에 설립되었고, 생활협동조합은 1769년에 스코틀랜드의 방적공에 의해 구성되었다(곽효문, 1995). 19세기 중엽에는 영국의 로치데일에서 협동조합 점포가 설립되고, 19세기 말에는 이러한 협동조합 점포의 수가 영국의 경우 1,000개 가량으로 증가하였다. 협동조합은 공동구매를 통해 생활필수품을 좀더 싼 값에 사서 생활비를 아끼는 방식으로 노동자의 개인적·사회적 욕구에 대응하였다. 좀더 직접적인 대응방식, 즉 복지급여를 제공하는 방식의 노력은 18세기 중엽 우애조합이라고 불리는 조직들이 발전하면서 시작된다. 우애조합은 가입한 조합원들이 상시 수입 중에 일정액을 기여하여 사망, 질병, 재해 등 회원의 생활상의 파탄과 예기치 않은 지출 등에 일정액의 공제 수당금을 지불할 목적으로 구성되었다.

⑤ 노동조합

초기의 노동조합은 조합원의 질병, 재해, 노령, 실업 등에 대해 급여를 제공하는 각종의 복지 프로그램을 조직화했다. 노동조합의 발전과정을 보면, 노동조합은 초기에 자기 스스로를 우애조합(Friendly Society), 상호 부조협회(Mutual Association) 등으로 칭한 경우를 많이 발견할 수 있는데, 이러한 점이 바로 노동조합과 복지급여의 밀접한 관련성을 말해주는 것이다. 노동조합에 의해 제공되는 복지급여는 크게 보아 두 가지의 기능을 수행하는데, 그것은 다음과 같다.

첫 번째는 노동자들의 생계유지 기능이다. 노동력이 상품으로 사고 팔리게 됨에 따라, 발생한 많은 문제들 중의 하나는 노동력이 상품으로 팔릴 수 없는 상황에서 노동자들은 생계유지를 제대로 할 수 없었다는 점이다. 노동력이 상품으로 팔릴 수 없는 대표적인 상황은 노령, 산업재해, 질병 그리고 실업이다. 노동조합은 이런 상황에 처한 조합원이 생계를 당분간 유지할 수 있도록 각종의 복지급여를 제공했다.

두 번째는 노동조합 활동의 활성화 기능이다. 노동조합들은 파업기간 중에 임금을 받지 못하는 조합원에게 급여를 제공하기도 했으며, 노동조합이 설정한 표준 임금률에 미달하는 임금을 제공하는 경영주에 대한 조합원 철수전략을 사용하면서 급여를 제공했다.

2. 종교적 계명

거의 모든 종교는 같은 종교를 믿는 사람들끼리, 혹은 곤경에 처한 사람들에게 자선을 베풀도록 가르치고 있다. 구약성서의 역사보다 훨씬 앞서는 시기에 간행된 이집트의 종교경전에서 이미 자선에 대한 기록이 발견될 정도로 종교는 사회복지의 발전을 초래한 주요한 동기 중의 하나이다. 자선에 대한 강조는 거의 대부분의 종교에서 발견된다. 기독교의 역사가 시작되기 이미 500년 전에 불교를 창안한 석가모니의 말씀이나 예수가 세상에 태어나기 300년 전에 살았던 힌두교의 성자에 대한 기록에서도 빈자에 대한 자선의 사례들과 자선의 중요성이 발견된다.

1) 종교의 역할

(1) 전통사회에서의 역할

종교가 세속화되기 이전까지의 사회복지는 주로 종교적 계명에 따른 시혜적인 구호활동으로 전개되었는데, 자원동원에서부터 분배에 이르기까지 대부분의 사회복지가 종교적 계명에 기초하여 이루어졌다. 특히 종교의 교리는 여러 사회복지 활동을 위한 근거를 확립해 주었고, 또한 여러 사회에서 사회정책의 이념을 제공해 주기도 하였다.

우리나라의 경우, 사회복지에 대한 종교의 역할은 주로 불교를 통해 이루어졌다(조성희, 1999; 김수영, 2000). 불교는 1,600년 전 전래된 이후 오랜 세월동안 중요한 역할을 담당하였다. 특히 인간의 구원을 제창하는 대승불교에 영향을 받은 한국의 불교는 남녀노소뿐만 아니라 가진 자도 가난한 자도 차별하지 않는 평등 무차별의 사상을 강조해왔고, 인과응보의 성격을 강조하면서 자비, 연민 등에 초점을 둔 민간시혜와 구제활동을 전개해왔다.

특히 고려시대의 사회복지는 왕조중심의 시혜적 민생구휼사업들이었으나 불교중심의 문화를 이루고 있던 시대인 만큼 정부와 민간의 사회복지활동에 있어 불교의 영향이 매우 컸다. 재해구제사업에 있어서 고려는 유례없는 각종 재해를 당하여 태조이래 궁민(窮民)구제를 위해 창제(創製)를 도입하여 국가가 운영함으로써 어려울 때 즉각적으로 빈민을 구제하였고, 곡가조절을 통하여 빈민의 경제생활의 안정을 도모하였다. 또한 재앙법을 제정하여 국민의 부담을 감면하고 궁민 구체책도 아울러 강구하였다. 그리고 이러한 구제활동의 장소로 전국의 사찰과 사원이 활용되었다.

고려시대에 왕성했던 불교는 조선시대에 와서 배불정책(排佛政策)으로 많이 위축되기는 하였지만 적어도 세종 때까지는 각종 사회복지사업이 사찰에서 행해졌고, 승려들에 의해 그 업무가 수행되었다.

서구 사회의 경우, 가장 두드러진 종교는 기독교였다. 로마를 정복한 이래로 기독교는 모든 서구 국가들에서 국교가 되었다. 특히 교회의 권력이 세속국가의 권력을 압도했던 중세의 시기에 교회는 정치적, 경제적 힘을 바탕으로 국가보다 더 중요한 역할을 담당하였다(유장춘, 1998). 구제활동이 활발해지면서 구제는 개별적인 범위를 넘어서서 병원이나 빈민 구제원 같은 기관설립과 함께 집단적 차원으로 성장해갔다. 6세기 중반에 제정된 유스티니아누스 법전에 이미 여러 종류의 복지시설들이 등장하는데 고아원, 양로원, 병원들이 바로 그것이다. 뿐만 아니라 5세기에 형성되기 시작했던 수도원은 사회복지를 담당하는 중추적 역할을 수행하였다. 이들은 집단적 수용보호시설 형태의 구빈원을 설립하였고, 구제를 위한 목적으로 많은 사람에게 고용의 기회를 주었으며 기근과 전쟁 동안 굶주리는 자들을 먹여 주었다. 또 찰스 대제 이후 각 교구에서는 10분의 1세가 수납되었는데 그 세금의 3분의 1은 교구내의 빈민구제를 위하여 활용되도록 하였다.

(2) 현대사회에서의 역할

근대혁명은 종교와 세속국가 사이의 세력관계를 역전시키는 계기가 되었다. 근대 민족국가의 발전에 따라 종교가 수행해오던 사회복지의 역할은 대부분 국가에 위임되었고, 그로 인해 종교의 역할은 국가의 사회복지가 제공하지 못하는 영역을 보완하는 정도로 범위가 축소되었다. 그에 따라 종교에 의한 자선사업도 새로운 형태로 전환되었다. 종교에 의해 모색된 새로운 구제방법 중 주목할만한 것은 사회개량운동이었다(유장춘, 1998).

사회개량운동은 도시지역의 빈민들을 구제하기 위한 조직적 활동으로
서 교회의 지도자들이 주도해 나갔다. 스코틀랜드의 장로교 목사였던 찰
머스(T. Chalmers)는 도시를 25개의 구역으로 나누어 각 구역마다 50개
의 가족이 포함되게 하고 한 명의 집사를 임명하여 집사로 하여금 담당
구역내의 모든 가정들의 형편을 파악하게 하였다. 집사들은 각 가정으로
하여금 먼저 자조(self-help)를 실현하도록 돕고 그것이 불가능할 때 가족
이, 그래도 안되면 이웃이, 그 다음에는 부자들이 돕도록 순서를 정하였
다. 이 운동은 런던의 '자선조직화운동(Charity Organization Society)'에
불을 붙였고 이 운동으로부터 현대 전문사회사업의 3대 방법론에 포함
되는 개별사회사업과 지역사회조직이 발생하게 되었다. 그리고 이 자선
조직화 운동에 참여했던 우애 봉사원들은 현대적 사회복지전문가의 효
시가 되었다.

런던에서 자선조직화 운동이 전개되고 있었을 때 런던 이스트엔드
(East End)지역의 목회자였던 바넷(V. Barnett)목사는 어떤 빈곤지역에서
는 개별적이고 조직적인 접근이 별 효과가 없다는 사실에 주목하고 새로
운 시도를 전개하였다. 빈곤지역 한가운데 건물을 사서 건전한 시민들을
거주하게 하고 그들로 하여금 빈민들의 선생이면서 동시에 서비스 제공
자가 되게 한 것이다. 이것이 유명한 토인비 홀로서 최초의 '인보관
(Settlement House)'이었는데 이 인보관 운동으로부터 현대 전문사회사
업 3대 방법론의 하나인 집단사회사업이 나타나게 되었다.

1980년대 이후에 제기된 복지국가의 위기는 사회복지의 민영화를 가
져왔으며, 민간복지의 상당부분을 차지하고 있는 종교계의 비중을 강화
하는 계기가 되었다. 이에 따라 국가는 사회복지자원의 일부를 민간에
보조하는 역할을, 사회복지서비스의 수행은 민간이 담당하는 식으로의
역할분담이 점차 등장하기 시작했다. 여러 종류의 민간조직 중에서 가장
활발한 조직들은 주로 종교와 관련된 조직들이었다. 하지만 이러한 역할

분담은 국가에 의한 공공복지와 종교에 의한 민간복지의 차별성을 약화시키는 한편 종교에 의한 민간복지 서비스의 융통성을 상실케 하는 결과를 초래하기도 하였다.

2) 종교적 계명에 기초한 사회복지의 특성

종교적 계명에 기초한 사회복지 활동은 그것의 철학이나 방법, 수단 등에 있어 전문적 사회복지 활동과는 다르다. 즉, 사회복지활동이라는 점에서는 같지만 그 내용은 다르다는 것이다. 〈표 5-1〉은 종교적 계명에 기초한 사회복지 활동과 전문적 사회복지 활동이 가지는 차이점을 나열한 것이다.

〈표 5-1〉 종교적 계명에 기초한 사회복지 활동과 전문적 사회복지 활동의 차이점

항 목	종교적 계명	전문적 동기
① 지향점	각 종교의 기본 교리에 따른 인간의 구원	개인적, 구조적 요인에서 오는 인간 조건의 열악함을 극복 → 평등한 사회상의 실현
② 원리	사랑, 자비 등의 실천사상	인간에 대한 존엄성 평등 및 사회연대의식의 실현
③ 동원 자원	종교계내의 물적, 인적 자원	공적 그리고 민간의 자원 동원
④ 활동의 근거	종교적 가르침	사회복지학을 비롯한 사회과학 제 이론 및 전문지식
⑤ 궁극적인 관심영역	영적인 구원	생활의 조건을 구성하는 제 영역에서의 곤란해소(물질적 영역이 우선시)
⑥ 주요 표적	가난하고 소외된 이	전체 국민

자료: 이태수(1999)

① 지향점

종교적 계명에 기초한 사회복지활동은 인간의 구원을 궁극적인 지향

점으로 삼고 있다. 이러한 점은 사회복지 활동에서도 마찬가지로 나타난다. 반면에, 전문적 사회복지 활동은 개인과 그를 둘러싼 환경에 대한 이중적 초점에 기초하여 개인의 삶의 질을 증진시키고 평등한 사회상을 실현하는 것을 궁극적인 지향점으로 삼는다.

② 원리

종교적 계명에 기초한 사회복지활동은 각 종교에서 강조하고 있는 사랑, 자비 등의 핵심교리를 실천하는 맥락에서 조직화된다. 반면에 전문적 사회복지활동은 인간의 존엄성에 대한 확고한 가치와 평등 및 사회연대의식의 실현을 위해 조직화된다.

③ 동원하는 자원

종교적 계명에 기초한 사회복지활동에 필요한 물적, 인적 자원은 주로 해당되는 종교계의 내부에서 동원된다. 반면에 전문적 사회복지활동은 공공과 민간의 물적, 인적 자원을 통해 수행된다.

④ 활동의 근거

종교적 계명에 기초한 사회복지활동의 근거는 종교적 교리이지만, 전문적 사회복지활동은 사회복지학을 비롯한 사회과학의 이론과 전문지식에 기초해있다.

⑤ 궁극적인 관심영역

종교적 계명에 기초한 사회복지활동은 영적인 구원에 관심을 가지지만, 전문적 사회복지활동은 생활의 조건을 구성하는 제 영역에서의 곤란 해소, 즉 물질적 욕구의 충족을 우선시 한다.

⑥ 주요표적

종교적 계명에 기초한 사회복지활동은 가난하고 소외된 사람들을 주
요 표적으로 하지만 전문적 사회복지활동은 전국민을 표적으로 한다.

3) 한국 종교계의 사회복지에 대한 기여

(1) 해방 이후~1960년대 초반

해방 후 1960년대까지 우리나라는 남북분단과 전쟁 등으로 인한 혼란
과 빈곤으로 심각한 사회문제로 고통을 받았다. 특히 전쟁으로 인해 고
아나 미망인 등이 급증하고 대다수의 국민들이 가난으로 고통을 받았지
만, 정부에 의해 주도되는 체계적인 사회복지 활동은 거의 전무한 상태
였다. 이러한 상황에서 외국 선교단체를 중심으로 펼쳐진 시설보호, 물
자구호 및 민간차원의 자선활동은 한국 사회복지의 핵심이었다. 전쟁 미
망인과 고아들을 위한 전문 사회사업기관들이 생겨나기 시작한 것은 이
무렵이다.

(2) 1960년대 중반~1970년대

1960년대 이후의 급격한 산업화를 통해 우리나라는 고도의 경제성장
을 이루게 되고, 이에 따라 외국 선교단체의 원조도 점차 철수하기 시작
하였다. 그 동안 외국 선교단체가 맡았던 역할을 한국의 정부와 종교단
체가 대신해야 했다. 더욱이 급격한 산업화의 과정에서 초래된 지역간,
계층간의 소득격차와 상대적 빈곤의 심화는 새로운 차원의 사회문제들
을 양산했다. 하지만 정부의 사회복지제도는 폭증하는 국민의 복지욕구
를 충족시키기에는 역부족이었고, 교회를 중심으로 활발하게 전개되었
던 민간부문의 복지체계도 외국원조의 철수와 함께 침체하게 되었다.

(3) 1980년대 이후

종교계의 역할은 1980년대 이후 사회복지에 대한 관심이 증대되면서
다시 확대되기 시작했다. 정부에 의해 조직화된 사회복지의 상당부분은
민간단체에 위탁되었는데, 이 민간단체 중에서 종교계의 사회복지법인
에 위탁하는 사례가 많아진 것이다.

오늘날 우리나라의 사회복지에 대한 종교계의 기여정도는 대단히 큰
실정이다. 공식 사회복지 시설의 절대다수는 종교계의 사회복지 법인이
나 인사에 의해 운영되고 있다. 1996년 6월 보건복지부의 일제조사에 의
하여 발표된 결과에 따르면 당시 전체 시설수 716개의 54.9%는 종교계에
의해 운영되고 있다. 특히 기독교 계통 시설이 전체 시설의 37.1%를 차
지하여 가장 큰 비중을 나타냈으며, 다음 가톨릭, 불교, 원불교의 순으로
나타났다. 종교계통에서 운영하는 시설은 그 상대적 비중 면에서 노인과
아동, 모자 및 부녀시설에 있어 과반수를 훨씬 넘는 압도적 위치를 점하
고 있다는 사실도 발견할 수 있다.

그러나 이러한 공식적인 사회복지시설 외에도 각종 사회복지 활동, 특
히 미신고 시설 등을 포함하면 종교계의 비중은 훨씬 더 크다고 할 수 있
다. 결국, 종교적 계명은 오늘날 우리나라에서도 사회복지를 조직화하는
매우 중요한 동기가 되고 있다.

참고문헌

곽효문. 『산업복지론』, 제일법규, 1995.

김수영. 「지역사회내에서 사찰의 사회복지활용 및 실천방안」, 전국 불교사회복
지대회 자료집, 2000.

김태성 · 성경륭. 『복지국가론』, 나남출판사, 1993.

김필동. 『한국사회조직사연구』, 일조각, 1992.

유장춘. 「교회의 역사와 사회봉사」, 『목산』, 침례신학대학교, 1998.

이태수. 「한국사회복지의 동향과 종교사회복지의 방향」, 한국 종교계 사회복지
대표자 협의회 제2회 심포지움 자료집, 1999.

조성희. 「불교사회복지사업의 현황과 과제」, 『상황과 복지』 제6호, 한국사회복
지학연구회, 1999.

한국고문서학회. 『조선시대생활사』, 역사비평사, 1996.

Ekeh, P. *Social Exchange Theory; The Two Traditions*, Harvard University Press,
1974.

Homans, G. *Social Behavior; It's Elementary Forms*, Harcourt, Brace & World,
1974.

Macarov. D. *Social Welfare; Structure and Practice*, Sage Publications, 1995.

Mauss, M. *The Gift: The form and reason for Exchange in Archaic Societies*,
Translated by W. D. Halls. W. W. Norton, 1990.

추천자료

신용하 · 장경섭. 『21세기 한국의 가족과 공동체문화』, 지식산업사, 1996.

이문열. 『雅歌: 희미한 옛사랑의 그림자』, 민음사, 2000.

영화; 〈길버트 그레이프〉, 〈로렌조 오일〉, 〈노바스의 추억〉, 〈마빈스 룸〉

인터넷 사이트; 종교와 사회복지   〈http://maeul.welfare.net/Mission/〉

1. 전통적인 대가족 제도가 강력하게 남아있어서 가족의 상부상조 기능이 강한 사
   회에서는 사회복지에 대한 국가의 역할이 약한 경향이 있다고 했다. 그렇다면
   반대의 경우, 즉 사회복지에 대한 국가의 역할을 약화시키면 가족의 상부상조
   기능은 강화될 수 있을지를 생각해보자.

2. 상부상조의 기능을 수행하는 다양한 사회적 결속체를 우리의 주위에서 찾아보
   자. 그리고 그러한 사회적 결속체들이 우리에게 어떤 의미를 주는지를 생각해
   보자.

제6장

이데올로기, 정치 그리고 경제

　이 장에서는 이데올로기나 정치, 그리고 경제적 측면에서 사회복지의 동기를 살펴본다. 여기에서 살펴볼 이러한 동기들은 특히 정부에 의해 조직되는 사회복지의 발전과 직접적으로 관련된다. 정부가 사회복지를 주도적으로 조직해야 하는 이유는 크게 두 가지로 나누어볼 수 있다. 우선, 정부는 어떤 규범이나 가치 때문에 사회복지를 조직화한다. 즉, 일반적으로 바람직한 가치라고 여겨지는 평등이나 소득 재분배, 인간의 존엄성, 사회성원간의 연대를 위해 사회복지를 조직한다는 것이다. 이러한 관점은 주로 사회복지의 이데올로기적 동기로 설명될 수 있다. 사회복지의 이데올로기적 동기는 크게 볼 때, 자유주의와 개입주의로 나눌 수 있다. 자유주의는 사회복지에 대한 정부의 개입을 반대한다. 반면에 개입주의는 사회복지에 대한 정부의 개입을 찬성한다. 여기에서는 이것을 좀더 세분하여 사회복지 이데올로기를 ① 자유지상주의 ② 자유평등주의 ③ 사회민주주의 ④ 맑스주의로 구분한다.

　한편 사회복지를 정부가 주도해서 제공해야 하는 또 다른 이유는 정치적, 혹은 경제적 필요성과 관련된다. 가령, 국민들로부터 정당성을 획득하는 일은 현대사회에서 정부가 유지되는데 대단히 중요하다. 정부는 사회복지의 조직화를 통해 정당성을 확보할 수 있는데, 사회복지의 정치적 동기는 바로 이러한 측면과 관련된다. 사회복지의 정치적 동기는 정부가 국민들로부터 정당성을 확보할 필요성이 커진 근대민족국가 수립 이후부터 더욱 뚜렷하게 나타난다. 한편 어떤 재화나 서비스의 경우 시장의 가격기구를 통해 분배되는 것보다는 정부가 직접 분배하는 것이 더 효율적일 수 있다. 사회복지와 관련된 재화나 서비스가 바로 그러한데, 정부는 분배의 효율성 때문에 사회복지를 조직화하기도 한다. 사회복지의 경제적 동기는 바로 이러한 측면과 관련된다.

1. 이데올로기

이데올로기란 용어는 이데아(idea)와 로기(logie)의 합성어이다. '이데아'는 이념을 의미하며 '로기'는 논리를 의미한다. 따라서 이데올로기란 한 개인이나 집단, 혹은 특정 계층의 사람들에 의해 공통으로 소유되는 신념이나 가치의 체계라고 말할 수 있다.

사회복지가 조직화되는 주요한 동기 중의 하나가 바로 이러한 이데올로기이다. 사회복지 제도나 사회복지 실천은 이데올로기로부터 직접적인 영향을 받을 뿐 아니라, 이데올로기에 의해 그 가치와 원리, 방법, 방향 등이 결정된다. 가령, 점차로 심각해지는 노인의 부양문제를 생각해 보자. 노인부양을 누가 책임져야 하는가 라는 질문에 대한 답은 사람에 따라 다를 수 있다. 어떤 사람은 사회보장제도를 확충하는 방식을 통해 정부가 일차적으로 책임져야 한다고 대답하지만 또 다른 사람은 그의 가족이 일차적으로 책임져야 한다고 대답할 수 있다. 이러한 대답의 차이는 바로 그 사람이 가지고 있는 신념이나 가치체계의 차이에서 비롯된다. 그러므로 사회복지는 선택의 문제이기도 한데, 이 선택의 궁극적인 지침이 되는 것이 바로 이데올로기이다.

1) 사회복지 이데올로기

사람들이 가지고 있는 신념이나 가치의 체계는 매우 다양할 수 있지만, 오늘날 사회복지와 관련하여 가장 유력한 이데올로기의 체계는 두 가지, 혹은 네 가지로 구분된다(Barr, 1998; 이근식, 1999). 두 가지로 구분할 경우, 사회복지 이데올로기는 자유주의와 개입주의로 대별할 수 있다. 자유주의는 사회복지에 대한 정부의 개입을 반대한다. 반면에 개입주의는 사회복지에 대한 정부의 개입을 찬성한다. 자유주의와 개입주의는 상당히 긴 시간 동안 사회복지의 가치와 원리, 방법, 방향을 결정하는데 중요한 역할을 담당했다. 어떤 시기에는 자유주의가 사회복지를 조직하는데 중요한 영향을 미친 반면, 또 다른 시기에는 개입주의가 사회복지를 조직하는데 중요한 영향을 미쳤다. 여기에서는 사회복지 이데올로기를 ① 자유지상주의 ② 자유평등주의 ③ 사회 민주주의 ④ 맑스주의 네 가지로 구분하여 살펴보는데, 이 네 가지의 관점은 자유주의와 개입주의라는 사회복지 이데올로기를 좀더 세밀하게 구분한 것이라고 말할 수 있을 것이다.

(1) 자유지상주의(Libertarian)

자유지상주의는 개인의 자유(freedom)는 어떤 것과도 바꿀 수 없는 가장 중요한 가치라는 관점에 기초해있다. 그런데 이들이 강조하는 개인의 자유란 '억압의 부재(absence of coersion)' 라는 소극적인 것임에 주목할 필요가 있다. '억압의 부재' 로서의 자유는 외부적 장애나 간섭 또는 강제로부터 벗어남을 의미한다. 여기에서 개인에게 외부적 장애나 간섭,

또는 강제를 부과하는 것으로 주로 정부가 지목된다는 점 또한 특징적이다. 자유지상주의는 개인의 삶에 대해 완전한 지배력을 행사하던 봉건주의와 대결하면서 등장했기 때문에, 다른 무엇보다 봉건적 전횡의 대표자였던 '정부의 통제, 강제, 구속, 개입으로부터의 자유'가 가장 중요한 핵심이었다.

즉, 정부로부터 개인적 자유를 보호하는 것이야말로 전형적인 자유지상주의의 행동원칙이다. 같은 맥락에서 자유주의는 정부로 대변되는 일체의 공동체, 사회집단 및 조직(노동조합 등)에 대해서도 강한 거부감을 가지고 있다. 심지어는 이러한 조직체들을 개인의 자유와 권리에 대한 위협으로 간주하는 경향도 두드러진다.

자유지상주의는 흔히 구 자유주의(Old Liberalism)라고 불리기도 하는데, 이것은 뒤에서 살펴볼 자유평등주의(Liberal-egalitarianism), 혹은 신자유주의(New Liberalism)와 구별하기 위해서이다. 자유지상주의는 흔히 두 개의 사상적 조류로 구분한다. 그 하나는 개인의 자유를 자연법과 도덕적인 관점에서 옹호하는 조류로 흔히 자연법적 자유지상주의(natural-rights libertarian)라고 부른다. 또 다른 하나는 자유시장과 사적 소유권이 개인의 복지를 극대화시킬 수 있다고 보는 조류로 흔히 경험적 자유지상주의(empirical libertarian)라고 부른다. 두 개의 조류 모두 개인의 자유를 절대적으로 옹호하고, 정부의 개입을 반대한다는 공통점을 가지지만 정부가 조직하는 사회복지에 대해서는 다른 견해를 가지기 때문에 구분할 필요가 있다.

(2) 자유평등주의(Liberal-egalitarianism)

신자유주의(New Liberalism)라고 불리기도 하는 자유평등주의는 자유에 대한 보다 적극적인 해석에 기초해있다. 즉, '강제의 부재'로 대표되는 자유개념은 지나치게 협소하다는 것이다. 이들에 따르면, 자유는 좀 더 적극적으로 해석될 필요가 있다. 적극적 자유는 '무엇을 하기 위한 자유'인데, 그를 위해서는 경제적 자유를 보장하는 차원을 넘어서는 어떤 조치들이 요구된다. 따라서 정부는 개인의 자유를 보장하는 것 이상의 역할, 즉 무엇을 하는데 방해가 되는 요소들을 제거하는 사회개혁의 적극적인 역할을 수행해야 하는 것으로 파악된다.

이러한 자유평등주의는 대략 다음과 같은 세 가지의 측면에서 자유지상주의와는 구별된다. 첫째, 자본주의는 다른 어떤 경제체제보다 효율적이다. 둘째, 효율적이긴 하지만 자본주의는 빈곤이나 불평등과 같은 사회적 비용을 초래한다. 셋째, 정부는 이러한 비용을 줄일 수 있다. 즉, 자유주의는 자본주의와 정부개입의 적절한 조합이 효율과 평등을 동시에 증진시킬 수 있다고 본다.

자유평등주의는 크게 보아 두 개의 사상적 근원을 가진다. 그 하나는 공리주의(utilitarianism)이며 다른 하나는 롤즈(J. Rawls)의 사회정의론이다.

① 공리주의

공리주의는 사회 구성원 전체의 효용이 극대화되도록 재화가 배분되는 것을 가장 바람직한 것으로 여긴다. 여기에서 재화란 상품과 서비스뿐 아니라 권리, 자유, 정치권력 등을 모두 포함하는 광범위한 것으로 이해해도 좋다. 공리주의에 따르면, 사회 전체의 효용이 극대화되기 위해서는 재화가 효율적으로 생산되어야 할 뿐 아니라, 형평에 맞게 분배되어야 한다. 형평에 맞는 분배를 위해서는 정부개입이 필요하다는 것이다.

② 롤즈의 사회정의론

롤즈는 사회정의를 '공정함으로서의 정의(justice as fairness)'로 본다

(Rawls, 1985). 공정한 정의의 원칙을 마련하기 위해 롤즈는 가상의 상황을 상정하는데, 그것이 바로 원초적 상황(original position)이다. 원초적 상황이란 사람들이 장래의 자신의 지위는 물론이고 능력이나 성격, 기호 등에 대해서도 전혀 알지 못하는 철저한 '무지의 장막(veil of ignorance)' 에 둘러싸인 가상적인 사회상황이다. 이러한 상황에서는 자신의 선천적, 후천적 운명을 알지 못하기 때문에 사람들이 자신에게 이익이 되는 방향으로의 선택이 불가능하다. 따라서 공정한 판단이 가능해지며, 여기에 기초한 사회계약을 통해 합의된 정의의 원칙은 공정하다는 것이다.

그렇다면 원초적 상황에서 사람들이 합의한 정의의 원칙은 무엇인가? 롤즈에 따르면, 그것은 다음과 같은 두 가지이다.

- 제 1 원칙 : 각자는 다른 사람들의 자유와 양립할 수 있는 범위 안에서 가장 광범위한 기본적 자유를 가질 평등한 권리를 가진다 (자유의 원칙).

- 제 2 원칙 : 사회적·경제적 불평등은 다음과 같은 두 가지의 조건을 만족시키도록 구성되어야 한다(차등의 원칙).
  첫째, 그 불평등이 그 사회에서 가장 불우한 처지에 있는 사람에게 이익이 될 것. 둘째, 모든 사람에게 공정한 기회가 주어진다는 조건하에서만 지위와 직책의 불평등이 존재할 것.

두 원칙이 서로 어긋날 가능성은 첫 번째의 원칙이 두 번째의 원칙보다 우선한다는 사실에 의해 배제된다. 즉 롤즈는 부와 소득, 권력의 차등화 문제는 평등한 시민권의 자유가 보장되는 전제 위에서만 추구될 수 있다는 것이다. 이러한 점은 그의 사회정의론이 자유평등주의의 입장에 기초해있음을 말해준다. 사회정의의 제2원칙은 정부에 의한 재분배 노력이 사회정의에 부합된다는 점을 말해준다. 제2원칙에 따라 더 불우한 처지에 있는 사람에게 이익을 주는 어떠한 노력도 정당화될 수 있다.

(3) 사회민주주의(social democracy)

사회민주주의는 다른 무엇보다 평등의 가치를 중시한다. 또한 공동선을 위해 자원을 활용하는 것을 바람직한 것으로 여기며, 정부의 개입은 사회의 유지에 불가결한 것으로 인식한다. 하지만 시장질서가 지배적인 현실에서 이러한 가치를 어떤 식으로 실현해나갈 것인가에 대해서는 다른 견해가 있다. 시장질서의 혁명적 전복만이 이러한 가치를 실현할 수 있다고 보는 견해가 있는가 하면, 자유 기업과 정부의 개입이 조화된 혼합경제를 통해 이 가치가 실현될 수 있다고 보는 견해도 있다. 앞의 견해는 흔히 맑스주의(Marxist)라고 하며, 뒤의 견해는 사회민주주의(social democracy), 혹은 민주적 사회주의(democratic socialism)라고 하는데, 뒤의 것부터 살펴보자.

① 사회민주주의의 기본 가치

사회민주주의는 정의의 첫 번째 요소를 평등이라고 본다. 사회민주주의는 기회의 평등이라는 것은 결코 충분한 정의가 될 수 없다고 주장한다. 왜냐하면 대부분의 경우 기회의 평등은 결과의 심각한 불평등을 정당화하는 수단으로 사용되기 때문이다.

하지만 사회 민주주의가 결과의 완전한 평등을 주장하는 것은 아니다. 즉 개성의 차이와 인간의 자연적 불평등은 인정하는 것이다. 다만, 모든 인간의 자유로운 발전을 가로막는 사회적 삶의 조건, 소유와 소득, 권력과 명예 등에서의 차이와 차별을 거부하는 것이다. 즉 사회 민주주의는 자유의 폭넓은 발전과 확산을 저해하는 사회적 불평등을 해소하는 것을 중요시한다. 이런 관점에서 평등은 어디까지나 인간의 동질성이 아니라 인간의 동등성을 지향해야 한다고 주장한다.

② 시장원리에 대한 비판

사회민주주의는 모든 인간의 자유로운 발전을 가로막는 사회적 삶의 조건이 주로 시장원리의 확대에서 비롯된다고 본다. 시장원리에 대한 사회민주주의의 비판을 좀더 구체적으로 살펴보면 다음과 같다(Barr, 1998).

첫째, 시장은 사회의 공동선보다는 개인의 개인적 이해관계에 사람들이 더 몰두하도록 한다는 점이다. 자유지상주의에 따르면, 개인적 이해관계의 추구는 시장의 보이지 않는 손에 의해 궁극적으로는 사회의 공동선을 증진시킨다. 하지만 사회민주주의는 자유지상주의의 이러한 견해가 잘못되어 있다고 주장한다. 즉 개인적 이해관계의 추구는 사회의 공동선을 증진시키기는커녕 대개의 경우 사회의 공동선을 저해한다는 것이다.

둘째, 자유지상주의는 시장이 민주주의의 필수 불가결한 요소라고 주장하지만 사회민주주의는 시장의 비민주성을 강조한다. 시장의 자유경쟁 원리는 현실에 존재하지 않으며, 사람들의 삶에 결정적인 영향을 행사하는 시장의 논리는 사실상 극소수의 사람들에 의해 결정되고 있음을 강조한다. 대다수의 사람들은 이러한 결정과정에서 배제된 채, 시장이 강제하는 힘에 의해 고통받는다는 것이다.

셋째, 시장은 또한 불공정하기 때문에 문제가 된다. 시장원리에 따른 분배는 개인의 욕구나 기여 정도에 따라 이루어지지 않으며, 시장의 변화가 초래하는 비용 또한 취약한 사람들에게 집중된다는 것이다.

넷째, 시장은 또한 자기조절의 능력을 가지고 있지 못하기 때문에 불완전하다. 앞에서 살펴본 시장실패는 바로 시장의 이러한 불완전성을 보여 주는 한 예이다.

다섯째, 시장은 불평등과 빈곤을 제거하지 못한다. 시장이 정부개입을 통해 제어되지 않을 경우에는 불평등과 빈곤이 더욱 커진다는 것이다.

사회민주주의에 따르면 시장이 가진 이러한 결함은 정부의 적극적인 개입을 통해 제거되어야 한다. 즉 평등과 자유, 연대의 가치를 달성하기 위해서는 사회적 부를 거의 독점하고 있는 자본주의적 소수의 불평등한 특권을 제거해야 하고, 이것은 정부의 적극적인 사회복지 노력을 통해 이루어질 수 있다는 것이다.

(4) 맑스주의(Marxist)

맑스에 따르면 자본주의적 생산양식은 노동자가 산출하는 잉여가치를 착취함으로써 유지된다. 즉, 자본주의 체제에서 노동자는 자신이 생산에 투여한 노동력의 일부분에 대해서만 임금의 형태로 보상을 받는다. 나머지의 미지불된 노동, 즉 잉여가치는 아무런 보상없이 자본가에게 귀속된다. 이러한 착취관계는 자본주의 체제의 구조와 필연적으로 연계되어 있기 때문에 자본주의 생산체제가 폐지되고, 임금노동 관계가 철폐되지 않는 한 사라지지 않는다.

그러므로 맑스주의는 시장질서의 혁명적 전복만이 자본주의의 착취와 불평등을 해소하는 유일한 방안이라고 본다. 이러한 관점에서 자본주의의 문제점을 점진적인 개혁을 통해 해결하려는 사회복지의 노력이 비판되는 것은 당연하다. 맑스주의는 자본주의 정부에 의해 조직화되는 사회복지는 불평등을 해결할 수 없을 뿐 아니라, 그러한 착취관계를 은폐하는 효과를 가진다고 본다.

2) 사회복지에 대한 각 이데올로기의 입장

각각의 사회복지 이데올로기는 모두 사회복지, 특히 정부가 조직화하는 사회복지에 대해 명확한 입장을 가지고 있다. 차례대로 살펴보자.

자연법적 자유지상주의

자연법적 자유지상주의는 정부가 조직화하는 일체의 사회복지에 대해 강한 부정의 입장을 가진다. 정부는 개인의 권리를 보호하는 최소한의 역할만을 수행해야 하며, 그 이상의 어떠한 활동도 개인의 자유를 침해할 것이기 때문이다. 자연법적 자유지상주의는 개인의 자발적인 기부에 의해 이루어지는 사회복지만을 정당한 것으로 본다. 왜냐하면 그것은 정당한 이전의 원칙을 충족하기 때문이다.

경험적 자유지상주의

경험적 자유지상주의 또한 개인의 자발적인 기부에 의해 이루어지는 사회복지는 바람직한 것으로 본다. 하지만 동시에 경험적 자유지상주의는 사회복지에 대한 정부의 개입을 완전히 부정하지는 않는다. 하지만 이 경우의 정부개입은 사회복지에 대한 잔여적 관점에 기초한 것이다. 즉, 가족이나 시장이 사회복지를 정상적으로 제공할 수 없을 경우에만 정부가 개입하는 것이다. 그것을 넘어선 제도적 관점의 사회복지를 정부가 조직하는 것은 개인의 자유와 시장의 원리를 저해하기 때문에 바람직하지 않다는 것이 이들의 견해이다.

자유평등주의와 사회민주주의

자유평등주의와 사회민주주의는 이데올로기상으로는 대단히 다른 특성을 가지지만, 정부에 의해 조직되는 사회복지를 적극적으로 옹호한다는 점에서는 같다. 이러한 입장은 "질병, 나태, 무지, 불결, 빈곤이라는 5대 사회악을 해소하기 위해서는 어떠한 종류의 제한도 두어지지 않는 정부의 개입이 요구된다"는 현대적 사회보장제도를 창안한 베버리지의 표현에서 잘 드러난다. 또한 대부분의 사회민주주의자들은 정부에 의해 조직되는 사회복지를 자유방임적 자본주의에서 사회주의로 이행하는 첫

걸음으로 이해하고 있다.

맑스주의

맑스주의는 정부에 의해 조직되는 사회복지에 대해 이중적인 관점을 가진다. 우선, 사회복지는 자본주의의 본질을 은폐하는 효과를 가지기 때문에 사회발전을 저해하는 효과를 가진다. 하지만 동시에 자본주의 정부의 사회복지는 노동계급의 단결과 투쟁이 얻어낸 정치적 성과이기 때문에, 바람직한 측면도 가진다.

2. 정치적 동기

종교와 정치가 분리되기 시작하면서, 필연적으로 정부는 사회복지를 조직화하기 시작했다. 하지만 정부가 사회복지를 조직화할 정치적 동기를 보다 분명하게 가지게 된 것은 봉건주의의 해체와 함께 근대 민족국가의 시대가 열리면서부터이다. 봉건주의의 해체는 사회성원들에게 복지를 제공하던 핵심적 주체가 사라졌음을 의미한다. 따라서 누군가가 그러한 역할을 대신해야 했는데, 근대 민족국가는 사회성원들을 통합해서 새로운 정치적 공동체로 이끌어야 했다. 사회복지의 정치적 동기는 이때부터 뚜렷하게 등장하게 된다.

1) 봉건제의 해체와 시민권의 출현

봉건제의 해체

봉건주의의 전통적 공동체는 한편으론 억압과 복종, 그리고 착취의 구조였지만, 다른 한편으로는 성원에 대한 후견과 보호가 내재화되어 있었다. 동업조합은 사망한 회원에 대한 장례와 질병, 사고 및 노령으로 인한 회원들의 빈곤을 완화시키는 복지제공의 주체였다. 교회 역시 마찬가지였다. 성직자들은 구제조직의 책임자로 일했으며, 교구나 수도원은 복지를 제공하는 센터의 역할을 담당했다. 봉건주의의 해체는 복지제공의 주체로 기능하던 전통적 공동체의 소멸을 의미한다. 그 결과는 참혹한 것이었다. 빈자들은 도시로 나와 거리를 떠돌았고, 기아와 질병 속에 신음했다.

시민권의 출현

근대 민족국가가 새로운 정치적 공동체의 중심으로 부각되기 위해서는 종교와 언어, 그리고 혈연의 동일성을 대신하는 새로운 사회통합의 계약이 필요했다. 극히 소수의 국가를 제외한 대다수의 민족국가는 언어나 종교, 그리고 신분상으로 분절된 사회성원들을 통합한 다민족국가였기 때문에, 혈연이나 지연 등에 기초한 족(ethnie)의 관념이 그 수단이 될 수는 없었다. 근대 민족국가가 사회성원들을 통합하는 수단으로 사용한 것은 시민권(civil rights)이었다. 따라서 진정한 의미에서 민족국가의 형성을 가능케 한 것은 바로 시민권의 확립이며, 그것의 제도화 여부가 18세기 이후의 민족국가와 그 이전의 인종, 영토로 구획된 민족공동체를 구분하는 기준이었다.

시민권의 하나인 공민권(civil right)은 신체의 자유, 언론과 사상의 자유, 그리고 정당한 절차를 포함하는데, 대략 18세기 말까지 성취되었다. 한편 시민권의 또 다른 요소들인 참정권(political right)과 사회권(social right)은 각각 정치권력의 행사에 참여할 수 있는 권리와 복지수급의 권리이다. 공민권의 확대는 필연적으로 참정권의 확대를, 더 나아가 사회권의 확대를 초래하였다.

2) 정치적 동기

결국 정부에 대한 국민의 지지는 근대 민족국가 형성의 필수적 요소인 시민권의 부여를 통해 본격적으로 중요시되기 시작했다. 그리고 정부가 사회복지를 조직해야 할 정치적 동기 또한 근대 민족국가의 형성과 함께 보다 뚜렷해졌다. 정부가 사회복지를 조직해야 할 정치적 동기는 대략 다음과 같은 세 가지로 나누어 볼 수 있다.

정치권력의 획득 및 유지

시민권의 확대에 따라 정치권력을 획득하고 유지하는데 국민들의 지지가 대단히 중요하게 되었다. 특히 자본주의 경제체제의 주요 계급으로 성장한 노동계급의 조직화와 집단행동의 합법화는 정부가 국민들의 삶의 안전과 평등을 추구하는 노력을 하도록 강제한다. 물론, 이 과정은 정부가 노동계급을 비롯한 국민의 저항을 억제하고 포섭하기 위한 일환이기도 했다.

독일의 비스마르크(Bismarck)가 1882년에 사회보험제도를 세계에서 최초로 실시한 배경에도 바로 이러한 정치적 동기가 있다. 비스마르크는 아동과 여성 근로자의 공장노동시간을 제한하는 것을 반대했고, 농업과 공업분야에 대한 정부의 지원도 반대했다. 하지만 노동계급 운동과 독일 사민당의 사회주의적 도전이 강해짐에 따라 그것을 억제하고 포섭하기 위해 일련의 사회보험을 도입하게 된 것이다.

사회불안의 예방

정부가 사회복지를 조직화하는 또 다른 정치적 동기는 사회불안을 막기 위해서이다. 가령, 17세기 초의 영국 구빈법 제정의 배경에는 빈자들이 야기하는 사회불안의 위협을 감소시키려는 목적이 있었다. 빈자들이

기아선상에서 헤매다가 절망하게 되면 사회의 질서를 무너뜨릴지도 모른다는 염려에 따른 통제수단이었던 것이다. 미국의 1930년대 사회보장법이나 1960년대의 '빈곤과의 전쟁' 프로그램 또한 각기 대공황 혹은 대규모의 폭동 등의 사회불안을 해소하기 위해 만든 것들이다.

정치과정 자체의 부산물

세 번째의 정치적 동기는 사회복지가 이미 존재하는 다른 정책의 부수적인 영향에 의해 수립되는 경우를 말한다. 가령, 어떤 사회복지제도는 애초에 계획되거나 의도되지 않았던 것인데 결과적으로 나타날 수도 있다. 특히 일단 수립된 사회복지 프로그램 자체가 시간이 흐름에 따라 그 규모가 커지면서 수혜자의 수와 급여의 종류가 증가하는 과정에서 이러한 일들이 흔하게 발생한다. 정부구조 자체가 사회복지의 형성에 영향을 미치기도 한다. 예를 들면, 중앙집권적인 또는 지방분권적인 정부구조에 따라 사회복지의 개입정도와 형태가 다르게 나타날 수 있다.

3. 경제적 동기

사회복지의 경제적 동기는 사회복지를 정부가 주도해서 제공하는 것이 다른 방법보다 더 효율적이기 때문에 나타나게 된다. 일반적으로 자본주의 사회에서 재화를 분배하는 가장 효율적인 방법은 시장을 활용하는 것으로 알려져 있다. 하지만 시장이 재화를 효율적으로 분배하지 못하는 경우도 있다. 시장 실패(market failure)라고 칭해지는 이 경우에는 시장을 대신하여 정부가 재화를 분배하는 것이 더 효율적이다. 사회복지의 경제적 동기는 바로 시장실패의 상황에서 등장한다.

1) 시장 실패

일반적으로 시장에서 재화들이 효율적으로 분배되기 위해서는 다음의
조건들이 충족되어야 한다.

첫째, 거래되는 재화가 공공재(public goods)가 아니어야 한다.

둘째, 거래되는 재화가 동질적인 것으로 외부효과가 없어야 한다.

셋째, 모든 경제주체가 거래하고자 하는 재화에 대해 정확한 정보, 또
는 완전한 정보를 가져야 한다.

넷째, 위험발생의 상호의존성이 없어야 한다.

다섯째, 규모의 경제(increasing returns to scale)가 없어야 한다.

이러한 조건들이 충족되지 못하면 시장 실패가 발생하며, 시장을 통한
자원의 배분은 비효율적이 된다. 따라서 시장 실패의 상황에서는 시장을
대신하여 정부가 재화를 분배하는 것이 더 효율적이다. 그런데 사회복지
의 재화나 서비스는 대체로 이러한 성격을 갖고 있이 시장에서보다는 정
부가 제공하는 것이 더 효율적이다. 즉 사회복지의 재화나 서비스는 공
공재의 특성을 많이 가지며, 발생하는 외부효과가 크고, 수요자나 공급
자 모두가 충분한 정보를 가지지 못하며, 위험발생의 상호의존성이나 규
모의 경제가 크다(김태성 · 성경륭, 1993; 류진석, 1994; Barr, 1998).

2) 사회복지 재화의 특성

(1) 공공재

어떤 재화는 시장에서 결코 효율적으로 배분될 수 없다. 그러한 재화를
보통 공공재(public goods)라고 한다. 공공재는 일반적인 재화와는 다른
두 가지의 특성을 가진다.

우선, 공공재는 비경합성(nonrivalness)이라는 특성을 가진다. 우리가 시장을 통해 특정한 재화를 얻게 되면 다른 사람은 그 재화를 소비할 수가 없다. 즉 한 사람이 소비한 만큼 다른 사람이 소비할 가능성은 줄어들기 때문에 경합적이다. 하지만 공공재는 한 개인의 소비가 타인의 소비를 저해하지 않는다. 즉 공공재는 여러 사람이 동시에 소비할 수 있다는 것이다.

공공재의 두 번째 특성은 비배제성(nonexclusion)이다. 이는 공공재가 한 개인이나 집단에게 공급되었을 경우, 그 혜택이 타인이나 타 집단에게 돌아가는 것을 배제할 수 없음을 의미한다. 만일 배제시킬 수 있다고 해도 거기에는 대단히 큰 비용이 들어간다.

공공재가 시장에서 공급될 수 없는 이유는 그것이 무임승차의 문제를 발생시키기 때문이다. 가령, 내가 공공재를 구입하는데 비용을 지불하지 않는다 해도 타인이 구입한 공공재를 소비할 수 있다. 합리적인 사람들 모두가 이런 생각을 하고 무임승차하려 하기 때문에 시장에서의 공공재 공급은 불충분하거나 비효율적으로 이루어질 수밖에 없다.

자주 인용되는 공공재의 전형적인 예는 등대이다. 일단 등대불이 켜지면 등대 주위를 지나가는 모든 배는 그것의 혜택을 받는다. 즉 등대 서비스에 대한 요금을 지불하지 않아도 똑같은 서비스를 받을 수 있고, 또한 요금을 지불하지 않은 배를 그 서비스로부터 제외시키기도 어렵다.

사회복지 재화 역시 공공재의 특성을 강하게 가진다. 사회복지 서비스를 통해 국민들의 건강과 교육수준이 높아지면, 그 혜택은 사회전체에게 돌아간다. 소득분배의 장치를 통해 분배의 불평등 문제가 완화되면, 사회구성원 모두의 만족은 커진다. 환경과 주택사정의 개선, 빈곤의 감소 등이 모두 마찬가지의 효과를 가진다. 사회의 구성원 모두는 이러한 혜택을 기대하지만 그에 대한 비용을 지불하지 않아도 다른 사람이 그 비용을 지불하면 혜택을 얻을 수 있기 때문에 다들 무임승차하여 한다. 사회복지 재화는 시장을 통해서는 결코 충분히 공급되지 않는다. 그러므로 정부가 개입하여 사회복지를 조직하여 사회복지 재화를 공급하는 것이다.

(2) 외부효과

일반적으로 시장체계에서 사람들이 재화나 서비스를 거래할 때 어떤 사람들의 행위는 다른 사람들의 복지에 시장가격의 변화로 영향을 주게 된다. 즉 어떤 사람들이 특정한 행위를 통해 다른 사람들의 복지에 해를 끼친다면 그들은 그 행위에 대해 대가를 지불해야 한다.

하지만 어떤 경우에는 사람들의 행동이 다른 사람들의 복지에 시장가격의 변화 없이도 영향을 줄 수 있다. 가령, 아무도 소유하지 않는 강 상류에 공장을 소유하고 있는 A라는 사람이 공장 폐기물을 그 강에 버린다면 강 하류에서 물고기를 잡아먹고 사는 B라는 사람의 복지에 시장가격의 변화 없이 해를 준다. 즉 A는 강을 오염시키는 것에 대한 비용을 지불하지 않아도 되기 때문에 강을 비효율적으로 사용하고, 결과적으로 B는 피해를 입게 되는 것이다.

외부효과는 흔히 긍정적인 외부효과와 부정적인 외부효과로 구분할 수 있다. 앞에서 든 예는 부정적인 외부효과의 전형적인 예인데, 긍정적인 외부효과는 어떤 사람의 행위를 통해 다른 사람들이 대가를 지불하지 않고도 이득을 보는 것이다. 가령, 내 이웃에 사는 사람이 가난한 사람에게 자선을 함으로써 이웃의 가난한 사람을 줄인다면, 자선을 안한 나도 가난한 사람들이 줄어든 것에 따른 여러 이득(범죄율의 감소, 집 값의 상승)을 볼 수 있는 것이다.

정부가 사회복지를 조직하는 또 다른 이유는 바로 사회복지 재화가 긍정적인 외부효과를 많이 만들어내기 때문에 시장을 통해서는 결코 효율적으로 제공되지 않기 때문이다. 공공재와 마찬가지로 사람들은 외부효과를 가진 재화에 대해서는 무임승차하려 한다. 소득보장, 건강의 증진, 아동 교육의 질 향상 등과 같은 사회복지 재화는 이러한 재화를 받는 사람들에게도 직접적인 이득을 줄 뿐 아니라 받지 않는 사람에게도 정신적인, 혹은 물질적인 이득을 준다.

(3) 불완전한 정보

일반적으로 어떤 재화가 시장을 통해 효율적으로 배분되기 위해서는 수요자나 공급자 모두 그 재화의 질과 가격에 대한 충분한 정보를 가지고 있어서 합리적인 선택을 할 수 있어야 한다. 만일 어떤 재화에 대한 충분한 정보가 없을 경우에는 효율적인 자원 배분이 불가능해진다. 정보의 불완전성은 수요자나 공급자 모두에게 심각한 문제를 초래한다.

① 수요자와 관련된 정보의 불균형

특히 어떤 재화가 다음과 같은 세 가지의 속성을 가지면 수요자는 재화에 대한 합리적인 선택을 하기가 어렵다. 첫째, 그 재화에 대한 정보를 수집하거나 정보의 질을 높이는데 많은 비용이 드는 경우. 둘째, 그 재화에 대한 정보를 수집했다 할지라도 그 정보를 이해하기가 매우 어려운 경우. 셋째, 그 재화에 대한 잘못된 선택을 하였을 때 피해가 매우 클 경우.

사회복지의 재화 중에서 수요자와 관련된 정보의 불균형 문제가 가장 심각한 것은 의료 서비스이다. 의료서비스에 대한 정보는 매우 복잡하고 전문적이다. 따라서 시장에만 맡겨두면 소비자들이 자기들에게 적합한 의료서비스가 무엇인지, 또 이러한 서비스를 어디에서 어떻게, 얼마에 구입해야 하는지에 대한 정보의 부족 때문에 적절하지 못한 선택을 할 가능성이 높다. 그러므로 정부에 의한 사회복지로 조직화되어야 하는 것이다.

② 공급자와 관련된 정보의 불균형

재화의 공급자 또한 수요자에 대한 정보의 부족으로 인해 합리적인 선택을 못하는 경우가 있다. 역선택(adverse selection)과 도덕적 해이(moral hazard)의 문제가 바로 그것이다.

먼저 역선택의 문제를 살펴보자. 가령 민간보험회사에서 보험형태로 재화를 공급하는데, 보험에 가입할 두 사람의 위험률이 다르다고 가정해 보자. 보험회사는 두 사람의 위험발생 가능성에 대한 충분한 정보를 가지고 있지 않기 때문에 평균적인 위험률의 계산을 통해 보험료를 산정할 수밖에 없다. 그러나 실제 위험률이 낮은 사람은 자신에게 위험이 발생할 가능성에 비해 이 보험료가 비싸다고 생각할 것이며, 실제 위험률이 높은 사람은 싸다고 생각할 것이다. 그 결과로 위험률이 높은 사람만 보험에 가입하게 된다. 이러한 역선택의 문제는 보험회사의 이윤창출을 불가능하게 하며, 그 결과로 시장을 통한 보험 자체를 어렵게 한다.

도덕적 해이는 개인의 의도적인 행위가 위험률의 발생가능성에 영향을 줄 수 있다는 점과 관련된다. 즉 사람들은 일단 어떤 위험에 대비한 보험에 가입하면 보험에 가입하지 않았을 때보다는 그러한 위험발생을 예방할 노력을 적게 할 동기를 가지며, 그 결과로 위험률이 높아지게 된다. 보험회사가 생존하기 위해서는 보험료를 올려야 하는데, 그렇게 하면 보험 가입자는 줄어들게 된다. 역선택과 마찬가지로 시장을 통한 보험이 어려워지는 것이다.

실업과 같은 사회적 위험은 위험률에 관한 정확한 정보 획득이 곤란하기 때문에 역선택의 문제에 항상 직면해 있다. 따라서 민간보험회사가 보험상품으로 팔기는 어렵다. 이런 역선택 문제를 해결하기 위해서는 위험발생의 편차를 분산시킬 수 있고, 위험률에 대한 정확한 정보가 필요 없어도 될 만큼 많은 사람을 적용대상으로 해야 한다. 정부가 조직하는 사회복지의 하나인 사회보험은 전 국민의 강제가입을 특징으로 하기 때문에, 바로 이런 방식에 기초해 있다. 또한 사회보험에서 마련하고 있는 다양한 장치들, 가령 실업보험의 경우 비자발적 실업 여부에 대한 엄격한 심사, 적극적인 구직노력의 강제 등은 도덕적 해이를 줄이는 방법으로 활용된다.

(4) 위험발생의 상호의존성

민간시장에서 어떤 보험상품이 제공되기 위해서는 한 사람의 위험발생 가능성과 또 다른 사람의 위험발생 가능성이 서로 독립되어 있어야 한다. 그래야만 보험회사가 손해를 입지 않을 수 있기 때문이다. 즉, 보험 가입자 중 일정한 사람에게는 위험이 발생하는 반면, 또 다른 일정한 비율의 사람들에게는 위험이 발생하지 않아야만 보험회사는 유지될 수 있는 것이다.

하지만 어떤 위험의 발생이 상호의존적일 때, 즉 어떤 사람의 위험발생과 또 다른 사람의 위험발생이 밀접하게 관련되어 있을 경우에는 보험회사가 유지될 수 없고, 결국 시장을 통한 보험이 어려워진다.

다시 실업의 예를 들어보자. 실업이라는 사회적 위험의 발생가능성은 개인이 속한 기업이나 산업만의 문제가 아니라 한 정부 전체의 경제상황에도 달려있다. 경제위기의 시기에서는 어떤 사람이 실업될 가능성과 또 다른 사람이 실업될 가능성이 대단히 밀접하게 관련되어 있다. 실업뿐아니라 질병이나 노령 역시 위험발생이 상호의존적이다. 따라서 이러한 사회적 위험에 대한 보험은 정부에 의해 조직되는 것이 더 효율적이다.

(5) 규모의 경제

시장에서 어떤 재화가 효율적으로 배분되기 위해서는 시장의 가격이 수많은 공급자와 수요자의 거래에 따라 형성되어야 한다. 만일 독점력을 가진 어떤 개인에 의해 시장의 가격이 영향을 받는다면, 자원은 비효율적으로 배분된다. 규모의 경제가 존재하는 재화의 경우, 규모가 클수록 더 싼 가격으로 재화를 생산할 수 있기 때문에 시장을 지배할 수 있다.

　따라서 규모의 경제가 존재하는 재화는 정부가 개입하여 직접 제공하는 것이 더 효율적이다. 사회복지 재화는 대체로 규모의 경제라는 속성을 많이 가진다. 대중교육, 대량의 공공주택 건설, 전 국민 의료서비스, 전 국민 사회보험 등이 바로 그러하다. 따라서 이런 사회복지 재화는 시장에서 공급되기보다는 정부에 의해 조직될 때 더 효율적으로 배분될 수 있다.

참고문헌

김태성 · 성경륭. 『복지국가론』, 나남출판사, 1993.

류진석. "시장실패와 분배정책," 『사회복지연구』 제5호, 한국사회복지연구회, 1994.

박호성. 『평등론』, 창작과 비평사, 1994.

이근식. 『자유주의 사회경제사상』, 한길사, 1999.

홍경준. 『한국의 사회복지체제 연구; 국가 · 시장 · 공동체의 결합구조』, 나남출판사, 1999.

Barr, N. *The Economics of the Welfare State*, Oxford University Press, 1998.

Nozick, R. 『아나키에서 유토피아로』, 남경희 역, 문학과 지성사, 1986.

Rawls, J. 『사회정의론』, 황경식 역, 서광사, 1985.

추천자료

신용하 · 장경섭. 『21세기 한국의 가족과 공동체문화』, 지식산업사, 1996.

이문열. 『雅歌: 희미한 옛사랑의 그림자』, 민음사, 2000.

영화; 〈길버트 그레이프〉, 〈로렌조 오일〉, 〈노바스의 추억〉, 〈마빈스 룸〉

인터넷 사이트; 종교와 사회복지 〈http://maeul.welfare.net/Mission/〉

1. 시장실패의 상황을 강의실 내에서 찾아보자. 그리고 그러한 경우에는 어떤 방식의 해결책이 있는지를 생각해보자.

2. 어떤 사회복지 이데올로기가 각자에게 더 큰 호소력을 가지는지를 생각해보자. 또한 한국의 사회복지는 어떤 이데올로기와 더 밀접한 관련을 가지는지에 대해 조사해보자.

제 7 장

전문직업주의

전문직업주의(professionalism)는 특정 직업이 체계적인 지식을 바탕으로로 개인의 이익추구보다는 공익을 지향한다는 이념을 의미한다. 뿐만 아니라 전문직업주의는 특정 직업이 전문직(professions)으로 인정받기 위해서는 일정한 조건을 갖추어야 한다는 데 중점을 두고 있다. 이와 같은 전문직업주의는 사회복지에서도 사회복지사의 전문성과 관련하여 중요한 쟁점이 되고 있다. 서구에서는 1910년대부터 사회복지의 전문직에 관한 논의가 있었고, 우리나라에서는 1980년대부터 거론되기 시작하였다. 특히 사회복지의 전문직에 관한 논의는 사회복지실천의 가치와 동기, 책임, 서비스 질의 향상 등에 초점을 두고 있어 사회복지의 중요한 주제라고 하겠다. 이 장에서는 사회복지가 단순히 일반 직업인의 활동을 넘어 특정 지식과 기술을 갖춘 전문 직업인의 학문적·실천적 분야임을 밝히고, 나아가 사회복지사의 역할을 소개함으로써 사회복지의 정체성을 분명히 하고자 한다.

1. 전문직에 관한 이해

전문직은 단순히 전문성만을 일컫는 것이 아니라 전문성을 갖춘 직업을 의미한다. 전문직에 관한 이해를 돕기 위해 전문직의 개념과 전문직이 지니는 특성을 살펴볼 필요가 있다.

1) 전문직의 개념

전문직의 개념은 전문직에 대한 관점과 연구의 초점에 따라 달라질 수있으나 몇 가지 문헌을 통해 전문직의 개념을 알아보도록 하겠다.

사전적 의미로 전문직은 "장기간 학습한 체계적인 지식을 이용하여 자기 이익을 추구하기에 앞서 공공에 대한 봉사를 지향하는 직업"(동서문화, 1999: 13749)으로 정의되고 있다. 여기에서 체계적인 지식이란 대학교육 이상의 교육수준을 요구하는 것으로 규정하고 있다. 또한 전문직종사자는 일정한 자격제도에 의해 자격이 주어지므로 스스로의 판단에따라 업무를 수행하며 타인의 지도를 받지 않는다고 강조하고 있다. 이와 같은 강조는 전문직에 종사하고 있는 전문가의 권위와 책임을 내포하고 있는 것으로 이해되어야 한다. 이 정의에서는 대표적인 전문직으로 성직자, 법률가, 의사, 교사, 과학자, 기술자, 예술가 등을 들고 있다.

한편 서구에서는 전문직을 "높은 학문적 지식체계를 바탕으로 한 전문적 기술을 보유함으로써 상당한 사회적 권한과 높은 사회적 지위를 누리는 직업"(박종우, 1994: 14)으로 정의하고 있다. 즉 전문직은 높은 수준의 정신활동을 요하고 학문적·경험적 훈련을 요하는 직업임을 강조하고 있다. 이런 맥락에서 특별히 전문직은 일반직과 달리 금전적 이익추구보다는 타인을 위한 서비스 제공에 중점을 둔다(박용순, 1999: 45).

결국 전문직은 엄격한 규정에 의해 특정 기간 전문지식과 기술을 습득한 후, 제도적 장치에 의해 사회가 인정하는 자격을 갖춤으로써 누구나 인정하는 권한을 토대로 특정 영역에서 공익을 위해 활동하는 직업을 의미한다고 하겠다. 예컨대 우리나라의 사회복지사 자격은 '사회복지사업법'이 규정하고 있다.

2) 전문직의 특성

앞에서 언급한 바와 같이 전문직은 직업으로서 특성을 가지고 있다. 전문직의 특성으로 파슨즈(Talcott Parsons)는 '핵심적 특성'과 '파생적 특성'으로 구분하여 설명하고 있다(박종우, 1994: 15). 즉 전문직의 핵심적 특성으로 공식적 훈련, 지식적용 기술, 기술이 사회적으로 책임 있게 사용될 것임을 확보하는 제도화된 수단 등을 강조함으로써 전문직 종사자가 내적으로 갖추어야 할 조건을 강조하고 있다. 또한 파생적 특성으로 전문가는 지성인이란 점, 일반화된 문화적 전통, 타당화의 제도적 양상, 조직화, 윤리강령, 자격제도 등을 첨가함으로써 전문직 종사자가 대외적으로 갖추어야 할 부수적인 조건을 강조하고 있다.

한편 플렉스너(Abraham Flexner)는 전문직의 특성으로 개인적 책임을 수반하는 지적인 활동, 과학과 학습으로부터 자료 추출, 추출된 자료를 실제 목적에의 활용, 교육적으로 소통할 수 있는 기법 사용, 자기 조직적, 이타주의의 동기(박종우, 1994: 15)를 강조함으로써 전문직이 사회로부터 인정받을 수 있어야 한다는 데 중점을 두었다. 이 같은 전문직의 특성을 구체적으로 풀어 요약하면 다음과 같다.

첫째, 전문지식과 책임을 동반하여 활동하는데 중점을 둔다. 전문직은 일정 수준의 지식을 갖춘 자가 자신의 능력에 따라 직업활동을 하되 그 결과에 대해 책임을 져야한다. 이렇게 책임을 강조하는 것은 전문직에 종사하는 자가 갖추어야 할 지식과 기술의 습득과 훈련 과정이 엄격함을 의미한다. 즉 국가가 인정하는 교육기관에서 교육을 받아야 하고, 전문가로서 자율적으로 활동할 수 있는 반면 그 결과에 대한 책임을 강조하고 있다.

둘째, 과학적인 자료수집에 근거하고 있다. 전문직은 검증된 이론을 토대로 지식과 기술을 갖춘 자가 활동하는 직업이다. 즉 전문직업인은 특정 상황에 대해 누구나 인정하는 객관적인 자료를 근거로 개입해야 함을 강조하고 있다. 이와 같은 과정이 바로 전문직에서 체계적인 지식을 강조하고 있는 중요한 이유이다.

셋째, 자료의 선용(善用)을 강조한다. 전문직은 객관적인 자료를 관련 문제의 해결에 활용해야 한다. 따라서 전문직 종사자는 임의로 자료를 사용하거나 불필요한 자료를 수집하여 남용해서는 안 되고, 오직 정해진 목적에 선용하여야 한다.

넷째, 교육적 기법의 활용에 중점을 둔다. 전문직은 누구든지 이해가 가능할 뿐만 아니라 수용할 수 있는 구체적인 방법을 강조한다. 즉 전문가는 개입상황 혹은 대상자의 문제상황으로부터 변화를 시도할 수 있는 방법을 적용할 수 있어야 한다.

다섯째, 지식과 기술의 체계화에 주력한다. 전문직에 종사하는 자는 그 전문직이 요구하는 틀을 갖추어야 한다. 예컨대 특정 전문가로서 지식과 기술을 익혀 합당한 자격을 갖추어야 하고, 전문가로서 활동이 일정한 단계에 따라 이루어져야 한다.

여섯째, 이타주의에 기반한 활동을 중요시한다. 전문직은 전문가의 활동으로부터 도움을 받는 문제상황 혹은 문제를 가진 사람의 이익을 우선해야 한다. 즉 전문가의 활동은 전문가 자신의 이익 추구보다는 상대의 변화 혹은 행복이 우선해야 한다.

2. 전문직으로서 사회복지

앞에서 언급한 전문직의 특성과 관련하여 전문직으로서 사회복지의 특성과 전개과정을 살펴보고, 나아가 사회복지와 관련하고 있는 전문가, 전문직으로서 사회복지의 가치와 사회복지사의 윤리를 살펴보도록 하겠다.

1) 특성

사회복지의 전문직과 관련하여 그린우드(Greenwood)는 체계적 이론의 전문성, 클라이언트가 인정하는 권위, 활동을 위한 지역사회의 재가, 클라이언트와 동료관계를 위한 윤리강령, 전문적 문화(Dinitto & McNeece, 1997: 10에서 재인용)를 강조하였다. 이들 5가지 특성에 대하여 박종우(1994: 16-17)의 설명을 토대로 정리하면 다음과 같다.

첫째, 체계적 이론의 전문성을 띤다. 전문직을 위한 준비는 먼저 체계적 이론을 일정한 수준으로 갖추어 이루어져야 함을 강조하고 있다. 특히 체계적 이론이 전문직을 위해 매우 중요하기 때문에 전문직을 위한 준비는 실제적인 경험인 동시에 지적인 경험이라야 한다. 이론의 습득은 대학과 같은 공식적인 교육기관을 통해 이루어지는 것이 바람직하다. 이렇게 체계적 이론의 습득을 강조하는 것은 전문직과 비전문직을 구분하는 중요한 요소 중 하나가 바로 전문지식과 기술이며, 이 전문지식과 기술의 습득은 과학적인 방법을 동반하고 있는 지식체계에 기반하고 있기 때문이다.

둘째, 클라이언트가 인정하는 권위를 갖는다. 공식적인 교육과정은 사회적으로 인정을 받기 때문에 이 과정을 통해 익힌 지식은 전문적 권위의 기반이 된다. 전문직은 클라이언트를 상대할 뿐만 아니라 클라이언트와 전문적 관계를 형성한다. 이 전문적 관계에서 전문가는 클라이언트에게 문제해결의 방안을 제시하고, 클라이언트는 전문가의 제시에 따르게 된다. 왜냐하면 클라이언트는 전문적 이론을 바탕으로 하는 지식이 없으므로 클라이언트 자신의 욕구와 이 욕구를 충족하기 위한 판단 능력이 충분하지 않기 때문이다. 즉 클라이언트는 전문적 서비스의 내용을 평가할 능력을 갖추고 있지 않다. 따라서 전문적 권위에 대한 클라이언트의 복종은 클라이언트가 자신의 문제상황에 대해 전문가가 특정 권한을 갖는데 근거가 되고 있다.

셋째, 활동을 위한 지역사회의 재가를 기반으로 한다. 전문가의 활동을 위한 지역사회의 재가는 지역사회가 전문가에게 일련의 권력과 특권을 부여함으로써 이루어진다. 이 지역사회의 재가는 법적인 기관으로로부터 받는 공식적 재가와 지역사회의 친목조직 등으로부터 받는 비공식적 재가를 포함한다.

넷째, 클라이언트와 동료관계를 위한 윤리강령을 중시한다. 클라이언트와 지역사회로부터 전문가에게 부여된 권력과 특권은 남용될 위험이 뒤따르고 있다. 이를 위해 전문가가 지켜야 할 윤리강령이 필요하다. 전문직의 윤리강령은 자율적이면서 규제적이고 나아가 구속력을 갖는다. 특히 전문직의 종사자가 지켜야할 윤리강령은 다른 일반직업의 윤리강령보다 이타적이며 공중을 위한 이익을 추구하는데 초점을 둔다.

다섯째, 전문적 문화에 초점을 둔다. 모든 전문직은 공식, 비공식 집단의 관계망을 통하여 운용된다. 예컨대 공식집단으로 병원, 대학, 법률사무소, 전문가협회 등을 들 수 있다. 이들 기관은 전문가를 양성하거나 동료의식을 고취하고 집단이익 추구를 위해 역할을 수행한다. 바로 이 공식, 비공식 집단을 통하여 얻어진 사회적 역할의 상호작용이 전문적 문화를 형성한다. 이 전문적 문화는 전문적 가치, 규범, 상징 등으로 구성된다.

2) 전개과정

사회복지가 전문직으로 자리잡은 것은 사회의 제반 변화에 따른 사회복지 내의 노력에 의해서였다. 즉 처음부터 사회복지가 전문직으로서 갖추어야 할 조건을 구비하여 출발한 것이 아니고 정치적·경제적 상황의 변화에 의한 사회문제 혹은 특정 부류의 요보호자를 위한 개입활동이 축적되면서 사회복지의 전문직화를 가져왔다. 미국을 예로 들어 전문직으로서 사회복지의 전개과정을 모랄스와 쉐포의 문헌(Morales & Sheafor, 2001: 51-63)을 토대로 살펴보도록 하겠다.

(1) 자원봉사활동에서 직업활동으로(1915년 이전)

이 시기에 미국의 사회복지는 자원봉사활동으로부터 뿌리를 내린다. 당시에는 개인이나 가족성원들은 자신의 문제 혹은 욕구를 스스로 해결해야 했고, 이 해결이 어려운 경우 친구, 이웃, 지역사회의 대표들로부터 도움을 받았다. 이런 상황에서 자원봉사자들의 활동은 빈곤, 질병, 기타 사회문제로부터 고통받고 있는 자들을 대상으로 이루어졌다. 이때 종교기관을 포함한 사회기관은 자원봉사자를 교육시켜 활용하였고, 자원봉사자의 활동을 발전시켜 직업활동으로 이어지게 했다. 당시 미국의 사회복지는 개인의 의식주를 돕는 구제사업에 초점을 두었다.

(2) 전문직으로 출현(1915-1950)

자원봉사에서 직업으로 자리를 굳힌 사회복지는 전문직으로 발전되어 갔다. 특히 이 시기에 사회복지의 전문직에 관한 연구가 활발하게 이루어졌고, 윤리강령이 만들어졌다. 뿐만 아니라 1918년부터 1949년 사이에 병원사회복지사협회, 방문교사협회, 정신보건사회복지사협회, 집단사회복지사협회, 지역사회조직연구회, 사회복지조사단 등이 조직되어 사회복지의 각 분야가 전문직으로서 각광을 받았다.

(3) 전문직으로 강화(1950-1979)

이 시기에는 여러 분야로 나뉘어진 사회복지의 전문직을 통합함으로써 사회복지를 단일 전문직으로 강화하였다. 즉 1955년에 사회복지의 특화된 다수의 전문직을 통합하여 미국사회복지사협회(NASW, National Association of Social Workers)를 만들었으며, 사회복지사를 위한 정기 보수교육을 실시하였다. 이 시기에 사회복지는 전문직으로서 홀로 서는 데 어려움이 없었다.

(4) 엘리트주의 전문직으로부터 외면(1970년 이후)

1960년대 말까지 미국의 사회복지는 전문활동을 위한 윤리강령 채택, 대학원 수준의 전문교육과정 프로그램 제공, 대중을 상대로 한 사회복지 홍보운동 수행 등을 통해 원조전문직의 엘리트군단 중 한 분야로 자리를 확고히 하였다. 이와 같은 사회복지의 상황은 이후 시민권·복지권·여성권 운동으로부터 나온 새로운 정신의 영향으로 불균형을 이루었다. 즉 사회복지사들은 임상활동에서보다 사회변화를 위한 사회행동에 앞장서야 했고, 전문기술이 떨어진 사회복지사의 대량배출 시대를 맞이하게 되었다. 이 같은 상황에 대해 미국의 사회복지계에서는 사회복지사의 대중화된 활동을 지지하는가 하면, 사회복지 전문직의 질적 퇴보를 지적하는 부류도 있다.

3) 사회복지 관련 전문가

사회복지학은 다양한 전문분야의 학문과 밀접한 관계를 가진다. 뿐만 아니라 사회복지직 종사자는 여러 유형의 관련 전문분야의 종사자와 교류한다. 결국 사회복지는 전문직으로서 독립되어 존재하지 않는다. 따라서 사회복지사와 함께 일하고 있는 전문가에 관하여 알아볼 필요가 있다. 사회복지와 밀접히 관련하고 있는 사회복지 관련 전문가로 심리학자, 사회학자, 상담가, 정신과의사, 간호사, 행정가를 들 수 있다(Dinitto & McNeece, 1997: 12-15).

(1) 심리학자

사회복지사와 임상심리사는 팀의 일부로 함께 일하며, 서로 하는 일에서 겹치는 부분이 많다. 사회복지사와 임상심리사는 공통적으로 인간의 행동과 상호작용의 유형에 관심을 가지고 있으며, 사고와 감정의 과정에 관련하고 있다. 한편 임상심리사는 개인행동에 주목하며 개인의 행동을 변화시키기는 집중하는 반면, 사회복지사는 개인의 사회적 기능에 관심을 가지며 개인의 환경 변화에 중점을 둔다.

(2) 사회학자

사회학자는 사회조직과 제도에 관한 연구에 관심을 가진다. 일부 급진적이거나 개혁성이 강한 사회학자들은 자신들의 정치적 신념을 사회행동으로 표출하는 경우도 있지만 대체로 사회학자들은 사회복지사들보다 이론적으로 훈련된 집단이라 할 수 있다. 사회학 문헌이 현대 사회복지실천에 막대한 기여를 했지만 사회기능을 향상시키기 위해 사회조직과 상호작용에 관한 이론을 응용하고자 한 것은 사회복지사들이었다. 사회학자들은 현상에 대한 이해에 관심을 갖는 반면, 사회복지사는 상황의 변화를 위한 활동에 관심을 갖는다.

(3) 상담가

재활상담가, 직업상담가, 결혼상담가 등 상담가의 유형은 매우 다양하다. 이들이 클라이언트를 돕기 위해 관계를 형성하는 데 중점을 둔다는 측면에서 상담과 사회복지는 다르다. 즉 상담은 초기개입기술로서 클라이언트의 환경요인을 조종할 필요는 없다. 예컨대 문제를 가진 학생에게 상담가는 초기개입방법으로 학생에게 대화의 형태로 접근하려 하는 반면, 학교사회복지사는 학생과 부모의 관계, 가정의 경제적 상태, 학생에게 영향을 미칠 수 있는 사회적 요인 등에 관심을 갖는다. 따라서 학교사회복지사는 상담 대신에 학생과 부모를 중재하고, 학생이 다른 학생들과 좋은 관계를 통해 학교생활에 적응할 수 있도록 프로그램을 제공한다.

(4) 정신과의사

사회복지사는 정신과의사들과도 제휴하여 일하지만 사회복지와 정신의학은 많은 차이점이 있다. 정신과의사들은 치료를 위해 의학모델을 적용하는 의사들이다. 이들이 환자의 성격상 바람직하지 못한 기능과 장애를 다루는 반면, 사회복지사들은 대체로 특정 상황이나 환경에 대처하는 데 단순한 문제를 지닌 정상인을 상대한다. 예컨대 부적응 청소년의 원인을 정신과의사는 성격장애에 두는가 하면, 사회복지사는 비행을 청소년이 처하고 있는 상황에 대처해 나가고자 하는 정상행동으로 간주한다.

(5) 간호사

간호사 역시 앞에서 언급한 전문직 못지 않게 사회복지직과 밀접한 관계를 가지고 있다. 간호는 환자의 건강과 회복을 위한 과정을 돕는 일이다. 간호사는 환자의 신체적 혹은 정신적 기능뿐 아니라 환경의 작용에 집중한다. 사회복지와 크게 다른 점은 간호사들이 사용하는 특별 기술이 의료적 훈련에 중점을 두고 있다는 것과 간호사들은 주로 환자의 신체적 기능에 관심을 가지고 있다는 점이다. 한편 간호직의 특별 분야로 정신간호사들도 있으며, 사회복지와 유사한 점도 많이 있다. 실제로 공중보건간호사와 사회복지사는 구분되지 않을 때가 있다.

⑥ 행정가

사회복지와 행정의 유사점을 강조하는 것은 대형 정부의 공공복지 관련 조직의 관리자들이 사회복지행정분야에서 훈련을 받고 있기 때문이다. 뿐만 아니라 계속 늘어나고 있는 사회복지사들이 진급하여 공공복지 조직의 관리자 혹은 운영자로 등장하기 때문이다. 행정에 관한 교육을 받은 사회복지사와 임상교육을 받은 사회복지사는 공통적으로 인간행동, 사회환경, 사회복지정책, 사회복지실천 등에 관한 지식을 습득하였고, 이 지식에 의존하고 있다.

한편 사회복지를 전공하지 않은 공공복지기관의 운영자와 사회복지사의 차이점에 대해서는 끊임없이 논의되고 있다. 사회복지행정가와 사회복지 교육을 받지 않은 일반행정가의 차이는 이들의 가치와 기술에 달려있다. 즉 일반행정가는 공공기관에 적용할 수 있는 운영방법에 중점을 두기 때문에 경제와 효율성에 치중하는 반면, 사회복지행정가는 기관이 문제를 안고 있는 클라이언트를 돕는 데 중점을 두기 때문에 클라이언트의 복지를 우선한다.

4) 사회복지의 가치와 사회복지사의 윤리

전문직은 공익을 지향하고 사회가 인정하는 자격제도를 중시하기 때문에 각 전문직은 그 성격에 따라 가치와 윤리를 강조한다. 욕구 혹은 문제를 갖는 개인, 가족, 집단, 조직, 지역사회 등을 상대로 활동하는 사회복지사 역시 가치와 윤리는 중요한 개념이다.

(1) 사회복지의 가치

자스트로우(Zastrow)는 사회복지의 주요 가치로 인간의 존엄성과 개성
의 존중, 클라이언트의 권리, 비밀보장, 사회적·경제적 정의 추구, 서비
스의 사회적 책임성 등을 강조하였다(엄명용 외, 2000: 59-60 재인용). 이
같은 사회복지의 가치는 다음에서 보게 될 사회복지사가 지켜야 할 윤리
의 토대가 된다. 이들 가치에 대해 구체적으로 살펴보면 다음과 같다.

첫째, 인간의 존엄성과 개성은 타고난 그대로 존중되어야 한다. 즉 사
회복지사는 개인이 현재 처하고 있는 상황을 초월하여 그를 이해해야 하
고, 그의 개인적 성향을 수용해야 한다.

둘째, 클라이언트는 사회복지 서비스를 제공받을 수 있는 권리를 비롯
하여 사회인으로서 활동하는 데 적법한 권리를 갖는다.

셋째, 사회복지는 공평하고 부의 분배가 여법하게 이루어지는 사회를
만드는 데 협력한다.

넷째, 사회복지는 클라이언트로서 개인, 가족, 집단, 지역사회 등이 갖
는 욕구 혹은 문제의 해결을 위해 국가가 적극 개입해야 한다는 입장을
강조하고 있다.

(2) 사회복지사의 윤리

사회복지사의 윤리는 사회복지사 자신의 전문적 가치를 실천적 행동
으로 전환하도록 돕는 지침이 된다. 전문가의 윤리강령이란 실천가들에
게 기대되는 윤리적 행동을 찾아내어 이를 기술한 것이다. 전문가 윤리
는 일반윤리와 동일한 원천에서 나오지만 그 의미는 같지 않다. 즉 우선
순위와 강조점, 의도, 적용 등에서 차이가 난다. 예컨대 일반윤리와 전문
가 윤리는 공통적으로 평등의 원리를 강조하지만 특별히 전문가 윤리는
다른 사람의 이익보다는 클라이언트의 이익에 우선순위를 둔다
(Loewenberg & Dolgoff, 2000: 38-39). 사회복지실천에서 요구되는 윤리

는 곧 사회복지사가 지켜야 할 규칙이다. 이러한 전문가 윤리원칙은 한국사회복지사협회가 정한 '사회복지사의 윤리강령'(최옥채, 2001: 99-101)에서 찾아볼 수 있다.

첫째, 전문가로서의 품위, 자질, 책임을 중시한다. 사회복지사의 활동은 사회로부터 신임을 받고 있으므로 사회복지사는 이에 걸맞게 인격을 갖추어야 한다. 나아가 자신이 실천한 모든 업무에 자신감을 가지고 임해야 하고 그 업무에 대해서는 책임을 질 수 있어야 한다.

둘째, 전문직의 가치, 지식, 기술을 충분히 익혀야 한다. 사회복지사의 품위와 자질을 높이는 길은 우선 사회복지사가 갖추어야 할 전문 지식과 기술이라 할 수 있다. 이 지식과 기술의 함양은 사회복지사로서의 가치관을 바탕으로 이루어져야 하고, 이러한 기반에서 전문가로서 자신감을 가질 수 있어야 한다.

셋째, 공공복지를 성실히 수행해야 한다. 사회복지사는 자신의 영리를 위해 부정한 행위를 할 수 없으며 오직 클라이언트에의 도움과 공공복지 향상에 힘써야 한다.

넷째, 클라이언트의 권익에 우선해야 한다. 대부분의 클라이언트가 자신의 문제로 인하여 권리와 이익을 침해받을 가능성이 높다. 사회복지사는 이 같은 클라이언트와의 관계에서 먼저 클라이언트의 권익을 보호해야 한다.

다섯째, 클라이언트의 자기결정권을 위해 돕는다. 클라이언트는 스스로 자신의 문제해결을 위해 판단하고 결정할 수 있는 능력이 부족한 경우가 많다. 사회복지사는 이 점을 고려하여 클라이언트가 최선의 결정을 내릴 수 있도록 배려해야 한다.

여섯째, 클라이언트를 평등하게 대우한다. 사회복지사는 클라이언트의 성, 나이, 사상, 종교 등과 상관없이 클라이언트에게 합당한 서비스를 제공하는 데 차별해서는 안 된다.

일곱째, 클라이언트의 비밀을 보장해야 한다. 사회복지사는 클라이언트와 관련하고 있는 개인 정보를 유출해서는 안 되며, 만약 클라이언트의 비밀을 공개할 경우 반드시 클라이언트로부터 허락을 받아야 하고, 정보수집자들에게 비밀보장의 중요성을 주지시켜야 한다.

여덟째, 동료를 존중하고 신뢰한다. 사회복지사는 자신이 근무하고 있는 기관의 다른 사회복지사들과 신뢰로운 관계를 형성해야 한다.

아홉째, 동료나 기관의 부정에 합법적으로 대응해야 한다. 사회복지사는 기관의 동료 혹은 기관의 부정한 행위에 대해 적법한 절차를 밟아 해결해야 한다.

열째, 사회복지 전반에 걸친 발전을 위해 적극 참여해야 한다. 사회복지사는 클라이언트를 위해 능동적으로 활동하고, 나아가 사회복지 발전을 위해 적극적으로 임해야 한다.

3. 사회복지사의 역할

사회복지사의 역할은 사회복지실천현장의 특성에 따라 다양한 역할을 한다. 사회복지사들의 역할을 크게 상담가와 치료자, 조직가, 사회복지행정가, 사회복지정책가로 구분할 수 있다.

상담가와 치료자

클라이언트를 위한 상담가와 치료자의 역할을 들 수 있다. 특히 이 역할은 사회복지실천의 전통적인 개별사회사업방법과 집단사회사업방법 그리고 가족치료에서 강조된다. 이 상담가와 치료자의 역할에는 구체적으로 교육자, 중재자, 중개자, 정보제공자, 대변자, 안내자 등의 역할을 포함한다.

조직가

대체로 조직가의 역할은 사회복지사가 지역사회에 기반한 활동을 할 때 강조된다. 즉 지역사회의 욕구 혹은 문제를 해결하기 위해 지역사회 주민을 조직화하는 데 요구되는 역할이다. 뿐만 아니라 사회복지사가 자신의 모든 활동에서 주변의 인적 · 물적 자원을 체계적으로 활용하기 위해 조직가 역할을 수행하게 된다.

사회복지행정 전문가

사회복지사는 클라이언트에게 직접 서비스를 제공하는 것 외에 사회복지서비스 전달체계 내의 업무, 효율적인 조직의 운영 등에 관한 전문가 역할을 하게 된다. 따라서 사회복지행정 전문가의 역할은 프로그램 기획, 자원확보와 할당, 조직간 운영과 관리, 인력관리, 조직의 생산성을 위한 감독 등의 영역(김영종, 1998: 35)에서 이루어진다.

사회복지정책 전문가

사회복지의 전문직이 사회복지실천 현장에서 클라이언트를 직접 상대하는 사회복지사나 사회복지정책에 관여하는 사회복지사 모두에게 해당됨을 상기해야 한다. 즉 특정 분야의 사회복지사는 그 분야의 사회복지정책과 사회복지행정 그리고 사회복지실무를 균형 있게 이해하고 있어야 한다. 그러나 지금까지 사회복지의 전문직에 관해 살펴본 내용을 자칫 사회복지실천 현장의 특정 사회복지사, 즉 임상활동에 임하는 사회복지사에게 치중하고 있는 것으로 오해할 수도 있다. 이와 같은 오해의 여지를 없애기 위해 사회복지정책 전문가의 실천방법(현외성, 2000: 350-4)을 소개하고자 한다.

첫째, 사회복지정책 전문가는 입법 관계자와 정보를 교류한다. 입법 관계자와의 정보교류는 사회복지실무자가 사회복지정책 현안이나 입법사항과 관련하여 국회의원이나 입법 관계자에게 문헌화된 자료를 직접 전하거나 이들을 만나 말로써 긍정적인 영향을 미치는 활동을 의미한다. 보통 국회의원은 자신의 지역주민들이 가지고 있는 의견과 행동에 민감하므로 지역주민들이 사회복지 당면문제에 대해서 의견을 제시하게 하거나 특정 사회복지정책안과 관련하여 지역주민들이 자신들의 견해를

밝히게 하여 정책결정에 영향을 미치게 하거나 법안이 유리하게 통과될
수 있도록 하는 전략이다.

둘째, 사회복지정책 전문가는 사회복지 관련 정책의 입안을 위해 적법
한 로비활동에 참여할 수 있다. 사회복지정책 결정과정에서 로비스트가
아닌 사회복지전문가나 실무자들이 합법적인 통로를 통해 적절한 자료
를 제공하거나 사회복지의 실상을 이해하도록 권하는 것은 흔히 있는 일
이다. 이때 가능하면 개방적이고 공식적인 통로를 통해 객관적인 자료를
토대로 진행해야 한다. 최근 한국사회복지사협회, 한국사회복지대학교
육협의회, 한국사회복지학회 등이 협력하여 대외적으로 활발한 활동을
보임으로써 사회복지계에서 로비의 필요성을 깨닫게 해주었다. 앞으로
이와 같은 활동은 특히 사회복지 관련 정책결정과정에서 보다 전문적인
기술을 겸한 활동이 활발히 진행되어야 하겠다.

셋째, 사회복지정책 전문가는 사회복지정책 관련 공청회를 주도할 수
있다. 사회복지정책을 수립하고 법률을 개정할 때 각계의 여론을 수집하
기 위해 청문회나 공청회를 개최한다. 이때 정부 주도로 만들어진 정책
안과 법안을 확정하기 전에 관련 분야의 전문가나 실무자 혹은 일반 국
민들의 입장을 듣고 올바르게 반영하기 위해 공청회를 갖는다. 공청회에
서 사회복지전문가와 실무자는 정책과 법률이 현재의 문제를 해결하고
국민들의 복지가 증진될 수 있도록 영향을 끼칠 수 있다. 실제로 참여연
대 사회복지위원회는 1995년에 노인복지법과 생활보호법 개정을 위한
공청회를 주도하였다.

넷째, 사회복지정책 전문가는 사회복지정책 관련 공익소송에 참여할
수 있다. 공익소송은 사회복지 관련 서비스나 제도적 장치 등과 관련하
여 문제된 내용을 법적 소송운동을 전개하여 그 개선책을 마련하려는 노
력이다. 기존의 사회복지정책과 제도가 가진 한계를 극복하기 위해 공익
소송운동 과정을 통해 관련 쟁점에 대하여 국민들이 관심을 가지게 되어

여론이 형성되어 정책을 새롭게 만들거나 수정하는 압력으로 작용하게 된다. 대표적인 사례로 참여연대의 사회복지위원회가 1994년에 소송했던 '국민연금기금운용손실에 대한 손해배상청구'와 '노령수당지급대상자 선정 제외처분 행정심판청구'를 들 수 있다.

4. 한국 사회복지의 전문직에 관한 논의

사회복지가 전문직으로 자리잡기 위해 갖추어야 할 조건에 대해 다수의 학자들이 내적 조건으로 체계적 이론과 기술, 사회적 승인(제도적 장치), 윤리강령, 전문직 단체의 조직화, 공익성 등을, 외적 조건으로 노동조건의 개선, 조직과 운영의 민주화 등을 강조하고 있다(이영철 외, 2000: 347에서 재인용). 앞으로 우리나라의 사회복지도 전문직으로 도약해 나가기 위해서는 이와 같은 내외적 조건에 부응해야 하겠다. 여기에서는 이들 주요 조건을 중심으로 우리나라의 사회복지가 전문직으로서 인정받는 분야의 특성과 전문직으로서의 취약점 그리고 전문직 강화를 위한 의견을 제시하고자 한다.

1) 전문직으로 인정받는 분야

우리나라에서 사회복지교육기관을 제외한 사회복지 전문직 종사자로서 인정받을 수 있는 분야를 엄선하면 다음 몇 가지로 정리할 수 있다.

사회복지전담공무원

사회복지전담공무원은 공공기관에서 사회복지를 전담하는 공무원을 일컫는다. 정부의 사회복지행정 전문공무원에 대한 인식과 관심이 높아

지면서 1987년에 사회복지사를 공무원으로 채용한 사회복지전문요원제
도에 의해 시작되었다. 특히 이들 사회복지전문요원은 전국규모의 ‘전
국 사회복지전문요원 동우회’를 조직하여 운영하고 있으며, 우리나라 공
공사회복지행정의 전문화를 위해 노력하고 있다.

　한편 이들의 업무와 관련하여 사회복지전문요원이 갖추고 있는 전문
지식과 기술 그리고 사회복지사 자격을 살펴볼 때 앞으로 큰 변화가 있
어야 할 것으로 본다. 즉 공공행정기관에 근무하고 있는 사회복지전담공
무원이 실제로 활용하고 있는 지식·기술과 대학의 사회복지학과(사회
사업학과)에서 교육하고 있는 내용이 상당부분 불일치하고 있는 점에서
이들의 전문성을 의심하지 않을 수 없다. 또한 근본적으로 1급, 2급, 3급
사회복지사의 자질이 급수에 따라 현저하게 차이가 남에도 불구하고 이
를 고려하지 않고 동일한 수준에서 사회복지전문요원을 채용하는 제도
도 이 분야의 전문성을 떨어뜨리고 있다.

전문사회복지사

　한국사회복지사협회가 1996년부터 전문사회복지사 양성을 위해 사회
복지사들에게 재교육을 실시하고, 나아가 전문사회복지사 자격시험을
시행하고 있다. 이 과정을 거친 사회복지사들은 아동복지시설과 기관,
노인복지시설과 기관, 장애인복지시설과 기관 등 매우 다양한 사회복지
시설과 기관에서 근무하고 있다. 이와 같은 전문사회복지사 배출을 위한
한국사회복지사협회의 노력은 사회복지사의 전문성을 높이는데 매우
중요한 과업이라 할 수 있다.

　그러나 이와 같은 과정이 사회적으로 인정받을 수 있는 제도로 자리 매
김을 하고 있지 못하다는 데에 큰 결함이 있다. 즉 전문사회복지사 자격
을 위한 이 과정은 한국사회복지사협회의 규정으로 이루어지고 있는 것
일 뿐 정부나 타 전문직이 국가제도로 수용하고 있지 않기 때문에 전문

사회복지사를 위한 자격제도로는 부족하다고 할 수 있다.

정신보건사회복지사

정신보건법의 제정과 함께 1997년부터 정신보건사회복지사를 위한 수련과정이 실시되고 있다. 이 과정은 사회복지계에서는 물론 사회적으로 인정받는 제도로 자리잡아가고 있다. 특히 이 수련과정에 지원할 수 있는 자격을 사회복지사 1급으로 제한함으로써 사회복지의 전문영역으로 손색이 없다고 하겠다. 이들은 '한국정신보건사회복지사협회'는 물론 학회와 사설기관을 운영함으로써 명실상부한 전문직으로 발돋움하고 있다. 이와 같은 사회복지의 전문 영역이 계속하여 개발되어야 할 것으로 본다.

2) 전문직으로서 취약한 근거

우리나라의 사회복지가 완전한 전문직으로 인정받는 데는 문제가 있다. 특히 앞으로 우리나라의 사회복지 발전을 위해 비판적 시각에서 볼 때 이와 같은 문제점은 솔직하게 인정하고 드러내어 변화시켜나가야 할 것으로 본다. 이를 위해 여기에서는 사회복지가 전문직으로 인정받는 데 어렵게 하는 몇 가지 요인을 살펴보도록 하겠다.

첫째, 사회복지실천 현장의 구조적인 문제를 들 수 있다. 사회복지가 전문직으로 발전하는데 사회복지실천 현장에 구조적으로 문제가 있다는 점은 우리나라 사회복지사업의 역사적 맥락에서 살펴볼 수 있다. 정부는 사회복지사업에 재정적으로 인색하였고, 이에 사회복지사업을 하는 민간은 전문성보다는 클라이언트의 의식주에 중점을 두고 우리나라 사회복지사업은 시작되었다. 이런 상황에서 사회복지사업에 종사하는 인력의 전문성은 합당하지 못한 급여와 근무여건 때문에 떨어질 수밖에 없었다. 뿐만 아니라 사회복지시설 혹은 기관을 운영하는 대표자들이 사회복지사업의 가치를 직시하여 이 분야의 전문성과 성실성이 강조되었어야 했음에도 불구하고 상당부분 그렇지 못했다는 점을 지적하지 않을 수 없다.

둘째, 사회복지사 자격에 관한 제도에 문제가 있다. 전문직으로 인정받기 위한 조건으로 자격제도는 특히 사회복지에 대한 사회적 승인과 관련하여 중요한 요인이다. 우리나라 사회복지사에 관한 자격의 가장 큰 문제점으로 자격을 1급, 2급, 3급으로 구분하고 있다는 점을 지적할 수 있다. 이 같은 구분이 전문직으로서 사회복지의 위상을 떨어뜨린다는 것은 1급, 2급, 3급의 차이가 현장에서 특별히 차별을 두지 않고 있기 때문이다. 오히려 사회복지사에게 필요로 하는 합당한 교육을 받지 않고 쉽게 자격을 취득할 수 있는 통로를 만들어놓은 것에 불과하다.

셋째, 사회복지사를 배출하는 대학의 교육에 문제가 있다. 사회복지학과 혹은 사회복지사 자격취득 관련 학과가 전국의 대학에 무분별하게 개설되어 운영되고 있는 점은 사회복지사의 질을 떨어뜨림으로써 전문직으로서 사회복지의 발전에 장애가 되고 있다. 특히 대학원을 포함하여 적지 않은 수의 대학들이 전문사회복지사를 교육하는데 목적이 있는 것이 아니라 대학 운영의 수단으로 사회복지학과를 개설하고 있다는 사실이 우리나라 사회복지계의 앞날을 흐리게 하고 있다. 이 같은 실상은 지역별로 큰 차이를 가지고 있어 특정 열악한 지역의 사회복지발전을 걱정하지 않을 수 없다. 뿐만 아니라 대부분의 대학이 사회복지학에 대해 복수전공과 부전공을 허락함으로써 사회복지사 자격의 취득이 쉽게 이루어지고 있다. 각 대학이 학생들에게 사회복지에 대한 이해를 위해 강의가 개설되도록 하는 것은 바람직하나, 사회복지사 자격을 얻도록 하여 학생을 모집하는 것은 오직 대학운영에 도움이 될 뿐 학생이나 국가에 전혀 도움이 되지 않는 행위이다.

3) 전문직 강화를 위한 제언

전문직으로서 사회복지를 강화하는 것은 곧 사회복지의 전문지식과 기술을 발전시키는 일로 우리나라 사회복지계의 중요한 과업이라 할 수 있다. 지금까지 살펴본 전문직의 특성과 우리나라 사회복지의 문제점을 토대로 전문직으로서 사회복지의 정체성을 확고히 하기 위해 몇 가지 사항을 제언하고자 한다.

첫째, 대학과 한국보건사회연구원에서 배출하고 있는 사회복지사의 수를 제한해야 한다. 이를 위해 한국사회복지사협회, 한국사회복지대학교육협의회, 한국사회복지학회 등이 주도하여 매년 배출되어야 할 사회복지사의 적정 수를 산정하여 보건복지부와 교육부에 대응하여 해결해야 한다.

둘째, 사회복지의 새로운 전문영역을 개척해야 한다. 정신보건사회복지사와 같은 사회복지의 전문영역을 개발하여 그 분야에 관한 전문사회복지사를 양성해야 한다. 특히 새롭게 사회복지의 전문영역으로 제도화할 수 있는 분야를 순위별로 정하여 전체 사회복지계가 특정한 분야를 지원하여 그 분야의 제도화가 성사되도록 해야 한다.

셋째, 사회복지사 자격시험을 철저히 운영해야 한다. 특히 첫 번째 사항이 잘 이루어지지 못할 경우 1급 사회복지사의 자격취득을 엄격히 하여 필요한 수의 사회복지사를 배출하도록 해야 한다. 뿐만 아니라 1급 사회복지사가 취업과 현장활동에서 우대 받을 수 있기 위해서는 자격시험의 강화를 통해 사회복지실천 현장인들은 물론 타 분야의 전문직 종사자들에게 사회복지의 전문직을 호소할 수 있을 것이다.

넷째, 사회복지학과의 교과과정이 정보화시대에 걸맞게 더욱 다양해져야 한다. 사회복지전문가는 전문사회복지기관 외에도 사회복지 관련 시민단체나 정보화기관에서도 활동할 수 있어야 하기 때문에 기존의 교

과과정으로 이와 같은 기관에서 사회복지전문가로 활동하는 것은 부족
한 실정이다. 따라서 대학에서 사회복지학을 공부하는 동안 합당한 지식
과 기술을 갖출 수 있도록 대학의 교과과정을 조정해야 한다.

김영종. 『사회복지행정』, 학지사, 1998.

동서문화. 『파스칼 세계대백과사전』, 동서문화, 1999.

박용순. 『사회복지론』, 학지사, 1999.

박종우. 「사회사업가의 전문직업적 정체성 연구」, 서울대학교 대학원 박사학위논문, 1994.

엄명용 외. 『사회복지실천의 이해』, 학지사, 2000.

이영철 외. 『사회복지학』, 양서원, 2000.

최옥채. 『사회복지실천론』, 양서원, 2001.

현외성. 『사회복지정책강론』, 양서원, 2000.

Compton, Beulah R., Galaway, Burt. *Social Work Processes*, Wadsworth Pub., 1989.

Dinitto, Diana M. *Social Work: Isues and Opportunities in a Challenging Profession*, Allyn and Bacon, 1997.

Loewenberg, Frank M., Dolgoff, Ralph. 『사회복지실천윤리』, 서미경 외 역, 양서원, 2000.

Morales, Armando T., Sheafor, Bradford W., *Social Work: A Profession of Many Faces*, Allyn and Bacon, 2001.

Zastrow, Charles. *The Practice of Social Work*, Wadsworth Pub., 1995.

추천자료

이인재. 「사회복지운동의 주체로서 사회복실천가의 사회적 위상에 관한 연구」, 『한국사회복지학』, 제26호, pp. 201-226, 1995.

황성철, 「사회사업실천의 효과성에 관한 논쟁과 미국 사회사업의 발전」, 『한국사회복지학』, 제34호, pp. 215-245, 1998.

1. 우리 주변에서 쉽게 접할 수 있는 사회복지사들은 사회복지 전문직 종사자로서
   겪는 어려움이 있다면 무엇일까?

2. 미국의 사회복지 전문직 전개과정과 우리나라의 사회복지 전문직 전개과정을
   비교할 때 유사한 점과 다른 점을 생각해보자.

사회복지의 방법

사회복지가 무엇인지 알기 위해서는 사회복지의 개념과 역사, 또한 사회복지의 동기와 맥락 등에 대한 이해도 필요하지만, 이와 더불어 사회복지 차원에서 활용하는 다양한 방법들에 대한 이해 역시 필수적으로 요청된다. 왜냐하면 어떻든지간에 사회복지의 기본 특성은 '사회구성원들이 직면하는 어려움을 해소하기 위해 특정한 형태의 도움을 제공함'에 있고, 여기에서 '어떻게 도움을 제공하는지'에 해당되는 사회복지적 차원의 원조 방법들은 '사회복지가 어떻게 작동되는지'에 대한 실체를 보여주는 부분일 수 있기 때문이다. 특히 사회복지라는 학문이 순수학문의 성격보다는 응용과 실천을 전제로 한 실천학문의 특성을 지니고 있음을 감안하면, 사회복지 방법에 대한 이해는 사회복지 활동의 실행과 사회복지 실현에 절실히 요청되는 부분이 아닐 수 없다.

이와 같은 이유로 3부에서는 사회구성원들의 복지수준을 높이기 위해 사회복지 분야에서 활용되는 주요 방법들을 개괄하여, 사회복지의 실체에 대한 상세한 이해를 도모하고자 한다. 사회복지 방법은 시대에 따라, 또한 국가마다 다양하고, 도움을 필요로 하는 대상자의 특성 혹은 문제 사안에 따라 또한 천차만별이기에, 이들 방법 모두를 개별적으로 살펴보는 것은 매우 어려운 일이다. 따라서 여기에서는 문제 해결 차원을 기준으로 사회복지 방법을 구분하고, 이들 방법들을 개괄하여 살펴보는 것으로 만족하고자 한다.

　3부의 구성은 다음과 같다. 먼저, 8장에서는 미시적 차원의 방법 곧 사회복지 대상자에게 개별적 차원 혹은 집단적, 가족적 차원으로 접근하여 문제해결을 도모하는 방법에 대해 상세하게 검토한다. 9장에서는 사회복지 대상자가 소속된 지역사회를 매개로 접근하여 원조를 제공하는 중범위적 차원의 사회복지 방법을 살펴본다. 마지막 10장에서는 앞서의 방법들에 비해 더욱 거시적 차원의 사회복지 방법, 곧 정부 차원의 정책과 제도를 매개로 사회구성원의 복지수준을 향상시키는 사회복지 방법에 대해 고찰한다.

　주지해야 할 부분은 3부에서 전개되는 내용을 보다 생생하게 이해하기 위해서는 각 사회복지 방법이 활용되는 문제상황에 대한 가상적 설정이 필요하다는 점이다. 왜냐하면 문제상황과 대응방법은 별개일 수 없기 때문이다. 이런 점에서, 8장과 9장의 구체적인 이해를 위해서는 독자 스스로를 사회복지 현장에서 대상자들에게 도움을 주는 사회복지 종사자로, 또한 9장의 경우는 사회구성원 전체의 사회복지 문제 해결의 책임을 맡는 정부 정책 담당자로 생각하고, 각 사회복지 방법을 조망하려는 노력이 필요하다.

제 8 장

개인 · 집단 · 가족과 사회복지

이 장에서는 사회복지를 실천하는 대표적인 방법론들을 중심으로 그 기능과 과정, 관련 문제점들을 함께 살펴본다. 사회복지실천은 인간존엄성에 대한 기본적 틀을 중심으로 사람들의 욕구에 적합한 서비스를 전달하여 삶의 질을 증진시키는 것을 원칙으로 하며, 이를 효과적으로 전달하고 실천하기 위해 개인 · 집단 · 가족을 중심으로 한 다양한 방법론들이 발달되어 왔다.

1. 개인중심의 접근 방법

모든 인간은 다양하고 복합적이며, 사람들은 제각기 독특한 생리적 · 심리적 · 사회적 측면을 가진 존재이다. 이러한 상황속의 인간을 이해하는 것은 전통적으로 사회복지실천의 중요한 부분으로 간주되어 왔다. 직접적인 사회복지 실천방법 중에서도 개인을 중심으로 하는 접근은 가장 오랜 역사를 가진 사회복지 실천방법이다. 사회복지사가 각 개인들이 가지고 있는 욕구에 적절하게 반응하고 효과적인 문제해결을 하거나 그 문제를 둘러싼 상황을 명확하게 이해하는 것은 매우 중요하다. 개인들이 가지고 있는 문제에 개입하기 위해서는 첫째, 상황속의 인간에 대한 적절한 이해를 해야 하고 둘째, 사람들이 가지고 있는 염려, 욕구 그리고 연관된 문제를 식별하여야 하며 셋째, 상황속의 클라이언트가 가지고 있는 강점과 한계들을 인식하는 것이 필요하다(Johnson, 1995: 134-137). 개인을 중심으로 한 다양한 실천 중 대표적인 개입방법은 클라이언트와 직접적으로 대면 접촉하는 것이며 이러한 상호작용적 접촉들을 치료, 상담, 원조 등의 다양한 용어로 부르고 있다. 일반적으로 개인에 대한 개입에서는 클라이언트와의 직접적이고 간접적 방법의 대면을 통해 문제해결을 위한 개입과정이 시작된다고 볼 수 있다. 사회복지사들은 클라이언트들의 다양한 욕구 및 문제점들에 대해 면접이나 대화, 지지적이고 감정이입적인 기법, 통찰, 관련 자원의 개발 및 연결 등을 통해 개입과정에 관여하게 된다. 우리나라에서는 사회복지전문요원, 사회복지관의 사회복지사, 정신보건분야의 정신보건사회복지사, 각종 사회복지단체나 기관의 사회복지사들이 클라이언트들을 대상으로 개별적 접근을 활발하게 실시하고 있다.

1) 전문적 관계와 개별사회사업

메리 리치몬드(Mary Richmond, 1922)가 "마음과 마음의 직접적인 교류가 개입의 중요한 영역"이라고 주장한 이래 대부분의 사회사업 실천가와 이론가들은 사회복지사와 클라이언트의 관계를 치료의 중요한 특성으로 간주해 왔다. 사회사업 실천에 있어서 '관계'란 사회복지사와 클라이언트 사이에서 성장, 발전하는 정서적 힘으로써, 관계를 통해서 클라이언트는 변화, 성장, 발전하게 되고 동시에 자신이 처한 고통이나 문제를 극복할 수 있는 힘을 얻게 된다. 사회복지의 관계는 전문적이며 동시에 원조적 관계라는 특성을 가지고 있다. 전문적인 관계는 합의된 목적, 특정 클라이언트의 이익을 위한 사회복지사의 변신 및 특정한 지식의 권한, 전문적 윤리강령, 특수한 기술 등을 내포한다. 사회복지사와 클라이언트간에 이루어지는 관계는 다른 인간관계와는 다르며 클라이언트가 가지고 있는 고통이나 문제의 해결 및 감소라는 특정한 목적을 지닌 전문적 인간관계이다. 따라서 사회복지사가 전문적 관계를 유지하기 위해서는 다음과 같은 기본적 원칙을 지켜야 한다(장인협, 1993: 105-107).

첫째, 개별화로서 사회복지사는 각 클라이언트가 가지고 있는 특수한 자질을 알고 이해하는 것이 중요하며 각 개인을 개별적 차이를 지닌 존재로 보고 사람에 따라 각기 다른 원칙과 방법을 활용한다.

둘째, 의도적 감정표현으로 사회복지사는 클라이언트의 감정, 특히 부정적인 감정들을 자유롭게 표현하도록 의도적으로 경청하고 지지해 준다.

셋째, 통제된 정서적 관여로서 대부분의 면접과정은 정서적인 특성을 가지기 때문에 사회복지사는 클라이언트의 감정에 대해 민감해야 하며 감정의 의미에 대한 적절한 이해와 감정에 대한 의도적이고 적절한 반응을 해야 한다.

넷째, 수용이며 클라이언트의 장점이나 약점, 긍정적 감정과 부정적 감정 등 클라이언트를 있는 그대로 인식하고 다루어 나가는 원칙이다. 그러나 이것이 클라이언트의 존엄성과 인격에 대한 가치를 그대로 받아들이는 것이지 비정상적인 태도나 행동을 인정한다는 것을 뜻하는 것은 아니다.

다섯째, 비심판적 태도로써 사회복지사는 발생한 문제의 원인이나 잘못 등에 대해 클라이언트를 비난하지 않는다.

여섯째, 자기결정으로써 사회복지사는 클라이언트가 스스로 선택하고 결정을 내릴 수 있는 자유로운 권리와 욕구를 가지고 있다는 것을 인정한다. 그러나 자기결정권은 클라이언트의 능력, 법률, 도덕의 범위 그리고 관련 사회복지기관의 업무수행범위 등에 따라 제한을 받게 된다.

일곱째, 비밀보장으로 사회복지사는 전문적 관계에서 노출된 클라이언트의 개인적 정보를 비밀 보장해 준다. 그러나 이 비밀보장은 절대적인 것이 아니라 관련법이나 기관의 업무수행 등에 따른 제한을 받는다.

개별사회사업(case work)은 클라이언트와 그를 둘러싸고 있는 환경과의 사이에 보다 나은 적응을 가져오기 위해서 활용되는 하나의 기술로 정의하고 있다. 개별사회사업이란 인간의 문제를 해결하게 하고 욕구를 충족하게 하며, 서비스를 받도록 돕는 것이다. 이를 위해 각 클라이언트의 개별적 욕구에 맞추어 개인의 잠재적인 능력을 동원하게 하며, 적절한 사회자원을 동원하게 하는 것이다. 개인중심실천은 각 개인에 따라 차이가 있는 기능을 다루며 성격이나 욕구, 문제 유형 그리고 각 사회복지 기관의 정책이나 상황에 따라 다르게 이루어지는 복합적이고 전문적인 과정이다. 개별사회사업은 클라이언트 중심적인 것이며 개별적 사례에 따라 사정하고 목표를 설정하는 것이다. 문제해결 개입과정에서 사회복지사와 클라이언트의 견해가 다를 때 최대기준이 되어야 하는 것은 클라이언트의 자기실현, 자율성, 능력의 부여(empowerment)에 기여하고 있는가 하는 것이 되어야 한다.

실제적인 개별실천과정에서 나타나는 것으로써 사회복지사와 클라이언트의 기능적인 관계형성을 저해하는 장애요인들 중 첫 번째 장애는 인간기능의 복합성이다. 각기 다른 인생경험과 문화적 배경을 가진 사람들 사이의 관계는 특히 어렵고 오해가 쉽게 발생한다. 편견과 선입견이 종종 나타나며 이러한 것들은 함께 일하는 가운데 인식의 차이를 가져온다. 예를 들어 시어머니와 심한 고부갈등 문제로 인해 사회복지기관을 찾아온 클라이언트는 결혼하지 않은 젊은 사회복지사에 대한 편견으로 심리적 거부감을 가질 수 있다. 또한 동성애성향을 가지고 상담하기 위해 찾아온 클라이언트를 보수적인 성향의 사회복지사가 만나게 될 때 다른 문화적 경험으로 인해 갈등을 느낄 수 있다.

두 번째 장애는 클라이언트가 가지는 두려움에서 발생한다. 클라이언트는 자신이 비인간화되는 감정, 무력감, 자신이 판단 당할 것에 대한 두려움, 분노 등을 가질 수 있다. 이러한 것들은 클라이언트와 사회복지사 사이에 거리를 두게 하거나 함께 일하는 것을 피하게 만드는 원인이 되기도 한다. 예를 들어 결혼이후 20년간 남편으로부터 매맞고 산 중년부인이 도움을 요청했을 때, 자신이 학대의 원인으로 지목되거나 무력한 여성으로 낙인찍히는 것에 대한 강한 두려움을 나타내는 경우가 있다. 또는 국민기초생활보장법의 수급자인 경우 자신의 빈곤이 알려지거나 다른 사람들로부터 판단 받는 것을 두려워하는 경우가 있다.

세 번째 장애는 대부분의 사회복지사가 조직의 고용인이기 때문에 일어난다. 기관의 규칙과 규범의 복잡성과 클라이언트를 개별화하는 조직의 무능력은 클라이언트가 필요로 하는 서비스를 사회복지사가 제공하는 것을 방해하기도 한다. 각 사회복지 기관들은 자체적인 철학과 규칙을 가지고 있는데 이것이 각 클라이언트의 서비스 욕구에 부합하지 않는 경우가 있다. 아동입양을 기관의 주요 방침으로 가지고 있는 아동복지기관의 경우 아동을 분만한 후 스스로 키우기를 원하는 10대 미혼모의 욕구에 부응하지 못할 수 있으며, 지역정신보건센터의 경우 만성중증정신장애인을 주요 대상으로 개입하고 있기 때문에 자폐증 자녀를 일반학교에서 통합교육시키면서 전문적인 치료를 제공받고자 하는 그 지역 부모의 욕구에 부응하기 어려울 수 있다.

네 번째 장애는 사회복지사가 선택한 이론적 기반 또는 저변에 흐르는 가정들에서 발생할 수 있다. 예를 들어 특정이론에 일방적으로 의지하여

클라이언트를 병든 사람이나 무능력한 사람으로 낙인찍는다면 원조관
계에서 사회복지사에 대한 더 큰 의존을 불러일으킬 수 있다. 특히 비자
발적이고 강제된 클라이언트와 같이 일한다면 이러한 장애들은 주목해
야할 중요한 것들이다. 많은 경우 자발성이 없는 클라이언트들은 서비스
의 필요성을 인식하지 않고 원조의 가능성을 믿지 않으며 사회복지사와
의 관계형성에 큰 어려움을 가진다. 이러한 상황에서 사회복지사는 변화
되지 않았을 때 예견되는 결과 또는 염려의 이유를 지적해줌으로써 저항
을 극복할 수 있다. 가족들에 의해 강제 입원된 알코올중독자의 경우 자
신이 술을 끊어야 한다는 동기를 가지지 않으면 자신의 음주문제를 극복
할 수 없다. 클라이언트에 대한 염려와 바람에 초점을 둔 보호와 비심판
적인 접근방법은 비자발적인 클라이언트에게 독특한 원조경험을 제공
하고 도움에 대한 저항을 감소시킬 수 있다.

2) 개별상담의 과정

개별상담 과정은 매우 다양하고 각각의 이론적 기반에 따라 지향하는
바도 다르지만 클라이언트 입장에서 진행정도에 따른 상담단계로 정리
해 보면 다음과 같다(Zastrow, 1995: 125-135).

첫 번째 단계는 문제를 인식하는 것이다. 이 단계에서 중요한 것은 클
라이언트가 자신의 문제를 인식하는 것인데, 비자발적인 클라이언트들
은 특히 문제 자체의 존재를 부인하는 경우가 많다. 예를 들어 화가날 때
마다 자신의 감정을 통제하지 못하고 부인과 자녀를 구타하는 40대 남성
의 경우 사회복지사가 그가 분노조절에 심각한 문제를 가지고 있다는 것
을 확인시킬 방법을 발견하기 전까지 구조적인 변화를 기대하기 어렵다.
따라서 클라이언트가 문제의 존재를 부인하는 이유를 탐색하는 데 일차
적 초점을 두고 문제가 존재한다는 근거기록과 같은 구체적인 증거들을

찾는 것이 중요하다. 때로는 문제가 있다는 것을 인식했을 때 자신 스스로 그 문제를 해결하고자 결정하는 경우도 있는데 이럴 경우 사회복지사는 이 결정을 존중하되 미래에 도움을 청할 수 있다는 것을 명확하게 인식시킨다.

두 번째 단계는 사회복지사와의 관계 발달 단계이다. 이 단계는 첫 단계 및 다른 상담과정과도 중복되는 과정인데, 사회복지사는 특히 상담초기과정에 클라이언트와 발달시키게 되는 관계의 종류에 관심을 기울이고 이를 인식해야만 한다. 편안하고 비위협적인 분위기에서 클라이언트가 자신의 고통을 이야기하는 것을 안전하게 느낄 수 있는 관계를 수립할 수 있도록 노력해야 한다. 또한 도움을 줄 수 있는 지식과 이해를 나타내 주고, 놀라거나 웃는 등의 행동이 아닌 차분한 행동을 유지해야 한다. 클라이언트를 동등하게 보고 비심판적 태도를 취하며 전문적 언어나 은어가 아닌 서로가 공유할 수 있는 언어를 사용한다.

세 번째 단계는 동기증진 단계이다. 상담에서 클라이언트가 자신의 상황을 개선시킬 수 있는가를 결정하는 중요변수는 클라이언트의 동기이고, 클라이언트는 문제해결을 위해 필요한 노력들을 행해야 한다. 사회복지사는 클라이언트를 격려함으로써 낙담하거나 냉담한 클라이언트를 동기화시키기 위한 최선의 방법을 찾아야 한다. 특히 무능력하고 비자발적인 클라이언트에게는 임파워먼트(empowerment) 접근이 필요하다. 무능력의 근원이 무엇인지 알아보고 이로 인한 심리 사회적 기능 손상의 정보를 평가한 후 상실된 힘을 회복하는 과정에서 클라이언트의 장점과 잠재력을 적극 활용하여 자기비난과 자신에 대한 부정적 평가에서 벗어나 동기화 할 수 있도록 돕는다.

네 번째 단계는 문제를 개념화하는 단계이다. 많은 클라이언트들이 자신의 상황을 너무 복잡하게 보기 때문에, 불안하고 감정적이 되어 자신들의 문제가 단계별과정을 통해 변화할 수 있는 여러 구성요소들을 가졌다는 것을 잘 보지 못하는 경향이 있다. 특히 현대사회 대부분의 문제들을 복합적인 특성을 가지고 있기 때문에 빈곤, 가정폭력, 자녀 가출 등 여러 문제가 혼합되어 문제해결의 우선순위를 결정하는데 어려움을 가지는 경우가 많다. 문제를 개념화하기 위해서 사회복지사는 클라이언트와 함께 문제를 철저하게 탐색해야할 필요가 있다. 문제를 탐색하는 과정에서 해결을 위한 대안을 제시하기 전에 그 문제의 심각성과 문제지속기간, 문제의 원인들, 내담자가 문제에 대해 주관적으로 느끼는 것, 클라이언트가 그 문제를 처리할 수 있는 신체적 · 정신적 능력과 강점들과 같은 영역들을 검토하여야 한다. 문제가 확인되면 하위문제들을 단계적으로 나누고 탐색한다. 가출한 15세 소녀의 경우 반복적인 가출이라는 표면적인 문제와 가출시작 및 기간들, 가출에 기여한 아버지의 폭력과 어머니의 냉대 등 가정불화, 자신의 가출을 보는 인식과 대안, 강점들을 체계적으로 살펴보아야 한다.

다섯 번째 단계는 해결전략을 탐색하는 것이다. 관련된 하위문제들이 철저하게 탐색된 후에 사회복지사와 클라이언트는 이것을 효과적으로 해결할 수 있는 대안들을 고려해야 한다. 이때 대안들이 가지는 장점과 단점, 결과들을 기술적으로 철저하게 검토하여야 한다. 알코올중독 남편을 입원시킨 부인의 경우 알코올중독 관련 문제와 해결 대안들을 점검한 후 남편이 술을 끊게 되면 나타날 수 있는 가족관계의 변화나 사회활동 등에 대한 인식을 증진시키는 것이 필요하다. 각 클라이언트가 다르듯이 문제가 다르기 때문에 해결방안도 각기 다를 수밖에 없다. 이 과정에서는 상호 충분한 검토와 논의가 필요하다.

여섯 번째 단계는 전략을 선택하는 것이다. 이용 가능한 해결전략의 효과와 결과들을 논의한 후에 클라이언트가 결정을 해야 하는데, 클라이언트가 행동과정에 솔직하게 동의하지 못하거나 결정을 내리지 못하면 구조적인 변화는 일어날 수가 없다. 외도와 구타를 반복하는 남편으로 인해 자녀들을 데리고 집을 나와 이혼청구를 하려는 부인이 이혼이라는 대안과 관련된 경제적 문제 및 자녀양육에 대한 문제로 인해 결정을 못 내리고 망설이는 경우가 있을 수 있다. 클라이언트는 자기결정의 권리를 가지고 있기 때문에 가능한 대안들 가운데 행동과정을 선택할 수가 있다. 사회복지사의 역할은 클라이언트들이 이용 가능한 대안들과 관련된 예측되는 결론들을 명확하게 인식하고 이해할 수 있도록 돕는 것이다.

3) 사례관리

최근 들어 사회복지실천현장에서 활발하게 사용되는 사례관리는 복합적이고 동시다발적인 문제를 경험하는 개인과 가족을 목표로 하는 인간서비스로 사용되는 방법이다. 사례관리는 치료에서 케어(care)로의 변화 속에서 나온 개념으로 복합적인 욕구를 가진 사람들의 기능화와 복지를 위해서 공식적, 비공식적 자원과 활동망을 조직, 조정, 유지하는 것이다. 이러한 활동을 통해서 사례관리자는 클라이언트의 지식, 기술, 태도를 증진시킬 뿐 아니라 지지망을 활용할 수 있는 클라이언트의 능력을 강화하는 것에 초점을 두고 있다. 사례관리는 사회기능상의 문제를 가진 개인의 기능 회복 및 증진을 초래할 수 있도록 개인과 주변환경을 변화시키는데 지속적이고 통합적으로 개입하는 방법이라고 할 수 있다. 사례관리가 기존의 전통적 개별사회사업과 다른 점은 기관의 서비스와 프로그램에 기초한 서비스 제공이라기보다 클라이언트의 욕구에 초점을 두고 기관의 범위를 넘어서 지역사회차원에서 보다 적극적인 서비스 제공과 점검을 강조한다는 것이다.

(1) 사례관리의 등장배경

사례관리방법론이 등장하게 된 배경으로 목슬레이(Moxley, 1989)는 탈

시설화, 서비스전달의 지방분권화, 복합적인 욕구를 가진 인구의 증가, 기존서비스들의 단편성, 사회적 지원체계와 지원망의 중요성에 대한 인식증가, 복지서비스의 비용효과에 대한 인식증가를 들고 있다. 사례관리는 장기적인 보호가 필요하거나, 의료·심리·경제적 문제 등 복합적 문제를 가진 노인, 장애인, 만성정신장애인에게 효과적으로 활용되고 있으며, 클라이언트에게 통합적이고 체계적인 서비스를 제공하고자 하는 강력한 필요성, 지역사회중심의 재가복지서비스 활성화 영향으로 인해 지속적으로 성장하고 있다.

(2) 기본 개념

사례관리의 기본개념은 첫째, 클라이언트의 수준에 따른다. 즉 다양한 클라이언트의 욕구에 맞추어 서비스를 개별화한다. 둘째, 관련 서비스나 기관들이 상충되는 목적을 가지지 않고 서로 조화롭게 활동하도록 서비스를 조정한다. 개인의 욕구에 부응한 다양한 서비스와 기관의 협력을 이끌어내기 위해 상호협력과정이 중요시된다. 셋째, 서로 다른 조직 권위 하에서 다양하게 제공되는 여러 가지 서비스들을 하나의 계획 속으로 합류되도록 통합한다. 넷째, 제공되는 서비스들의 연속성이 있어야 한다. 제공되는 서비스의 연속성은 현재 시점에서 여러 차원들의 연속성과 발달적이고 과정적 시점의 연속성들을 모두 고려해야 한다.

(3) 사례관리의 목적

사례관리의 목적은 첫째, 다양한 관련 서비스와 자원들을 이용하고 접근하는데 있어서 가능한 한 클라이언트 자신의 생활 기술을 증진시키도록 하는 것이다. 둘째, 클라이언트의 기능과 복지를 증진시키기 위해 사회적 망과 관련 복지 서비스 제공자들의 능력을 발전시키도록 하는 것이다. 셋째, 가능한 한 가장 효율적인 방법으로 전달되는 서비스 및 자원이

되도록 하며 동시에 서비스 효과성을 증진시키도록 하는 것이다.

(4) 사례관리의 내용

사례관리는 지속적인 서비스와 여러 영역의 다양한 서비스 그리고 지역사회에 기반한 서비스들을 중심으로 진행되며 그 내용을 살펴보면 첫째, 서비스전달체계를 조정하고 통합한다. 노인, 아동, 여성, 장애인 등 대상별로 범주화된 서비스들이 매우 분산되고 비효율적으로 전달되면서 서비스들간의 조정과 통합의 필요성이 대두되었고, 지역사회관련기관이나 단체에서 제공하는 서비스들의 단편화로 클라이언트들이 지속적으로 효과적인 서비스를 받을 수 없었다. 따라서 다양한 자원과 서비스들을 클라이언트의 욕구와 연계시켜서 적절한 시기에 적합한 서비스가 제공되고 있는가를 점검하는 관리가 중요시된다.

둘째, 새로운 경영방식을 도입한다. 과거와 같은 단순하고 일률적인 전달과 관리가 아니라 소비자의 선택을 강조하고 효율성을 높이기 위한 경영기법을 도입한다. 셋째, 수요자 자신의 선택과 개인의 특성을 강조하고 개인의 권한을 부여(empowerment)한다. 사례관리는 클라이언트의 수준, 개별화를 강조하며 특정집단이나 개인은 개개의 독특한 욕구를 지닌 사람으로 간주되는 것이다. 특히 사례관리의 중심에는 욕구가 있는데, 사람을 서비스에 맞추는 것이 아니라 각 개인이 가지고 있는 욕구에 따라 서비스를 연결하는 것이다. 넷째, 사례관리는 클라이언트의 사회환경과의 관계를 더욱 중요시한다. 사례관리는 전체적인 그림을 강조하면서 개별적인 서비스에 초점을 두기보다는 서비스의 결합과 각 서비스들이 상호 연결되도록 하는 방법에 초점을 두고 있다. 따라서 사례관리자는 체계적 시각을 가져야하며 클라이언트의 다양한 환경을 연결시키는 경계교량역할을 해야한다.

⑸ 사례관리 기능

① **사정(Assessment)**

- 전화, 가정방문, 기관방문, 가족면접, 직접 면접 등을 통한 의뢰 접수를 수행
- 신속한 조사의 수행
- 다른 기관이나 관련 기록으로부터 정보 수집

② **계획(Planning)**

- 기관내의 팀이나 직원들과 서비스 계획을 형성하기
- 다른 기관들과의 사례조정회의를 계획하거나 참석하기

③ **연결하기(Linking)**

- 클라이언트를 다른 기관들로 연결해 주기
- 관련된 다른 기관으로부터 온 직원들과 클라이언트를 만나게 하기

④ **감독하기(Monitoring)**

- 클라이언트와 관련 기관, 가족들과 진행상태를 논의하기
- 진행노트를 쓰거나 읽기
- 지속적인 사후관리를 수행하기

⑤ **중재/ 옹호(Mediation/Advocacy)**

- 대인관계의 문제와 분쟁들을 중재하기
- 클라이언트를 위해 다른 서비스들을 중재하기

⑥ **심리치료(Psychotherapy)**

- 개인, 집단, 가족상담 및 치료

• 다양한 위기개입의 제공

⑦ **평가 (Evaluation)**
• 각 개인별 평가 틀을 개발하기
• 표준화된 사전-사후 검사를 시행하고 통계자료를 분석하기

(6) 사례관리자의 역할

사례관리자의 역할은 매우 다양하며 사례관리자는 지역사회에 존재하는 인적, 물적 자원 등에 대한 충분한 지식과 정보를 갖고 그것을 클라이언트의 복지를 위해 활용할 수 있는 기술을 가지고 있어야 한다.

① **상담가**(counselor)

상담가로서 사례관리자는 클라이언트를 명확하게 이해하고 클라이언트가 스스로를 위해 자원망을 개발하고 유지하기 위해서 알아야 할 것을 가르치는 것이다. 이를 위해 사례관리자는 새로운 지식과 기술이 필요하며 지속적으로 관심을 가지고 자신을 개발해야 한다.

② **조정자**(coordinator)

이 역할에서 사례관리자는 클라이언트의 문제와 타인으로부터 보조를 필요로 하는 욕구를 사정한다. 계획을 세우고 서비스 제공자들과 효과적인 만남을 갖도록 돕는다. 필요할 경우 사례관리자는 서비스제공자들 사이의 갈등을 줄이기 위해 의사소통을 촉진시키고 자원망의 효율성을 증가시킨다.

③ **옹호자**(advocator)

때로 클라이언트의 문제해결을 위해 필요한 자원이 부족하거나 특정

클라이언트를 지원하지 못하는 상황이 발생한다. 옹호자로서 사례관리자는 클라이언트가 필요한 자원을 얻을 수 있도록 일한다. 또 다른 경우에는 사회가 클라이언트에게 지나치게 과한 것을 요구하는 상황도 발생한다. 이 경우 사례관리자는 그 요구를 완화하거나 비용을 낮추어 요구를 충족시킬 수 있도록 옹호자로서의 역할을 한다.

2. 집단중심의 접근방법

집단은 사람들 사이의 상호작용으로 구성되어 있는 것으로서 집단사회사업(group work)은 사회적 기능을 촉진시키고 사회적으로 바람직한 목표를 달성하기 위하여 두 사람 이상의 집단구성원과 함께 활동하는 사회복지실천의 한 방법이라고 할 수 있다. 집단사회사업은 19세기 후반부터 20세기 초반에 걸쳐 발생한 사회개량운동에 기반을 두고 있으며, 특히 인보관운동 및 기독청년회(YMCA)에 의해서 널리 확산되었다. 1960년대 이후에는 빈곤과의 전쟁아동상담소, 학교사회사업, 비행억제 프로그램, 정신병원, 청소년 개발 및 레크리에이션 프로그램, 보건과 복지 등 다양한 분야와 셋팅에서 집단사회사업이 폭넓게 사용되었다.

집단을 활용한 대표적인 개입방법은 집단치료(group therapy)와 집단활동(group activity)으로 구분할 수 있으며, 근본적인 목적은 동일하나 활동이라는 매개체를 통한 상호작용을 강조하고 적응력이나 대인관계기술개발에 초점을 둔 집단활동과 집단구성원들 자신이 치료매체 자체가 되고 문제의 감소와 관리 등 증상 지향적인 집단치료는 과정상의 차이를 보이고 있다. 집단활동의 내용 및 초점은 집단의 목적에 따라 다양하지만 일반적으로 음악, 춤, 미술, 다양한 주제에 대한 토론 등으로 구성된다. 집단치료는 집단구성원의 상호작용이나 집단내의 역동성을 활용하

여 개인이 가지고 있는 사회적, 정서적, 행동적 문제들이 해결 또는 경감
될 수 있도록 하는 활동을 말한다.

집단에서 집단구성원들 사이에 발생하는 상호작용을 집단과정이라고
하며 집단과정은 개인뿐만 아니라 집단전체에 영향을 미치는 독특한 힘
을 만들어 내는데 이것이 바로 집단역동성이다. 집단을 활용하여 의도적
인 개입이나 변화를 일으키기 위해 집단치료나 집단활동을 실시하는 사
회복지사들은 집단내부에서 작용하는 집단역동성에 대한 이해가 필수
적이다. 집단의 역동성을 이해하기 위해서는 4가지 영역에 대한 충분한
이해가 전제되어야 한다(김종옥 · 권중돈, 1993). 첫째, 집단 내에서 이루
어지는 의사소통과 상호작용유형이 어떠한지를 알아야 한다. 둘째, 집단
구성원이 집단에 대해 느끼는 매력이 무엇인지 그에 따라 집단의 기능에
미치는 영향은 무엇인지를 알아야 한다. 셋째, 구성원들을 순응하고 복
종하게 만드는 집단내의 사회적 통제는 무엇이며, 규범과 그에 따른 지
위 및 역할은 어떠한지를 알아야 한다. 넷째, 집단 내에서 발달한 집단구
성원들이 공통적으로 가지고 있는 가치 · 신념 · 관습이나 전통과 같은
집단의 문화를 알아야 한다.

1) 집단사회사업 모델

파펠과 로스만(Papel & Rothman, 1966)은 집단사회사업의 접근방법으
로 사회목표모델(social-goal model), 상호작용모델(reciprocal model), 치
료모델(remedial model)의 세 가지를 제시하고 있다.

사회목표모델은 체계화된 중심이론에 기반하고 있지는 않으나 민주적
집단과정 원리에 토대를 두고 있으며, 집단활동을 통해서 회원들이 민주
적 가치관, 사회적 양심, 보편적 선을 위한 행동을 지향하도록 영향을 미
치는데 중점을 두고 있다. 또한 각 개인들의 사회화를 자극하고 개인의

건전한 성장 및 발달을 위한 학습을 강화시켜주는 것을 중요하게 간주한다. 상호작용모델은 사회체계이론(social system theory)과 장이론(field theory)에 이론적 기반을 두고 있다. 개인과 사회체계 (가족, 소규모 우정집단, 병동, 위원회 등)간의 상호작용과 공생적 상호의존성에 초점을 두고, 클라이언트와 사회체계간의 상호작용을 중재하는데 관심을 두고 있다. 치료모델은 정신분석학, 자아심리학, 사회적 역할이론 등에 기반을 두며 집단을 활용하여 심리적, 사회적, 문화적 적응문제 등 개인의 행동과 문제를 해결하는 데 우선적 관심을 가지고 있다.

2) 치료집단의 진행과정

① 가입 전 단계

가장 핵심적인 주제는 집단회원들 사이의 친밀성이며, 가장 다루기 어려운 문제는 회원간 친밀성과 관련하여 나타나는 접근과 회피 현상이다. 회원들간에 집단참여에 대한 양가감정이 나타나기도 하고 집단회원간의 관계도 아직 친숙하지 못하기 때문에 회원들간의 친목을 도모하고 적극적 참여를 촉진시키기 위한 활동들이 진행된다. 사회복지사는 회원들에게 오리엔테이션을 제공하고 집단의 목적을 설명하며, 집단성원들과 치료계약을 수립한다. 사회복지사는 특히 회원들과의 신뢰감 형성에 초점을 두어야 한다.

② 힘과 통제단계

회원들이 집단가입 및 참여에 따른 보상이 있음을 확신한 후 권력, 통제, 지위, 기술, 의사결정 등이 주요 쟁점으로 등장하게 된다. 회원들간에 관계를 규정하거나 공식화시키려는 시도 그리고 지위서열을 규정하려는 시도 등이 나타나게 된다. 사회복지사는 회원들의 반항과 세력 갈등

을 어느 정도 허용하지만 특정 하위집단이나 파벌들에 의한 권력장악 노
력은 방지해야 한다. 사회복지사는 집단의 집행자 또는 통제자로서의 역
할을 수행한다.

③ 친숙단계

개인적 관여가 강화되고, 집단회원과 집단지도자 사이의 개방적 감정
표현의 의지가 증진되며, 나아가서 회원상호간의 의존적 욕구를 충족시
키려는 현상이 나타나게 된다. 회원들간의 상호의존성 증가에 따라 집단
내에서 정서적 혼란을 경험하기도 하며, 친밀감 증대로 인한 긍정적 및
부정적 양상들이 나타나기도 한다. 또한 집단행사를 계획하고 수행하는
능력이 신장되고 자신의 성격발달과 변화의 관점에서 집단경험이 중요
하다는 것을 인식하게 된다. 사회복지사는 회원들이 참여하고 있는 치료
집단이 다른 집단(가족집단, 친구집단 등)과 어떻게 다른지 인식시켜주
며, 회원들에게 최대한 책임수행의 기회를 계속 제공해 주어야 한다. 또
한 프로그램에 융통성을 부여하여 회원들이 독자적으로 결정할 수 있는
기회를 증대해야 하고 스스로 계획할 수 없는 경우 이를 도와줄 수 있는
구조화된 활동들을 마련해 준다.

④ 변별단계

회원 상호간의 개인적인 차이를 수용하게 되며 치료집단이 자신들이
속한 다른 집단과 구분된다는 점을 인식하게 된다. 또한 사회복지사를
전문가로 그리고 집단을 자신들에게 독특한 경험을 제공하는 대상으로
인식할 수 있게 된다. 집단 내에서의 관계와 욕구들에 대해서도 보다 현
실적인 이해를 하게 되고, 의사소통이 원활해지고 강한 집단응집력이 나
타난다. 사회복지사는 회원들이 스스로 프로그램활동을 위한 계획과 집
행의 책임을 맡도록 도와준다. 회원들에게 집단경험에 대한 평가를 시작

하도록 도와서 집단종결을 위한 준비작업이 진행되어야 한다.

⑤ 종결단계

종결은 여러 가지 이유로 일어난다. 종결은 예정했던 목적을 달성하였거나 계획된 기간이 되었거나 또는 통합력이 결여되어 집단의 해산이 초래되는 것을 의미한다. 종결단계에서는 부정, 퇴행, 과거경험의 되풀이 현상들, 평가, 회피 등 종결과 관련된 집단반응들을 다룬다. 사회복지사는 그간의 집단활동을 평가, 총정리 하도록 격려하며 종결과정을 돕고, 회원 개개인에게 집단종결 후 다른 자원들을 활용하여 자기성장을 추구하도록 돕는다. 또한 종결 후에도 회원들이 집단에서 배운 기술을 활용할 수 있도록 원조한다.

3) 집단개입과정에서 나타나는 현상

① 자기방어

자신에 대한 신뢰감 결핍이나 타인에 대한 신뢰관계 형성 부족으로 인해 나타나는 경우, 문제나 주제를 이야기하는 동안 자연스럽게 수반되어야 할 감정을 억제하거나 우회적으로 표현하거나 적절한 언어로 수정하는 것이다.

② 저항

자기 방어적인 태도가 지속되거나 불안감이 적절하게 표출되지 못하게 되면 집단이 저항을 가지게 된다.

③ 긴장감과 불안

집단에 대한 오리엔테이션을 받아도 막연한 불안과 긴장은 내재되어 있을 수 있기 때문에 집단구성원에 대한 세심한 관찰이 필요하다. 즉, 되풀이되는 지각, 결석, 의도적인 농담의 시도, 목소리 톤의 변화나 대화의 단절 등에 대한 주의 깊은 태도가 필요하다

④ 집단침묵

집단과정의 진행도중 자주 침묵이 나타날 수 있으며 이것이 거부적인 태도일 수도 있으나 다른 사람에게 기회를 주기 위해 자신의 발언을 연기하는 경우도 있다. 집단침묵이 발생하는 경우 그 이유는 다음과 같다. 첫째, 집단지도자나 집단구성원들이 반응을 두려워하거나 의심하고 있을 때 둘째, 현재 발언한 내용에 대한 양가감정을 가지고 있거나 숨기고자 할 때 셋째, 현재 논의되고 있는 주제로부터 빨리 벗어나고 싶을 때 넷째, 현재 논의되고 있는 주제에 대해 자신의 감정을 어떻게 표현해야 할지 모를 때 침묵이 발생한다.

4) 집단에서 사회복지사의 역할

사회복지사가 집단을 지도하는 데 고려해야 할 변수들은 매우 넓다. 구체적 변수로는 ① 서비스의 목적과 이것이 집단에 미치는 효과 ② 서비스의 상황 ③ 개별참가자들의 본성 및 집단목적과 관련된 그들의 욕구. 능력. 관심 등 ④ 집단의 발달수준, 단계 ⑤ 개별참가자나 집단의 행동과정 ⑥ 협의, 의사결정 및 대인관계 하위구조 ⑦ 집단에 대한 사회복지사의 영향력, 집단과 집단구성원에 대한 사회복지사의 정서적 반응, 능력, 재능, 전문적 기술, 지식, 태동의 사용 등을 중요하게 고려해야 한다(이화여대 사회복지학과, 1999: 228). 사회복지사는 집단의 상황과 각 구성원들의 개별화된 욕구를 적절하게 파악하고 목적에 따라 다양하고 적절한 집단프로그램들을 활용할 수 있어야 한다. 집단사회복지사가 관심을 가

지고 개입하는 집단은 개별화할 수 있는 대면집단이다. 사회복지사는 각 집단의 역사, 특성, 집단구성원, 집단프로그램, 개인의 목적과 집단의 목적, 집단발전단계 등에 대해 잘 알고 있어야 하며, 각 구성원들과의 관계성을 가지고 집단을 이끌어나가야 한다(Trecker, 1955: 89-92). 집단내 사회복지사는 상담자, 대변인, 중재자, 변화매개자, 가능자 등의 역할을 통해 효과적인 집단활동의 성과를 이루어내도록 노력해야 한다.

3. 가족중심의 접근방법

사회복지는 가족사회사업에서부터 시작한 전문직이다. 그동안 사회복지의 역사 안에서 가족치료와 연관된 사회사업의 명칭들이 '가족사회사업' '가족케이스웍' '가족상담' '임상사회사업' 등으로 쓰여왔고 초기 사회사업의 역사에서 이들 단어들은 같은 의미로 사용되었다(엄예선, 1994: 52). 1950년대에 등장한 가족치료는 인간의 문제행동이나 역기능적인 행동을 기능적으로 유도하기 위하여 개인이 속해있는 가족체계의 변화를 목적으로 한다. 가족치료는 개인의 문제를 분리해서 보지 않으며, 그가 속한 환경 내에서의 반응 및 증상으로 본다. 즉 개인의 문제는 개인단독의 내적, 심리적인 원인만으로 형성되지 않으며 가족이라는 역동적 정서체계의 조직과 기능에 의해 발달되어온 증상으로 본다. 그러므로 치료에 있어서도 개인단독만은 근본적 치료가 불가능하다고 보고 가족의 기능, 구조 및 관계변경에 따라 개인의 위치에 변화를 가져오며 새로운 경험을 체험하게 한다고 주장한다. 1970년대 중반부터 우리나라에 소개되기 시작한 가족치료는 현재 사회복지실천의 주요한 영역을 담당하고 있다.

1) 가족치료의 특성과 기본관점

가족치료란 체계이론에 기초한 심리치료이며 두명 이상의 가족원이 진단과 치료의 대상이 된다. 올슨(Olson, 1970)은 치료자가 전체 가족체계를 치료의 대상으로 여기고 실시하는 정신치료는 어떠한 형태의 치료이건 간에 가족치료로 볼 수 있다고 했다. 그러나 치료자가 체계이론적인 관점을 가지고 클라이언트를 대한다면 한 사람을 치료하더라도 가족치료라고 할 수 있다. 즉, 가족치료란 가족을 하나의 체계로 보며 그 체계 속의 상호작용 양상에 개입함으로써 개인의 증상이나 행동에 변화를 가져오도록 추구하는 치료적 접근법을 의미한다.

가족치료의 기본관점을 살펴보면 첫째, 개인의 성숙도가 각기 다르듯이 가족들도 각기 다른 성숙도를 가지고 있다.

둘째, 성숙도가 낮은 가족일수록 정서적, 행동적 문제를 가진 가족원을 배출할 확률이 크다. 동시에 가족의 성숙도와 가족원 중 한 사람의 문제해결능력은 서로 깊은 관련성을 가지고 있다.

셋째, 한 가족원의 문제는 그가 가족관계에 지나치게 휘말려 빠져나오지 못하는 고착된 위치를 차지하고 있다는 것과 자신의 성장과 독립을 위한 에너지가 결여되어 있음을 의미한다. 동시에 그가 속한 가족도 가족발달 단계에 있어서 다음 단계로 옮겨가지 못하고 있음을 의미한다.

넷째, 가족 안에서 의사소통면, 권력구조면, 역할면, 심리적 거리 가족의 규칙 등에 변화가 있을 때 가족원이 갖는 증상이 해소될 수 있다(엄예선, 1994: 135-136).

2) 가족치료의 주요개념

가족체계이론의 기본은 일반체계이론에서 비롯된다. 가족은 오랜 시간에 걸쳐 발전되고 유형화된 관계, 과정들, 구조, 그리고 규범을 갖는 정서적 단위이다. 따라서 가족의 한 부분에 어떤 변화가 발생했다면 그것은 그 부분과 관련된 다른 부분에도 변화를 불러일으키는 것이 불가피하다.

① 가족하위체계

가족체계는 하위체계를 통하여 그들의 과업을 수행하는데 가족내의 각 성원은 다양한 하위체계에 속하게 되고 또한 각각의 하위체계에서 다른 역할을 수행하게 된다. 즉, 한 남자는 아버지임과 동시에 아들이고 남편이기도 하다. 따라서 속해있는 하위체계마다 역할뿐만 아니라 권력의 수준도 다르다. 각 개인은 가족이라는 큰 체계의 하위체계이다. 가족체계는 부부 하위체계, 형제자매 하위체계, 부모 하위체계 등 여러 개의 하위체계를 포함한다.

② 가족규칙

명확하거나 암묵적인 관계 규칙(예: 남자는 부엌에 들어가선 안된다) 등이 가족상호작용과 가족기능을 조직한다. 이들 규칙들은 가족성원들의 역할에 대한 기대, 행동 그리고 가족생활을 이끌어 가는 결과 등을 제시해준다.

③ 가족신화

가족의 의식, 역할과 규칙의 상호작용에서 발전되어온 가족의 이념(예: 우리는 좋은 가족이고 따라서 드러내놓고 서로 공격하지 않는다)에 개입하기 전에 가족의 이상이나 현실에 대한 해석을 이해해야 한다. 신화는 가족의 항상성을 유지하는데 중요한 역할을 한다.

④ 가족의식

전통적인 가족의식은 특정한 목표를 가지고 있고 계속 실행함으로써 견고함과 옳다는 느낌을 얻을 수 있는 일련의 정의되고 처방된 가족의 상호작용과정이다. 의식(예: 생일이나 결혼기념일 등)은 세대간의 연속성을 제공하고 가족생활의 발달적인 연결고리로 작용한다. 가족의식은 가족의 신화를 유지시켜주는 수단이 되거나 가족의 역할, 가족 간의 연합구조, 하위체계의 경계를 알 수 있게 해준다.

⑤ 가족경계선

가족의 기능이 원활하게 수행되려면 체계의 경계가 명확해야 한다. 경계는 체계간의 차이를 보호하는 기능을 갖는다. 하위체계는 다른 하위체계에 의해 방해받지 않고 경계가 명확해야만 그 안에서 개인간의 교류가 적절하게 이루어진다(예: 부모하위체계와 자녀하위체계와의 관계). 반면에 융통성이 있어야 한다. 경계가 분명하지 않을 때는 밀착된 가족과 분리된 가족경계의 두 가지 병리적인 극단성이 나타나기도 한다.

⑥ 가족항상성

지속적인 상호작용체계의 안정된 상태를 유지하기 위하여 규범은 항상성작용 등에 의해 제한 받게 되고 강화도 된다. 가족원이 기존의 가족규범에서 지나치게 이탈하는 경우 긴장이 발생하거나 가정의 균형 또는 항상성을 회복시키기 위해서 다양한 의식적, 무의식적 노력들이 나타나게 된다.

3) 가족치료의 주요모델들

① 구조적 가족치료

미누친(Minuchin)이 발달시킨 모델로 구조적 가족치료자들은 체계내 구성요소들의 상호작용방법과 체계의 균형과 항상성, 역기능적 의사소통 방식에 관심을 가진다(Goldenberg & Goldenberg, 1991: 177-186). 구조적 가족치료의 목표는 기본가족구조의 변화를 통한 현재의 문제해결에 두며, 행동을 통하여 변화를 지속시킨다. 치료자는 적극적, 지시적이며 각 가족원과의 우호적 관계를 형성하고 개방식 질문이나 명령, 직접적 시연 등을 통해 재구조화한다. 다양한 문제유형에 효과적인 것으로 알려져 있으며, 특히 비행청소년이나 약물남용가족, 이민 온 소수민족가족, 학령기아동의 학습능력이나 학업문제 등에 효과를 가진 것으로 알려져 있다.

② 경험주의적 가족치료

정신의료사회사업가인 사티어(Satir)가 발달시켰으며, 이 방법은 성장의 철학을 중심으로 현재와 감정과 경험을 중시한다. 특히 가족 내 의사소통 및 갈등해결과정을 격려하면서 직관이나 치료자 자신의 성숙성을 강조한다는 특징을 가지고 있다(Thomas, 1996: 202). 경험적 치료자들은 과거를 밝히기보다 현재 치료자와 가족사이에 순간순간 펼쳐지는 상황에 초점을 둔다. 가족원들과 치료자들의 상호작용으로 그 만남에 관련된 모든 사람(치료자를 포함하여)의 성장지향행동을 발달시키도록 돕는 것이다. 여기에서 치료자는 통찰력이나 해석을 제공하는 것이 아니라 경험 즉, 가족원들의 자발성, 표현의 자유, 개인적 성장의 기회를 제공한다.

③ 세대간 가족치료

정신분열증 환자 가족연구를 통해 보웬(Bowen)이 발달시켰다. 그는 가족을 하나의 정서적인 단위(an emotional unit)로 보았으며 한 가족의 정서적 기능의 변화는 역동적으로 다른 가족원의 정서적 기능의 변화를 가져오는 것을 의미한다(Bowen, 1985: 203-204). 그의 대표적인 이론적 개념은 자아분화, 삼각관계, 핵가족 정서체계, 정서적 차단, 가족투사과정, 다세대 전달과정, 형제순위, 사회적 퇴행 등으로 구성되어 있다. 자아분화과정은 부모나 원 가족과의 강한 정서적 애착으로부터 의식적으로 벗어나려고 선택하는 과정을 의미하며 자아분화를 위해서는 가족관계에서의 탈 삼각화가 필수적이다.

④ 전략적 가족치료

헤일리(Haley)가 대표적인 치료자이며, 전략적 가족치료는 증상을 제거하기 위한 목표가 분명하고 그러한 목표를 달성하기 위하여 단계별로 계획을 수립한다. 헤일리는 가족의 위계구조와 연합에 관심을 두었으며, 문제는 과거가 아닌 현재의 문제에만 초점을 두고 가족구조에서 증상적 행동을 유지시키는 측면만을 변화시키고자 한다. 치료자는 권위적 위치에서 증상을 처방하고 과제를 주거나 저항을 이용한 역설적 접근을 한다(Goldenberg & Goldenberg, 1991: 193-199). 이들의 치료목표는 가족 내에 나타나는 문제를 해결하고, 클라이언트의 사회적 맥락내의 문제를 해결하는 것이며, 가족성원들이 가족생활주기의 다음 단계로 움직이도록 돕는 것이다.

⑤ 해결중심 가족치료

해결중심치료는 드쉐이져(de Shazer), 인수버그(Insoo Kim Berg) 등에 의해 개발된 치료방법으로 동일한 상호작용, 일부 환경적 관계 속의 개인이라는 개념에 근거한 가족치료이다. 이 치료는 변화의 과정은 필연적이고 수시로 발생한다고 보며 문제의 예외적인 것에 주의한다. 즉, 문제의 작은 변화가 있을 때 그러한 예외(exception)를 해결의 실마리로 본다. 문제에 초점을 맞추기보다 문제를 해결하는데 집중한다(김인수, 1992: 10-11).

4) 가족치료 과정(Glick & Kessler, 1980: 155-157)

① 초기단계

초기단계 동안 치료자는 가족생활에 대한 더 나은 이해를 하고 감정이입과 의사소통을 증진시키고 계약을 맺는다. 가족의 주요한 비생산적 유형들은 부각되고, 문제를 가졌다고 인식되던 IP(Identified Patient)로부터 전체가족체계로 고통스러운 이동이 일어난다. 이 단계에서 기존의 증상들이 더 나빠지기도 하고, 새로운 증상들이 나타나기도 하며, 가족들이 치료중단을 이야기하는 등 상황이 나아지는 것보다 더 나빠지는 것으로 보이기도 한다.

② 중간단계

중간단계는 주요한 변화작업이 일어나는 것으로 간주된다. 오래된 역기능적인 연합이나 규칙, 신화, 역할들이 다루어지고 대안적인 새로운 가능성 등이 제시될 것이다. 사고와 느낌, 상호작용의 새로운 습관들이 발달하기 시작하고, 새로운 습관을 학습하기 위한 많은 반복이 요구되기도 한다. 동시에 변화에 대한 저항들이 전면에 나타나기도 한다.

③ 종결단계

마지막 단계에서 치료자는 목적이 달성되었는지 아닌지를 점검한다.

초기의 문제와 목적들을 포함하여 전체 치료과정을 점검하는 것이 유용하다. 비디오테이프를 다시 돌려보는 것 등이 이때 유용한데, 이것으로 가족들은 치료 시작 때와 지금의 상태를 비교해 볼 수 있다. 어떤 행동들은 변화될 수 없고 인생은 계속 변화할 것이고 따라서 문제로 가득 차 있다는 것을 인정하는 것이 중요하다. 가족들은 미래의 예견되는 갈등이나 도전들을 잘 극복할 수 있는 기술들을 제공받아야만 한다. 원래 목적이 달성되었다면, 치료자는 치료중단을 고려할 것이다. 만일 목적이 달성되지 않았다 하더라도 치료자와 가족이 최대한 능력대로 노력했다면, 치료를 중단할 수 있다.

참고문헌

권진숙 · 전석균(공역), 『사례관리』, 서울: 하나의학사, 1999.

김종옥 · 권중돈(편저), 『집단사회사업방법론』, 서울: 하나의학사, 1993.

엄예선, 『한국가족치료 개발론』, 홍익재, 1994.

이화여대 사회복지학과, 편저, 『집단사회사업실천방법론』, 동인, 1999.

Goldenberg, I. & Goldenberg, H. *Family Therapy; An Overview,* Pacific Grove, CA:Brooks/Coles,1991

Glick, I. D. & Kessler, D. R. *Marital and Family Therapy*(2nd), Grune & Stratton, 1980.

Janzen, C & Harris, O. *Family Treatment in Social Work Practice*, F.E. Peacock Pub., 1980.

Johnson, Louise C. *Social Work Practice-A Generalist* Approach(5th), Allyn and Bacon, 1995.

Kirst-Ashman, Karen K & Hull, Grafton H. *Understanding Generalist Practice,* Nelson-Hall Pub. 1993.

Moxley, David P. *The Practice of Case Management,* SAGE, 1989.

Pappell, C and Rothman, B. "Social Group Work Model: Possession and Heritage," *Journal of Education for Social Work,* V2(2), 1966.

Trecker, H. *Social Group Work,* New York: Whiteside Inc., 1955.

Zastrow, C. *The Practice of Social Work*(5th), Brooks/Cole, 1995.

추천자료

엄예선 옮김, "빵과 영혼", 서울 : 하나의학사, 1995

이재창, 자기성장과 인간관계, 서울 : 한국가이던스, 1995

형선호 옮김, 여자가 인생을 망치는 열가지 방법 서울 : 황금가지, 1996

형선호 옮김, 남자가 인생을 망치는 열가지 방법, 서울 : 황금가지, 1997

1. 당신은 지역사회 정신보건센터에서 일하는 사회복지사로서 24세 된 여자의 음주문제관련 사례를 담당하고 있다. 당신은 그녀와 좋은 전문적 관계를 가지고 있다. 그녀는 오랜 기간 동안 자신을 괴롭히는 문제가 있는데 사회복지사가 다른 사람에게 말하지 않겠다는 것을 동의해야만 말해주겠다고 했다. 당신은 그녀에게 그녀가 말한 것들이 비밀 보장될 것이라는 것을 확신시켜주었다. 그러자 그녀는 자신이 14살 때부터 자신의 의붓아버지와 근친 강간의 관계를 가졌고 그 관계는 약 3년 간 계속되었다고 말했다. 그녀는 자신의 이러한 해결 안된 느낌들로 인해 술을 지나치게 많이 마시게 된다고 믿는다. 기관의 사례관리회의에서 당신은 기관이나 관련 다른 직원들에게 당신이 들은 내용에 대해 이야기를 해야 하는가?

2. 사회복지관에 의뢰된 사례인 K씨 가정을 사정한 결과 가장인 K씨는 20년 간 정신분열증으로 정신병원 입 · 퇴원을 거듭하고 있으며 부인은 노점상을 하다 교통사고로 허리를 크게 다쳐 현재 6개월 째 병원에 입원중이다. 두 아들 중 첫째 아들은 절도 및 본드흡입으로 보호관찰중이며 둘째 아들은 매우 내성적인 성격이다. 현재 할머니가 근근히 가정을 이끌어나가고 있는 실정이다. 이런 경우 사회복지사로서 어떤 방법을 활용하는 것이 필요하다고 느끼며 그 이유는 무엇인지 설명하세요.

3. 한국에서 가족치료를 실시할 때 예측되는 어려움과 장점은 무엇인지에 관해 토론하세요.

제9장

지역사회와 사회복지

사회복지의 주요 방법으로 지역사회에 기반한 방법은 지역사회를 클라이언트체계로 간주하고 있다. 즉 지역사회가 갖는 욕구 혹은 문제를 해결함으로써 지역사회주민의 복지를 향상시키는 데 초점을 두고 개입하는 사회복지의 한 방법이다. 이 방법을 지역사회조직(Community Organization), 지역사회사업(Community Work), 지역사회실천(Community Practice) 등으로 칭하고 있다. 이 장에서는 지역사회실천이라는 용어에 중심을 두고 지역사회에 기반한 사회복지실천 방법을 살펴보도록 하겠다.

1. 지역사회에 관한 이해

먼저 지역사회실천의 기초가 되는 지역사회를 이해하기 위해 지역사회의 개념과 특성을 살펴보고, 나아가 지역사회와 사회복지의 관계성을 알아보자.

1) 지역사회의 개념

지역사회(community)는 "공동의 장소, 이해, 정체감, 문화, 활동에 기반하고 있는 사람들이 구성한 사회 단일체"(Fellin, 1987: 114)로, "일정한 지리적 공간 안에서 서로 사회적·심리적 인연을 가지고 있는 사람들"(Mattessich & Monsey, 1997: 6)로 정의되고 있다. 또한 지역사회란 "일정한 지리적 공간인 생활권 안에서 사회적 상호작용을 통하여 공통된 이해관계, 문화 등을 형성하여 공통의 경험과 공동생활을 향유하는 일정 지역의 범위"(강준열, 1997: 15)라고 할 수 있다. 이와 같은 정의는 사회복지실천과 직접 관계하고 있는 연구자들의 합의에 의해 내려진 것으로 사회복지실천 측면에서 보는 지역사회의 개념을 잘 설명하고 있다.

한편 지역사회라는 용어는 다양한 개념으로 소개되고 있다. 예컨대 지역사회는 '지연적 지역사회'와 관련되는 개념과 '공동체'와 관련되는 개념을 동시에 포괄하고 있기 때문에 명확한 정의가 어려운 점(Bernard, 1984:15)도 있다. 여기에서 지연적 지역사회는 생산적 수단을, 공동체의 개념은 지역사회 내의 유대와 사회적 상호작용을 강조하고 있다. 따라서 지연적 지역사회보다 공동체가 개인 간 친밀도가 높고, 정서적 집착이 깊으며, 도덕을 바탕으로 연속성을 가지는 특징을 갖는다.

뿐만 아니라 지역사회를 보다 확대하여 보는 시각도 무시할 수 없다. 즉 "지역사회가 지역성뿐 아니라 기능성과 목적성을 갖는 공동체의 의미를 띠기 때문에 노인권익단체, 사회복지사협회, 시민운동단체 등의 활동도 포함해야 한다"(황성철, 1997: 5-6)는 주장도 타당성을 가지고 있다. 이 주장에 따르면 "community를 '공동사회'로 번역하는 것이 바람직하다"(황성철, 1997: 6에서 재인용)고 부연하고 있다.

비록 community를 지역사회로 번역하는 것은 최적한 이해는 아니겠지만 우리나라의 사회복지실천 현장과 사회복지학계에서는 대체로

community를 지역사회로 이해하고 있다. 이런 맥락에서 지역사회는 다양한 욕구 혹은 문제를 가지고 있으며, 주민의 상호작용이 활발하게 이루어지고, 지역사회의 욕구나 문제를 해결하기 위해 사회복지실천이 가능한 일정 규모의 장으로 정의할 수 있다. 그러므로 사회복지실천의 장으로서 지역사회를 지나치게 세분하거나 시민단체에까지 확대 적용하는 정의는 피하고, 현재 몇 가지 유형으로 나타나고 있는 각 지역사회의 특성을 파악하여 개입하고, 이 개입을 근거로 지역사회와 관련하고 있는 제반 내용을 재정의 혹은 보완하는 것이 바람직하다.

2) 지역사회의 특성

클라이언트 개인이 인간의 속성을 바탕으로 특성을 지니듯, 지역사회역시 사회복지실천의 클라이언트로서 고유한 특성을 지닌다. 그 특성을 다음과 같이 정리할 수 있다(최옥채, 2001: 38-41에서 재정리).

(1) 역동성

지역사회의 역동성은 지역사회를 구성하고 있는 지리적 공간, 생활공간, 주민, 조직, 상호작용이 지역사회가 추구하는 목표를 달성하기 위해 움직이는 상태를 의미한다. 즉 지역사회주민이 일정한 지리적 공간 안에서 생활공간을 활동터전 삼아 지속적으로 서로 작용한다. 그러므로 모든 지역사회는 지역사회의 구성요소들이 서로 다양한 수준과 방법으로 순환적 영향을 주고받는다.

(2) 변화성

지역사회는 끊임없이 변화를 거듭한다. 즉 정지된 상태로 남아 있거나 변화가 없는 지역사회는 존재하지 않는다. 앞에서 살펴본 지역사회의 역동성이 지역사회 안에서 지역사회 구성요소들이 서로 작용하는 데 초점을 두었다면, 지역사회의 변화성은 지역사회가 자기 변화를 꾀하기 위해 외부환경과 대처하는 상황에 중점을 두고 있다. 따라서 지역사회는 자신이 처해 있는 제반 형편에 의해 긍정적인 변화 혹은 부정적인 변화를 시도한다.

(3) 서비스 요구성

지역사회는 그 상황에 따라 적절한 서비스를 필요로 한다. 이는 지역사회가 욕구 혹은 문제를 갖는다는 사실 면에서 강조할 수 있는 지역사회의 특성이다. 모든 지역사회는 나름대로 욕구 혹은 문제를 가지고 있기 때문에 적당한 시기에 욕구 혹은 문제 상황에 걸 맞는 도움을 받고자 한다. 즉 젊은 층이 부족한 농촌의 지역사회, 새로 형성된 도시의 지역사회, 도시의 상류층이 밀집한 지역사회 등은 각각 의료, 교통, 정신건강 등과 같은 서비스를 필요로 한다. 특히 외형적 어려움이 없어 보이는 안정된 지역사회라 할지라도 현재의 수준에서 보다 향상된 상태를 위해 도움의 필요성은 잠재하고 있다.

(4) 변화능력

지역사회는 변화할 수 있는 능력을 갖는다. 지역사회가 변화능력을 가지고 있다고 보는 것은 인간에 대한 인본주의적 관점에 의한 것이다. 지역사회의 형성과 변화과정을 인간이 주도하기 때문에 인간의 변화능력을 인정한다면 지역사회 역시 스스로 변화할 수 있는 능력을 잠재하고 있다고 보아야 한다. 특히 지역사회는 그 나름대로 여러 유형과 수준의 자원을 보유하고 있다. 긍정적 변화의 가능성이 없어 보이는 열악한 지역사회는 곧 그 지역사회주민의 '병든 의식' 에 근원한다고 보아야 한다. 따라서 이들 주민이 스스로 변화할 수 있는 능력을 가지고 있다면 지역사회도 무궁하게 변화할 수 있다.

⑸ 다양성

지역사회는 각각 다양한 특성을 갖는다. 인간의 개별성과 독특성을 인정하고 있는 상황에서 여러 사람으로 구성된 지역사회의 다양성은 한층 강조되어야 한다. 실제로 모든 지역사회는 그 구성요소의 특성이 달라 다양한 유형으로 존재한다. 예컨대 지리적 여건에 따라 도시지역사회와 농촌지역사회로, 주민의 경제적 상황에 따라 빈곤지역사회와 여유 있는 지역사회, 욕구 혹은 문제의 수준에 의한 위기의 지역사회와 잠재적 지역사회 등으로 구분할 수 있다. 한편 지역사회의 생성주기에 의한 갓 생긴 지역사회, 안정된 지역사회, 오래된 지역사회 등으로도 구분할 수 있다.

3) 지역사회와 사회복지의 관계

그러면 지역사회가 사회복지실천과 관련하여 갖는 의미를 알아볼 필요가 있다. 지역사회와 사회복지의 관계는 다음 몇 가지로 요약할 수 있다.

첫째, 지역사회는 사회복지실천의 클라이언트이다. 사회복지실천에서 지역사회는 먼저 클라이언트체계로 존재한다. 보다 안정된 상태를 유지하기 위해, 혹은 긍정적 변화를 꾀하기 위해 지역사회는 욕구를 가진다. 지역사회가 욕구를 갖게 되면 그 정도에 따라 지역사회는 클라이언트체계로서 사회복지사의 개입을 필요로 한다. 클라이언트체계는 클라이언트보다 큰 규모로 형성된다.

둘째, 지역사회는 사회복지실천의 현장이다. 지역사회는 사회복지실천의 현장으로서 다양한 통로를 통해 사회복지사와 관계한다. 사회복지

실천이 전개되는 방법(개별사회사업, 집단사회사업, 지역사회실천, 사례관리)에 상관하지 않고 지역사회는 사회복지실천 현장으로 활용되고 있다. 최근 사회복지학계와 사회복지실천 현장이 '사례관리'를 강조하면서 지역사회에 대한 관심도 고조되고 있는 실정이다.

셋째, 지역사회는 개인을 위한 환경이다. 지역사회는 개인의 생활권으로서 개인의 생활에 밀접한 영향을 미친다. 지역사회는 사회복지사가 도와야 할 클라이언트의 환경적 요소로서 중요한 위치를 차지한다. 즉 클라이언트를 이해하고 돕는 방법과 구체적인 자원동원이 바로 지역사회를 토대로 구체화된다.

넷째, 지역사회는 사회복지실천을 위한 자원의 창고이다. 사회복지사가 개인, 집단, 지역사회 중 어디를 중심으로 활동하든지 지역사회의 자원을 동원하는 것은 당연하다. 지역사회의 클라이언트에게 필요한 자원이 지역사회에 산재하여 있기 때문이다. 그러므로 사회복지사는 지역사회에 관해 정확히 이해해야 하며, 지역사회자원을 동원하기 위한 전략도 숙지해야 한다.

2. 지역사회실천 기술의 토대

지역사회실천은 개인, 집단, 가족 등에서보다는 활동범위가 월등히 넓기 때문에 다양한 기술을 요한다. 특히 사회복지에서 강조하는 전통적 기술에만 집착하지 않고 경영학, 언론학, 군사학 등 여러 전문분야의 기술을 익힐 필요가 있다. 여기에서는 지역사회실천 기술의 토대라고 할 수 있는 지식과 성공요인을 살펴보도록 하겠다.

1) 지역사회실천 관련 지식

　지역사회실천과 관련하고 있는 지식은 사회복지실천 지식을 비롯하여 주변 지식을 폭넓게 포함하고 있다. 여기에서는 이들 모든 관련 지식을 다룰 수 없을 뿐 아니라, 다룰 필요도 없기 때문에 지역사회실천 관련 지식으로써 특별히 강조하고자 하는 부분만을 기초영역과 응용영역 그리고 도입해야 할 영역으로 구분하여 정리하도록 하겠다.

(1) 인간에 관한 이해

　인간에 관한 이해는 지역사회실천에서 뿐만 아니라 철학에서도 핵심 주제로 다루고 있다. 특히 지역사회실천에서 인간은 지역사회를 구성하는 요소이기 때문에 인간을 통해 지역사회를 볼 수 있어 인간에 관한 이해가 선행되어야 한다.

(2) 집단에 관한 이해

　지역사회실천 사회복지사는 여러 유형의 집단을 이끌어가면서 이들 집단과 상대하기도 한다. 특히 집단은 개인의 집합이지만 단순한 개인의 집합으로 끝나지 않고 집단 안에서 개인의 행동은 특별히 달라지고, 나아가 집단 성원간에 각양각색의 새로운 역동이 벌어진다는 데 큰 의미를 두고 있다. 그러므로 사회복지사는 이와 같은 속성을 갖는 집단을 구성하고, 운영해 나가기 위해 집단에 관한 지식을 갖추어야 한다.

(3) 조직에 관한 이해

　조직은 집단보다 규범적이고 체계적이며 목표 지향적이라 할 수 있다. 즉 조직은 집단에 비해 강한 규칙과 보다 철저한 위계를 중심으로 조직의 목표 성취를 강조한다. 이 같은 조직을 지역사회실천에서는 다양한 방법으로 활용하고 있다. 따라서 사회복지사는 조직을 적소적기에 활용하기 위해 조직의 속성을 이해하고, 조직의 활용 방법을 익혀야 한다.

(4) 지역사회에 관한 이해

지역사회실천은 지역사회 안에서 이루어진다. 또한 지역사회는 개인, 집단, 조직을 포괄하기 때문에 지역사회의 역동은 다양하게 일어난다. 특히 사회복지사는 지역사회의 욕구 혹은 문제를 해결하면서 동시에 지역사회에 산재해 있는 유용한 자원을 파악하여 적절히 활용해야 한다. 따라서 사회복지사는 지역사회에 관한 기초적인 이해와 이의 활용을 위한 기술을 배워야 한다.

(5) 인간관계론

인간관계 기술은 지역사회실천을 주도하는 사회복지사에게 가장 기초적인 기술이자 지역사회실천의 바탕을 이루는 중요한 수단이라 할 수 있다. 인간행동에 관한 이해를 기초로 익혀지는 이 기술은 개인간의 개별접촉에서도 중요한 수단일 뿐 아니라 지역사회실천에서 지역사회자원으로서 상대해야 하는 조직과 단체와의 관계 형성을 위해서도 소중한 수단이다. 특히 인간관계 기술은 의사소통 기술을 포함하여 훈련에 의해 얼마든지 향상시킬 수 있으므로 사회복지사가 철저히 익혀야 할 지식이라 할 수 있다.

(6) 집단역학

집단역동(group dynamics)이라고도 불리는 집단역학은 집단과정에서 일어나는 힘을 의미한다. 이 힘은 집단성원간 그리고 집단성원과 사회복지사간에 일어나는 상호작용, 집단이 갖는 매력, 집단의 규범과 문화 등에 의해 집단역동이 생기고 이를 바탕으로 집단은 힘을 갖는다. 따라서 집단역학을 적절히 활용하게 되면 전체 집단과 성원 모두에게 긍정적인 결과를 가져올 수 있다(김종옥·권중돈, 1993: 95 재인용). 그러므로 사회복지사는 집단의 목적을 달성하고, 집단의 기능을 활성화하기 위해 반드시 집단역학에 대해 이해해야 한다(남세진·조흥식, 1997: 147).

(7) 조사론

지역사회실천에서 조사론에 관한 지식을 강조하는 것은 성공적인 지역사회실천을 위해 지역사회에 대한 보다 정확한 이해가 선행되어야 하기 때문이다. 즉 지역사회실천 과정이 순조롭게 진행되기 위해서는 치밀한 계획이 필요한 바 이 계획을 위해 합당한 조사가 이루어져야 한다. 이 같은 입장은 지역사회실천을 보다 과학적으로 이끌어가기 위한 것이다. 특히 조사는 지역사회를 탐색하고, 나아가 지역사회 문제의 근원을 객관화하여 규명하는데 없어서는 안 될 중요한 과업이라 할 수 있다. 따라서 지역사회실천 사회복지사는 지역사회의 상황에 합당한 조사방법을 활용할 수 있어야 한다.

(8) 지역사회개발론

지역사회실천의 역사적 전개에서도 살펴본 바와 같이 우리나라 사회복지학계에서는 지역사회개발이 지역사회조직의 한 모형으로 소개된 데 불과하였다. 그러나 지역사회개발을 한 분야로 보고 있는 지역(사회)개발학계(최상호, 1996)에서는 지역사회조직을 지역사회개발의 한 방법으로 활용하고 있다. 이같은 견해는 지역사회개발을 포괄적으로 이해하고 있을 뿐 아니라 실제로 다양한 지식을 바탕으로 활용하고 있는데 기인하고 있다. 어쨌든 지역사회실천 사회복지사는 지역사회주민의 복지향상을 위해 지역사회개발에서 다루고 있는 인류학, 교육학, 경제학 등 여러 지식을 섭렵할 필요가 있다.

(9) 조직학

 조직이 사회적, 정치적, 경제적 측면에서 개인의 목적 달성을 위한 중요한 수단(최창현, 1996: 63)이라 할 때 지역사회의 욕구나 문제를 해결하는 지역사회실천에서 조직에 관한 지식은 결코 소홀히 다룰 수 없는 부분이라 하겠다. 따라서 조직에 관한 기초적인 이해뿐 아니라 조직의 운영과 조직의 활용 방법을 철저히 익혀야 한다.

 (10) 언론학과 홍보론

 언론학은 사회복지학계에서 전혀 다루지 않고 있는 분야이다. 그러나 지역사회실천에서 뿐만 아니라 사회복지사는 언론매체를 주요 수단으로 삼아야 할 때가 적지 않다. 특히 사회적으로 언론매체를 잘 활용하면 크게 도움이 되나 잘못 활용하면 오히려 낭패를 보는 경우가 있다. 그러므로 언론매체의 오용과 남용을 막고 이를 충분히 활용하기 위해 지역사회실천 사회복지사는 언론에 관한 기초적인 이해를 비롯하여 이의 활용 방안을 익힐 필요가 있다.

 한편 지역사회실천 사회복지사는 언론 관련 지식과 함께 홍보에 관한 지식을 공부해야 한다. 지역사회실천에서 지역사회의 욕구 혹은 문제를 홍보하는 일은 필수적이다. 왜냐하면 홍보방법에 따라 지역사회주민이 지역사회실천에서 다루어야 하는 쟁점을 인식하는 태도가 달라질 수 있기 때문이다. 이때 사회복지사는 범람하고 있는 다양한 매체를 활용하여 홍보의 효과를 최대화할 필요가 있다. 따라서 사회복지사는 지역사회의 현안 문제와 주변 상황을 고려하여 각 매체의 특성을 십분 활용할 수 있는 기술을 익혀야 한다.

 (11) 인사관리

 인사관리는 주로 사회복지행정에서 다루고 있다. 지역사회실천에서도 상황에 맞는 바람직한 조직을 만들기 위해 적격한 지역사회주민을 선정하고, 나아가 이들 대표 지역사회주민의 지도력 향상과 각 지역사회주민을 적소에 기용해야 한다. 그러기 위해서는 사회복지사가 이 분야에 관한 지식을 충분히 갖추는 것은 당연한 과제이다.

2) 지역사회실천의 성공 요인

지역사회실천, 즉 지역사회의 욕구 혹은 문제를 해결하는 사회복지사의 활동은 성공적으로 이루어져야 한다. 이를 위해 기존의 연구를 통해 지역사회실천의 성공 요인을 알아볼 수 있다. 한 연구(Mattessich & Monsey, 1997: 19-49)에 의하면 성공 요인을 크게 지역사회 특성 요인, 지역사회실천 과정의 특성 요인, 지역사회실천가의 특성 요인으로 구분하여 총 28가지 요인이 제시되었다. 여기에서는 지역사회 특성 요인을 중심으로 살펴보면 다음과 같다.

첫째, 쟁점에 관한 지역사회의 인식이 중요하다. 개입하고자 하는 지역사회의 욕구 혹은 문제를 전체 지역사회주민들이 중요하다고 합의해야 하고, 나아가 이 욕구나 문제의 본질을 충분히 인식하고 있어야 한다.

둘째, 지역사회 내부로부터의 동기가 지역사회실천의 성공에 크게 영향을 미친다. 지역사회의 욕구나 문제를 해결하기 위해 지역사회 외부에서보다 지역사회주민들 스스로가 변화를 시도하고자 하는 동기를 가져야 한다.

셋째, 작은 지리적 범주일수록 성공 가능성이 높다. 광범위한 지역사회보다 지역사회주민의 공통된 욕구가 확연히 드러날 수 있는, 그래서 지역사회주민의 결집이 확실한 작은 범주의 지역사회일수록 성공 가능성이 높다.

넷째, 참여 성원과 조직의 유연성과 적응성이 좋을수록 성공가능성이 높다. 문제해결과 과업수행에 참여하는 조직과 개인이 상황에 유연하게 대처하고, 어떤 상황에서도 적응을 잘 할수록 성공률이 높다.

다섯째, 기존하는 사회적 응집력이 높을수록 성공가능성이 높다. 지역사회 내에서 평소 주민들이 서로 관계하며 형성된 사회적 응집력이 클수록 지역사회실천의 성공 가능성이 높다.

여섯째, 토의, 합의점 도달, 협동하는 능력이 성공에 영향을 미친다. 지역사회주민들이 상호 교류하면서 협동정신을 높이고, 문제와 욕구에 대해 개방적인 자세를 견지하며 토의할 수 있는 능력을 갖출 때 변화 노력의 성공 가능성이 높다.

일곱째, 현존하는 분명한 지도력이 있어야 한다. 지역사회 안에 살면서 지도력을 갖춘 주민을 중심으로 지역사회가 안고 있는 욕구나 문제에 적극 대처할 수 있는 능력이 있을 때 지역사회실천의 성공 가능성은 높다.

여덟째, 과거 지역사회실천의 성공 경험은 지역사회실천을 성공적으로 이끌어가는 데 크게 영향을 미친다. 지역사회주민들이 과거 지역사회실천에 성공했거나 이 과정에서 긍정적인 경험이 있는 경우 성공 가능성이 높다.

3. 지역사회실천 기술

지역사회실천에서 활용할 수 있는 기술은 매우 다양하다. 특히 기존의 사회복지실천 기술도 중요하지만 타 분야의 기술을 도입하여 활용할 필요가 있다. 지역사회실천 주요 기술로 지역사회지도 그리기, 지역사회조사, 홍보, 조직화, 집합행동화를 들 수 있는데 여기에서는 이들 기술에 관한 개요와 적용의 원칙을 중심으로 소개하도록 하겠다(최옥채, 2001: 139-176 재정리).

1) 지역사회지도 그리기

지역사회지도는 지역사회실천의 대상이 되는 지역사회에 대한 정보를 담고 있는 지도를 일컫는다. 즉 지역사회지도는 공공기관이 비치하고 있는 '관내도'에 지역사회실천에서 중요시하는 행정기관, 학교, 병원, 주택 등과 욕구 혹은 문제와 관련하고 있는 환경적 요인을 포함하고 있다. 실제로 지역사회실천을 위한 전용 지도가 만들어져 활용된 경우는 거의 없는 것으로 파악된다. 그러나 일반시민들에게 지역사회의 주요 기관 혹은 유해업소를 알리는 지도는 상당수 만들어졌다.

지역사회실천에서 지역사회지도 그리기 기술을 적용하는 사회복지사는 다음 몇 가지 원칙을 지켜야 한다.

첫째, 지역사회지도 그리기를 통해 개입하고자 하는 지역사회에 대해 정확한 이해뿐 아니라 합당한 개입방안의 실마리를 찾아낼 수 있어야 한다.

둘째, 지역사회실천을 수행하는 동안 지역사회는 변화하므로 이 변화에 따라 지역사회지도의 해당 부분을 보완해야 한다.

셋째, 사회복지사는 보다 정확한 지역사회지도를 그리기 위해 관공서와 상호협력관계를 형성해야 한다.

2) 지역사회조사

지역사회조사는 지역사회가 처하고 있는 상황을 지역사회를 구성하는 요소와 욕구 혹은 문제를 유발하는 요인 그리고 활용 가능한 자원을 중심으로 실시하는 조사이다. 이와 같은 지역사회조사는 지역사회실천을 위해 필요한 계획을 세우기 위해 필요로 하는 자료를 확보하는 데 중점을 둔다.

지역사회조사 기술을 적용하는 데 사회복지사는 다음 몇 가지 원칙을 지켜야 한다.

첫째, 지역사회조사 기술이 원활하게 적용되기 위해 먼저 클라이언트 지역사회에 대한 기초적인 이해가 앞서야 한다. 지역사회조사 역시 지역사회실천 과정의 일부분이기 때문에 계획에 의해 진행되어야 한다.

둘째, 지역사회조사 방법으로 다양한 사회조사방법 중 합당한 방법과 기술을 선정해야 한다. 지역사회조사는 독자적인 방법과 기술을 가지고 있는 것이 아니고, 대부분 기존의 사회조사방법을 이용하고 있다. 그러므로 개입하고자 하는 지역사회의 특성과 조사 목표에 합당한 사회조사 방법과 기술을 활용하는 것이 바람직하다.

셋째, 지역사회조사 방법과 기술은 지역사회실천 단계별로 달리 적용되어야 한다. 이는 지역사회조사가 지역사회실천 초기에만 실시되는 것이 아니고 전 기간동안 이루어지므로 각 단계의 특성에 따라 지역사회조사 방법과 기술이 달라질 수밖에 없기 때문이다.

3) 홍보

지역사회실천에서 홍보 기술이 특별히 요구되는 것은 지역사회의 제반 현안을 모든 지역사회주민과 관심을 가지고 있는 지역사회 외부 사람들에게 보다 효과적으로 알려야 하기 때문이다. 즉 지역사회실천은 지역사회의 욕구 혹은 문제를 해결하기 위해 지역사회주민과 지역사회 외부의 다양한 인력과 기관 등이 참여해야 하는바 이들의 참여를 극대화하기 위해 먼저 지역사회주민과 외부 관련인들이 지역사회의 실상을 올바르게 이해해야 한다. 이 올바른 이해를 위해 사회복지사는 홍보 기술을 익힐 필요가 있다.

홍보 기술을 지역사회복지실천에 적용할 때 사회복지사는 다음 몇 가지 원칙을 지켜야 한다.

첫째, 홍보 대상 특성에 따라 이에 합당한 홍보 방법을 선택한다. 홍보
는 알리고자 하는 내용이 지역사회주민들에게 호소력이 있어야 할 뿐만
아니라 홍보에 드는 비용과 인력을 고려해야 한다.

둘째, 홍보 내용을 정하는데 신중해야 한다. 홍보 내용은 홍보 방법에
따라 달라지나 홍보 내용은 먼저 국어를 바로 사용하는 것을 지켜야 한
다. 또한 성차별, 언어폭력, 성적 표현을 삼가야 한다.

4) 조직화

지역사회실천에서 조직화는 지역사회의 당면 문제를 해결하기 위해
전체 지역사회주민을 대표하는 일정 수의 주민을 선정하여 모임을 구성
하는 것을 의미한다. 즉 사회복지사는 지역사회가 처한 상황과 해결 방
향에 따라 합당한 지역사회주민을 선정하여 대표모임을 만들고, 이 조직
이 지역사회의 욕구 혹은 문제를 해결해 나가도록 돕는다. 그러므로 이
모임을 조직하는 것이 지역사회실천에 개입하는 사회복지사의 중추적
인 역할이라 할 수 있다. 특히 조직화 활동은 지역사회의 특성과 다양한
지역사회주민의 성향을 파악한 결과를 토대로 이루어지므로 사회복지
사는 자신의 다양한 기술을 폭넓게 활용할 수 있어야 한다.

조직화는 지역사회실천에서 매우 신중하게 그리고 광범위하게 활용되
는 기술이라 할 수 있다. 그러므로 조직화 기술을 적용시켜 나가는 데 사
회복지사는 다음과 같은 원칙을 지켜야 한다.

첫째, 다양한 조직화 기술을 익히되, 지역사회실천 현장의 상황에 부합
하는 기술을 적용해야 한다.

둘째, 조직의 결원은 즉각 보충해야 한다.

셋째, 반드시 지역사회실천의 목표를 정한 후 지역사회주민 대표자 모

임을 조직한다. 상황에 따라서는 지역사회주민의 사정을 살펴보고 이들의 능력을 고려한 후, 목표를 설정할 수도 있으나 지역사회 외부에서도 개입이 가능하기 때문에 지역사회의 욕구 혹은 문제해결에 우선권을 두는 것이 바람직하다.

넷째, 조직 성원간 갈등은 있을 수 있으며, 이 갈등을 극복하기 위해 모든 조직 성원이 협력하여 풀어갈 수 있도록 유도한다.

5) 집합행동화

지역사회실천에서 집합행동화 기술은 지역사회주민이 일체 단결하여 대립하고 있는 상대와 맞서 싸우도록 지역사회주민을 유도해 나가는 구체적인 방법을 의미한다. 특히 집합행동화 기술의 필요성은 지역사회실천 과정에서 지역사회주민의 공동 욕구에 반하는 상대를 변화시키는 데 지역사회주민의 결집된 힘의 영향력 때문에 강조된다.

지역사회실천 수준에서 사용하는 집합행동화 기술은 다음 몇 가지 원칙을 지키며 적용되는 것이 바람직하다.

첫째, 집합행동화 기술을 지역사회실천에서 빈번하게 사용하지 않는 것이 바람직하다. 집합행동화는 대중이 움직이고, 상대와의 갈등국면에서는 예기치 못한 여러 상황이 벌어지기 쉬우므로 최후의 수단으로 신중히 활용되어야 한다.

둘째, 단계별로 분명한 목표를 세워 진행한다. 집합행동에 참여하는 지역사회주민이 때로 군중의 성향을 갖게 되면 행동화 단계의 계획을 임의로 바꿀 수 없다. 그러므로 사전에 철저히 계획을 세워야 한다.

셋째, 가능하면 집합행동화 전체 과정은 간단 명료해야 한다. 이 과정이 복잡하게 되면 여기에 참여하는 다수의 지역사회주민들에게 혼돈을 가져올 수 있고, 이렇게 되면 대중의 힘을 잃게 될 가능성이 높다.

넷째, 사회복지사와 주민 대표자는 시종 성실히 임해야 한다. 특히 지역사회주민을 설득하고 선동할 때 허위나 과장된 언행을 삼가야 하고, 상대와 협상을 할 때 지역사회주민의 공동 욕구를 반영해야 한다.

4. 지역사회실천 과정

지역사회실천 과정은 지역사회의 유형과 지역사회가 안고 있는 욕구 혹은 문제의 수준에 따라 달라질 수 있다. 여기에서는 준비단계, 계획단계, 조직화단계, 문제해결단계, 평가단계로 구분하여 각 단계의 목표와 전략 그리고 특성을 중심으로 정리하고자 한다.

1) 준비단계

이 단계는 사회복지사가 앞으로 개입하게 될 지역사회에 관심을 갖기 시작하는 과정이다. 따라서 이 단계에서 사회복지사는 그 지역사회를 사회복지실천 입장에서 개괄하여 살펴보는 것이 중요하다.

(1) 목표
준비단계에서 사회복지사는 다음 두 가지 목표를 갖는다.

첫째, 지역사회에 관하여 개괄적으로 이해한다. 이 단계에서 사회복지사는 지역사회에 관하여 개괄적으로 이해하는데 목표를 둔다. 즉 지역사회가 지니는 욕구 혹은 문제의 성격과 수준을 지역사회실천 차원에서 알아보면 된다. 따라서 사회복지사가 굳이 지역사회에 대해 세세히 이해할 필요는 없다.

둘째, 개입 여부를 결정한다. 사회복지사는 지역사회의 욕구 혹은 문제의 성격과 수준을 대략 파악한 후 자신의 능력과 기관의 형편 그리고 동원 가능한 자원을 감안하여 지역사회를 위한 개입 여부를 결정하는 목표를 갖는다.

(2) 전략

준비단계에서 사회복지사는 자신의 과업을 원만하게 달성하기 위해 다음 몇 가지 기본 전략을 세워 나아가는 것이 바람직하다.

첫째, 지역사회 주요 인물과 좋은 관계를 형성한다. 사회복지사는 지역사회를 대표할 수 있는 주민들과 좋은 관계를 만드는 데 주력해야 한다. 이는 사회복지사의 모든 개입에서 강조하는 바와 같이 지역사회주민과 처음 관계를 좋게 만드는 것이 이후 활동에 긍정적인 영향을 가져올 것이기 때문이다. 비록 이 단계가 공식적인 지역사회실천 과정은 아니지만 이 단계에서 개입이 결정된다면 특히 지역사회를 대표할 수 있는 몇몇 주민들과의 처음 관계는 이후 과정에 크게 영향을 미치게 되므로 사회복지사는 이들과 좋은 관계를 위해 신중해야 한다.

둘째, 좋은 인상을 심어준다. 사회복지사는 자신이 만나는 지역사회주민들에게 좋은 인상을 심어주는 전략을 세워 이를 실천하는 것이 바람직하다. 사회복지사가 지역사회주민들에게 좋은 인상을 심어주는 것은 곧 지역사회주민들이 사회복지사를 성실한 사람으로 믿는 것이고, 사회복사와 함께 일하면 지역사회의 욕구 혹은 문제를 해결할 수 있다는 확신을 갖게 하는 것이다.

셋째, 지역사회 특성에 따라 지역사회 범주를 정한다. 대체로 사회복지사가 지역사회 범주를 정할 때 지리적인 특성을 주요 기준으로 삼는다. 즉 도로를 기준으로 적당한 크기의 지역사회를 클라이언트로 정한다. 이렇게 범주를 정할 때 지역사회의 주요 자원이 누락되지 않도록 신중해야 한다. 단순히 도로에 의해 지역사회 범주를 설정하다보면 인근에 위치한 주요 지역사회자원을 포함시키지 않은 착오를 일으킬 수 있다. 따라서 사회복지사는 클라이언트 지역사회의 핵심 범주에서 벗어나 있더라도 그 지역사회의 욕구 혹은 문제를 해결하는데 중요한 자원이 된다고 판단 이 서면 지역사회 범주를 학대하여 정할 수 있다.

(3) 특성

준비단계는 사회복지사의 공식 활동이 아니면서도 첫 단추를 끼우는 지역사회실천의 실질적인 시작 단계로 매우 중요한 과정이다. 이 단계의 특성을 다음 몇 가지로 요약할 수 있다.

첫째, 주민과 사회복지사는 비공식적 관계이다. 사회복지사가 지역사회의 주요 인물과 맺는 관계는 공식 관계가 아니다. 즉 지역사회를 클라이언트로 볼 수 없으며, 사회복지사는 지역사회실천과 관련하는 어떠한 권한이나 책임을 갖지 않는 상태이다. 따라서 사회복지사와 지역사회주민은 지역사회가 당면하고 있는 욕구 혹은 문제에 대해 서로 부담 없이 대면할 수 있다. 특히 사회복지사는 이 단계에서 개입의 여부를 결정하기 위해 지역사회에 관한 올바른 이해와 정보를 모으는 것이 중요한 목표이므로 어떠한 압박 없이 임할 수 있다.

둘째, 우연한 계기로 개입 대상으로 특정 지역사회를 맞이할 수 있다. 클라이언트로서 특정 지역사회를 받아들이는 계기는 계획에 의해 의도적으로 이루어지는 것이 보통이다. 그러나 특별한 계획이 없는 상황에서 우연한 기회에 지역사회를 클라이언트 삼아 개입할 수도 있다.

2) 계획단계

이 단계는 지역사회실천을 위한 사회복지사의 공식 활동의 시작이다. 즉 준비단계의 결과를 토대로 사회복지사가 개입하기로 결정함에 따라 구체적인 개입계획을 세우기 위해, 지역사회에 관한 치밀한 이해를 위해 활동하는 단계이다. 그러므로 이 단계에서도 사회복지사는 아직 '조용한 활동'을 할 필요가 있다. 계획단계를 자세히 정리하면 다음과 같다.

(1) 목표

이 단계에서 가장 중요한 지역사회실천의 목표는 사회복지사의 개입결정에 대한 기관의 인준을 얻어내는 것이며, 지역사회에 관한 상세한 파악이라 할 수 있다.

첫째, 기관으로부터 개입에 관한 인준을 받는다. 비록 사회복지사가 특정 지역사회에 대해 개입을 결정하였다 하더라도 사회복지사가 근무하고 있는 기관의 인준이 없으면 개입할 수 없다. 기관의 인준은 단순한 허락과 다르다. 즉 기관이 사회복지사의 개입을 인준하는 것은 개입을 승낙함과 동시에 필요시에 기관으로부터 합당한 지원까지 약속함을 의미한다. 따라서 사회복지사는 기관으로부터 적당한 지원을 받을 수 있도록 조치해야 한다.

둘째, 지역사회에 관해 구체적으로 이해한다. 준비단계에서 파악한 지역사회에 관한 개괄적 이해로 치밀한 개입계획을 세우는 것은 매우 위험한 일이다. 사회복지사는 합당한 틀에 따라 지역사회를 객관적으로 명확히 이해해야 한다.

(2) 전략

사회복지사는 설정한 과업을 원만하게 달성하기 위해 다음과 같은 전략을 세워 지역사회 사정에 임하는 것이 바람직하다.

첫째, 욕구 혹은 문제와 자원을 동시에 조사한다. 지역사회의 욕구·문제를 파악할 때 지역사회자원을 동시에 조사하는 것이 바람직하다. 지역사회의 욕구·문제와 자원을 별개로 파악하는 것은 인력과 시간을 낭비할 뿐 아니라 꼭 필요한 자원을 조사하는 데 불리할 수 있다. 이는 지역사회가 당면하고 있는 욕구·문제 상황에 합당한 자원을 파악하는 것이 중요한데 이때 조사자가 욕구·문제에 대한 느낌을 합당한 자원을 선별하는데 반영할 수 있기 때문이다.

둘째, 주민과 좋은 관계를 위한 토대를 마련한다. 준비단계에서 비공식으로 지역사회의 주요 인물과 좋은 관계를 발판으로 다양한 주민들과 좋은 관계를 본격적으로 만들고 이를 유지하기 위한 토대를 마련해야 한다.

셋째, 객관성을 유지한다. 특별히 사회복지사는 지역사회를 사정하는 데 객관성을 유지해야 한다. 지역사회의 욕구·문제는 지역사회주민, 관련 조직과 기관 등이 미묘한 이해 관계에 얽혀 있을 수 있다. 이러한 상황에서 자칫 특정 주민 혹은 조직 또는 기관에 치우치면 지역사회에 관한 정확한 파악이 흐려질 위험이 있다. 따라서 사회복지사의 논리적인 인지와 냉철한 판단이 요구된다.

(3) 특성

계획단계의 특성은 다음과 같다.

첫째, 주민과 사회복지사 공식적 관계를 형성한다. 준비단계에서 사회복지사와 지역사회의 비공식 관계가 공식 관계로 전환하는 특성을 갖는다. 이 관계의 전환이 결코 자연스럽게 이루어지지는 않는다. 지역사회 욕구 혹은 문제와 관련하여 지역사회주민간 상이한 이해 관계가 형성될 수 있기 때문에 사회복지사가 공식으로 개입하는 과정에서 적지 않은 마찰이 있을 수 있다.

둘째, 개입을 주민이 수용해야 한다. 지역사회주민과 사회복지사가 공식 관계를 형성하는 것은 곧 사회복지사의 개입에 대한 주민의 수용으로 이어진다. 지역사회주민의 수용은 단순히 사회복지사의 개입을 인정하는 수준을 넘어 함께 협력한다는 의미를 갖는다. 이 수용 과정 역시 모든 지역사회주민의 만장일치로 이루어지지는 않는다. 지역사회실천에 대한 불만세력이 일정 기간 지속할 수 있고, 상황에 따라 마지막 평가단계까지 계속될 수도 있다.

3) 조직화단계

이 단계는 계획단계에서 드러난 지역사회의 욕구 혹은 문제 해결에 주도적인 역할을 할 지역사회주민 대표자 모임을 만드는 데 초점을 둔다. 따라서 이 단계부터 사회복지사는 지역사회실천의 실제상황에 임하는 과정이다. 특별히 이 단계에서는 지역사회의 현안 욕구 혹은 문제를 주민들에게 홍보하는 일도 함께 이루어져야 한다.

(1) 목표

조직화단계의 가장 중요한 목표는 지역사회주민을 지역사회실천의 주도세력으로 만드는데 있다. 이는 지역사회주민 대표 모임을 통해 이루어진다. 이 모임이 앞으로 지역사회의 욕구 혹은 문제를 해결하는데 주도하게 될 것이므로 이 목표는 지역사회실천에서 사회복지사의 핵심이라 할 수 있다.

(2) 전략

이 단계에서 사회복지사의 주요 전략은 합당한 인물을 발굴하여 지역사회를 대표하는 모임을 만드는데 초점을 두어야 한다.

(3) 특성

조직화단계의 특성으로 다음 몇 가지를 들 수 있다.

첫째, 1회성 행사가 필요하다. 대체로 사회복지실천에서는 지속적인 행사를 강조하나, 이 단계에서는 1회로 끝나는 행사가 가능할 뿐 아니라 이 1회성 행사를 활용하는 것이 필요하다.

둘째, 주민대표가 주도한다. 이 단계에서 사회복지사는 모임을 구성하는데 참여는 하나 주민대표들이 솔선하도록 유도해야 한다.

셋째, 사회복지사는 서서히 후퇴한다. 따라서 사회복지사는 이 단계에서부터 서서히 뒤로 물러나고 주민대표가 주도해 나가도록 도와야 한다.

4) 문제해결단계

대두하고 있는 지역사회의 욕구 혹은 문제를 해결하는데 주목하며, 특히 이 과정은 사회복지사가 직접 나서서 하는 것이 아니고 지역사회주민대표가 주도해야 한다. 따라서 사회복지사는 지역사회대표 모임을 적극 지원하는 역할에 중점을 두어야 한다. 특별히 이 단계에서 주민대표자 모임은 개입하고자 하는 지역사회의 욕구 혹은 문제의 성격에 따라 다양한 접근 방법들을 활용해야 한다.

(1) 목표

문제해결단계에서 중요한 것은 지역사회주민 대표 모임이 최소한 지역사회의 욕구 혹은 문제가 해결될 때까지 지속해야 하고, 사회복지사는 주민대표자가 원활하게 활동할 수 있도록 도와야 한다. 그러므로 이 단계에서 사회복지사는 주민대표 모임의 유지와 이들의 활동을 지원하는 목표를 갖는다.

첫째, 주민대표 모임을 유지한다. 지역사회주민 대표 모임의 유지는 전적으로 사회복지사가 추구해야 할 주요 목표이다. 우선 대표자들이 서로 협력하며 활동할 수 있는 분위기를 만들어야 하고, 특히 참여 주민들 가운데 피치 못할 사정으로 더 이상 활동이 불가능할 경우 이들을 합당한 인물로 대체하여 모임에 동요가 없도록 한다.

둘째, 주민대표의 활동을 돕는다. 주민대표가 지역사회 문제를 해결하는데 충분한 능력을 갖춘 상태가 아니기 때문에 활동 중에 수시로 여러 유형의 도움을 필요로 한다. 이때 사회복지사는 전면에 나서서 문제해결에 직접 개입하지 않고 이들의 활동을 도와야 한다.

(2) 전략

문제해결단계에서 필요로 하는 전략은 반드시 사회복지사가 직접 펼쳐나가는 것이 아니다. 사회복지사가 직접 적용시켜 나갈 전략도 있으나 주민대표 모임이 적용시켜 나갈 수 있도록 유도할 수도 있다. 몇 가지 주요 전략을 살펴보면 다음과 같다.

첫째, 문제상황에 따른 접근방법을 활용한다. 해결해야 할 지역사회의 욕구 혹은 문제의 원인과 정도에 따라 접근 방법이 달라져야 한다. 즉 문제의 요인이 지역사회주민에게 있다면 주민 스스로의 변화를 위한 방안을, 아니면 특정 기관에 달려있다면 그 기관에 주민이 대항할 수 있는 방안을 택해야 한다. 한편 지역사회가 봉착하고 있는 문제 정도의 수준에 따라 개입 기간을 정해야 하고, 그 기간에 맞는 접근 방안을 활용할 수 있어야 한다.

둘째, 대표자의 역할을 강화한다. 어쨌든 사회복지사는 주민대표 모임이 욕구 혹은 문제해결을 주도해나갈 수 있도록 이들 주민을 격려할 뿐아니라 이들의 역할도 강화해야 한다. 따라서 이들 대표 모임 성원들에게 책임과 권한을 부여하는 것이 바람직하다. 이때 모임의 각자 성원들에게 역할을 적당하게 분배하는 것도 중요하다.

셋째, 조직간 상생(相生, Win-Win)할 수 있게 한다. 지역사회실천 개입은 그 문제 성향에 따라 다르겠지만 대체로 여러 조직 혹은 단체나 기관이 관련하므로 자연히 조직간 갈등을 배제할 수 없다. 따라서 사회복지사는 주민대표 모임이 기본적으로 갈등조직간 상생할 수 있는 전략을 세워나가도록 유도해야 하고, 실제로 이를 위해 도와야 한다.

⑶ 특성

문제해결단계의 특성을 다음 몇 가지로 요약할 수 있다.

첫째, 주민대표 모임이 주도적 역할을 한다. 이 단계에서부터 사회복지사는 뒤로 물러나고, 지역사회주민대표 모임이 사회복지사의 도움을 받아 실제 과정을 이끌어나가야 한다.

둘째, 문제 성격과 능력에 따라 접근방법을 달리한다. 지역사회가 해결하고자 하는 문제의 성격과 지역사회실천 주체의 능력에 따라 접근 방법이 달라져야 한다. 그러므로 이전 단계까지는 한 가지 방법으로 지역사회실천이 진행되었지만 이 단계에서는 다양한 실천 모형으로 이루어지게 된다.

셋째, 주민대표 모임의 사후 방향을 계획한다. 이 단계의 후반부에서 앞으로 주민대표 모임을 활용할 방향을 계획해야 한다. 지역사회의 문제가 해결되면 주민대표 모임도 해체되는 것이 상례이나, 그 지역사회의 특성에 따라 다른 문제 해결을 위해 활용할 수도 있고, 지역사회를 위한 다른 목표를 세워 지속시킬 수도 있다. 어쨌든 이 시기에 사후 방향을 위해 충분히 토의하고, 다음 평가단계에서 확정해야 한다.

넷째, 주민대표와 사회복지사의 목표를 구분한다. 주민대표와 사회복지사의 목표가 다르다는 것은 이 단계의 중요한 특성이라 할 수 있다. 즉 주민대표 모임은 문제해결을 위해 직접 활동에 임하고, 사회복지사는 이들을 돕는 역할을 한다.

5) 평가단계

평가단계는 지역사회실천의 종결과 함께 이루어진다. 따라서 이 단계에서는 평가도 중요하지만 지금까지의 과정을 결산하는 의미에서 잔치의 성격을 띤 특별 프로그램을 마련하는 것이 바람직하다.

(1) 목표

평가단계의 주요 목표로 다음 몇 가지를 들 수 있다.

첫째, 개입활동이 완료되었다. 지금까지의 지역사회실천 사례를 공식적으로 종료한다.

둘째, 지금까지의 활동을 반성한다. 전체 과정에 대한 평가를 통해 특별히 부족한 점을 발견하여 반성하는 것은 앞으로 유사한 프로그램을 위해서도 필요하지만 더욱 중요한 것은 지금까지 참여했던 관계인들에게 답례로도 중요한 목표이다.

셋째, 주민대표 모임의 사후 방향을 결정한다. 사회복지사는 지역사회 주민대표자들과 상의하여 앞으로 이 모임의 활용 방안을 결정해야 한다. 즉 종결과 함께 모임을 해체할 것인지, 아니면 다른 목적을 위해 계속 유지할 것인지 결정해야 한다. 이 결정은 지역사회의 실정과 대표주민의 여건 그리고 사회복지사(기관)의 방침을 토대로 이루어질 것이나, 대표주민의 개입 건과 관련하여 향후 지역사회의 감시자로 활동하게 하는 것도 바람직하다고 본다.

(2) 전략

이 단계에서 사회복지사는 평가와 지역사회잔치를 위해 관계했던 모든 참여자가 함께 할 수 있고 합당한 평가가 이루어지도록 전략을 세워야 한다.

첫째, 관계인의 참여를 유도한다. 지역사회실천에 참여했던 자들이 기울인 노력의 결과를 보게 하고, 아울러 이 과정을 평가하도록 하는 것은 평가단계에서 중요한 전략이기도 하다. 따라서 이때 가능하면 모든 관계인들이 참여할 수 있도록 해야 한다.

둘째, 합당한 평가를 실시한다. 합당한 평가를 위한 전략은 지역사회실천 전체 내용을 냉정하게 살펴보기 위한 것이다. 냉정한 평가를 위해 우선 지역사회실천에 참여했던 자들에 의한 평가가 될 수 있도록 해야 한다.

(3) 특성

이 단계의 특성으로 다음 몇 가지를 강조할 수 있다.

첫째, 모임의 사후 방향을 결정한다. 이 단계에서는 지역사회의 욕구 혹은 문제를 해결하기 위해 조직된 주민대표 모임의 운영방안을 결정하는 것이 특징이라 할 수 있다.

둘째, 전체 관계인을 참여시킨다. 지역사회실천에 관계했던 참여자와 앞으로 관계를 해야 할 관련 기관과 사람을 포함하여 전체 관계인이 참여하는 것이 특징이다.

참고문헌

강준열. 『지역사회복지와 사회복지관』, 동인, 1997.

김종옥·권중돈. 『집단사회사업방법론』, 홍익재, 1993.

남세진·조흥식. 『집단지도방법론』, 서울대학교 출판부, 1997.

최상호. 『지방시대 지역사회개발론』, 박영사, 1996.

최옥채. 『지역사회실천론』, 아시아미디어리서치, 2001.

최창현. 『조직사회학』, 학문사, 1996.

황성철. 「지역사회복지와 전문적 사회복지실천」, 한국사회복지학회 1997년 추계학
       술대회 자료집, 1997.

Bernard, Jessie. 『지역사회학』, 안태환 역, 박영사, 1984.

Fellin, Phillip. *The Community and the Social Worker*, Illinois: F.E. Peacock Pub.,
       1987.

Mattessich, Paul, Monsey, Barbara. *Community Building: What Makes It Work*,
       Minnesota: Amherst H. Wilder Foundation. 1997.

추천자료

강대기. 『현대사회에서 공동체는 가능한가』, 아카넷, 2001.

김종철 옮김. 『오래된 미래, 라다크로부터 배운다』, 녹색평론사, 1997.

김진홍. 『새벽을 깨우리로다』, 홍성사, 1996.

류재순. 『난지도사람들』, 글수레, 1985.

윤주홍. 『어느 달동네 의사의 작은 소망』, 문학관, 1998.

이천우 옮김. 『세계의 공동체마을들』, 정신세계사, 1993.

천희상 옮김. 『닥터 노먼 베쑨』, 실천문학사, 1992.

환경운동연합 편. 『녹색혁명가 페트라 켈리』, 나남, 1994.

황석영. 『어둠의 자식들』, 현암사, 1992.

1. 내가 살고 있는 지역사회(동네)의 특성을 생각하면서 지역사회지도를 그려본다.

2. 내가 살고 있는 지역사회는 무슨 욕구 혹은 문제를 가지고 있으며, 이들 욕구 혹은 문제의 심각성에 따라 가장 시급히 해결되어야 할 것은 무엇인가?

제 10장

제도 및 정책과 사회복지

제도 및 정책적 차원에서의 사회복지란 사회구성원이 직면하는 어려움의 해결 및 복지수준의 증진을 국가적 차원에서 마련된 제도 혹은 정책을 통해 이루려는 노력을 통칭한다. 그렇다면, 제도 및 정책 차원에서의 사회복지는 어떤 이유에서 필요한 것이며, 어떤 기능을 담당하는 것일까? 또한 사회복지를 이루기 위한 관련 제도로는 어떤 것들이 있으며, 이들 제도들의 특성은 무엇일까? 본 장에서는 이와 같은 의문들을 중심으로 제도 및 정책적 차원에서의 사회복지를 고찰하고자 한다.

1. 사회복지 제도 및 정책의 등장 배경과 의의

경제적 풍요속에서 평생을 안정되게 살아가는 것은 모든 인간들의 바람이라 할 수 있다. 그러나 현실에서 안정된 삶을 영위하는 것은 그리 쉬운 일이 아니다. 오히려, 사회구성원 대다수는 삶을 살아가는 일생 동안 다양한 형태의 삶의 위기들에 직면하게 된다. 물론, 사회구성원의 삶의 안정을 위협하는 위험은 시대에 따라 변화되어 왔다. 산업화 이전의 사회에서는 홍수, 가뭄 등의 자연 재해들이 사회구성원의 삶의 안정을 위협하였던 반면, 산업화 이후에는 산업재해, 퇴직, 실직, 사고 등 사회적 위험(social risk)들이 삶의 안정을 위협하는 요소가 되고 있다. 이러한 점에 비추어 본다면, 이와 같은 재난과 위협으로부터 안정된 삶을 평생 유지토록 할 수 있는 제도적 장치를 마련하는 것은 사회구성원 모두의 행복뿐 아니라 인류사회의 영속과 발전을 위해 필수적으로 요청되는 부분이 아닐 수 없다.

물론, 삶의 불안정 위험을 벗어나 안정된 삶을 영위하고자 하는 사회구성원의 갈망은 인류사회의 출현 이후 항상적으로 존재하였지만, 이에 상응하는 관련 제도적 장치, 곧 사회복지제도의 출현은 근대 산업사회의 발전 이후에야 이루어질 수 있었다.

그렇다면, 국가적 차원의 제도적 장치들이 등장하기 이전에는 어떤 방편들을 통해 사회구성원들은 삶의 안정을 유지하였던 것일까? 그리고 어떤 이유로 이들 방편들이 사회복지제도 및 정책으로 대체된 것일까? 제도적 차원에서 사회복지가 등장한 배경을 고찰해 보면 다음과 같다.

사회복지 제도들이 마련되기 이전 사회구성원들의 삶의 불안정에 대한 대응은 주로 개인 및 가족 차원에서 마련된 방편들이 주로 활용되었는데, 개인 및 가족차원에서의 저축 혹은 가족 및 친족 등의 원조행위들이 대표적이라 할 수 있다. 또한 직장의 공제조합 역시 삶의 재난들에 대한 대비책으로 주로 활용되는 방편이었으며, 민간 사회복지시설 및 기관의 원조 역시 사회구성원이 활용할 수 있었던 수단이 되어왔다(김태성 외, 1993: 65-77).

물론, 이와 같은 개인 및 가족, 친족, 지역사회 차원에서의 미시적 접근방법은 사회구성원이 직면하는 삶의 위기들을 극복함에 있어 유용한 방편일 수는 있었지만, 안정된 삶을 보장하기에는 그 기능이 매우 제약되어 있는 한계가 있다. 즉, 개인 및 가족 차원에서 마련된 저축이 다양한 삶의 위기들에 대응하는 대비책으로 유용하려면, 소득의 상당 부분이 저축에 적립되어야 하는데, 생계유지 조차 어려운 대다수 근로계층이 이와 같은 선택을 실행하는 것은 현실적으로 불가능한 것이었다. 설혹, 소득의 일부분이 저축된다 할지라도 적립된 저축액은 직면한 위험들을 온전하게 해소하기에는 불충분하여, 위험대비책으로서 저축은 극히 제한적일 수밖에 없었다(ILO, 1995: 2).

한편 공제조합은 개인들이 직면하는 위험을 공동으로 대응함으로써, 보다 효과적으로 삶의 불안정에 대응할 수 있는 장치라는 점에서 상대적으로 저축에 비해 장점을 지닌 방편이라 할 수 있다. 곧, 동일하게 위험에 직면할 수 있는 근로자들이 공동으로 기금을 마련하고, 기금으로 마련된 재원을 재난에 직면한 근로자에게 제공하여 이들이 안정된 삶을 영위토록 하는 공제조합의 원리는 개인 및 가족차원에서 대응하는 저축에 비해 위험 대비책으로 보다 효과적일 수 있는 장점을 지닌다. 그러나 이와 같은 공제조합 역시 위험분산의 범위가 특정 사업장 혹은 특정 직종 등에만 국한됨으로써, 위험대비 재원이 충분치 못하여 위험분산 효과가 미흡할 수밖에 없는 한계를 지닌다. 따라서 공제조합의 활용은 단기간에 극복될 수 있는 위험들에는 효과적이지만, 장기간 지원이 요청되는, 그리고 많은 재원이 투여되는 위험들(실직, 퇴직 등)에는 적절하게 활용되기 어려운 한계를 지닌다. 또한 공제조합은 특정 사업장 및 특정 직종에 어려운 경제적 상황이 초래될 경우, 곧 사양화된 직종 및 산업 등에는 공제조합 자체가 온전하게 존립·기능하기 어려운 한계 역시 지니고 있어, 위험 대비책으로서 안정성에 문제를 지닌다.

친족 및 지역공동체 차원에서의 원조 역시 삶의 위기 해소에 활용될 수 있는 유용한 방편일 수 있으나, 그 지원이 대체로 일시적이라는 점, 그리고 모든 사회구성원이 이와 같은 원조를 활용할 수 없는 점, 곧 특정 사회구성원만 활용가능한 방편일 수 있다는 점, 또한 원조자의 경제적 사정에 의존할 수밖에 없기에 지원수준이 미흡하고 안정적이지 못한 점 등에서 위기 대응책으로는 한계를 지닌다. 한편 지역사회내 사회복지 시설 및 기관의 원조 역시 해당 기관의 재정적 상황에 의존할 수밖에 없어, 대상범위, 지원수준, 지원기간 등이 제한적이기에 사회구성원 대다수의 삶의 불안정을 해소하는 방편으로서 근본적인 한계를 지닌 것이었다.

앞에서 살펴본 미시적 접근의 한계에 비추어 본다면, 국가적 차원에서 마련된 제도적 장치를 통해 사회구성원의 삶의 위기를 해소하고, 복지수준을 증진시키려는 접근은 다음과 같은 의의를 지닌다.

첫째, 제도 및 정책적 차원에서의 사회복지는 무엇보다도 대다수 사회구성원의 다양한 삶의 위기 해소에 주요한 기반이 될 수 있다는 점에서 중요한 의의를 지닌다. 즉, 미시적 주체들에 의거한 접근이 소수의 특정 사회구성원에게만 유용하거나 혹은 그 지원 자체가 선별된 대상자에게만 국한되는 반면, 제도적 장치에 입각한 사회복지는 국가적 차원에서 마련된 거대한 재원에 토대하여 실행되기에 대다수 사회구성원의 삶의 위기 해소에 적극 도움이 될 수 있는 점에서 주요한 장점을 지닌다.

둘째, 삶의 위기 해소에 대한 지원이 안정적이라는 점 역시 제도 및 정책적 차원에서의 사회복지가 지닌 특성이다. 즉, 미시적 주체들에 의거한 접근이 재원 마련의 범위가 제한적이어서 위기 해소에 투여되는 재원이 미흡하고, 원조자의 경제적 사정에 따라 지원 여부 및 지원 수준이 크게 영향 받을 수 있는 점에서 위기 해소책으로서 안정성을 결여하고 있는 반면, 제도 및 정책적 차원에서의 사회복지는 재원마련의 범위가 전 국민적 차원으로 광범위할 뿐 아니라 그 지원 자체가 법률에 의거하여 규정되기에, 안정성이 높은 위기 해소책이라는 점에서 상대적으로 장점을 지닌다.

셋째, 사회구성원의 삶의 위기에 대한 대응이 보다 근본적일 수 있는 점 역시 제도 및 정책적 차원의 사회복지가 지닌 장점이라 평가된다. 사회구성원이 직면하는 삶의 위기는 각종 재난이 원인이기보다는 근본적으로 재난에 대응할 수 있는 자원이 결여된 데서 비롯된 것이라 할 수 있다. 예를 들면, 퇴직이라는 사회적 위험은 경제적 자원이 미흡한 저소득층에게는 '위기이자 재난' 일 수 있지만, 경제적 자원이 풍부한 고소득층에게는 삶의 위기이기보다는 오히려 '여가 시간을 더욱 많이 부여하여 주는 기회' 일 수 있는 것이다. 이는 사회구성원의 삶의 위기는 근본적으로 경제적 자원의 불평등에 토대하고 있음을 시사하여 준다. 따라서 위기 해소를 위한 근본적인 대책이 되기 위해서는 경제적 자원의 불평등 개선에도 초점을 두어야만 한다. 이와 같은 점에 비추어 보면, 거시적 접근은 삶의 위기에 처한 사회구성원에게 필요 자원을 지원한다는 점에서 미시적 접근과 현상적으로는 동일한 것으로 보이지만, 불평등 구조의 개선이 고려되지 못한 미시적 접근에 비해 재원 마련뿐 아니라 지원에 있어서도 불평등 개선 장치(곧, 상위소득계층일수록 더 높은 부담과 저소득계층에의 더 많은 지원)들이 강력하게 마련되어, 위기 해소가 보다 근본적일 수 있는 점에서 성격상 큰 차이를 지닌 것으로 평가된다.

이상에서 살펴본 미시적 접근의 한계와 제도 및 정책적 차원의 사회복지적 접근의 장점에 대한 인식이 사회적으로 공유되면서, 사회복지의 역사적 전개과정에서 사회복지 제도 및 정책은 사회복지 실현의 주된 방법으로 등장하게 되었으며, 복지국가 발전 이후에는 사회복지의 중추로 부각되었다. 그렇지만, 최근에는 제도 및 정책에 입각한 사회복지적 접근이 온전하게 장점만을 지닌 것은 아니라 단점들 또한 내재하고 있는 것으로 지적되어 주목된다. 서구 복지국가들을 중심으로 80년대 이후 '복지국가 위기 상황'은 이와 같은 한계들을 단적으로 표명하여 주어 주목되고 있다.

제도 및 정책적 차원의 사회복지 접근이 지닌 한계로는 무엇보다도 사회구성원의 개별적 상황과 특성에 대한 고려가 이루어지지 못하여 효과성과 효율성이 미흡하다는 점이 지적된다(이선우, 1998: 46-81). 즉, 국가적 차원에서 마련된 제도적 장치들은 모든 사회구성원을 대상으로 하는 보편적인 지원책의 성격을 지닐 수밖에 없어, 개개인의 개별적 상황과 특성이 충분하게 감안되지 못하는 획일성의 문제를 내재하게 된다. 이와 아울러, 국가적 차원의 운영에는 관료제적 폐해가 부수됨으로써 사회구성원의 욕구 변화 등과 같은 새로운 상황 변화에 대한 신속한 대응이 결여되는 경직성의 문제 역시 제기된다. 이와 같은 문제들로 인해, 사회복지 제도 및 정책에 재정지출이 높아졌음에도 불구하고, 복지문제 해결이 기대만큼 이루어지지 못하는 비효율성과 비효과성의 문제가 출현하고 있다는 것이다. 또한 제도 및 정책적 차원의 사회복지는 개개인들에게 복지문제 해결에 대한 책임성을 결여케 하고, 오히려 의존성을 심화시킴으로써 도덕적 해이 양상을 산출하여 경제위기 및 사회발전의 위기를 초래하는 토대가 되고 있는 것으로 지적되기도 한다.

이와 같은 문제들에 대한 반향으로, 최근에는 제도 및 정책 중심의 거시적 접근에 입각한 사회복지 성장 전략에 대한 재고(再考)의 목소리가 "사회복지 민영화(privatization)"라는 논의를 통해 제기되고 있으며, 이와 더불어 거시적 접근과 미시적 접근을 균형적으로 활용하여야 된다는 "복지공급의 다원주의(pluralism)"에 대한 논의 역시 강력하게 제안되고 있다(김태성 외, 1993: 265-288). 그리고 영국과 미국 등 일부 서구 국가들에서는 이와 같은 전략을 채택하여 거시적 접근의 한계를 수정하려는 실험을 수행하고 있기도 하다.

물론, 제도 및 정책 등의 거시적 차원의 사회복지적 접근이 야기한 문제들에 대해서는 아직까지도 논란이 되고 있는 상황이다. 그렇지만, 비판적 논의들을 거시적 접근의 무용성을 표명하는 것으로 해석하는 것은 온당치 못한 것으로 보이며, 이의 장단점에 대한 균형적인 관점의 필요성을 제기한 것으로 해석되어야 할 것으로 보인다. 오히려, 이들 논의는 보다 효과적이고 효율적인 거시적 접근을 위해서는 이와 같은 문제의 개선노력이 요청되고 있음을, 또한 거시적 접근과 미시적 접근의 장단점을 균형 잡힌 시각에서 적극 활용해야 한다는데 논의의 함의가 있는 것으로 정리되어야 할 것이다. 왜냐하면 정책 및 제도에 토대한 사회복지의 거시적 접근은 여전히 대다수 사회구성원의 삶의 위기를 해소하는 가장 주된 방법이 되고 있을 뿐 아니라 사회복지 실현의 주요 토대가 되고 있기 때문이다.

2. 제도 및 정책적 차원의 사회복지: 유형과 특성

이상에서는 국가적 차원의 제도 및 정책에 의거한 사회복지 접근이 주목되어야 하는 이유와 의의들을 검토해 보았다. 이에 후속하여 여기에서는 사회복지 제도의 주요 유형과 특성에 대한 구체적인 고찰을 통해, 제도 및 정책적 차원의 사회복지 접근에 대해 상세한 이해를 도모하고자 한다. 사회구성원의 삶의 안정과 복지수준 제고를 도모하기 위해 국가에서 활용하는 제도적 유형은 매우 다양하여 이에 대한 구분 자체가 논란이 될 수 있지만, 여기에서는 제도원리를 중심으로 사회보험, 공공부조, 사회적 수당, 사회복지서비스 등으로 사회복지 제도 유형을 구분하여, 개별 제도의 원리와 특성을 검토하고자 한다.

1) 사회보험

(1) 사회보험의 원리와 특성

사회보험(Social Insurance)은 대부분의 국가에서 사회구성원의 삶의 안정과 최저생활 보장을 실현하기 위해 주로 활용하는 제도적 방안으로, 사회보험은 사회구성원의 대다수를 구성하는 근로계층을 대상으로 하는 복지제도이다.

사회보험은 제도원리상 보험원리를 사회복지적 취지에 입각하여 활용한 제도라는 점에 주된 특성이 있다. 곧, 사보험의 원리와 동일하게 사회보험 역시 '개인들이 직면하는 위험들을 근로계층 모두의 공동 대응을 통해 분산시킴'으로써, 위험 해소 및 이를 통한 생활안정을 도모하고자 한다. 즉, 사회보험에서는 가입된 피보험자들로부터 받는 보험료를 기금으로 적립하고, 해당 위험에 처한 피보험자들에게 보험금을 지급하여 보험가입자들의 생활안정을 도모하고 있다. 개인적 차원에서의 삶의 위험에 대한 대응이 매우 제한적임에 비추어 본다면, '모든 사람들이 동시에 위험에 직면하지는 않는다'는 점에 주목하여, '위험에 빠지지 않은 사람들의 재정적 기여를 위험에 빠진 사람들의 위기 극복에 유용하게 활용하는' 보험원리는 효과적이면서도 효율적인 위험 대응책이라 할 수 있다. 그러나 사회보험은 사회복지적 취지 아래 보험원리를 도입한 것이기에, 영리 목적에 입각한 사보험과는 질적인 차이를 지닌다(Rejda, 1994: 40; 이인재, 1999: 36). 이를 검토해보면 〈표 10-1〉과 같다.

먼저, 사회보험은 사보험과는 운영주체와 운영목적이 상이하다. 사회보험이 국민들의 생활보장이라는 취지와 목적하에 국가에서 독점적으로 운영하는 제도인 반면, 사보험은 영리추구의 목적 아래 기업들이 수행하는 시장거래 활동의 일환이라는 점에서 차이가 있다.

이와 같은 취지와 목적의 차이는 보험운영 전반의 내용상 차이로 귀결되는데, 먼저 재원부담의 경우 사회보험은 사회구성원의 생활보장의 책임이 해당 개인뿐 아니라 국가 및 기업에도 있음을 감안하여, 본인뿐 아니라 국가, 기업 세 주체 모두가 소요 재원을 분담토록 하는 반면, 사보험의 경우는 보험상품에 대한 구매라는 점에서 소요 재원의 부담은 전적으로 수익자가 부담토록 하고 있다.

<표 10-1> 사회보험과 사보험의 특성 비교

기준	사회보험	사보험
목적	국민들의 생활보장	영리추구
운영 주체	국가(독점적) 운영)	기업(경쟁적 운영)
적용	강제 적용(법률적 권리)	자유 계약(계약적 권리)
기여	소득비례적 기여	보상비례적 기여
급여	사회적 최저수준 보장	기여비례적 급여
재원부담	3차부담(국가, 기업, 근로자)	수익자 부담

다음으로, 보험료의 기여에 있어서도 사보험의 경우는 영리추구가 주된 목적이기에 가입자가 부담하는 보험료의 산정은 해당 위험의 발생확률과 약정(約定)한 보험금 수준에 의거하여 산정되는 반면, 사회보험의 경우는 소득수준에 비례하여 산정되도록 하고 있다. 이는 사회보험의 목적이 사회통합과 사회연대의 이념에 토대하여 모든 국민들이 안정된 삶을 영위할 수 있도록 함에 있기 때문이다. 따라서 사회보험에서는 위험 발생률 및 약정 보험금과는 무관하게 고소득층일수록 상대적으로 더욱 많은 보험료를 부담하는 반면, 소득수준이 낮은 계층일수록 적은 보험료를 부담하게 된다.

지급되는 보험금 산정 곧 급여 산정에 있어서도, 사보험의 경우는 거래행위이기에 보험금 수준은 철저히 보험료 액수에 상응하도록 하고 있는 반면(收支相等의 原則), 사회보험의 경우는 국민들의 안정된 생활수준의 유지를 목표로 하기에 최저생활이 보장될 수 있도록, 그리고 위험 이전의 생활수준에 상응할 수 있도록 급여수준이 산정되도록 하고 있다.

한편 제도 적용의 방식에서도, 사보험은 보험상품에 대한 거래행위이기에 본인의 경제적 선택에 따른 자유로운 계약에 의거하여 적용되는 반면, 사회보험은 국민들의 생활보장이라는 국가적 책임의 집행이기에 법률적 강제에 의거하여 이루어지고 있다. 즉, 사보험과는 달리 사회보험은 법률에서 명시된 적용 대상자에게 강제적인 적용이 이루어진다는 것이다. 사회보험의 강제적용 원칙은 역선택의 문제를 해소하기 위해 불가피하게 부수되는 부분이다.

이상에서 살펴본 사회보험의 특성에 비추어 보면, 사회보험은 사회구성원이 본인의 소득수준에 상응하는 적정 보험료를 부담하는 방식을 통해 추후에 발생될 수 있는 각종 생활 불안정의 위험에 대응할 수 있도록 고안된 제도적 장치임을 확인할 수 있다. 또한 사회보험은 삶의 위험에 빠진 사회구성원의 생활안정이 실현될 수 있도록 함에 주요 목적을 두고 있지만, 다른 한편으로는 계층간 소득재분배 원리에 입각한 기여 및 급여 산정을 통해 소득불평등을 해소화 하는데에도 주요 목표가 있음을, 그리고 이와 같은 점이 사회보험이 지닌 사회복지적 특성이라는 점을 시사하여 준다.

그러나 사회보험의 적용에는 정례적인 보험료 납부가 전제되기에 사회보험은 사회구성원 모두에게 온전히 적용될 수는 없는 제도적 장치라는 한계를 지닌다. 이는 곧 정례적인 소득이 있고, 이를 토대로 보험료를 충분히 부담할 수 있는 근로계층에게는 사회보험이 생활불안정 위험 해소의 유용한 제도적 장치일 수 있지만, 기본적인 사회적 생활수준조차 영위하지 못하는 빈곤층에게는 이의 적용과 활용이 어렵다는 점에서 한계를 지닌다는 것이다. 따라서 앞으로 발생될 수 있는 경제적 불안정은 고사하고라도 현 시점에서 최소한의 생활수준조차 확보하지 못한 빈곤

계층의 생활안정에는 새로운 제도적 장치가 강구되지 않으면 안 되는데, 이를 위한 제도적 장치가 공공부조제도이다. 공공부조제도의 특성에 대해서는 다음 절에서 상세하게 고찰하도록 한다.

(2) 사회보험의 체계

사회보험에서 다루는 사회구성원의 생활 불안정 위험은 주로 소득상실의 위험, 곧 퇴직, 실직, 산업재해, 질병에 따른 건강상실 등에 한정되고 있다. 이들 위험은 공히 산업사회에서 노동력에 의존하여 생계를 영위할 수밖에 없는 근로계층들이 직면하는 주요한 생활불안정의 위험 요소라는 점에 공통된 특성을 지닌다. 한편 대부분의 국가에서는 이들 위험에 대응하여 관련 사회보험제도들을 마련하고 있는데, 연금보험, 실업보험, 산업재해보상보험(일명 산재보험), 의료보험 등이 이에 해당되며, 이들 제도들은 근로계층의 생활안정에 가장 주요한 토대가 되고 있다. 각 사회보험의 특성을 개괄하면 다음과 같다.

① 연금보험

산업사회에서는 퇴직을 통해 노동력의 세대교체가 이루어진다. 퇴직제도는 고용 인력의 신진대사를 위해 마련된 제도적 장치로 기업에게는 생산성 제고 및 이윤 극대화에 기반이 되지만, 퇴직자에게는 고용중단에 따른 소득단절을 의미한다는 점에서 경제적 불안정을 야기하는 주요한 위험이 된다. 특히, 의료기술의 발전 등으로 기대수명은 더욱 길어지고 있는 반면 시장경쟁의 강화로 퇴직연령은 더욱 낮아지고 있는 추세임에 비추어 보면, 퇴직 이후 노후의 소득보장 문제는 근로계층이 직면한 주된 위험이 아닐 수 없다.

물론, 퇴직 이후 노후의 생활안정에는 개인적인 노후대비책(저축 및 사보험) 및 자녀들의 소득이전이 주된 방책으로 활용될 수도 있지만, 이와 같은 개인 및 가족 차원의 대응은 장기간의 노후 생활안정책으로는 극히 미흡한 한계를 지닌다. 더욱이, 가족구조가 핵가족화되고, 가족관계가 더욱 소원해진 산업사회의 특성상 자녀들의 부양에 의존하는 것은 더더욱 어려운 상황이 되고 있다.

연금제도는 퇴직 이후 노후에 겪는 사회구성원의 경제적 불안정을 해소하기 위해 마련된 제도적 장치이다. 물론, 연금제도가 반드시 사회보험 원리에만 입각하여 운영되는 것은 아니지만, 상당 수 국가들이 사회보험 형태로 연금제도를 운영하고 있는 실정이다. 이와 같은 연금보험에서는 사회구성원이 근로기간 동안 소득의 일정 부분을 보험료로 납부하고, 퇴직 이후 노령의 시점에 도달하였을 때부터 죽음에 이르기까지 연금이 지급되어, 노후에 닥칠 수 있는 경제적 불안정이 해소되고 최소한의 생활이 보장되도록 하고 있다.[51]

한편 연금보험은 일시금으로 지불되는 퇴직금과는 달리 노후기간 동안 정례적인 소득지원을 통해 안정된 생활수준의 유지를 도모하고 있기에, 보다 진전된 노후 소득보장 장치라 할 수 있다. 또한 노후 기간의 경과에 따른 경제상황의 변화, 곧 물가변동 및 사회적 평균 생활수준 변화 등이 연금액에 연계 반영되도록 함으로써, 적정 생활수준의 유지가 가능토록 한 점 역시 연금보험이 노후 소득보장장치로서 지닌 특성이라 할 수 있다.

사회보험 형태로 운영되는 연금보험의 재원부담, 보험료 산정, 연금액 산정 등은 사회보험 원리에 입각하여 이루어진다. 즉, 재원부담은 3자 부담(근로자, 기업주, 국가)의 형태로 이루어지며, 보험료 산정은 소득수준에 비례하도록 하고 있다. 연금액의 산정은 퇴직 이전의 생활수준이 유지될 수 있도록 한다는 취지 아래 소득수준에 일정 정도 비례하도록 하

---

51) 연금제도의 원리와 특성에 대한 상세한 설명에 대해서는 권문일(1999)를 참조하시오.

고 있다. 그렇지만, 저소득 계층에 대한 적극적인 지원이 이루어져야 한다는점, 곧 계층간 재분배를 통한 불평등 해소라는 사회복지적 취지에 입각하여, 소득계층이 낮을수록 소득수준 대비 연금액의 비율은 더욱 높게 산정되도록 하고 있다. 물론, 일부 국가들에서는 최저 소득지원액을 산정하여 모든 대상자들에게 동일 액수의 연금액을 지급함으로써 최저 생활수준 보장과 불평등 해소의 취지를 더욱 강력하게 관철 하기도 한다.

한편 연금보험은 퇴직 이후 노후의 소득보장을 주된 목표로 운영되지만, 연금보험에서의 지원이 노후 소득보장에만 국한되는 것은 아니다. 대부분의 국가에서 운영되고 있는 연금보험은 노후 소득보장과 관련된 노령연금뿐 아니라 장애연금, 유족연금 등을 통해 생애의 주기의 제반 위험들로부터 생활 안정을 도모하도록 하고 있다. 곧, 장애로 인한 노동 능력의 상실과 이로 인한 고용중단 역시 퇴직과 유사한 생활 불안정의 위험이라는 점에서, 연금보험에서는 장애연금을 급여유형의 일종으로 설정하고 있다. 장애연금의 경우는 노령연금과는 달리 대체로 장애수준, 즉 장애등급을 기준으로 연금액이 산정되는데, 이는 장애에 따른 근로활동 능력의 차이를 반영하여 적정 생활수준을 보장하겠다는 취지에서 비롯된 것이다.

한편 유족연금의 경우는 생계 부양자 상실로 인해 야기되는 여타 가족 구성원들의 경제적 불안정을 해소하기 위해 마련된 것으로, 연금 수급권의 승계를 통해 남아있는 피부양 가족원의 생활수준을 보장함에 주된 목적이 있다. 본인의 연금수급과는 달리 유족연금 수급에는 일반적으로 연금액수의 감액이 이루어지며, 연금수급 기간 역시 제한됨이 일반적이다.

고용구조가 급격하게 변화되고, 인구구조의 노령화가 급속하게 진행되는 최근의 사회적 상황에서, 연금보험은 퇴직 이후 노후의 안정된 생활 보장에의 주된 제도적 장치로 주목되고 있다. 그러나 더욱 길어져만

가는 퇴직 이후 노후 기간은 연금보험에 재정부담을 가중시키고 있어 재
정안정화의 문제가 연금보험의 가장 주요한 쟁점으로 대부분의 국가들
에서 부각되고 있는 상황이다.

② 의료보험

상병(sickness)은 모든 인간이 피할 수 없는 위험이며, 건강한 삶의 영
위는 인간의 궁극적 바람이 되고 있다. 이러한 측면에 비추어 보면, 상병
은 인류사회 전 역사를 통해 모든 인간이 회피하고 싶은 문제라 할 수 있
다. 그러나 상병은 산업사회에서 건강의 상실 외에도 경제적 불안정을
야기하는 위험이라는 점에서 주목되고 있다. 즉, 상병에 따른 근로활동
의 중단은 소득상실을 초래하며, 이의 치료에는 의료서비스의 구매에 따
른 경제적 손실이 야기된다는 점에서, 상병은 경제적 불안정을 야기하는
위험이라는 특성을 지니기도 한다. 또한 상병에 따른 근로계층의 노동능
력 약화는 사회전반의 경제적 손실이라는 측면에서 사회적으로도 주목
되는 문제가 되기도 한다.

의료보장제도는 이와 같은 상병의 부정적 영향에 주목하여, 건강 회복
에 필요한 의료서비스 구매에 경제적 부담을 완화시켜 줌으로써, 사회구
성원의 건강 실현과 더불어 상병에 따른 경제적 불안정 해소를 도모하고
자 하는 취지에서 마련된 제도적 장치이다. 특히, 의료보험은 이 같은 의
료보장제도의 취지를 사회보험 원리를 통해 실현하고자 하는 제도적 방
안으로, 적용 대상자들은 근로기간 동안 소득의 일부분을 보험료로 기여
하고, 상병 발생시 의료서비스 이용에 드는 비용의 일부분을 보험기금으
로부터 지원받음으로써, 건강회복에 필요한 의료서비스를 경제적 부담
없이 이용할 수 있도록 하고 있다.[52] 물론, 의료보험은 사회보장의 취지

---

[52] 의료보장제도의 제반 유형들과 특성에 대한 상세한 설명은 김진구(1999a)를 참조하
시오.

에 입각한 제도이기에, 보험료의 부담은 소득수준에 비례토록 하여, 고소득층일수록 상대적으로 높은 보험료를 부담토록 하고 있다. 반면, 의료 서비스 이용은 보험료 부담과는 무관하도록 함으로써, 의료 서비스 구매 및 이용에서 계층간 불평등을 완화토록 하고 있다.

한편 의료보험에서 의료 서비스 구매 비용의 지원은 모든 상병에 적용되는 것은 아니며, 사회구성원의 기본적인 건강수준 유지와 관련된 필수적인 의료 서비스 항목에만 국한된다. 또한 의료 서비스 구매에 드는 비용 부담이 전액 지원되지 않음이 일반적이다. 곧, 보험료의 부담에도 불구하고, 의료 서비스 이용시 비용의 일정 부분을 본인이 부담토록 하고 있다는 것이다. 이는 의료 서비스 남용의 억제를 통한 의료 자원의 효율적 활용과 더불어 가입자들간 형평성 제고라는 취지에 입각하여, 대부분의 국가에서는 일정 정도의 비용을 본인 부담금으로 이용자가 부담토록 한 것이다. 그러나 비급여 항목 및 본인 부담금은 의료 서비스 이용에서의 계층간 불평등을 오히려 심화시키는 토대가 될 수 있다는 점에서, 비급여 항목의 범위와 본인 부담금 수준은 의료보험에서 주요한 쟁점이 되고 있다.

의료수가 역시 의료보험에서 논란이 되는 부분이다. 여타 상품과는 달리 의료 서비스는 상품가격이 객관적으로 산출되기 어려운 특성을 지닌다. 의료수가 산정 방식은 여러 가지 유형으로 구분되나, 대표적인 형태가 행위별 수가제와 포괄 수가제이다. 행위별 수가제는 의료기관으로부터 진료 행위에 대해 가격을 산정하는 방식으로, 이와 같은 행위별 수가 체계는 병원으로부터 과잉진료를 초래하여 의료 서비스 질적 저하를 야기할 수 있다는 점에서 문제가 된다. 반면, 개별 상병에 대해 가격을 산정하는 포괄 수가제는 과잉진료의 문제를 해소하고 서비스 질을 제고시킨다는 점에서 긍정적이나, 오히려 과소진료 및 가격산정에의 객관성을 확보하기 어려운 점이 관련된 문제로 지적된다.

이상과 같은 의료보험의 쟁점들은 의료서비스 이용에 계층간 불평등 및 의료비용 부담의 계층간 불평등과 관련된 부분이라는 점에서 특히 주목될 필요가 있다. 곧, 비급여 항목 및 본인부담금, 의료수가체계 등은 저소득계층의 의료 서비스 이용을 제한하거나 혹은 의료비용의 부담을 더욱 높일 수 있는 점에서 문제가 되며, 이는 또한 '고소득층의 더욱 큰 기여를 통해 저소득층에게도 건강유지에 필요한 의료서비스를 이용할 수 있도록 하자'는 의료보장의 본질적 취지에도 상충된다는 점에서 주목되는 문제이다. 그러나 이들은 사회적으로 과다한 의료비 지출의 발생을 예방하고, 제한된 의료자원의 효율적 활용에 긍정적일 수 있는 점에서 다른 한편으로 이의 불가피성을 인정하지 않을 수 없기에, 여전히 논란이 되는 문제로 남아있는 실정이다.

한편 의료보험은 의료서비스 이용에 소요되는 비용의 지원에만 국한되어, 상병기간 동안 근로중단에 따른 경제적 불안정 문제를 간과하는 문제를 지니기도 한다. 이와 같은 문제에 주목하여, 상당 수 국가에서는 상병기간 동안 소득상실을 대체해 주는 장치로 상병수당제도를 의료보장제도의 일환으로 마련·운영하기도 한다. 또한 영국 등 일부 국가들에서는 의료보험제도가 의료서비스 이용 및 의료비 부담에서 계층간 불평등을 완화시키는 효과가 미흡하다는 점에 주목하여, 사회적 수당 원리에 입각하여 의료보장제도(NHS; 국민보건서비스제도)를 운영하고 있기도 한다. 한편 사회보험원리에 입각한 의료보험제도에서는 저소득층 및 빈곤층의 적용이 방치되는 한계를 지니는데, 대부분의 국가들에서는 공공부조 원리에 입각한 의료보호제도를 활용하여 이와 같은 한계들을 보완하고 있다.

③ 실업보험

산업사회에서 사회구성원이 직면하는 경제적 불안정의 위험 중의 하나가 실업이다. 실업(unemployment)이란 "노동능력과 노동의사가 있음에도 불구하고 일자리를 잡지 못하고 있는 상태"를 의미하는 것으로, 고용에 의거하여 생계를 영위하여야 하는 대다수 사회구성원에게는 소득상실을 야기한다는 점에서 주요한 삶의 위험이 되고 있다. 또한 실업은 사회적으로도 인적자본의 유휴화를 초래하고 빈곤과 불평등을 증대시킬 뿐 아니라, 이로 인한 사회적 및 정치적 불안정을 심화시킨다는 점에서 극히 부정적인 사회문제가 되고 있다.

실업보험은 실직자에 대한 경제적 지원을 통해 실직기간 동안에도 실직자 및 이들 가구원들이 안정된 생계를 영위할 수 있도록 하자는 취지에서, 그리고 이와 같은 지원을 기반으로 실직자들이 구직활동에 총력을 기울임으로써 조속한 실직탈출을 이룰 수 있도록 하자는 목적에서, 사회보험 원리를 토대로 마련된 제도적 장치이다. 물론, 실업문제의 해결이 실업 발생의 해소에 있음에 비추어 보면, 실업의 부정적 충격 해소에만 주목하는 실업보험은 소극적인 실업대책의 성격을 지니지만, 주기적인 경기순환 및 기술발전에 따른 생산공정의 혁신으로 산업사회에서 실업발생이 필연적일 수 밖에 없음에 비추어 보면, 실업보험은 실업으로 인한 사회구성원의 경제적 불안정 해소에 적극 기여할 수 있는 제도적 장치로서 주요한 의의를 지닌다.[53]

실업보험의 재원은 법률에 의거하여 적용이 강제된 사업장의 근로자와 기업주가 분담하며, 개별 근로자의 보험료는 소득수준에 비례하여 산정된다. 그리고 근로자는 부득이 실직되었을 경우, 실업보험으로부터 실업급여를 수급하여 실직기간 동안 생활안정을 도모하게 된다.

그러나 실업보험에서 실직자에 대한 경제적 지원은 여러 가지 측면에서 제한되어 있음은 주목되어야 한다. 먼저, 실업보험에서는 모든 실직

---

[53] 실업보상제도의 주요 유형과 특성에 대한 상세한 설명은 이상록(1999)을 참조하시오.

자들을 지원하지는 않는다. 곧, 실업보험은 사회보험 원리에 기반하고 있기에, 실직 이전 근로경력 및 소정 기간의 보험료 기여가 실업급여 수급에 전제된다. 따라서 실업보험에서는 실직 근로자와 같은 전직 실직자가 주된 적용대상일 뿐, 학생 및 주부 등과 같은 신규 실직자는 적용의 사각지대에 방치되는 문제를 지닌다. 또한 실업보험에서는 도덕적 해이의 방지를 위해 본인의 의사와는 무관하게 불가피하게 실직한 비자발적 실직자만을 적용대상으로 할 뿐이어서, 자발적 실직의 경우에는 실업급여가 지급되지 않는다. 이 역시도 실업보험의 적용이 모든 실직의 경우에 해당되지 않음을 시사하여 준다.

적용대상의 제한과 더불어 지원도 제한적인데, 실업보험의 급여 지급은 실직기간 모두에 걸쳐 이루어지지 않는다. 곧, 실업보험에는 실업급여의 최대 지급기간이 설정되어 있으며, 개별 실직자의 급여기간은 근로경력, 보험료 기여기간, 연령 등을 감안하여 이 범위내에서 결정되도록 하고 있다. 이와 같은 급여기간의 설정 방식은 실업보험이 실직기간 동안 경제적 불안정 해소에 제한적임을 의미하는 것으로, 실업급여 소진자의 문제에 대응할 수 있는 새로운 제도적 장치 마련의 필요성을 제기해 준다. 한편 실업급여의 수준 역시 제한되어 있는데, 실업급여 수준은 실직 이전 소득의 일정 비율로 결정되도록 하여, 저임금 근로자들의 경우는 지원수준이 미흡한 한계를 지닌다.

이상과 같은 실업보험의 제한성은 실업에 따른 경제적 불안정의 문제가 실업보험만으로 온전히 해소되기 어렵다는 점을 시사하는 것으로, 보완적인 제도적 장치의 필요성을 제기한다. 특히, 빈곤층 및 저소득층의 경우는 애초부터 실업보험의 적용이 어렵기에, 이들 계층에 대한 실직기간 동안의 경제적 불안정 해소를 위해서는 공공부조 원리에 입각한 실업보상제도의 운영이 요청된다.

한편, 실업보험은 실업의 경제적 충격의 해소에만 주목하기에, 실업 자체의 해소에는 직접적으로 관련되지 못한 한계를 지닌다는 점에서 문제가 지적 되기도 한다. 오히려, 실업보험에서의 경제적 지원은 실업급여를 수급하는 실직자들의 재취업 의욕을 감소시키고, 이로 인해 실직기간을 장기화하여 실업률을 높이는 역효과를 야기할 수 있다는 점에서 논란이 된다. 물론, 실업보험의 역효과에 대해서는 아직까지도 명료하게 결론이 도출된 것은 아니지만, 이와 같은 지적은 실업대책으로서 실업보험이 지닌 위상과 한계를 보여주는 것으로, 실업보험제도와 적극적 노동시장정책, 곧 재취업 관련 프로그램(직업훈련, 직업알선, 공공부문 일자리 창출)을 위한 연계 방안의 모색이 요청됨을 시사한다.

④ 산재보험

근로활동 중 발생하는 재해 및 직업병을 통칭하는 산업재해는 산업화에 따른 필연적 부산물로, 사회구성원의 삶의 불안정을 야기하는 주요한 사회적 위험 요소의 하나가 되고 있다. 즉, 산업재해는 건강상실, 장애, 사망 등을 통해 근로계층의 육체적 생존을 직접적으로 위협한다는 점, 산업재해에 따른 근로활동 중단은 해당 가구의 생계 불안정을 야기한다는 점에서 극히 부정적이다. 또한 산업재해의 발생은 사회 전체적으로도 노동력의 손실과 더불어 근로자의 생산의욕 저하, 그리고 기업경영에도 막대한 재정적 손실을 초래한다는 점에서 커다란 사회적 손실이 되고 있다. 이와 같은 점에 비추어 본다면, 산업재해 문제 해결의 필요성이 제기되는데, 산업재해 문제의 근본적 해결은 물론 애초부터 이와 같은 재해가 발생되지 않도록 하는 방법, 곧 산업재해의 예방이 가장 최선책일 수 있다. 그러나 산업사회의 노동과정에서 산업재해 발생의 불가피성을 감안하면, 산업재해로 인해 야기되는 피해를 최소화 하는데에 관련된 정책적 방안을 모색하는 것 역시 산업재해 문제 해결을 위한 방법일 수 있을 것으로 보인다.

산업재해보상보험, 일명 산재보험은 산업재해 발생으로 인한 사회구성원의 삶의 위기를 해소하기 위해 마련된 제도적 장치로, 산업화 과정을 경험한 대부분의 국가들이 사회보험 중에서도 가장 먼저 도입한 사회보험제도이다.[54] 사회보험 원리에 근거하기에, 산재보험은 보험료를 기금으로 적립하여, 산재 발생시 해당 근로자에게 적정한 지원을 해주는 방식으로 운영된다. 그러나 산재보험이 여타 사회보험과 가장 큰 차이가 있다면, 대체로 산재보험에서는 노동자들의 보험료 부담이 없이 기업주의 보험료 부담과 국가의 재정적 지원으로 운영된다는 점이다. 이는 산업재해가 열악한 작업환경 등 기업주의 부실한 근로자에 대한 감독 관리의 책임에서 기인된 것으로 인정되기 때문이다.

한편 산업재해의 발생으로 인한 피해를 보상받기 위해서는 일차적으로 발생된 재해의 산업재해 여부에 대한 판정이 요청된다. 산업재해를 판정하는 기준은 국가별로 상이하긴 하지만 대체로 산업재해로 인정되기 위해서는 '업무수행 중 발생되거나' 혹은 '업무에서 기인된 것' 임을 입증하여야만 한다. 그리고 고의에 의한 경우는 산업재해로 인정되지 않는다.

산업재해에 대한 보상은 크게 네 가지 유형의 급여를 통해 이루어진다. 먼저, 요양급여는 산업재해로 인해 야기된 상병의 치유에 소요되는 의료비용을 지원하는 것이다. 휴업급여는 산업재해에 따른 근로중단에서 비롯된 소득상실을 보상하기 위한 것으로, 급여수준은 국가들마다 차이가 있지만, 안정적인 생활수준 유지를 위해 산재 발생 이전 임금수준의 일정률로 일반적으로 산정되며, 급여기간은 최대기간을 두어 제한함이 일반적이다. 한편 장애급여는 산업재해로 인한 장애 곧 근로능력 훼손에 의해 발생되는 경제적 손실을 보상하기 위해 마련된 급여로, 대부분의

---

54) 산재보험제도의 원리와 특성, 국가별 유형에 대한 자세한 설명은 김진구(1999b)를 참조하시오.

국가에서는 보통 장애등급을 기준으로 급여수준을 결정하고 있다. 유족급여는 산업재해로 인해 근로자가 사망하였을 경우 해당 유족들의 경제적 생활안정을 도모하기 위해 마련된 급여이다. 이외에도 산재보험에서는 산업재해를 입은 근로자의 의료적, 사회적 재활을 도모하기 위해 각종 재활서비스를 제공한다.

한편 산재보험에서의 재원부담은 사업장마다 산재발생률이 상이하다는 점에 주목하여, 산재발생 실적을 기준으로 보험요율을 차등적으로 부과함이 일반적이다. 이는 사업장간 형평성을 고려하고, 사업장의 산업재해 예방 노력을 높이려는 취지하에, 업종 및 사업장에서의 산재발생 실적을 개별 사업장 보험료율 책정에 반영하고 있는 것이다.

2) 공공부조

사회보험이 근로계층의 안정된 생활수준을 보장하기 위해 마련된 제도적 장치라면, 공공부조(Public Assistance 혹은 Social Assistance)제도는 현 시점에서 최소한의 생활수준조차 영위하지 못하는 빈곤계층의 생활안정을 도모하기 위해 마련된 제도적 장치이다. 공공부조제도는 사회보험과는 제도원리가 상이하여 운영에 있어 큰 차이가 있는데, 이를 사회보험과 비교하면 다음과 같다(ILO, 1995: 4-5).

첫째, 재원마련에 있어, 사회보험의 경우는 관련 주체들의 기여(보험료)에 의거하여 적립된 기금을 재원으로 하는 반면, 공공부조제도는 조세로 거두어진 정부의 일반 세원을 재원으로 한다는 점에서 차이가 있다.

둘째, 제도적용에 있어, 사회보험에의 제도 적용에는 보험료 기여가 전제되나, 공공부조의 경우에는 재정적 기여를 요구치 않으며, 법률적으로 규정된 범주에 해당되는 자는 누구든 적용될 수 있음에 주된 차이가 있다.

셋째, 급여지급 결정에 있어, 사회보험의 경우에는 보험료 기여를 조건으로 급여수급의 권리가 부여되나, 공공부조의 경우는 자산 및 소득조사(Means Test 혹은 Income Test) 등의 자격심사를 통해 급여 수급이 결정된다.

넷째, 급여수준 산정에 있어서도, 사회보험의 경우는 급여수준이 이전 소득수준을 기준으로 산정되는 반면, 공공부조의 경우는 대상자들의 가족의 경제적 상황과 욕구 등을 감안하여 사회적 최저생활보장 수준이 실현될 수 있도록 산정된다는 점에서 차이가 있다.

다섯째, 제도운영의 행정에서 사회보험의 경우 법률적 규정에 입각한 단순 행정사무 처리에 불과하나, 공공부조의 경우는 자산조사 및 욕구조사 등에 전문인력들의 전문적인 판단과 재량이 부여된다는 점에서 상이하다.

이상의 특성들에 비추어 보면, 공공부조는 최소한의 생활수준조차 영위치 못하는 사회구성원을 대상으로, 자산조사와 소득조사를 통해 대상자를 선별하여, 정부 일반재정을 통해 사회적 최저수준의 생활이 가능하도록 국가에서 지원해 주는 제도적 장치라 할 수 있다.

공공부조제도는 빈곤 상황에 처한 사회구성원의 최소한의 생계를 조세로 사회구성원이 부담한 재원을 통해 지원하는 것이기에 사회복지의 취지에 가장 충실한 제도적 장치이지만, 아무런 기여 없이 이루어지는 지원이라는 점에서, 또한 중상위 소득계층에게는 아무런 혜택이 없이 재정적 부담만을 요구하는 제도라는 점에서, 사회적 비난과 논란이 집중되는 제도적 장치이다.[55] 예를 들면, 재정적 기여와 책임에 상응하지 않고 지원이 이루어지기에, 공공부조제도는 빈민들의 근로의욕을 감소시키고

---

[55] 역효과에 대한 논란에 대한 자세한 설명은 김태성 외(1993)의 제8장을 참조하시오.

의존심을 조장한다고 비난되기도 한다. 또한 공공부조제도가 빈민들에 대한 지원을 통해 빈곤을 감소시키기보다는 오히려 빈곤의 확대재생산을 조장하는 기반이 되고 있다고 비난되기도 한다. 반면, 다른 한편으로 공공부조제도는 자산조사 등을 통해 대상자에게 부정적 낙인을 부여하고 인권을 침해하는 등, 이들 계층의 복지증진과는 상반된다는 점에서 사회복지적 장치로서의 한계가 지적되기도 한다.

이와 같은 비판에도 불구하고, 공공부조제도는 사회보험을 통해 포괄할 수 없는 빈민 및 저소득층의 최소한의 생활수준을 보장하는 제도적 장치라는 점에서 주요한 의의를 지니며, 이러한 의의에 주목하여 대다수 국가에서는 여전히 공공부조가 사회복지제도의 중요한 축이 되고 있는 실정이다. 그렇지만, 이상에서 지적된 한계들을 보완하기 위해, 일부 선진국에서는 최근 공공부조의 지원 형태를 노동연계적 지원(workfare)으로 변화시키고 있다. 곧, 빈민들에 대한 적극적인 지원이 빈곤상태의 탈출(exit)에 있음에 주목하여, 그리고 그간의 공공부조제도가 경제적 지원에만 국한됨으로써 오히려 빈곤 지속을 조장하는 역효과를 야기하였음을 감안하여, 최근에는 빈곤탈출을 위한 자활노력을 조건으로 지원이 이루어지는 형태로 그 내용이 변화되고 있다. 또한 급여기간에 제한을 둠으로써, 수급자의 자활노력을 극대화하려는 시도 역시 일부 국가에서 도입되고 있다.

물론, 이와 같은 공공부조의 변화 추세에 대해서는 긍정적인 평가뿐 아니라 부정적 평가 역시 제기되어 논란이 되고 있지만, 제도 운영의 효율성 및 효과성의 제고는 공공부조제도가 직면하고 있는 과제라는 점에서 주목할 필요가 있는 부분이라 평가된다.

3) 사회적 수당 (Demogrant)

사회적 수당은 특정 인구학적 범주(예를 들면 노령자, 아동보유 가구, 장애인 등)에 해당되면, 누구나 경제적 지원을 받을 수 있도록 하는 제도적 장치이다(ILO, 1995: 5; 이두호 외, 1992: 148). 이와 같은 사회적 수당 제도는 사회보험 및 공공부조와는 다음과 같은 점에서 제도적 특성을 달리한다.

먼저, 사회적 수당의 재원은 국가 일반재정에서 충당되도록 하고 있어 공공부조와 유사한 반면, 근로자와 기업주의 보험료를 통해 재원을 마련하는 사회보험과는 상이하다. 그러나 공공부조와는 달리 적용 대상이 빈곤층에만 한정되지 않는다는 점, 곧 모든 사회구성원이 경제적 수준과는 무관하게 규정된 범주에 해당되면 경제적 지원을 받을 수 있는 점에서 차이를 지닌다. 따라서 사회적 수당에서는 공공부조에서의 급여 대상자 결정을 위한 자산조사가 수반되지 않는다.

또한 사회적 수당은 보험료 기여에 상응하여 급여에 대한 권리가 부여되는 사회보험과는 달리, 재정적 기여와는 무관하게 모든 사회구성원에게 급여에 대한 권리가 부여된다. 그리고 급여수준 역시 본인의 소득수준과 연계되어 결정되지 않고, 사회적 최저선으로 상정되는 수준을 동액으로 지원한다는 점에서 사회보험과는 다른 특성을 지닌다.

사회적 수당은 곧 모든 사회구성원이 본인의 부담능력에 맞게 재원을 부담하고, 특정의 생활상 어려움에 처할 경우 모든 사회구성원이 제도적 지원을 받을 수 있는 제도로서, 재원 부담 및 제도 적용의 보편성과 동액의 급여수준 등의 제도원리의 특성으로 인해 보편주의 프로그램(universal program)으로 불리기도 한다.

한편 사회적 수당에 해당되는 프로그램들로는 가족수당, 보편적 연금 등이 있다. 부양아동의 증대는 계층적 지위와 무관하게 모든 가구의 생활수준의 저하를 초래한다는 점에서, 부양아동의 양육비를 지원함으로써 생활안정을 도모하자는 차원에서 마련된 가족수당(family allowance)은 이와 같은 사회적 수당의 대표적 유형이다. 또한 노령은 계층적 지위와는 무관하게 모든 사회구성원에게 노령에 따른 소비욕구의 증대와 더불어 생활수준 저하를 초래한다는 점에서, 일정액의 경제적 지원을 통해 사회구성원 모두가 최저 생활을 노후에 영위토록 하자는 차원에서 마련된 보편적 연금(universal pension) 역시 사회적 수당의 대표적 형태라 할 수 있다. 또한 정부 재정을 통해 재원을 마련하고, 자산조사나 기여에 의존치 않고 모든 사회구성원이 의료 서비스를 제공받도록 하는 국민보건 서비스(National Health Service) 역시 사회적 수당 제도 원리에 입각한 의료보장제도이다.

사회복지제도 중 사회적 수당 제도는 모든 사회구성원이 특정한 경제적 불안정의 위험에 처할 경우 조건없이 국가로부터 경제적 지원을 받아 생활안정을 도모할 수 있다는 점에서, 가장 선진적인 복지제도라 평가된다. 특히, 모든 사회구성원이 인간답게 생활할 수 있도록 최소한의 소득을 보장받을 수 있는 권리를 국가가 부여하고 있는 점에서, 사회보장의 취지를 가장 적극적으로 실현한 제도적 형태라 평가된다.

그러나 모든 국민을 대상으로 보편적인 지원을 하는 제도이기에 사회적 수당 프로그램의 운영에는 엄청난 규모의 재원이 요청되고, 그리고 이를 높은 조세부담을 통해 모든 국민이 감당해야 하는 문제가 제기된다(이두호 외, 1992: 158). 따라서 이상적인 사회복지제도이긴 하지만 이와 같은 현실적인 제약으로 사회적 수당은 일부 선진복지국가에서나 적극 활용되고 있을 뿐, 대부분의 국가에서는 사회적 수당 제도의 도입은 특정 영역에만 한정되어 있을 뿐이다. 또한 사회적 수당은 경제적 지원이 절실하지 않는 계층에게도 자원이 공급되어, 불필요하게 사회적 자원의 낭비를 초래하는 점에서도 효율성과 효과성의 문제가 제기된다. 이와 더불어, 사회적 수당은 모든 사회구성원을 대상으로 하는 보편적인 지원이기에, 막대한 재원이 마련되지 않는 한 급여수준이 여타 제도에 비해 미흡할 수밖에 없고, 따라서 이 제도만으로는 최저생활을 보장하기 어려운 점 역시 제도원리상 한계도 지적된다.

4) 사회복지 서비스

사회구성원의 복지수준의 제고에는 현금 혹은 현물 등의 경제적 지원뿐 아니라 관련 서비스의 지원이 요청되기도 한다. 특히, 노인, 장애인, 아동, 여성 등과 사회적 취약집단들이 일반인과 동일하게 사회적 기능을 정상적으로 수행하면서 인간적 삶을 살아가기 위해서는 필히 관련 서비스들의 지원이 요청된다. 일례로, 장애인이 일반 사회구성원과 동일하게 사회구성원의 일원으로 삶을 영위하기 위해서는, 여러 가지 부수된 서비스들의 지원, 예를 들면 장애인의 특성을 감안한 교육 및 직업훈련, 그리고 취업알선 등이 요청되는 것이다.

사회복지 서비스(Social Service 혹은 Personal Service)는 경제적 불안정 해소에만 주목하는 앞서의 복지제도들과는 달리, 이와 같은 사회적 취약집단들의 최소한의 인간적 생활 영위에 요청되는, 더 나아가서는 정상인들과 동일하게 사회적 기능을 담당하며 적극적으로 생활할 수 있도록 함에 요청되는, 관련 서비스들을 제공하는 제도적 장치이다.

사회복지 서비스 제도에서의 서비스 지원은 단순히 법률적 장치 혹은 제도적 장치의 마련만으로 이루어질 수 없기에, 관련 사회복지 시설 및 기관들이 전달체계로 구성된다. 그리고 이와 같은 전달체계에서는 전문인력의 활동을 통해 개별화된 서비스 지원이 이루어진다는 점에서 여타 제도와는 다른 특성을 지닌다. 곧, 대상자의 개별적인 상태와 욕구를 판단하여 이에 적합한 서비스들을 지원하여야 하기에, 사회복지 서비스 제도에서는 사회복지 전문인력의 개입이 필수적으로 요청된다.

한편 취약집단들이 다양할 뿐 아니라 요구되는 서비스들 역시 매우 다양하기에, 사회복지 서비스를 구성하는 관련 제도들은 매우 광범위할 뿐 아니라 복잡할 정도로 다양하다. 아동 및 청소년의 건전한 발달과 성숙을 도모함에 필요한 각종 서비스들을 제공하는 아동복지 서비스 및 청소년복지 서비스. 노령기를 맞이한 노인이 겪는 애로들을 해소하여 줌으로써 인간적인 삶이 영위될 수 있도록 각종 서비스를 제공하는 노인복지 서비스. 성별의 차이 혹은 장애로 인해 가정 및 사회내에서 발생되는 각종 애로들의 해소와 사회구성원의 일원으로 사회적 기능을 담당할 수 있도록 함에 필요한 관련 서비스를 제공하는 여성복지 서비스와 장애인복지 서비스. 사회복지 서비스들은 이와 같이 취약집단의 최소한의 인간적 삶을 보장하기 위해 마련된 제도적 장치로, 대부분의 국가에서 법률적 규정을 두고 국가적 재원을 토대로 민간 및 공공시설과 기관들을 통해 적절한 서비스 지원이 이루어질 수 있도록 하고 있다.

역사적으로 사회복지 서비스는 초기에는 민간 자선기관이 중심이 되어 서비스 지원이 이루어져 왔는데, 사회구성원의 생활보장 책임이 국가적 의무로 인정된 이후에는 정부 재원을 토대로 공공 및 민간기관을 통해 서비스 지원이 이루어지고 있다. 그러나 최근에는 국가에 의한 관리 운영의 폐해, 곧 정부실패(government failure)의 문제가 제기되면서, 서비스의 질 개선과 효율성 제고를 위해 서비스 공급이 민간을 주축으로 이루어지도록 민영화되고 있는 추세이다(이선우, 1999; 김태성 외, 1993).

물론, 이와 같은 민영화의 추세가 사회구성원의 최저생활보장에의 국가적 책임의 약화로 귀결되거나 혹은 시장기제의 도입을 방임하여 계층간 불평등을 심화시킬 수 있다는 점에서 이에 대한 논란이 제기되고 있지만, 대상자의 개별 상황에 적합한 보다 높은 질의 서비스를 제한된 재원하에서 효율적으로 생산·공급하는 문제는 사회복지 서비스 제도가 직면하고 있는 주요한 과제임을 시사해 준다.

5) 기타 방법들

사회구성원의 최저 생활을 보장하기 위한 제도적 장치로는 이상에서 살펴본 제도 유형들 이외에도 다양한 방법들이 활용될 수 있다. 준비금 제도(Provident Funds) 및 고용주 책임 제도(Provision made by Employers) 등도 관련된 제도적 장치로, 앞서의 제도 유형들과는 달리 "국가는 법률을 통해 감독 및 규제의 역할만을 담당하고, 기업들이 근로자의 생활안정 지원에의 주된 책임을 맡도록 하고 있는 점"에서 제도 원리상 주된 차이를 지닌다(ILO, 1995: 6). 따라서 이와 같은 특성에 주목하여 이들 제도들은 "규제적 지원제도"로 통칭되기도 한다.

준비금 제도는 국가적 차원에서 마련된 일종의 강제저축이라 할 수 있는데, 고용계층의 생활불안정 위험에 대응하기 위해 국가는 법률적 규정을 통해 피고용자와 고용주가 정기적으로 기금에 기여토록 하고, 기여금은 개별 피고용자별로 특별 계정으로 관리되도록 하는 것이다. 그리고 법률에서 규정된 특정 위험의 발생시 본인 계정에 적립된 준비금을 활용하여 생활안정을 도모하도록 하는 것이다. 퇴직금 제도가 이러한 유형에 속한 대표적인 제도라 할 수 있다(ILO, 1995: 6).

준비금 제도는 행정적 편이성이 높기에 제도 도입이 용이한 장점을 지니나, 생활보장의 취지에서는 많은 한계를 지닌다. 첫째, 일시금 형태로 지급되기에 장기간 지원이 요청되는 위험들에는 생활안정을 도모하기 어려운 한계를 지닌다. 둘째, 본인 계정에 적립되는 준비금은 본인의 임금수준에 상응하는 것이기에, 저임금 근로계층의 경우는 생활보장의 실현이 어려운 또한 계층간 불평등이 해소되지 않는 한계를 지닌다. 셋째,

지급되는 준비금에는 대상자들의 가록상황 및 욕구수준이 전적으로 반영되지 않기에, 최저생활 보장 실현이 어려운 한계를 지닌다.

한편 고용주 책임제도는 특정 방식에 대한 법률적 지정 없이 고용주로 하여금 피고용 근로자들의 생활불안정 문제를 해소토록 법적 책임을 고용주에게 부여한 제도이다. 이와 같은 제도는 산재보험이 만들어지기 이전에 주로 근로자의 산재 보상의 문제를 기업차원에서 해소토록 하는데에 주로 활용되었으며, 최근에도 일부 개발도상국들에서는 산재보상 대책으로 제도적 유형이 남아있기도 한다. 그러나 최근에는 이와 같은 제도가 여타 영역들에서 광범위하게 적극 활용되고 있는데, 모성휴가제도 및 해고수당제도, 기업연금제도 등은 이와 같은 제도원리를 활용한 형태이다(ILO, 1995: 7). 또한 이와 같은 고용주 책임제도는 법률적 강제 없이 일부 기업들에서는 기업복지 차원에서 이를 적극 도입하고 있기도 한다.

그렇지만, 고용주 책임제도는 준비금 제도와 동일하게 생활보장 차원에서 많은 한계들을 지닌 것으로 평가된다. 우선, 기업 차원에서 마련된 재원만으로 사업장 근로자들의 경제적 불안정 위험에 대응하여야 하기에, 급여수준이 미흡하거나 급여지급이 제도적으로 보장되지 못할 수 있는 문제를 지닌다. 다음으로는, 기업간 재정 여건의 차이로 급여수준의 격차가 발생되어, 복지혜택에 있어 계층간 불평등이 심화될 수 있는 문제가 제기되기도 한다.

이와 같은 문제들에 비추어 보면, 고용주 책임제도는 준비금 제도와 마찬가지로 사회보험, 공공부조, 사회복지 서비스 제도를 대체하여 사회구성원의 생활보장을 온전히 책임질 수 있는 제도적 장치라기보다는, 이들 제도의 기능을 보충하여 사회구성원의 생활보장 수준을 제고시키는 보완적 역할을 담당하는 제도라 할 수 있다. 그리고 고용주 책임제도와 준비금 제도는 근대적인 사회복지 제도의 등장 이전에 근로계층의 생활안정을 도모하기 위해 고안된 제도적 장치로서 역사적 의의만을 지닌 것으로 평가된다.

3. 한국 사회복지제도의 현황과 쟁점

1) 사회보험

산업화가 뒤늦게 이루어졌을 뿐 아니라 경제성장 중심의 사회발전 추구에 따른 사회복지에 대한 사회적, 정책적 무관심으로, 우리나라에서 사회보험의 형성과 발전은 서구 국가들에 비해 매우 뒤쳐져 1960년대 이후에야 비로소 근대적인 사회복지제도로 사회보험이 등장하게 되었다. 산재보험은 1963년에 관련 법률이 제정되어 1964년에 실행된 최초의 사회보험제도이며, 의료보험은 1976년에 관련 법률이 제정되어 1977년에야 그 실행을 맞게 되었다. 그리고 연금보험은 군인 및 공무원 등 특수직역 근로계층들의 경우는 1962년 공무원연금법과 1963년 군인연금법 제정을 통해 적용이 이루어졌지만, 일반 사업장 근로자들은 1988년 국민연금법의 실행을 통해 비로소 제도적용이 이루어졌다. 한편 실업보험은 4대 사회보험 중 가장 뒤늦게 도입된 제도로, 고용보험이라는 명칭으로 1993년 법 제정과 더불어 1995년 실행되었다.

이와 같은 역사적 경과를 거쳐 4대 사회보험제도를 구비하게 되었지만, 우리나라의 사회보험제도들은 대체로 국민들의 안정된 생활 보장의 취지에 입각하여 형성되지를 못하고, 오히려 관련 집단들의 정치적, 경제적 이해에 의거하여 형성된 사례들이 대부분이어서, 이로 인해 사회보험 제도의 내용이 상대적으로 매우 미흡한 실정이다. IMF 위기에 따른 대량실업사태는 이와 같은 사회보험제도 내용의 미비와 결함, 그리고 이로 인한 문제점을 적극 표출하게 된 계기가 되어, 최근에는 각 사회보험의 제도내용 개선에 적극적인 노력이 경주되고 있어 주목되고 있다. 각 사회보험제도의 현황과 쟁점을 개괄하면 다음과 같다.

① 연금보험

우리나라에서 연금보험은 1962년과 1963년 공무원과 군인 등의 특수 직역만을 대상으로 공무원연금 및 군인연금 등의 형태로 도입되었고, 1988년에는 사업장 근로자들을 대상으로 한 국민연금의 도입을 통해, 본격적인 연금보험의 발전이 이루어지게 되었다.[56] 1988년에는 10인 이상 사업장 근로자들에 국한된 적용대상이 이후 지속적으로 확대되어, 1992년 1월에는 5인 이상 사업장 근로자, 1995년 7월에는 농어민, 1999년 4월에는 도시지역 자영자 및 5인 미만 영세사업장 근로자, 일용직 및 임시직 근로자 등이 적용대상으로 확대되면서, 국민연금은 급속하게 제도적 발전을 기하게 되었다.

국민연금의 급여유형은 노령연금, 장애연금, 유족연금, 반환일시금, 사망일시금 등으로 구성되어 있다. 노령연금은 노후 생활보장이라는 목적에 의거하여 마련된 급여로, 완전노령연금의 경우는 20년 이상 가입과 더불어 60세 이상일 경우에 수급할 수 있도록 규정하고 있다. 노령연금에는 또한 재직자 노령연금과 감액노령연금, 조기노령연금 등의 급여유형이 설정되어 있는데, 이들 급여는 완전 노령연금의 수급조건을 온전히 충족치 못한 채 수급연령에 도달했을 경우 활용할 수 있는 급여이다.

장애연금은 연금가입 중 발생한 질병 혹은 부상으로 인해 발생되는 장애 가구의 생활불안정을 해소하기 위한 목적에서 마련된 급여로, 장애등급에 따라 급여수준이 결정되도록 하고 있다. 유족연금은 연금가입 중 혹은 연금수급 중 사망시 유족들의 생활안정을 도모하기 위한 차원

---

56) 우리나라 연금제도의 실태와 쟁점에 대한 설명은 권문일(1999b), 석재은(2000)을 참조하시오.

에서 마련된 급여로, 가입기간에 따라 급여수준을 달리하여 지급토록 하고 있다.

국민연금제도의 보험료는 적용대상이 근로자일 경우 월 소득의 9%를 근로자와 기업주가 4.5%씩 분담하도록 하고 있다. 한편 농어민과 도시 자영업자는 월 소득의 4%를 보험료로 부담하고 있으며, 이후 매년 1%씩 보험료율 인상을 통해 2005년에는 근로계층과 동일한 9%의 보험료율을 부담토록 계획되어 있다.

한편 국민연금에 제기되는 주요 쟁점을 살펴보면, 먼저 적용대상에의 확대에도 불구하고 노후소득보장의 사각지대가 존재하고 있다는 점이다. 물론, 적용대상의 지속적 확대를 통해 '전국민 연금가입 시대'를 맞이하기는 하였지만, 현재의 노인들은 적용대상에서 소외되어 경제적으로 불안정한 노령기를 맞이하고 있어 이에 대한 대책이 모색되어야 할 상황이다.

또한 연금재정의 불균형 역시 국민연금제도가 직면하고 있는 문제이다. 인구구조의 노령화로 인한 노령인구 및 노령기의 증대로 연금지출은 기대 이상으로 증대되고 있어, 연금제도의 재정불안정이 우려되고 있는 실정이다. 더욱이, 미숙한 기금운영은 연금재정의 불안정을 한층 심화시키고 있어 문제가 되고 있다. 1998년에 마련된 연금개혁 방안에는 급여수준의 인하와 수급연령의 단계적 연장, 그리고 재정조정제도에 의한 보험료율 인상 등 일련의 조치를 통해 재정안정을 기할 수 있도록 하고 있지만, 노후 생활수준의 저하와 국민부담의 과중이라는 측면에서 논란이 되고 있다.

또한 자영자 소득파악 미흡으로 인한 재정부담의 비형평성 역시 제도 운영상 주요 쟁점으로 제기되고 있다. 1999년 4월부터 자영자들이 국민 연금에 본격적으로 적용되었지만, 이들에 대한 소득파악이 미흡하여 재원부담의 비형평성 문제 및 이로 인한 역진적 소득재분배 문제가 제기되고 있어, 관련 대책의 모색이 주된 과제로 남아있다.

② 의료보험

우리나라의 의료보험제도는 1998년 10월 이전까지 3개의 하위체계로 구성되어 운영되었다.[57] 직장의료보험은 사업장 근로자를 적용대상으로 하는 의료보험체계로 1977년에 도입 실행된 것이며, 공무원 및 사립학교 교직원 의료보험(일명 공교의료보험)은 사업장 근로자와는 고용형태가 상이한 공무원 및 사립학교 교직원을 적용대상으로 하는 의료보험체계로 1979년에 도입 실행되었다. 지역의료보험은 농어민과 도시지역 자영자를 대상으로 운영되는 의료보험으로, 1988년과 1989년에 도입 실행된 것이다.

1977년 최초로 도입 실행된 우리나라의 의료보험제도는 이상과 같은 하위 의료보험체계들의 신설과 더불어 지속적인 사업장 근로자에게 적용확대를 통해, 1989년에는 '전국민 의료보험 적용' 이라는 결실을 맞이하게 된다. 그리고 1998년 10월에는 조합별 운영의 폐해를 해소하기 위해 지역의료보험과 공교의료보험이 통합되는 변화가 나타났고, 2000년 7월에는 직장의료보험도 통합되어 '국민건강보험' 이라는 이름으로 그 명칭까지 바뀌는 변화를 경험하였다.

의료보험은 근로기간 중 획득한 소득의 일정비율을 보험료로 기여하고, 이를 기금으로 적립하여 상병 발생에 따른 의료 서비스 이용시 관련 비용의 일부를 기금에서 지원받도록 함으로써, 국민들의 건강 유지와 의료비용 발생에 따른 경제적 불안정을 해소하기 위해 마련된 제도적 장치로, 우리나라 의료보험 운영을 개괄하면 다음과 같다.

먼저, 의료보험의 적용은 국민건강보험으로의 통합 이전에는 일반 사

---

57) 우리나라 의료보험제도의 현황과 쟁점에 대해서는 이인재(1999), 김연명(2000)을 참조하시오.

업장 근로자는 직장의료보험, 공무원 및 사립학교 교직원은 공교의료보험, 그리고 농어민 및 도시지역 자영자는 지역의료보험에 의해 적용대상이 되었으며, 현재는 이들 대상자 모두가 통합된 건강의료보험 적용 대상이 되고 있다. 한편 의료보험 대상자는 피보험자와 피부양자로 구성되는데, 가족관계에 있는 피부양자들은 피보험자의 의료보험 가입에 의존하여 급여 혜택을 받도록 하고 있다.

의료보험 급여는 의료보험 기금 지원하에 의료서비스를 이용할 수 있는 지원을 말하는 것으로, 요양급여, 분만급여, 건강진단, 장제비 등으로 구성되고 있다. 요양급여는 피보험자나 피부양자가 상병을 입었을 경우 의료기관에서 필요한 의료 서비스(진찰, 처치, 수술, 입원, 간호, 이송 등)를 보험기금의 지원하에 이용하는 급여혜택을 말하는 것으로, 대부분의 의료보험 급여가 이에 해당된다. 물론, 모든 의료 서비스가 급여항목이 되는 것은 아니며, 기본적인 건강유지와 관련된 의료 서비스만을 법정 급여항목으로 설정하여 경제적 지원이 이루어지도록 하고 있다. 분만급여는 의료기관에서 분만 의료 서비스 이용에 경제적 지원을 하는 급여이며, 건강진단은 피보험자 질병의 조기발견과 이를 통한 건강유지라는 목적하에 지정 의료기관으로부터 건강진단 서비스를 받음에 경제적 지원을 제공하는 급여이다. 한편 장제비는 피보험자 또는 피부양자 사망시 장제에 필요한 최소 비용을 지원하는 것으로, 현금급여의 형태로 지급된다.

의료보험의 관리운영은 98년 하위 의료보험체계들의 통합 이전에는 조합별 체계로 이루어졌다. 조합별 체계는 고용형태 및 지역을 단위로 조합을 구성하여 조합단위별로 독립채산제 방식으로 보험운영을 하는 방식으로, 현 국민건강의료보험으로의 통합 이전에는 지역의료보험의 경우는 227개 조합, 직장의료보험의 경우는 139개 조합, 공교의료보험의 경우는 1개 조합으로 나뉘어 독립적으로 운영되었다. 그러나 이와 같은 조합주의 방식의 운영은 '위험분산 기능의 제한으로 인한 조합간 재정 불균형', '조합별 보험료 부과로 인한 보험료 부담의 비형평성', '관리운 영의 비효율성' 등의 문제가 제기되었는데, 이는 조합간 분리운영으로 소득계층간 재분배가 온전하게 실현되지 못함으로써 사회보험의 근본 취지를 왜곡시키는 양상을 초래한 것을 의미한다. 의료보험의 통합은 이 와 같은 문제를 청산하기 위한 것으로, 98년에는 지역의료보험과 공교의 료보험의 통합이 이루어졌으며, 2000년 7월에는 여기에 직장의료보험이 추가로 통합된 것이다.

그러나 통합운영은 사회보험의 취지가 왜곡되었던 의료보험 운영에 일정 정도 정상화를 가져오긴 하였지만, 우리나라 의료보험제도가 직면 한 과제들은 아직도 산적되어 있는 상황이다. 무엇보다도, 그간 이루어 진 급여기간 연장, 보험급여 확대, 보험수가 인상, 노인 의료비 증대 등으 로 의료보험 재정 지출이 급속하게 증대되어, 의료보험의 재정불안정이 심화되고 있어 문제가 되고 있다. 따라서 의료보험 재정수지 균형을 유 지하기 위한 방안 모색은 의료보험이 직면한 가장 큰 과제라 지적된다. 둘째로, 형평성이 제고될 수 있는 보험료 부과체계의 개발 역시 주된 과 제로 지적된다. 특히, 자영자 소득파악 미흡으로 인해 제기되는 의료비 부담의 비형평성 문제는 의료보험 통합 이후 가장 큰 쟁점이 되고 있다. 자영자와 근로자간 보험료 부담의 형평성이 제고될 수 있도록 합리적인 보험료 부과체계의 개발은 절실한 정책적 과제가 되고 있다. 이와 더불 어, 높은 본인부담금이 의료서비스 이용 및 의료비 부담에서 계층간 불 평등을 조장하고 있는 점에서, 적정 본인부담금 수준의 책정 역시 의료 보험제도가 풀어야 할 과제이며, 의료 서비스의 질과 관련하여 의료 전 달체계의 개편 및 합리적인 진료비 지불방식의 모색 역시 의료보험에 제 기되는 과제이기도 하다.

③ 고용보험

고용보험은 실업보험의 일환으로 우리나라에 1995년 7월 도입 실행된 제도로, 실직기간 동안 실직자의 생활안정뿐 아니라 실업예방, 실직자 재취업 촉진을 목표로 마련된 사회보험제도이다.[58] 실업보험이 아닌 고용보험이라는 이름으로 도입된 것은 실직자의 생활안정을 위한 경제적 지원뿐 아니라 적극적인 노동시장정책의 활용을 통해 실직자 및 취약집단의 고용촉진 및 노동시장의 고용안정을 도모하려는 취지에서 비롯된 것이다.

이와 같은 목표하에 고용보험에서는 다음과 같은 세 가지 사업을 주요 사업으로 설정하고 있다. 첫째는 실업급여사업으로, 이는 불가피하게 실직된 사람들에게 실직기간 동안의 생활안정을 도모하고자 실업급여를 지급하는 사업이다. 둘째는 고용안정사업으로, 이는 고용상황이 불안정한 사업장에 대한 재정 지원 및 취약계층의 고용촉진을 위한 재정 지원을 통해, 노동시장 전반에 고용안정을 도모하고 실업발생을 억제하기 위해 행해지는 사업이다. 셋째는 직업능력개발사업으로, 이는 기술능력 개발에 소요되는 교육비용 등의 지원을 통해 실직자의 재취업을 적극 도모하고, 고용 근로자들의 실업발생 억제 및 안정된 전직을 지원하고자 하는 사업이다.

한편 고용보험은 95년도 7월 실행시에는 실업급여사업의 경우 30인 이상 사업장, 고용안정 및 직업능력개발사업은 70인 이상 사업장으로 적용범위가 한정되었으나, IMF 이후 대량실업사태의 발생으로 적용범위가 급격하게 확대되어 1998년 10월 이후에는 근로자를 고용하는 모든 사업장에까지 실업급여사업과 고용안정 및 직업능력개발 사업 모두가 적용되고 있다.

---

58) 우리나라 고용보험제도의 현황과 쟁점에 대한 상세한 설명은 류진석(1999)를 참조하시오.

고용보험의 사업추진에 소요되는 재원의 마련은 사업내용에 따라 상이한데, 실업급여의 경우는 적용 사업장의 사업주와 근로자가 분담하는 반면(임금의 1% 보험료를 0.5%씩 분담), 고용안정사업과 직업능력 개발사업의 경우는 전적으로 사업주가 부담토록 하고 있다. 그러나 고용안정사업의 경우는 근로자 임금의 0.3%를 보험료로 모든 사업주가 동일하게 부담토록 하는 반면, 직업능력개발사업의 경우는 근로자 임금의 0.1~0.7%의 보험료를 기업규모에 따라 차등적으로 부담하도록(곧 대기업일수록 더욱 많은 재정적 기여를 하도록) 하고 있다.

한편 고용보험의 실업급여 수급요건, 급여수준 및 급여기간 등을 개괄하면, 실업급여의 수급요건은 실직 이전 적용대상 사업장에서 18개월 이상의 근로경력과 6개월 이상의 보험료 기여 경력을 보유한 경우에 실업급여 수급 자격이 부여되고 있다. 또한 이와 더불어 실직사유가 비자발적이어야 한다는 점, 또한 노동능력의 보유와 적극적 구직활동이 실업급여 수급의 관련 요건이 되고 있다.

실업급여의 지급기간은 연령과 보험료 가입기간을 기준으로 최소 90일에서 최대 240일의 범위내에서 결정되도록 하고 있는데, 연령이 높을수록 그리고 가입기간이 길수록 실업급여의 지급기간은 더욱 길어지도록 하고 있다. 그러나 노동시장 전반에 고실업 상태가 장기간 지속됨으로 인해 재취업이 매우 어려운 상황일 경우 혹은 직업훈련 이수 등으로 불가피하게 실직기간이 장기화 될 수밖에 없는 실직자의 경우는 최대 60일의 범위내에서 급여기간이 부가적으로 연장되도록 하고 있다. 한편 실업급여 기간과 관련하여 주지되어야 할 부분은, 실업급여의 지급은 실직등록 이후 즉시 개시되는 것이 아니라 14일 동안의 대기기간 경과 이후에야 급여지급이 이루어지도록 하고 있는 점이다. 대기기간은 실업급여 수급 자격의 확인이라는 행정적 절차의 필요성과 더불어 단기간 실직에 대한 불필요한 재정 지출을 줄이기 위해 마련된 장치라 할 수 있다.

고용보험의 실업급여 수준은 실직이전 임금의 50%로 산정되고 있는데, 이와 같은 정률방식에 입각한 급여산정은 임금수준이 미흡한 저소득층의 경우에는 실업급여만으로는 최저생활이 보장되지 못한다는 점에서, 그리고 경제적으로 안정적일 수 있는 고소득층에게는 불필요하게 높은 실업급여의 지급으로 재정지출의 낭비를 초래한다는 점에서 문제가 제기된다. 이와 같은 점이 감안되어 고용보험에서는 급여수준의 상한선과 하한선(최저임금액의 90%)을 설정하고 있기도 한다.

우리나라의 고용보험제도는 IMF 대량실업사태를 계기로 단기간에 제도내용의 급속한 발전이 이루어지는 성과를 거두기는 하였지만, 여전히 고용보험제도에는 많은 문제점이 내재되어 있는 실정이다. 무엇보다 사회보험의 형식논리에만 치중함으로써, 저임금 실직자들의 생활안정에 고용보험이 적극 기능하지 못하고 있는 점이 가장 큰 문제로 지적된다. 곧, 비정규직 등 불안정 고용계층 및 저임금 근로계층의 실직시 생활보장 실현을 위해서는 적용 범위, 실업급여의 수급요건, 급여수준 및 급여기간 산정방식 등의 개선이 필요한 실정이다. 또한 장기실업으로 인한 실업급여 소진시 생활보장 문제 역시 고용보험제도가 해결해야 할 과제라 할 수 있다. 이와 더불어, 실업문제의 해결이 단순히 실업급여만으로 이루어질 수 없음에 비추어 본다면, 실직자의 재취업 촉진과 실업 발생의 억제와 관련하여 고용안정사업 및 직업능력개발사업의 내실화 및 적극적인 이들 사업의 추진 역시 고용보험제도의 개선과 관련하여 제기되는 과제이다.

④ 산재보험

업무상 재해를 당한 근로자들에게 신속한 생활보장과 이들의 의료재활 및 사회복귀를 실현하기 위해 마련된 산재보험은 1963년도 법률 제정, 1964년도의 제도 실행을 통해 본격적으로 도입되었다. 그리고 이후 산재보험은 1999년 12월까지의 총 17차례의 법 개정을 통해, 제도내용의 발전과 성숙을 기하여 오고 있다.[59]

우리나라의 산재보험 역시 여타 국가들과 동일하게 사회보험원리에 입각하여 운영되고 있는데, 각 사업장의 사업주들은 근로자의 임금을 기준으로 보험료를 기여하고, 이를 기금으로 산재 발생시 해당 근로자에게 보상지원이 이루어지도록 하여, 산업재해 발생에 따른 물질적 피해를 최소화하고 근로자 가구의 생활안정을 도모하고 있다.

산재보험의 운영 실태를 적용범위, 급여 유형, 보험료 기여 등의 측면에서 개괄하면 다음과 같다. 먼저, 산재보험의 적용범위는 제도 도입 시점에서는 광업과 제조업의 500인 이상 사업장에 국한되었으나, 그간의 법률 개정을 통해 꾸준하게 적용범위가 확대되어, 2000년 7월부터는 근로자를 고용한 모든 사업장이 적용대상이 되는 상황으로까지 발전되었다. 그간 5인 이하 영세사업장의 경우는 산재발생률이 높을 뿐 아니라 저임금 근로자들이 집중되어 있어, 산재보험 적용의 필요성이 적극 개진되어 왔음에 비추어 본다면, 전 사업장으로의 적용범위 확대는 주목할만한 진전이라 평가된다. 산재보험의 적용과 관련하여 또한 주목하여야 할 부분은 산업재해의 인정범위라 할 수 있는데, 81년 법 개정을 통해 산업재해의 인정기준이 다소 완화되기는 하였지만(업무수행성과 업무기인성 조건 모두의 충족에서 업무기인성 충족만으로 완화), '업무상 사유'에 대한 해석의 모호함으로 인해 산업재해의 인정 범위를 둘러싸고 여전히 논란이 지속되고 있는 실정이다.

한편 산재보험의 급여유형으로는 요양급여, 휴업급여, 장해급여, 유족급여, 장의비 등이 설정되어 있는데, 요양급여는 재해로 인한 부상과 질병 치료에 소요되는 요양비를 지급하여 주는 급여로, 지정 의료기관에서

---

59) 우리나라 산재보험의 현황과 쟁점에 대해서는 김진구(1999c, 2000)를 참조하시오.

의 요양비 전액을 지급토록 하고 있다. 휴업급여는 요양으로 인해 일하지 못한 기간의 소득을 보장하기 위해 제공되는 현금급여로, 평균임금의 70%를 지급토록 하고 있다. 장애급여는 산업재해의 치유 이후에도 장애가 남아있는 경우, 장애에 따른 노동능력 손실 그리고 이로 인한 소득상실을 대체하기 위한 것으로, 장애등급에 따라 급여수준이 결정된다. 유족급여는 사망시 유족들의 생활보장을 위해 연금 또는 일시금으로 지급되는 현금급여이며, 장의비는 사망에 따른 장의비용을 보조하기 위한 것으로 평균임금의 120일분을 지급토록 하고 있다.

산재보험 운영에 소요되는 재원은 사업주가 보험료를 전액 부담토록 하고 있으며, 보험료율은 업종 및 사업장간 형평성 유지를 위해 또한 산업재해 예방노력 제고를 위해, 업종별 차등요율제와 개별 실적요율제를 병행 적용하고 있다. 곧, 이와 같은 보험료율 산정방식을 통해 업종 및 개별 사업장의 산재발생 실적이 보험료율 산정에 반영되도록 하고 있다.

우리나라에 최초로 도입된 사회보험인 산재보험은 그간 수차례 법률개정을 토대로 발전되어 왔지만, 산업재해로부터 근로자의 생활안정 및 산재 근로자들의 의료 및 사회적 재활을 적극 도모하기 위해서는 다음과 같은 과제들이 제기되고 있다. 무엇보다도, 근로자들에게 발생될 수 있는 각종 재해나 직업병이 산재로 인정되어, 산업재해 발생으로부터 야기되는 피해들이 온전히 보상될 수 있도록 산업재해 인정범위의 확대가 이루어져야 할 것으로 판단된다. 또한 급여범위(요양급여의 급여항목 제한)와 급여수준(휴업급여 등)이 선진국 수준에 비추어 보면 절대적으로 미흡하다는 점에서, 급여체계의 개선 역시 산재보험의 발전을 위해 해결되어야 할 과제로 평가된다. 또한 산재 근로자의 의료재활 및 사회재활에 대한 대책은 상대적으로 매우 등한시되고 있음에 비추어 보면, 이에 대한 개선 역시 제도 발전을 위한 과제로 남아있는 실정이다.

2) 공공부조

빈민들의 최저생활보장을 위한 제도적 장치인 공공부조제도는 일제 식민지 체제하에서 1944년에 제정된 '조선구호령'을 통해 최초로 제도 도입이 이루어졌으나, 조선구호령은 해방과 미군정, 한국동란 등의 역사적 사건들의 전개과정 속에서 온전한 실행을 맞이하지 못하고, 1961년 생활보호법 제정으로 공식적으로 폐지되게 된다. 한편 1961년에 법률 제정과 1969년 시행령의 제정으로 실행된 생활보호제도는 빈민들의 생활안정 도모를 위한 제도적 장치로 도입되어 2000년까지 운영된 제도로, 여러 차례 법 개정을 통해 제도내용의 개선이 이루어지기는 하였지만, IMF 경제위기와 대량실업사태의 전개과정에서 사회적 안전망이자 빈곤대책으로서 그 역할을 담당하기에는 역부족인 근본적인 한계들을 표출하면서, 2000년 10월 이후 국민기초생활보장제도로 대체되었다.

우리나라 공공부조제도의 특성과 현황을 생활보호제도와 국민기초생활보장제도를 통해 정리하면 다음과 같다.

① 생활보호제도

2000년 10월까지 공공부조제도로 역할을 담당하였던 생활보호제도[60]에서 지원대상이 되는 빈민들은 일차적으로 "부양능력이 있는 친족이 없고, 스스로 생계를 영위하기 어려운 상황에 처해 있는 자(65세 이상 노령자, 18세 미만의 아동, 임산부, 폐질자 등)"이어야 하고, 정부에서 공시한 "최저 재산액 및 소득액(1998년도 1인당 22만원의 월 소득과 가구당 2800만원의 재산)"을 충족한 자로 제한되었다. 그리고 이와 같은 지원대상 빈민들은 크게 세 가지 범주로 구분되어 관련 지원이 이루어지도록

---

60) 생활보호제도의 상세한 설명은 정원오(1995)를 참조하시오.

하였는데, 사회복지시설 등 보호시설에서 거주하는 빈민들은 시설보호 대상자로, 본인집에 거주하는 빈민들은 거택보호 대상자로 구분되어 생계지원 등의 보호조치가 제공되도록 하였다. 한편 자활보호 대상자는 본인집에 거주하는 빈민이지만 생활수준과 노동능력이 거택보호 대상자에 비해 상대적으로 높은 것으로 판정된 대상자로, 보호지원 내용이 거택보호 대상자와는 상이하도록 하였다.

생활보호제도의 지원으로는 생계보호, 의료보호, 장제보호, 교육보호, 직업훈련, 생업자금융자, 취로사업 등이 설정되어 있는데, 생계보호는 대상자의 생계유지에 필요한 최소 비용을 지원하고자 마련된 것으로, 97년부터는 소득수준과 가구규모를 감안하여 차등지급토록 하였다. 이와 같은 생계보호 급여는 시설보호 대상자와 거택보호 대상자만을 대상으로 지원되고 있다. 한편 의료보호는 빈민들의 의료 서비스 이용에 소요되는 비용을 지원하기 위한 것으로, 시설보호 대상자와 거택보호 대상자는 1종 의료보호에 적용되어 의료비용의 전액이, 그리고 자활보호 대상자의 경우는 2종 의료보호를 통해 소요 의료비용의 1/2 정도가 지원되었다. 교육보호는 생활보호대상자 자녀들의 학비를 지원하는 것으로, 중학교 및 고등학교 수업료 및 입학금이 지원되었다. 직업훈련과 생업자금 융자는 빈민들의 자활자립을 지원하기 위해 마련된 것으로, 이는 자활보호 대상자에게만 해당되는 급여이다. 한편 취로사업은 생활보호대상자의 근로의욕을 고취하기 위한 취지에서 마련된 급여이다.

한편 생활보호제도의 대상자 선정 및 구분, 급여지원 등의 주요 업무는 읍면동에 배치된 사회복지전문요원에 의해 이루어지며, 이들 전문요원들은 이외에도 결연 및 후원사업 및 상담사업 등의 부가적 업무수행을 통해 빈민들의 생활안정과 관련된 자원 제공에 주된 전달체계가 되고 있다.

이상과 같은 생활보호제도는 1961년 법 제정 이후 빈민들의 생계유지의 제도적 방편으로 주된 역할을 담당하였지만, 제도내용상 많은 결함으로 인해 사회구성원의 최저생활보장을 위한 사회적 안전망이자 빈곤문제 해결에의 대책으로 그 역할을 제대로 수행하지 못한 것으로 평가되어 제도 개선이 꾸준히 요청되어 왔다. 그리고 이와 같은 한계는 IMF 경제위기 및 대량실업사태를 계기로 극명하게 표출되어, 곧 보호지원을 필요로 하는 빈민들이 급격하게 증대되었음에도 불구하고 적용대상자의 제한과 급여수준의 미흡으로 적절하게 보호지원이 이루어지지 못한 양상이 발생되어, 생활보호제도의 전면적인 개편이 이루어지게 된다. 2000년 10월 실행된 국민기초생활보장제도는 이와 같은 생활보호제도의 문제점을 개선, 보완하기 위해 마련된 제도로, 그간 극빈층만을 대상으로 제한된 지원만을 제공하였던 것에서 벗어나, 모든 사회구성원의 최소 생활보장에의 사회적 안전망으로 그 역할을 담당할 수 있도록 제도 개선이 이루어졌다는 점에서 주된 역사적 의의를 지닌다.

② 국민기초생활보장제도

국민기초생활보장제도의 내용을 생활보호제도와 비교하여 고찰하면 다음과 같다.[61] 먼저, 국민기초생활보장제도에서는 대상자 선정에 있어 연령제한 등의 인구학적 기준이 철폐됨으로써, 생계유지 곤란으로 어려움을 겪는 모든 사람들이 국가로부터 보호지원을 받을 수 있도록 한 점에서 생활보호제도에 비해 진일보한 성격을 지닌다. 또한 국민기초생활보장제도에서는 객관적으로 계측된 사회적 최저생계비를 통해 대상자선정이 이루어지도록 하여, 공공부조의 제도적 취지에 보다 부합되도록그 절차가 바뀌었다는 점 역시 생활보호제도에 대비되는 진전이라 평가된다. 또한 형식적인 대상자 구분이 청산되고, 실제적인 지원내용에 부

---

61) 국민기초생활보장제도에 대한 상세한 설명은 김기원(2000)을 참조하시오.

합되도록 보호대상자 유형 구분이 세분화된 점 역시 큰 진전으로 평가된
다. 그렇지만, 자격요건과 관련하여 여전히 부양의무자 조건이 부수되
고 있는 점, 현실적합성이 미흡한 최저생계비 계측방식으로 보호 대상
자의 범위가 여전히 제한되고 있는 점은 주된 문제로 지적되고 있다.

다음으로, 국민기초생활보장제도의 급여내용을 살펴보면 생계보호,
교육보호, 의료보호 등 여타 급여의 경우는 이전의 생활보호제도와 유사
하나, 주거급여 및 자활급여의 신설은 빈민들에 대한 보호지원의 진일보
라는 점에서 주목된다. 주거급여는 보호 대상자들의 주거생활에 소요되
는 비용(임차료 및 유지수선비)을 일정 정도 지원하여, 빈민들의 최소한
의 주거안정이 이루어질 수 있도록 하고자 마련된 급여이다. 자활급여는
빈곤의 근본적인 해결이 자활자립의 성취에 있음에 주목하여, 대상자들
의 근로의욕 고취 및 빈곤상태로부터의 탈출을 지원하기 위해 마련된 것
으로, 대상자의 관련 특성에 부합될 수 있는 다양한 자활지원 서비스(직
업훈련 및 취업알선 서비스, 창업지원, 공공근로, 자원봉사 등)가 공공 및
민간기관들로부터 제공되도록 하고 있다.

이상과 같은 내용에 비추어 보면, 국민기초생활보장제도의 도입은 모
든 국민들의 최저 생활보장 실현에 기반이 될 수 있는 본격적인 공공부
조제도의 마련이라는 점에서 의의를 지니나, 이와 같은 의의가 적극 실
현되기 위해서는 다음과 같은 측면의 보완이 필요한 실정이다. 첫째, 대
상자 선정에서 부양의무자 기준 및 현실성이 미흡한 최저생계비 추정 등
으로 제도적용에서 누락되는 빈민들이 상당수에 이르고 있음을 감안하
면, 대상자 선정기준의 개선이 필요할 것으로 판단된다. 특히, 쪽방 거주
자 및 노숙자 등 요보호 대상자들이 적용에서 대부분 제외되고 있음을
감안하면, 대상자 선정 기준과 절차의 개선이 절실히 요청된다. 둘째, 빈
민들의 자활자립을 적극 지원하겠다는 취지에서 도입된 자활급여사업
이 관련 여건의 미비로, 실질적 지원이 전혀 이루어지지 못하고 있는 점

역시 주요한 문제라 평가된다. 이러한 문제들의 개선을 위해서는, 대상자 선정 및 관리와 관련하여 전문요원의 대폭적인 증원이 이루어져야 할 것이고, 자활노력을 경주할 수 있는 자활공동체 및 자활지원센타의 확충 및 이들 기관에 대한 적극적인 행정적, 재정적 지원의 경주 역시 자활급여뿐 아니라 국민기초생활보장제도의 내실화를 위해 필요한 부분이라 판단된다.

3) 사회복지 서비스

장애인, 노인 등 취약집단의 최소한의 기본적 생활보장에 요청되는 물질적 자원 및 관련 서비스들을 제공하는 사회복지 서비스 제도의 기반은 1961년 제정된 사회복지사업법으로, 여기에서는 사회복지 서비스 제공에 관련된 제반 사항들을 법적으로 규정하고 있다. 그러나 사회복지사업법이 민간시설들의 사회복지사업 수행의 법적 기초에 불과하다는 점에 비추어 보면, 우리나라에서 국가적 차원에서 사회복지서비스 제공이 본격적으로 이루어지게 된 것은 세부적인 법률과 제도들이 도입되기 시작한 1980년대 이후부터라 평가된다. 1981년 아동복지법 개정과 노인복지법 및 심신장애자복지법의 제정, 1989년 아동복지법, 노인복지법, 장애인복지법의 개정, 1989년 장애인고용촉집법 제정, 1991년 영유아보육법 및 청소년기본법 제정, 1992년 고령자고용촉진법 제정 등을 통해, 아동, 청소년, 노인, 장애인, 여성 등 취약집단에 대한 사회복지서비스 제도들이 본격적으로 출현하게 되었으며, 관련 사회복지시설 역시 급격하게 증대되었다.

물론, 이와 같은 사회복지 서비스 부문의 발전 동향은 취약집단에까지 사회복지 영역이 확대되고 있음을 보여준다는 점에서 긍정적이지만, 여전히 많은 문제점을 지닌 것으로 평가된다. 무엇보다 관련 제도에서 사회복지 서비스 대상은 빈곤층 및 저소득층 취약집단으로 아직까지 한정되어, 보편주의 원리가 실현되지 못하여 온전한 의미의 사회복지 서비스 제도로 자리잡지 못하고 있는 점은 가장 큰 문제라 평가된다. 또한 취약집단의 기본 욕구 충족에서 벗어나 보다 적극적인 지원이 이루어져야 하는 점 역시 한국의 사회복지 서비스 제도들이 직면한 과제라 할 수 있다. 아울러, 사회복지 서비스를 제공하는 시설 및 기관들의 전근대적 운영, 이로 인한 각종 시설 비리와 시설 문제의 발생 역시 사회복지 서비스 제도들이 직면한 주요 문제이며, 해결해야 할 숙제이다.

사회복지서비스 영역을 아동복지, 청소년복지, 노인복지, 장애인복지, 여성복지로 구분하여, 현 실태를 간략하게나마 개괄하면 다음과 같다.

① 아동복지

모든 가정에 있는 아동들이 건강하게 발달, 성장할 수 있도록 관련 환경을 조성하는 것은 사회와 국가의 의무라 할 수 있다. 특히, 아동들이 다음 세대의 사회구성원임에 비추어 보면, 아동복지는 사회발전을 위한 기초로서 더욱 중요성을 지닌다.

그러나 우리나라 아동복지의 현실은 아직까지도 요보호 아동의 보호에만 국한되어 있는 실정이다. 곧, 고아나 기아에 대한 보호지원(보육원에서의 시설보호와 위탁 및 입양서비스)이 아동복지의 주된 내용이 되고 있을 뿐이다. 물론, 1991년 영유아보육법의 제정을 통해, 저소득층 아동뿐 아니라 일반 가정의 자녀들에게까지 탁아지원 서비스가 본격적으로 실현된 것은 주목할만한 변화이긴 하지만, 아직까지도 제도운영상 미흡한 점이 많은 실정이다.

아동문제는 급격한 사회변화와 더불어 더욱 증대되고 있는 실정이다(예; 아동학대, 학교내 왕따문제, 이혼 등의 증대로 인한 결손가정 아동의 증대 등). 그럼에도 불구하고, 관련 아동복지 서비스의 제공은 일부 민간시설에만 국한되고 있을 뿐이며, 일반 아동을 대상으로 한 보편적인 관련 서비스의 제공은 부재하여, 이와 같은 부분들이 아동복지 발전을 위한 과제로 남아있는 실정이다.

② 청소년복지

사회구성원 개개인의 성년 이후의 삶은 청소년기를 어떻게 보내느냐와 밀접한 관련성을 지닌다. 이와 같은 점에 비추어 보면, 청소년기의 성장과 발달이 건전하게 이루어질 수 있도록 하는 것은 청소년 본인뿐 아니라 가정과 사회의 주된 관심사가 아닐 수 없다. 더욱이, 급속한 현대사회의 사회변동으로 청소년을 둘러싼 주변 환경이 급격하게 변모되고 있는 상황임을 감안하면, 더더욱 청소년의 건전한 성장 발달을 위한 관련 여건 조성과 관련 서비스들의 지원은 그 중요성이 더하여 진다.

우리나라의 청소년복지는 전반적으로 미흡한 실정이다. 실행되고 있는 청소년복지사업들은 주로 소년소녀가장, 비행청소년, 가출청소년 등 요보호 청소년의 문제에만 주로 국한되어 있을 뿐이며, 관련 기관 및 이들 기관에서 제공하는 지원 서비스도 아직까지는 극히 제한적이다. 물론, 일반 청소년을 대상으로 일부 사업들이 YMCA 등의 민간기관 및 청소년 수련관, 청소년 상담실 등을 중심으로 활성화되고 있는 추세이긴 하지만, 청소년이 지닌 다양한 문제들과 욕구들을 해결하기에는 아직까지도 관련 기관들의 수와 활동범위가 극히 미흡한 실정이다.

한편 최근 청소년보호법의 제정을 통해 유해환경으로부터 청소년들을 보호하기 위해, 또한 학교폭력의 해소를 위해 정부에서 관련 조치들을 적극 있고 실행하고, 이에 대한 사회전반의 관심도 고조되고 있어 주목되고 있다. 그렇지만, 아직까지도 우리나라의 청소년 복지 사업들은 전반적으로 청소년 보호 차원의 사업에만 국한되어 있을 뿐, 청소년 복지의 적극적 제고를 위한 노력은 미진한 실정이며, 이와 같은 정책적 방향

역시 재고되어야 할 과제라 평가된다.

③ 노인복지

산업사회에서 노인들의 현실은 매우 열악한 실정이다. 의료기술의 발달 등으로 노후 기간은 길어지고 있음에도 불구하고, 안정적인 소득원이 결여되어 노인들은 경제적 불안정의 문제를 지니고 있다. 또한 신체적 노후에 따른 의료비 부담이 더욱 증대되고 있고, 일상 생활의 영위에 있어서도 주위에서의 보호지원을 필요로 하고 있다. 또한 노후에 부수된 고독과 우울 등 심리적 문제 역시 노인들이 직면하는 문제이기도 하다.

이와 같은 노인들의 사회적 위상을 감안하면, 더욱이 인구구조의 고령화로 인해 노인인구 비중이 급격하게 증대되는 추세를 감안하면, 안정된 노후를 편안히 영위할 수 있도록 관련 자원과 서비스를 제공해주는 노인복지 서비스는 사회복지 실현의 일환으로 중요한 의의를 지닌다.

그러나 아직까지도 우리나라의 노인복지는 여타 사회복지 서비스들과 동일하게 요보호 대상자만을 중심으로 한 서비스들이 주류를 이루고 있는 실정이다. 물론, 중산층 노인의 복지욕구를 충족시키기 위한 노력도 (예를 들면, 노인주택, 노인전문병원, 치매병원 등의 증설) 일부분 활성화되고 있긴 하지만, 국가적 차원에서 운영되는 노인복지사업은 주로 빈곤층 및 저소득층 노인에 집중되고 있을 뿐이다. 곧, 생계부양자가 없는 빈곤층 노인을 대상으로 한 양로시설 및 요양시설의 운영, 지역사회 거주 노인 특히 저소득 및 빈곤층 노인을 대상으로 관련 서비스를 제공하는 노인복지관의 운영 및 재가복지사업 추진 등이 주된 내용이 되고 있을 뿐이다.

한편 노인들의 경제적 생활지원의 목적 아래 65세 이상 노인을 대상으로 노인수당 등이 지급되고, 고령자고용촉진법이 실행되고 있지만, 그 대상이 제한적일 뿐 아니라 지원 내용도 미흡하여 경제적 생활안정에 큰 도움이 되지 못하고 있는 실정이다. 더욱이, 노후 생활안정을 위한 연금제도에서의 노령연금 지급은 2008년에야 비로소 개시될 수 있기에, 현 시점에서 노후세대들은 생활보장의 사각지대에 방치되고 있는 실정이다.

④ 장애인복지

장애인은 신체장애인과 정신장애인을 총칭하는 것으로, 이들은 장애로 인해 일상생활, 사회생활, 직업생활 등의 영위에 영속적인 제약을 갖는 특성을 지닌다. 또한 이와 같은 기능적 장애와 더불어 사회적 차별 등의 사회적 장애 역시 뒤따라, 장애인은 사회구성원의 일원으로 기본적 생활을 영위함에 있어 많은 애로를 지닌다. 장애인복지는 장애인의 의료재활, 사회재활, 심리재활, 직업재활, 교육재활 등에 필요한 관련 서비스들의 제공과 경제적 생활안정에 필요한 관련 자원의 제공을 통해, 장애의 불편에도 불구하고 장애인이 사회구성원의 일원으로 건강하게 생활할 수 있도록 하고자 마련된 제도이다. 현대사회에서 장애 발생이 교통사고, 산업재해 등 후천적 요인에 의해 주로 나타나고 있음에 비추어 보면, 그리고 노령에 따른 신체적 노후 등으로 모든 사회구성원이 일정 기간 장애를 지닐 수 있음에 비추어 보면, 장애인복지는 사회구성원 모두를 위한 제도적 장치로 주된 의의를 지닌다.

우리나라의 장애인복지는 80년대 이전까지는 장애인에게 특수교육만을 제공함에 머물렀으나, 80년대 이후 장애인복지법 등 관련 법률들의 제정 및 실행과 더불어 급격하게 발전되고 있다. 경제적 생활안정을 위해 저소득층 장애인에게 장애인 수당이 지급되고 있으며, 장애인의 고용촉진을 위해 장애인 의무고용제도의 실행 및 보호작업장 설치 등이 추진되고 있다. 또한 장애인의 사회적 접촉 장애를 해소하기 위해 각종 장애인 편의시설의 설치가 확대되는 추세이다. 물론, 장애인 복지 제도들이 그 취지에 부합될만큼 제도 내용을 온전히 구비하지 못하고 있는 점은 여전히 개선되어야 할 과제로 남아있다.

한편 80년대 이후 관련 법률 제정을 토대로 장애인을 위한 관련 복지시설 및 기관도 증대되고 있어 주목된다. 지역사회 거주 장애인의 제반 욕구 충족에 필요한 서비스를 제공하는 장애인 복지관, 요보호 장애인을 수용 보호하는 장애인 생활시설, 그리고 지역사회 정신장애인의 재활을 지원하기 위해 설립 운영되고 있는 정신보건센터 등 각종 장애인 복지시설 및 기관들이 증대되고 있는 추세이다. 또한 재가 장애인의 일상 생활 영위에 필요한 관련 서비스들의 제공을 위해 재가복지사업이 광범위하게 전개되고 있기도하다. 그러나 여전히 장애인의 다양한 욕구와 문제 해결에 요청되는 다양한 서비스들의 지원은 부족할 뿐 아니라 서비스 수준도 미흡하여, 장애인 복지의 온전한 실현을 위한 과제들은 아직도 산적되어 있는 실정이다.

⑤ 여성복지

여성들은 남성과 동일한 사회구성원임에도 불구하고, 성 불평등 구조와 성차별로 인해 동등한 사회적 지위를 향유하지 못하고, 오히려 사회적 불리를 감수해야 하거나 혹은 기본적인 인권조차 보장받지 못하는 상황에 처해 있는 실정이다. 노동시장에서 고용 및 임금 등의 성차별, 직장 내의 성폭력과 성희롱, 가족내 폭력, 이혼 및 사별 등에 따른 여성 가구주 가구의 경제적 불안정과 빈곤, 출산과 양육부담으로 인한 사회경력의 중단 등은 오늘날 여성이 직면하는 주요한 문제들이라 할 수 있다.

여성복지에서는 이와 같은 현대사회의 여성문제에 주목하여, 가정 및 사회에서 여성들의 최소한의 인권이 보장될 수 있도록, 그리고 더 나아가서는 성 평등 사회구조가 실현될 수 있도록, 관련 여건을 조성하고 관련 서비스를 제공함을 주요한 내용으로 하고 있다.

그렇지만, 우리나라의 여성복지는 80년대까지만 하더라도 요보호 여성의 보호지원에 국한 되어왔다. 곧, 가출여성, 윤락여성, 저소득 모자가정의 문제만이 여성복지의 주요 대상이었고, 이들 여성에 대한 상담보호사업이 중심적인 지원내용이었을 뿐, 여성 전반의 복지수준 향상에 관련된 지원 방안 모색은 간과되어 왔다. 그러나 90년대 이후 여성계를 중심으로 여성문제 전반에 대한 관련 대책의 도입에 대한 요구가 강력하게 제기되면서, 각종 여성 관련 법안들(영유아보육법(1991), 성폭력에 관한 법률(1994), 가족폭력방지법(1998), 남녀고용평등법(1987) 등)이 제정되어, 여성복지 분야가 급격하게 신장되고 있는 추세이다.

그렇지만, 여성복지 수준의 제고를 위해서는 아직까지도 산적한 과제들이 많은 실정이다. 무엇보다 여성문제 해결을 위해 그간 제정된 법률들이 여성들의 인권신장 및 가족내 지위 및 사회적 지위의 실질적 개선으로 귀결될 수 있도록, 관련 법률의 실제적 집행이 적극 이루어질 수 있도록 함이 요청된다. 또한 현재의 여성복지 서비스들이 전적으로 일부 요보호 여성들에 국한되어 있을 뿐 아니라, 그것도 극히 기본적인 보호서비스 제공에 제한되어 있음에 비추어 보면, 여성복지의 적극적 제고를 위해서는 보편적인 여성복지 서비스의 도입이 적극 이루어져야 할 것이다. 그리고 여성복지의 실현이 단순한 피해여성의 구제에만 국한되지 않고 성 평등 사회구조의 실현에 있음에 비추어 보면, 사회구조 전반 특히 가족 구조, 노동시장 구조, 사회문화적 풍토, 각종 정부 정책 및 제도 등에 산재하여 있는 성 불평등 요소의 청산 역시 적극 추진되어야 할 것이다.

참고문헌

권문일. 「공적연금의 원리와 특성」, 『사회보장론』, 나남, 1999.

______. 「국민연금제도」, 『사회보장론』, 나남, 1999b.

김기원. 『공적부조론』, 학지사, 2000.

김연명. 「의료보험 통합의 성과와 쟁점」, 『한국 사회복지의 현황과 쟁점』, 인간과 복지, 2000.

김용득 · 김미옥. 「장애인복지의 현황과 과제」, 『한국사회복지의 이해』, 동풍, 1995.

김진구. 『사회보장론』, 나남, 1999.

김진구. 「한국 산재보험의 현황과 쟁점」, 『한국 사회복지의 현황과 쟁점』, 인간과 복지, 2000.

김태성 외. 『복지국가론』, 나남, 1993.

류진석. 「고용보험제도」, 『사회보장론』, 나남, 1999.

류진석. 「고용보험제도의 성과와 과제」, 『한국 사회복지의 현황과 쟁점』, 인간과 복지. 2000.

석재은. 「국민연금의 특성과 발전과제」, 『한국 사회복지의 현황과 쟁점』, 인간과 복지, 2000.

심재호. 「노인복지의 현황과 과제」, 『한국사회복지의 현황과 쟁점』, 인간과 복지, 2000.

이두호 외. 『빈곤론』, 나남, 1992.

이상록. 「실업보상의 원리와 특성」, 『사회보장론』, 나남, 1999.

이선우. 「사회복지의 민영화와 비영리기관」, 『한국 사회복지의 현황과 쟁점』, 인간과 복지, 1998.

______. 「장애인복지의 현황과 과제」, 『한국사회복지의 현황과 쟁점』, 인간과 복지, 2000.

이인재. 「의료보험제도」, 『사회보장론』, 나남, 1999.

정원오. 「최저생활보장과 공적부조」, 『한국 사회복지의 이해』, 동풍, 1995.

International Labour Office(ILO). *Introduction to Social Security*, 1995.

Rejda, G. E. *Social Insurance and Economic Security*. New Jersey; Prentice-Hall, 1988.

1. 사회복지 실현을 위해 활용될 수 있는 제도 유형들은 무엇이며, 각 제도 유형들
   이 지닌 특성들을 비교하여 정리해 보자.

2. 사회보험의 유용성을 사회보험이 없을 때의 어려움과 대비하여 생각해 보자.

3. 빈민들이 살고 있는 주거지역을 방문하여 보고, 공공부조제도의 의의와 개선방
   안을 생각해 보자.

4. 우리 사회에서 소외된 이웃들은 누구인지 생각해 보고, 이들의 인간적 삶의 영
   위를 위해서는 어떤 사회복지서비스가 필요한 것인지를 생각해 보자.

5. 한국 사회복지제도의 문제점과 개선방안을 적용대상, 급여수준, 재원부담, 관리
   및 운영 등의 측면에서 생각해 보자.

제 4 부

사회복지의 이슈

 사회복지의 이슈

제4부는 최근 사회복지학계와 실천현장에서 활발하게 제기되고 있는 주요 이슈를 소개하고 그 해결을 위한 대책에 대해서 다루고 있다. 11장부터 13장까지는 사회복지 분야론으로 일컬어지는 기존의 실천분야를 병열적으로 나열하기보다는 인구집단별 분야(11장), 실천현장별 분야(12장), 사회부적응 관련 분야(13장)로 분류하여 입체적으로 고찰한다. 한편 14장에서는 보다 거시적이고, 이데올로기적인 이슈인 사회적 불평등을 논의하고, 15장에서는 기존의 사회복지 분야론 체계에서 포괄되지 않았던 새로운 영역인 시민참여를 다루고 있다. 각장의 구체적인 내용을 소개하면 다음과 같다.

우선 11장에서는 전통적으로 사회복지 대상으로 일컬어져 왔던 아동, 청소년, 노인, 여성의 문제를 인구집단의 발달적 특성과 관련하여 고찰하고, 사회복지적인 접근을 소개하고 있다.

12장은 '사회복지조직 이외의 사회조직' 예컨대, 병원, 학교, 산업체와 같이 흔히 이차세팅에서 이루어지는 사회복지 실천분야를 소개한다. 즉, 의료사회복지, 학교사회복지, 산업사회사업의 실천활동이 수행되는 조직의 특성과 욕구를 고찰하고, 여기에서 제기되는 실천적 이슈와 접근방법을 소개하고 있다.

13장은 비행청소년이나 범죄인, 알코올중독자 및 기타 정신장애인 등

과 같이 사회적 일탈자 혹은 부적응자라고 정의되는 대상집단의 문제현
황과 특성을 논의하고, 이에 대한 사회복지적인 접근을 소개하고 있다.

한편 14장에서는 사회복지적 차원에서 사회적 불평등이라는 이슈가
왜 제기되고, 주목되어야 하는지, 사회적 불평등의 원인은 어디에 있고,
그 해소를 위한 대책은 무엇인지를 논의한다.

마지막 15장에서는 최근 가장 활발하게 제기되고 있고, 주목받고 있는
시민참여라는 이슈를 시민운동과 자원봉사, 공동모금을 중심으로 문제
점과 현황을 논의하고, 향후 사회복지의 과제를 제안하고 있다.

제11장

인구집단과 사회복지

　대표적인 사회복지 분야론으로 일컬어지는 아동복지, 청소년복지, 노인복지, 여성복지 분야들은 해당 인구집단의 특성과 욕구에 근거하여 주요 정책과 실천이 이루어져왔다. 따라서 이러한 사회복지 분야의 발달과 실천 양상들을 심층적으로 이해하기 위해서는 해당 인구집단의 발달적 특성을 이해하는 것이 중요하다. 실천 현장의 사회복지사 또한 발달적 특성에 기초하여 클라이언트의 욕구를 이해하고 서비스를 개발할 수 있기 때문이다.

　일반적으로 인간발달이라고 하면 주로 아동이나 청소년처럼 성장기 인구집단에만 한정되는 개념으로 이해되기도 하지만 최근 발달이론들은 발달이라는 과정이 전생애적으로 이루어지는 과정이며 다만 시기별로 독특한 발달과업이 존재한다는데 동의하고 있다. 한 개인의 독특한 발달과업은 신체적 성장과 사회문화적 압력의 복합적인 영향에 의하여 생애 특정시기동안 나타나게 된다(이혜원, 1999). 이러한 발달과업은 사춘기나 갱년기에 경험하는 신체적, 심리적 변화와 같이 인간이라면 누구나 똑같이 경험하는 보편적인 과업도 있고, 정년퇴직으로 인한 심리사회적 적응이나 남녀 성역할과 같이 사회문화적으로 시기와 양상이 다른 과업도 있다. 또한 신체기능의 조절이나 언어능력과 같이 일단 수행하고 나면 이전단계의 과업은 보다 쉽게 달성할 수 있는 과업도 있는가하면 자아정체감과 같이 청소년기에는 정체감 형성과 관련된 이슈가 등장하고, 가정을 이루는 성년기, 직장생활의 정점을 경험하는 중년기에 있어서도 다른 양상의 자아정체감 이슈가 등장하는 것처럼 여러 발달단계마다 반복적으로 등장하는 과업도 있다.

따라서 본 장에서는 아동과 청소년, 노인, 여성의 사회복지적 욕구와 문제, 서비스 현황을 해당인구의 발달적 특성과 관련하여 기술할 것이다. 특히 여성복지의 경우, 우리 사회 여성이 보편적으로 경험하는 성역할 발달특성에 기초하여 여성복지서비스의 필요성을 살펴볼 것이다.

1. 사회복지 대상으로서의 아동과 청소년

아동과 청소년은 사회복지의 주된 대상집단으로 자리잡아왔다. 이들은 성인이 아니기에 스스로 자신의 삶을 책임질 수 있는 능력이 부족하고, 또한 그러한 의무를 부여받지 않는다. 사회는 아동, 청소년이 사회의 완전한 성원으로 성장할 수 있도록 보호와 양육을 책임져야 한다. 물론 전통적으로 아동, 청소년의 양육과 보호는 가족의 책임아래 있어왔다. 일차적 보호자인 부모의 책임 아래 이들은 성장하는 것이다. 그러나 산업화와 근대화이후 급속도로 변화해온 우리 사회에서 가족이 아동, 청소년에 대한 완전한 보호와 양육을 책임지기에는 역부족이다.

우선 핵가족화는 가족의 해체를 보다 용이하게 만들었을 뿐 아니라, 가족해체 이후 전통적인 확대가족제도 아래에서 제공받을 수 있었던 완충망 역할을 더 이상 기대하지 못하게 만들었다. 특히, 이혼으로 인한 가족해체의 증가는 점차 확산되어 1999년 기준으로 연간 이혼건수는 11만8

천 건으로 전년에 대비하여 1천 건 늘어났고, 1일 평균 323쌍이 이혼하는 것으로 나타났다. 이러한 가족구조의 변화는 아동, 청소년들에 대한 보호를 더 이상 가족에게만 맡겨놓을 수 없게 만들고 있다. 또한 여성의 사회참여가 증대되면서 양육에 대한 사회적 책임이 강조되고 있으며, 가족은 있으되 가정은 없고, 부모는 있으되 보호자는 없는 상황이 증대되고 있다. 이에 전통적으로 아동과 가족에 많은 관심을 가져온 사회복지로서 이들 대상에 대한 관심과 실천적 노력이 더욱 많이 요구될 수밖에 없는 실정이다.

1) 아동 및 청소년의 발달적 특징

실천 현장이나 일반인들 사이에서 아동과 청소년에 대한 정의는 주로 학교의 진학 단위와 관련하여 이루어져 왔다. 즉, 초등학교까지의 연령을 아동기로 칭하고, 청소년기는 그 이후 사춘기 시기 즉, 중·고등학교의 연령으로 구분하여 일컫는 것이 상식이었다. 그러나 아동복지법에 근거할 때 아동은 18세 이전의 미성년자를 일컫는 개념이라면 청소년은 청소년보호법 상 19세미만의 미성년자를 의미하는 개념이어서 두 용어는 사회복지서비스 제공의 관점에서나 연령적으로나 상당히 중복적인 것이 사실이다. 또한 인간 발달이라는 관점에서도 아동기와 청소년기는 각각이 구분된 시기라기보다 연장선상에서 이해해야 한다는 논의가 우세하다. 따라서 본 장에서도 아동과 청소년을 굳이 구분하지 않고, 연속선상에서 논의하고자 한다.

아동, 청소년기의 발달적 특성 중 가장 대표적인 특성이라 볼 수 있는 것이 바로 의존성과 성숙이라 할 수 있다. 먼저 아동은 성인과 비교할 때, 심신이 미성숙한 상태이자 생애주기를 통틀어 가장 급격한 성장속도를 경험하는 시기이다. 이에 아동은 생존과 신체적, 지적, 사회적 발달을 위해 타인의 사랑, 관심, 보호에 의존할 수밖에 없다(표갑수, 2000). 그러나 아동의 입장에서 이러한 의존상태는 점차 성장하면서 벗어나고 싶은 굴레로 받아들이기도 한다. 이른바 독립에 대한 욕구가 커지는 것으로, 그 어원적 의미가 '성숙해지다'인 청소년시기(adolescence)에서 가장 고조에 달한다.

우선 아동기에서 의존이라 함은 성장에 위협적인 환경에서 아동은 보호받을 권리가 있고, 아직까지는 사회환경의 적응에 필요한 여러 역할과 능력을 누군가로부터 학습해야 함을 의미하는 것이다. 즉, 성인의 보호와 훈육이 필요한 시기라는 것이다. 한편 성숙이라는 특성은 단순히 신체적인 성장뿐 아니라 다양한 심리적, 사회적 성숙, 독립의 욕구를 내포하게 된다. 즉, 자아정체감을 형성해가면서 자신과 관련된 일은 스스로 결정하고 싶고, 독립된 존재로서 타인의 간섭을 받고 싶지 않은 욕구를 갖게 되는 것이다. 이러한 두 욕구는 상당히 상충적인 욕구로서 아동, 청소년복지의 많은 영역에서 부딪치는 많은 쟁점과 딜레마의 핵심적인 요소라 할 수 있다. 일례로, 청소년보호법의 경우 19세 미만의 청소년에 대해 법에서 정한 유해환경과 유해매체물을 경험하는 것을 금하고 있다. 이는 격리, 제한, 금지를 통해 미성숙하고 의존적인 아동, 청소년에 대해 성인과 사회가 제공하는 가장 적극적이고 강력한 보호조치라 볼 수 있다. 그러면서도 다양한 청소년 단체나 수련기관, 진보적 교육단체들에서는 청소년들의 표현의 자유와 창의성까지도 해하는 지나친 규제나 실효성 없는 처벌 강화에 대해 이견을 가지고 있는데 이는 청소년들의 성숙과 독립의 욕구를 인정하고자 하는 시도라고 할 수 있다. 흡연과 음주같은 이미 우리 청소년들 사이에서 만연되어 있는 지위비행들도 어떤 의미에서 이러한 행위는 청소년들에게 자신이 충분히 성숙하였음을 보여주고 싶은 것일 수 있다.

중요한 것은 이 두 욕구가 서로 배타적인 것만은 아니라는 것이다. 즉,

아동, 청소년기에 의존의 욕구가 충분히 충족되어야 하고, 이는 성숙과 독립이라는 자율적인 성인으로서의 토대를 마련하는 것이다.

그러나 결손가정의 아동, 소년소녀가장, 생활시설에 있는 아동의 경우와 같이 요보호 아동의 경우 이러한 발달과업을 완수할만한 물리적, 인적 환경이 매우 열악하다. 예컨대, 시설아동은 부모자녀관계를 경험하지 못하고 집단생활 속에서 개별화된 처우를 받지 못함으로써 자신감이 결여되어 있고, 대인관계에서의 어려움을 보이기도 한다. 또한 소년소녀가장이나 결손가정의 아동도 부모의 상실로 인해 의존욕구가 충족되지 못하기 쉽다. 저소득가정이나 실직가정의 경우에도 부모가 있으되 경제적 어려움으로 인해 취업전선에 나서게 되고, 그 자녀들은 성인의 보호 아래 성장하여야 할 시기에 다양한 성인역할을 요구받게 된다.

따라서 요보호 아동이나 청소년들에게 가장 필요하고 중요한 것은 안전한 보호와 건전한 성인역할모델을 제공할 수 있는 개별화되고, 신뢰로운 "관계" 자체이다. 일반아동이나 청소년도 마찬가지지만 특히 요보호 아동 및 청소년은 바람직한 역할모델이 되어줄 성인의 보호가 필요하다. 이때 성인은 항상 의존에 따른 보호의 기능만을 수행하는 것이 아니다. 성인은 적절한 시기에 아동, 청소년의 성숙을 위해 독립된 존재임을 깨닫게 해주는 경험을 제공해줄 필요가 있다.

2) 아동 · 청소년 문제현황과 사회복지적 과제

아동 · 청소년기에는 다양한 심리사회적 문제가 있을 수 있으나 본서에서는 사회복지서비스와 관련하여 살펴보고자 한다. 즉, 아동, 청소년 문제중에도 특히 아동학대, 소년소녀가장과 같은 결손가정의 문제, 결식 아동의 문제, 청소년 비행문제 등을 중심으로 살펴보면 다음과 같다.

(1) 아동학대

기존의 아동학대 문제는 가족내의 훈육문제로 치부되어, 가족외부인이 간섭하는 것을 꺼려해 온 것이 사실이다. 그러나 아동학대의 문제는 이제 해당가족만의 문제가 아니라 아동의 권리와 직결된 폭력의 문제이다. 그렇기에 사회적 관심과 적절한 개입이 무엇보다 필요하다.

최근 보건복지부(2000)에서 조사한 결과에 따르면, 우리나라 아동학대 발생률은 다음과 같았다. 신체학대 발생률은 23.5%였으며, 그 중 구타율은 20.2%, 폭행 및 상해 발생률은 9.6%로 나타났다. 이러한 구타, 폭행 및 상해행위는 아버지보다 어머니에 의해 발생하는 경우가 훨씬 높게 나타나고 있다.

정서학대 발생률은 1년에 20회 이상 부모로부터 정서적 학대를 받은 경우가 19.0%로 나타나 우리나라 부모들이 양육의 과정에서 자녀들에게 말을 함부로 하거나 언어적 위협을 자주 사용함을 알 수 있다. 특히, 학령기로 접어들면서 아동을 방임하는 경향이 높아지는데, 이는 아직 부모들의 지속적인 보호가 필요하고 자기보호의 기술이 부족한 아동에게 영양결핍, 재해 및 안전사고에 노출될 가능성을 높이는 결과를 초래한다. 이 조사에서 우리나라 아동학대 발생률을 산출한 것을 보면 43.7%로 나타나 외국에 비해 상당히 높은 수준임을 보여주며, 아동학대가 세대간 전이가 된다는 점을 감안할 때 아동학대의 문제에 대해 사회복지적 개입이 시급히 강화되어져야 한다.

(2) 소년소녀가장 문제

소녀소녀가장은 부모의 사망, 질병, 심신장애, 가출, 이혼, 복역 등으로 만 20세 이하의 소년소녀가 실질적인 가장으로서 가계를 책임진 세대로 국가의 보호지원을 필요로 하는 세대를 말한다. 현재 소년소녀가장 세대는 1985년 4,901세대 11,125명에서 1990년 6,696세대 13,770명, 1997년

9,544세대 16,547명으로 계속 증가하는 추세이다(보건복지통계연보, 1999; 오승환, 2000). 소년소녀가장의 발생원인은 가족구조의 결손, 가족해체의 증가라 할 수 있다. 이들 중 부모 모두가 사망한 경우는 25.1%이며, 아버지가 사망하고 어머니가 생존한 비율이 57.8%, 부모 모두 생존한 비율은 12.1%, 어머니가 사망하고 아버지가 생존한 경우는 4.2%이다(김응석, 이상헌, 1994).

소년소녀가장은 성인이 책임져야 할 가장의 역할을 아동, 청소년기에 맡게 된다는 점에서 경제적 어려움, 교육의 포기, 열악한 주거환경, 심리적 문제, 가사관리의 문제 등 여러 측면의 문제를 경험할 가능성이 높다. 그렇기에 이들에 대한 사회복지서비스는 단순히 경제적, 물질적 지원에만 그쳐서는 안 된다. 이들이 맡고 있는 가장의 역할을 대신하거나, 지원해줄 수 있는 성인의 존재가 반드시 필요하다. 정기적으로 이들과 접촉하면서 정서적 지지를 제공하고, 바람직한 성인의 역할모형을 제시해줄 수 있어야 하는 것이다.

(3) 결식아동 문제

1997년 IMF관리체제 이후 증가된 결식아동은 1996년 12,381명에서 1998년 139,280명으로 급증하였다. 이는 전체학생 중 1.7%에 해당되는 숫자이다. 이러한 결식아동의 증가는 가구주의 실직이 가장 큰 원인이며, 일차적인 생계문제 이외에도 학습부진, 낮은 자아존중감, 비행 등의 심리사회적 문제들을 경험하는 것으로 보고된다(이혜원, 1999). 따라서 결식아동이 중식지원을 받을 때 느낄 수 있는 낙인감을 최소화하고, 자아존중감 및 학습수행능력을 향상시키며, 부모의 보호적 역할을 지원해줄 수 있는 사회복지서비스가 강화되어야 한다.

현재 결식아동에 대한 지원사업은 교육부의 결식학생 중식지원사업과 종교단체 및 사회복지기관의 푸드뱅크사업, 민간단체의 모금운동 등이

있다. 특히 방학중 결식아동을 위한 지원사업을 확대하기 위해, 사회복
지기관을 중심으로 지역사회내 다양한 자원을 연계하여 보호체계를 구
축할 필요성이 있다.

(4) 청소년 비행

  일반적으로 청소년 비행에는 폭력이나 절도 등과 같이 반사회적인 일
탈행위가 우선적으로 포함되지만, 지위비행이라 하여 성인이 하면 문제
가 되지 않는 흡연이나 음주 등도 비행의 한 유형으로 정의된다. 즉, 발달
의 과도기에 있는 청소년이 하게 되면 사회문화적으로나 윤리적으로 규
제를 받는 행위를 말한다. 우리나라 청소년들의 대표적인 지위비행이라
고 할 수 있는 흡연, 음주 문제의 경우, 상당히 심각한 수준에 달하고 있
다. 청소년의 64%가 음주를 경험한 것으로 보고하고 있고, 경험자의
37.5%가 한 달에 2~3번 이상 음주를 하고 있으며, 일주일에 한 번 이상
마시는 심각한 학생도 11.7%나 되는 것으로 나타났다(한국교육신문,
1996, 9.25).

  또 우리나라 일반 청소년의 약 7.1%가 가출청소년인 것으로 보고되고
있으며, 이러한 가출의 주요 원인으로는 잘못에 대한 꾸중, 가정불화, 성
적불량, 친구의 꼬임, 충동 등의 순으로 나타났다. 가출청소년의 70% 정
도는 서비스 업소나 유해업소에 흡수되어 범죄와 윤락, 약물복용 등의
문제로 빠져들게 된다. 아울러 우리나라의 전체 소년범죄 중 학생범죄가
차지하는 비율은 1989년에 48.5%이었던 것이 1993년에는 59.7%, 1994년
에는 64.3%로 매년 증가하는 추세이고, 학생범죄 중 흉악사범은 10년 전
과 비교할 때, 80% 이상의 증가율을 보이고 있다(문화체육부, 1998).

  이러한 결과는 더 이상 학교가 청소년 비행의 안전장치로 기능하지 못
하며, 이는 청소년 비행을 소수 학생의 문제가 아닌 우리나라 전체 청소
년이 노출되어 있는 위험으로 간주해야 할 필요성을 제기하는 것이다.

이러한 청소년비행의 예방과 개입을 위해 청소년관련기관에서의 상담 서비스를 강화할 필요가 있으며, 무엇보다도 학교에서 조기발견과 예방이 이루질 수 있도록 학교내 원조체계가 수립되어야 할 것이다.

이상에서 살펴본 아동, 청소년문제의 해결을 위해 필요한 사회복지서비스는 크게 지지적(supportive) 서비스, 보조적(supplemental) 서비스, 대리적(substitutive) 서비스로 유형화할 수 있다(Kadushin, 1980).

지지적 서비스란 부모와 아동이 그들 각자의 책임을 효율적으로 수행할 수 있도록 그들의 능력을 지원하고 강화시켜 주는 서비스를 말한다. 이러한 서비스는 아동과 청소년들이 자신의 가정에서 머물러 살면서 받을 수 있는 서비스이며 사회복지기관들은 외부에서 그 역할 기능이 제대로 수행되도록 도와주는 역할을 수행한다. 예컨대, 집단상담이나 부모교육 등을 통해서 부모의 원조 및 보호기능을 제고, 강화하는 지원 역할에 초점이 있는 서비스이다.

보조적 서비스는 가족 내부에서 특히 부모들의 역할의 일부를 보조하거나 대행하는 것이다. 대표적인 것으로는 맞벌이 부부의 자녀를 위한 탁아보호서비스, 유기나 학대받은 아동을 위한 프로텍티브 서비스(Child Protective Service), 위기나 부모의 부재 상황에서의 가사노동을 도와주는 가사도우미서비스(Home-Maker Service) 등을 들 수 있다.

마지막으로 대리적 서비스는 아동과 청소년이 자신의 가족을 완전히 떠나서 다른 가족에 의해서 보호를 받을 수밖에 없는 상황 즉, 버려진 아동들과 같이 보호자를 지원하는 서비스가 불가능할 경우 근본적으로 가정환경을 대체해주는 서비스로서 입양이나 시설보호 등이 이에 포함된다.

성매매 청소년 처벌 (동아일보, 2001. 6. 8)

'청소년 성매매(원조교제)'를 한 청소년도 형사처벌 하는 방안을 두고 논란이 일고 있다. 검찰은 5일 "청소년은 처벌받지 않는다는 인식이 청소년 성매매를 부추기는 등 문제가 있다"며 윤락 청소년과 숙박업소 주인까지 처벌하도록 관련법 개정 건의서를 법무부에 제출했다. 그러나 이에 대해 여성 및 청소년단체들은 해당 청소년들은 잘못된 사회구조 아래서 발생한 성폭력 피해자이기 때문에 형사처벌로 전과자 낙인을 찍기보다는 선도가 우선돼야 한다며 반발하고 있다.

▼찬성 입장 : 지광준(강남대 법학교수)

1) 자발 매춘, 감싸면 또 비행

국민적 관심 속에 청소년 성보호법이 시행된 지 1년이 다되어간다. 실제 우리나라는 10대 청소년들에 의한 성매매 행위가 사회적으로 커다란 문제가 되고 있다. 이런 면에서 이 법이 미성년자의 매춘행위를 규제할 수 있다는 순기능적인 역할을 긍정하지 않을 수 없다. 그러나 성을 사는 행위의 개념규정, 이 법을 위반한 자에 대한 신상공개조항, 성을 판 청소년에 대한 불처벌의 원칙 등은 현실적으로 많은 문제점을 노출하고 있는 게 현실이다.

특히 문제가 되는 것은 '성을 판 청소년'에 대해 처벌하지 않고 소년부의 보호사건으로 처리하도록 규정하고 있다는 점이다. 이 규정의 취지는 청소년은 확실하게 사회로부터 보호받아야 하며, 성을 판 미성년자는 본인 스스로의 잘못보다는 환경에 문제가 있는 것이므로 처벌해야 할 대상은 사회이며 성을 산 성인이어야 한다는 것이다.

더구나 청소년 성매매 행위로 적발된 여학생이 매춘여성이라는 굴레를 쓰고 견디지 못해 자살한 사건도 있다.

이러한 측면에서 보면 매춘 청소년을 처벌하지 않고 귀가 등 보호조치를 하는 것이 일견 합리적이며 타당성이 있어 보인다.

그러나 누구나 정상적인 사람으로 14세 이상이면 형사책임 능력이 있는 것으로 보아 20세 미만까지는 소년법의 적용을 받는다. 유독 소녀매춘을 한 사람에 대해서만 처벌하지 않는 것을 원칙으로 한다면 법의 형평성에 어긋난다. 매춘 청소년이 자신의 행동에 대해 책임의식을 갖지 않고 마치 청소년은 상습적으로 성매매를 해도 처벌받지 않는다는 오해를 불러일으킬 수도 있다. 실제 많은 미성년자들이 그렇게 알고 있는 경우를 본다. 또한 청소년 성매매는 친고죄이므로 성을 사다 적발된 사람에게 화의를 전제로 하여 돈을 뜯어내는 병폐현상까지 나타나는 실정이다.

더욱 큰 문제는 청소년 성보호법상의 성매매는 강제매춘이 아니라 단순히 미성년자에 대한 성매매이다. 그렇기 때문에 현실적으로는 청소년들이 의외로 자발적이거나 적극적으로 성을 팔겠다고 나선다는 사실이다. 강제 매춘의 경우 가해자를 엄벌하고 피해소녀를 보호하고 도와주어야 한다.

반면 적극적이고 자발적으로 성을 팔겠다고 나선 청소년들은 처벌받아야 한다. 성을 팔아도 처벌되지 않는 점을 악용하여 '앵벌이 조직'과 같은 범죄집단이 형성되는 현실을 가볍게 보아서는 안 된다. 앞으로는 악의적으로 성을 팔거나 이용되는 청소년들도 많이 생길 것이다.

청소년 성매매를 근절하기 위해서는 사회 구성원 모두가 이를 악질적인 범죄로 인식해 서로가 감시하고 맑은 사회를 만드는데 힘써야 한다. 법은 보호받을 권리를 가진 자만이 보호받는 게 원칙이다. 청소년 성보호법에 의해 획일적으로 청소년의 처벌을 배제할 것이 아니고 사안에 따라 검찰과 법원에 의한 사법적 판단이 이루어지도록 맡기는 편이 현명하리라 본다.

▼반대입장: 이명화 (YMCA '아하!' 청소년성문화센터장)

2) 치료와 선도가 근본 대책

여성 및 청소년단체의 각고의 노력과 많은 시민의 서명으로 제정하게 된 청소년성보호법이 시행된 지 1년이 채 지나지 않았다. 이 법은 사회에 만연한 상업적인 성문화가 나이 어린 청소년의 성마저 사고 파는 풍조를 막기 위해 진통 끝에 내놓은 고육책이었다. 논란이 됐던 청소년 성매수자의 신상공개 제도는 7월부터 시행될 예정이다. 그러나 가해자의 인권 보호라는 이유로 신상공개 내용 및 대상이 축소되어 법제정 의지가 얼마나 실현될지 의심스럽다.

최근 발표된 검찰의 청소년 성 매수자 사법처리 현황을 보면 기소된 피의자 중 6%만이 실형을 선고받았다. 실형을 선고받은 이유는 같은 범죄의 재범자이기 때문이고 그나마 1심 형량이 징역6월~1년에 그치고 있다. 청소년 성매매의 특성상 단속이 쉽지 않아 재범이 되기는 더욱 어려운 현실을 감안할 때 대다수 성매수자들은 법의 제지를 거의 받지 않고 있다 해도 과언이 아니다. 과연 사법부가 독버섯처럼 번지고 있는 청소년 성매매 행위를 근절하고자 하는 의지가 있는지 의심하지 않을 수 없다.

현행법의 집행이 이러할진대 성매매 청소년 당사자를 형사처벌하겠다고 하니 도무지 이해할 수 없다. 물론 이런 제안을 하게 된 배경은 일부 수긍이 간다. 청소년 성매매의 경우 상습적으로 재발하는 경우가 많고, 이를 악용한 2차 범죄도 생겨나고 있으며, 이들을 선도·교화할 수 있는 장치가 부족하기 때문이라는 것이다. 그러나 이는 일부 청소년의 문제를 확대 해석하여 내놓은 방책으로 명백한 한계를 안고 있다고 본다.

현장에서 부닥쳐보면 해당 청소년 중 상당수는 가출을 했으며 학교에 다니지 않는다. 이들은 오랫동안 가정과 학교로부터 구조적으로나 심리적으로 버림받고 상처받은 청소년이다. 가정폭력과 성폭력 그리고 어른들의 왜곡된 성문화에 노출된 아이들은 생존의 수단으로 성매매에 길들여진 것으로 보인다. 그러나 이들의 솔직한 바람은 떳떳한 직장을 갖고 평범한 가정을 이루는 것이다. 형사처벌로 평생 전과자의 낙인을 남기겠다는 것은 있을 수 없는 일이다.

현행법에 의해서도 보호관찰, 소년보호시설 감호위탁, 소년원송치 등 다양한 조치를 취할 수 있다. 문제는 이 아이들에게 재활의 기회를 주고 치료할 수 있는 사회복귀시스템이 마련되어 있지 않다는 사실이다. 선도보호시설과 상담소를 설치하여 프로그램을 운영할 수 있도록 하고 있으나 이는 법조문일 뿐이고 어떠한 사회적 기반도 없는 실정이다. 하루 속히 형사처벌보다는 치료와 선도가 우선될 수 있도록 힘써야 한다.

비록 범법행위를 한 청소년이라도 그들이 문제아라기보다는 미래 사회의 성원이자 일꾼이라는 청소년보호의 철학으로 사회안전망을 만드는데 노력해야 한다. 그들을 자기 자식처럼 생각하고 보다 세심한 사랑과 배려를 쏟아주기를 기원한다.

2. 노인 문제와 사회복지적 접근

1) 노년기 특성과 사회복지적 욕구

'인간은 발달하는 것 같지만 점차 약해지고 퇴화해 가는 과정을 겪는 것이다' 라는 표현은 발달과정과 노화(Aging)라는 과정이 별개의 과정이 아니라 출생부터 사망에 이르기까지 인간이 경험하는 다양한 변화를 총칭하는 동일한 현상임을 가리키는 것이다. 즉, 모든 인간은 노인이 되어가는 것이며 현재의 노인문제는 미래의 자신의 모습이기도 하다는 것이다.

노인을 보다 구체적으로 정의하는 방법은 해당 국가 혹은 사회의 평균연령의 차이에 의해 달라진다. 즉, 노년기의 사회적 정의가 어떤 시점에서 접근하느냐에 따라 달라지는 것이다. 예를 들면 개인의 발달사에 의해 개인의 생애를 몇 개의 단계로 나누는 방법, 직업생활상의 변화를 기준으로 단계구분 하는 방법, 가족주기에 의해 단계구분 하는 방법 등이 있을 수 있지만 노인문제를 제도적으로 대처하려고 하는 접근에 있어서는 법제도 상의 연령구분에 의하여 일률적으로 노인을 규정하는 것이 일반적이다(최선화 외, 1999).

우리나라에서 노인이라고 함은 일반적으로 회갑잔치를 하는 출생후 60세 시기 또는 65세 이상이 된 분들을 말한다. 현재 구미 여러 나라에서는 65세 이상을 노인으로 규정하고 있고, 우리나라의 노인복지법 역시 65세 이상의 자를 노인으로 규정하고 노인복지서비스를 제공하고 있다. 최근 건강증진프로그램이나 은퇴후 여가 프로그램 등을 계획할 때는 이보다 낮은 연령 예컨대 55세 정도를 고령자로 칭하기도 한다.

노인이 되어가는 과정 즉, 노화과정을 통해 노년기의 특성을 논의하는 연구들에서는 노화를 크게 ① 신체기능의 점진적인 저하와 같은 생물학적 노화 ② 자신감의 위축과 같은 심리적 노화 ③ 역할축소나 상실과 같은 사회적 노화로 구분한다. 그러나 이 세 가지 영역을 편의상 구분하여 논의하지만 별개영역이나 일방적인 관계가 아니라 상호적이며 순환적인 과정에 놓여 있음을 강조한다. 예컨대, 당뇨병과 같은 노인성 만성질환으로 인해 신체적인 기능이 저하되면 정상적인 대인관계나 사회적인 역할수행에 어려움을 경험하게 되고, 이는 우울이나 자신감 저하, 삶의 의욕저하와 같은 심리적 위축으로 연결되면서 더욱 신체적 건강에 악영향을 미치기도 하는 것이다.

한편 노인의 욕구를 중심으로 노년기의 특성을 고찰한 박광준(2000)은 노인의 욕구가 충족되지 않은 상태를 노인문제로 규정함으로써 사회복지서비스에 대한 직접적인 함의를 제공하고 있다. 예컨대, 노인을 소득상실자, 보건의료서비스가 보다 많이 필요하고, 수발이 필요한 자, 역할 없는 역할을 가진 자, 심리적으로 고립된 자, 임종을 앞둔 자, 주택에 머무는 시간이 긴 자 등으로 구분하였다.

이러한 노년기 특성에 근거하여 우리나라 노인들의 사회복지 관련 욕구를 구체적인 실태중심으로 살펴보면 다음과 같다.

(1) 소득보장의 욕구

노인은 소득상실자 곧 피부양자이다. 우리나라 노인 1인당 월평균 수입액은 1994년 20만 9,000원으로 집계되고 있으며 월평균 수입액이 10만원 미만인 노인의 비율이 26.8%로 나타났다. 우리나라의 1994년 1인 가구의 최저생계비가 20만6,402원인 것을 감안한다면(박순일 외, 1994), 우리나라 노인의 상당수가 최저생계비 이하로 생활하고 있다는 것을 알 수 있다.

그리고 주관적으로도 전체 노인의 49.9%가 자신의 현재 경제상태를 '매우 또는 약간 어렵다' 고 느끼고 있는 것으로(정경희, 1999)나타났고, 우리나라 극빈층 인구의 1/3 가량이 노인인구라는 사실에서도 우리나라 노인들의 경제적 불안정성을 가히 짐작할 수 있다(이가옥, 1999).

이러한 노인의 빈곤문제는 무엇보다 노후복지에 대한 사회보장 제도가 미흡한데서 기인하고 있다. 예컨대, 노인수당의 경우, 그 대상범위와 지원내용이 제한적이며, 노령연금 또한 2008년이 되어야 개시되기 때문에 그 이전에는 실질적인 대책으로서의 의미가 없다. 이외에도 노인의 빈곤문제를 더욱 심화시키는 중요한 사회적 요인으로 조기 정년제도를 들 수 있다. 정년제도는 공무원의 경우에는 대체로 58세에서 60세인 경우가 많으며, 경찰, 소방직, 장성을 제외한 군인, 하급공무원이나 기능직 공무원의 경우에도 50세 초나 중반이면 퇴직하게 된다. 기업 또한 90% 이상이 60세 이하 정년을 채택하고 있어 평균수명의 연장 등을 고려할 때 지나치게 낮게 책정되어 있음을 알 수 있다. 이렇게 정년연령이 낮음에도 불구하고 노인복지법상 노인은 만 65세 이상으로 규정되고 있어 대부분의 노인들이 사회복지적 혜택을 받을 수 있는 연령까지의 시간적 차이가 있어서 퇴직후 소득보장 대책이 없다는 것이 지적되고 있다(박민서, 1998).

(2) 의료보장의 욕구

노인은 신체적 기능이 저하되어 보건의료서비스가 보다 많이 필요한 대상이다. 보건사회연구원의 조사결과(1998)에 의하면 노인 인구의 86.7%가 만성질환을 가지고 있으며, 전체 노인의 43.4%가 일상생활을 수행하는데 필요한 장보기, 외출하기 집안일 등에 어려움이 있었다.

치료비가 부담스럽다는 노인인구의 비율은 57.2%에 달했고, 교통이 불편하고, 의료기관을 방문하고 싶어도 도와줄 사람이 없다는 비율 또한 높게 나타났다. 이와 같이 현행 의료보험체계는 급성 질환의 치료를 중심으로 되어 있어서 간병 및 요양이 중시되는 노인성 질환의 특성이 제대로 반영되지 않아 그 어려움이 더욱 가중되고 있다.

(3) 사회적 역할 참여의 욕구

역할은 개인이나 집단이 사회와의 관계를 갖는 중요한 수단이며 역할을 통하여 개인은 사회에 참여하고 사회적 가치를 인정 받는다. 중요한 역할과 관련된 직업생활에서의 은퇴와 소득의 상실은 노인의 사회적 역할을 저하시킨다.

사회적 역할의 감소는 곧 여가시간의 증대를 가져왔으나 적극적인 여가활동에 대한 참여는 매우 저조한 상황이다. 우리나라 노인들의 대다수는 연장된 노년기에 TV나 라디오청취, 신문, 책 보기, 친구, 친척모임 참여, 화투나 장기, 바둑, 집안일, 잡담 등의 단순한 '역할없는 역할'만을 수행하고 있을 뿐이다(이가옥 외, 1994).

(4) 심리적 지지의 욕구

한국보건사회연구원(1998)의 조사 결과에 의하면 우리나라 노인의 41.7%가 노인 단독이나 노부부만이 살고 있는 것으로 나타나서 자녀와 별거하는 노인의 가구가 1988년 24.7%에 비해 크게 증가하였음을 알 수 있다. 이와 같이 자녀별거나 배우자 사별 등으로 인한 노인가구나 독거노인의 증가는 노인들의 소외감을 더욱 배가시킨다.

사회나 가족으로부터의 소외 이외에도 노인은 건강의 악화, 소득 및 역할상실, 지나온 세월에 대한 후회, 그리고 죽음에 대한 불안 등으로 인해 우울감과 고독감을 느낀다. 이러한 심리적인 고독 등은 불면증이나 감정적 무감각 등 구체적인 증상을 유발하기도 하는데 극단적인 경우 자살로 이어지기도 한다. 특히 독거노인의 경우 응급시에 도움을 요청하지 못할지도 모르기 때문에 또는 아무도 모르게 임종하거나 임종후 방치될 수도 있다는 것 등으로 인해 심리적 불안이 더욱 심각하다(최선화 외, 1999).

2) 노인복지의 현황과 사회복지적 과제

최근 노인문제에 대한 관심과 노력은 일부 국가에 국한되지 않는다. 전세계적인 고령화 추세로 인해 다양한 영역에서의 노인문제에 대한 이해와 그러한 문제해결을 위한 사회복지서비스나 프로그램 개발의 필요성이 제기되고 있는 것이 사실이다. 우리나라 또한 예외가 아니어서 1994년 전국규모 조사결과 우리나라 노인의 절반정도가 경제적인 어려움을 호소하고 있으며, 대다수의 노인이 만성질환을 보유하고 있는 것으로 나타나서 경제적, 의료적 사회적 대책의 필요성이 제기되고 있다.

(1) 경제적 지원

65세 이상 노인으로서 정부가 정하는 일정소득 및 자산 기준 미만의 저소득층 노인을 대상으로 지급하는 취지의 경로연금제도는 대상범위 확대 및 노후보장의 실질적인 대책이 될 수 있는 정도로 급여수준이 제고되어야 할 것이다. 또한 건강한 노인들을 위한 취업기회 제공을 지원하고, 정년퇴직후 재취업의 기회를 확대하기 위한 퇴직준비 프로그램 등을 지속적으로 개발, 보급해야 할 것이다.

(2) 의료적 지원

노인의 의료적 욕구에 대해서는 적극적인 예방대책의 수립과 효율적인 질병관리체계가 병행되어야 한다. 즉, 무료검진이나 지역사회 교육 등을 통해 노인성 질환을 조기 발견하고 적극적으로 예방할 수 있도록 해야 한다. 또한 노인성 질환은 치료보다는 장기적 보호, 수발 위주의 도움이 필요하므로 노인 요양시설의 종류를 그들의 욕구에 따라 세분화해 나가야 하며, 노인환자를 전문적으로 치료할 수 있는 노인전문병원 등을 설치 운영해야 할 것이다. 그리고 만성적인 노인성 질환의 효과적 관리를 위해서는 지역사회 내에서의 관리가 필수적이다. 이를 위해서 지역사회복지관에서 제공하는 재가복지서비스와의 보건 및 의료서비스가 유기적으로 연계되어야 할 것이다.

⑶ 여가활동 참여 지원

현재 우리나라의 노인 여가시설은 노인정, 노인복지(회)관, 노인교실, 노인대학 등이 있는데 이러한 여가시설 자체가 양적으로 부족하며, 여가시설 내에서의 바람직한 프로그램, 노인들의 여가활동을 원조할 수 있는 인력 또한 매우 부족한 실정이다. 따라서 여가시설의 증설은 물론 노인 욕구에 맞는 여가 프로그램 개발 및 인력 확보가 시급하다.

특히 우리나라 대부분의 지역에 존재하는 경로당은 일반 노인들이 가장 보편적으로 활용하는 최일선의 여가시설이므로 그 설비를 보완하고 기능을 활성화하여 지역사회 노인들을 위한 노인복지서비스의 중심거점으로 활용하도록 해야 할 것이다.

최근에는 노인의 사회활동 참여를 격려하는 차원에서 노인 자원봉사 활동 활성화의 필요성도 논의되고 있다. 그러나 이러한 참여촉진책이 실질적인 효과를 거두기 위해서는 지역사회가 노인의 사회적 참여를 격려하는 분위기를 조성하는 것이 더욱 필요하다(최선화 외, 1999).

3) 노인복지 시설의 양적 확대 및 재가복지서비스 개선

현행 우리나라 노인복지서비스 체계는 크게 시설에서 노인을 수용하여 서비스를 제공하는 시설노인복지서비스와 가정에 머무르면서 서비스를 제공받는 재가노인복지서비스로 나뉜다. 우선 시설노인복지서비스로는 양로시설, 노인복지주택과 같은 주거공간과 관련된 서비스와 노인전문요양시설이나 노인전문병원과 같은 의료관련 서비스들을 들 수 있지만 이들 모두 매우 부족한 상황이다. 1997년 12월 현재 173개 노인복지시설(101개의 양로시설, 68개의 요양시설, 4개소의 치매시설)에 13,486명의 노인이 수용보호되고 있다. 이 수치는 65세 이상 노인 총수의 0.3%에 불과한 것이다.

한편 재가노인서비스는 노인교실이나 탁노소와 같이 낮시간 동안 시설을 이용하거나 단시일 동안 일시적으로 노인복지시설에 수용보호를 받는 방법과 집에서 외출이 어려운 노인들에게 가정봉사원을 파견하거나 각종 서비스를 날라다 주는 방법으로 구분된다. 재가복지서비스 역시 매우 한정된 인구층, 그리고 한정된 지역거주자 만이 수급자격을 가지고 있다. 즉, 수급자격을 가진 자는 전체 노인의 6.1%가 되어 있으나 1997년 기준으로 5,865명이 이 서비스를 수급하고 있으므로 자격자의 3%만이 실제로 서비스를 수급한 것이 된다(임춘식, 1998).

따라서 현저하게 부족한 노인복지시설의 양적확대도 중요하지만 노인의 개개인의 욕구에 따라 시설의 세분화를 시도하고 장기보호시설의 서비스 수준을 향상시켜, 내실화를 기하며 방문간호서비스 및 재가복지서비스를 활성화하여 제공하는 노력이 필요하다.

결론적으로 노인복지정책의 전반적인 기조는 노인 개개인의 다양한 욕구를 충족시킬 수 있도록 노인의 경제적, 건강상의 특성을 감안하여 탄력적으로 개발, 시행해 나가야 할 것이다. 즉 빈곤하고 건강하지 못한 노인에게는 우선적으로 최저생활보장을, 건강하고 수입이 필요한 노인에게는 취업의 장을, 수입은 그다지 필요하지 않지만 활력있는 노년기를 보내고자 하는 건강한 노인에게는 여가활동 및 자원봉사활동의 기회를 제공할 수 있어야 하겠으며, 건강하지 못한 중산층 이상의 노인에게는 다양한 유료재가 보호서비스를 제공할 수 있어야 하겠다. 따라서 앞으로 노인복지정책은 현재의 저소득 중심정책에서 나아가 모든 소득계층 노인의 다양한 욕구 및 문제를 해결하는 방향으로 나아가야 할 것이다(이가옥, 1999).

아름다운 노년, "사랑의 전화" 자원봉사자 이영수씨

(국민일보, 2001. 6. 11)

"0에서 3을 뺄 수 있습니까?" "아니오" "그러니까 바로 옆집에서 1을 꿔와야 돼요" "아, 또 빌려와야 하나?"

이 말에 교실은 웃음바다가 됐다. 들리는 내용만 살펴보면 초등학교 1학년 교실 같지만 목소리는 세상 풍진을 다 겪은 할머니들의 쉰 목소리다. 지난 8일 사회복지법인 사랑의전화 '성인한글교실' 화·목반 교실에선 60~70대 할머니 10여명이 '젊은 할머니 선생님' 이영수씨(62)의 산수 강의를 듣고 있었다. 이씨는 월·수반 교사인데, 이날 화·목반 교사가 일이 있어 못나오는 바람에 대신 강의를 맡았다.

예순이 되던 지난 99년부터 일주일에 두 번씩 '사랑의전화'에 나와 자원봉사를 하고 있는 이씨는 인생은 60부터라는 말을 실감하고 있단다.

"나를 필요로 하는 사람들이 있다는 사실이 너무나 즐거워요. 지금까지와는 또 다른 삶을 살고 있지요."

지난 60년부터 79년까지 대구 부산 등에서 초등학교 교사를 했던 이씨는 그때보다 지금이 더 보람있다고 말한다. 성인한글교실은 1년 과정이며 3월과 8월 신입생을 모집한다. 해마다 20여명의 신입생이 들어오는데, 글씨와 숫자를 모르는 이들이 대부분이다. 손이 굳어 연필도 쥐지 못했던 할머니들이 손자손녀 이름도 쓰게 됐다며 싱글벙글할 때, 은행 갈 때마다 숫자를 몰라 부탁하곤 했는데 이젠 혼자서도 척척 한다고 자랑할 때 이씨 얼굴에도 덩달아 함박웃음꽃이 핀다.

"일흔 넘은 노인들이 뭔가 배우겠다는 마음이 얼마나 아름답습니까. 돌아서면 잊어버릴 나이라는 것을 너무나 잘 알기에 되풀이해 가르쳐드리지요."

차근차근 알기 쉽게 강의하고, 열 번 스무 번 똑같은 것을 틀려도 얼굴 한 번 찌푸리지 않고 바로 잡아주다 보면 오전 10시부터 쉬는 시간 없이 두 시간 꼬박 수업을 해도 시간이 모자란다. 늘 늦게 끝내주는 이씨에게 할머니 학생들은 일기에 서툰 글씨로 "선생님 끝나는 시간 좀 지켜주세요"라고 투정을 부리기도 한다.

수업시간에 한글과 산수만 가르치는 것은 아니다. 일주일에 한 번쯤은 일어서서 자신의 생각을 발표하는 시간도 갖는다.

> "어려운 시대에 태어나 시집살이하고 자식 키우느라 주눅들어 '나'라
> 는 걸 잊고 살았던 분들에게 자신을 불어 넣어주고 싶어서지요."
>
> 한글 산수 여성학까지 가르치는 수업이 끝난 뒤 잠시 갖는 휴식시간
> 에는 할머니들이 선생님이 된다. 인생선배인 할머니 학생들은 이씨에게
> 된장 맛있게 담는 법도 가르쳐주고, 아직 장가 안간 아들을 위해 좋은
> 며느리 고르는 법도 넌지시 일러주곤 한다.
>
> "하루종일 집에 있으면서 며느리와 티격태격하며 '이제 나는 별 볼일
> 없는 사람이구나' 한숨짓는 노인들이 있다면 이곳에서 봉사를 시작해보
> 세요. 내가 정말 쓸모 있는 사람이란 긍지를 갖게 될 거예요."
>
> 거동이 불편한 노인들의 식사를 거들거나 음식을 만드는 일 등 마음
> 만 있다면 도울 일은 너무나 많다고 한다.

3. 여성문제와 사회복지적 접근

1) 여성복지의 개념과 필요성

여성복지의 개념은 그 이론적 지향에 따라 다양하다. 일반적으로 여성
복지란 현존하는 여성억압 및 성차별 문제를 해결하고, 양성평등적 사회
를 구현하려는 사회적 노력으로 여성에게 필요로 하는 사회보장제도를
만들고, 나아가 사회복지서비스를 제공하는 사회복지의 전문분야라고
하겠다.

통상적으로 사회복지 대상의 범주로 어린이, 장애인, 노약자, 그리고
여성을 들어왔다. 물론 이때의 여성은 전체 여성을 대상으로 하기보다는
모성을 전제로 하는 부녀자를 의미하거나 매매춘 여성과 같이 일부 요보
호 여성을 위주로 논의되어 온 것이 사실이다. 그러면 여성 전체가 복지
대상자가 될 수 있는 근거는 무엇인가? 남성복지는 없는데 왜 유독 여성
복지가 따로 논의되는 이유는 무엇인가?

사회복지대상자를 일컫는 클라이언트라는 개념이 복지제도의 발달과

사회적 변화로 인해 과거 사회로부터 소외된 자, 불행한자의 개념에서 점차 해결되어야 할 욕구를 가진 자로 변화해온 것과 마찬가지로 여성복지의 필요성 또한 요보호여성의 문제는 물론 여성 전체가 이 사회에서 경험하는 성차별적 현실과 열악한 처우, 가족 형태 및 기능의 변화와 무관하지 않다. 여성에 대한 의도적 개입이 필요한 이유를 살펴보면 다음과 같다.

첫째, 가족의 기능, 가치관의 변화 등의 사회적 변화에서 초래된 여성복지의 필요성이다. 서구사회뿐 아니라 한국사회에서도 가족은 점차 더 소규모, 핵가족화하고 형태 또한 단순화되고 있다. 이로 인해 여성의 자녀양육기간이 단축되고, 가사노동 부담이 경감되었으며 여성의 사회참여도 격려되는 분위기가 되었다. 따라서 여성 스스로도 사회참여 기회와 능력개발 기회에 대한 욕구가 높아지게 되었고, 이러한 욕구충족 과정에서 필요로 하는 다양한 사회적 서비스와 제도가 요청되었다.

둘째, 취업여성의 증가에도 불구하고 여성에게 열악한 처우가 이루어지고 있다. 우리나라 여성의 경제활동참가율은 85년에 41.9%, 90년에 47.0%, 97년에 49.5%로 계속 증가하고 있다. 이처럼 여성취업자의 양적 확대에도 불구하고 여성들이 여전히 저임금, 미숙련, 단순·하위직에 머물고 있고, 일용근로자, 시간제 근로자 등 불안정한 취업상태에 있는 경우가 많다. 또한 전반적으로 열악한 근로조건 속에서 일하고 있기 때문에 근로조건의 개선, 기혼여성의 모성 보호 및 육아와 직장을 병행할 수 있는 사회적 제도의 마련 및 지원서비스의 제공이 필요하다.

셋째, 가정, 직장, 정치, 사회 영역에서 성차별이 만연되어 있기 때문에 여성 또한 소외된 존재이다. 가부장제 사회구조하에서 여성들은 가족 내에서 자녀출산과 양육, 무임금, 가사노동을 전담하게 되었다. 직장에서 또한 고용기회, 임금, 승진, 배치, 교육훈련, 정년, 퇴직, 해고, 성희롱 등

성차별의 대상이 되어왔다. 사회적으로도 순결이데올로기를 강요당해 왔고, 남성과는 차별적으로 이중적인 성윤리를 강요당했다. 이로 인해, 이혼여성, 미혼모, 윤락여성 등 요호보 여성이 급증했지만 이들에 대한 보호와 대책은 미비한 실정이다.

넷째, 여성가구주나 여성노인이 요보호대상인 빈곤층의 상당수를 차지한다는 점이다. 우리나라의 경우 여성가구 가구주가 전체 가구에서 차지하는 비율은 1980년 14.7%에서 1995년 16.8%로 증가하였다. 과거 생활보호법 기준으로 생활보호대상자 중 여성가구주가 차지하는 비율은 거택보호의 경우 60% 이상을 상회하고 있었고, 최근 시행된 국민기초생활보장법상의 조건부급여 대상자의 상당수도 모자가정의 여성가구주였다. 빈곤층의 상당수가 여성화되는 이유는 가족구조의 변화로 인해 모자가정이 증가한 까닭이기도 하다. 그러나 더욱 근본적인 원인은 이러한 모자가정의 여성가구주들이 노동시장과 불평등한 사회구조에서 보다 불리한 위치에 있다는 사실에서 기인한다고 하겠다.

2) 여성문제의 현황과 사회복지적 과제

최근 우리 사회에서 문제가 되고 있는 주요 여성문제의 현황을 살펴보고, 이에 대한 사회복지적 과제를 살펴보면 다음과 같다.

(1) 모자가정의 문제

모자가정은 사별, 이혼, 별거, 유기 및 무능력 등의 사유로 인해서 아버지 없이 어머니와 18세 미만의 자녀로 구성된 가구를 말한다. 우리나라 모자가정의 발생원인을 살펴보면, 사별이 가장 많고, 이혼 및 가출, 유기 등의 순으로 나타나고 있다. 이러한 모자가정은 아동양육의 부담으로 취업이 어렵고, 취업을 한다고 해도 사회적으로 여성임금이 저임금화 되어 있기 때문에 충분한 소득보장이 어렵다.

이러한 경제적인 어려움 이외에도 모자가정은 자녀 양육과 교육문제에 보다 많은 고충을 호소하고 있다. 아버지가 없고, 어머니 또한 경제적인 이유로 취업을 해야 하기 때문에 자녀에 대해 충분한 관심을 보이고 양육할 수 있는 기회가 양친가정에 비해 상대적으로 적어지고, 이는 자녀에 대한 정서적, 교육적 방임으로 연결되기 쉽다. 이러한 이중적인 어려움으로 아동은 심리적으로 위축되거나 학업성취면에서 어려움을 겪기 쉽고, 심지어 청소년 비행으로 연결될 수도 있는 고위험 상황에 놓여 있다고 하겠다.

따라서 모자가정을 위한 사회복지적 지원은 단순히 경제적 원조뿐 아니라 아동양육이나 부성부재에 대한 부모 역할 지원이나 정서적 적응 지원 등과 같은 심리사회적 지원이 병행하여 이루어져야만 그 실효성을 거둘 수 있다. 최근 시행된 국민기초생활보장법상 조건부수급대상자로 분류되는 상당수의 모자가정 여성의 경우 자활의 의지와 욕구가 있음에도 불구하고 자녀 양육과 같은 가정내 보호부담으로 인해 자활의 기회를 적절하게 활용하지 못하는 현실이 지적되었다. 따라서 모자가정 여성의 자활을 위해서는 직업훈련이든 취업기회이든 간에 모자가정의 심리사회적 어려움을 동시에 지원할 수 있는 양질의 보육서비스를 병행해서 제공해야만 현실적인 자활대책으로 기여할 수 있을 것이다.

(2) 성폭력 및 아내학대 문제

여성이 피해자가 되기 쉬운 가장 대표적인 폭력은 아내 학대나 성폭력이다. 아내학대는 신체적, 심리적 학대는 물론 배우자강간과 같은 성폭력도 포함된다. 한편 성폭력이란 성을 매개로 이루어지는 무형, 유형의 강제력 행사를 의미한다. 강간뿐 아니라 성적희롱, 성추행, 음란전화, 성기노출, 아내 및 동거자에 대한 강간, 인신매매, 강제매춘, 포르노제작 ·

판매 등이 모두 성폭력의 범주에 포함된다.

이러한 성폭력 피해자들은 심각한 우울과 좌절, 남성혐오나 기피, 가해자에 대한 복수 및 적개심에 시달리고, 피해자임에도 불구하고 더럽혀졌다는 죄의식에 사로잡혀 사회 및 결혼생활에 장애를 겪을 수 있다.

아내학대 역시 폭력이라는 점에서는 성폭력의 매커니즘과 일정정도 유사하지만 가정내 폭력이라는 점에서 발견과 접근이 더욱 어렵다. 남편에 의해 의도적이고 반복적으로 학대받는 여성은 공포, 불안, 수면장애, 과다 경계, 수치심, 낮은 자아존중감, 병적인 증오, 직업적, 사회적 부모로서의 역할기능 손상 등의 부적응을 겪게 된다.

한국 여성의 전화의 쉼터를 이용한 학대받는 여성에 대한 통계에 의하면 남편에게 구타를 당할 때 취하는 아내의 대응양식은 맞고만 있다(38.5%), 무조건 빈다(27.3%), 도망간다(21.7%), 대항한다(33.5%)로 나타나고 있어서 절반 이상의 학대받는 여성들은 남편에게 일방적으로 당하거나 도망가는 식으로 소극적인 대응을 하고 있음을 알 수 있다.

그러나 1997년 11월 18일 가정폭력방지법이 제정되자 보건복지부는 1998년 1월 1일을 기하여 서울을 비롯한 16개 광역시, 도에 국번없는 무료상담전화 '여성 1366'을 개통했다. '여성 1366'은 가정폭력피해자, 성폭력피해자, 인신매매 피해여성, 가출여성, 미혼모, 직업안내 및 각종 상담희망 여성들을 대상으로 여성복지서비스 전달체계의 하나로서 마련된 것이다. 따라서 '여성1366'은 여성 관련 사회복지시설 이용방법과 취업, 훈련기관 안내 등 위기에 처한 여성들이 사회적 자원을 적절히 이용하도록 돕는 위기개입적 전화로서의 성격을 가지고 있다. 그러나 현재는 운영의 초기단계에서 오는 위상과 기능에 대한 방향성이 정립되어 있지 못한 실정이어서 가정문제 종합 상담전화로 더 널리 사용되고 긴급구호체계로서의 기능을 다하지 못하는 결정적인 결함을 가지고 있다. 또한 전적으로 자원봉사자 체계에 의존하며 운영하게 만든 점, 검찰, 병원, 시

설 등의 관련기관간의 협력체계구축 미비, 전화번호에 대한 국민의 낮은
인지도 등의 심각한 문제를 안고 있다(신은주, 1998).

(3) 이혼여성 문제

최근 우리나라에서도 이혼이 급속도로 증가하고 있다. 인구 1,000명 당
이혼율은 1980년에 0.6건에서 1995년에는 1.5건, 1999년도 2.5건으로 크
게 증가하였다. 여성의 사회경제적 지위가 과거에 비해 상대적으로 상승
하게 됨에 따라 남성에 대한 경제적 의존도가 낮아졌고, 가족 및 결혼에
대한 가치가 변화하면서 이혼여성이 보다 증가하고 있다.

그러나 이혼은 개인과 가족체계에 심각한 영향을 미치는 여러 가지 위
기사건 중에서 배우자의 죽음 다음으로 심각한 위기사건이다. 이혼여성
들은 결혼생활 실패에 대한 자존감 저하, 주변의 낙인, 자녀와의 문제, 경
제적인 문제 등을 동시에 경험하게 된다. 특히 자녀 양육 문제와 경제적
인 문제는 이혼과정뿐 아니라 이혼 후에도 지속적으로 심리사회적인 어
려움을 가중시키는 요소가 된다.

결혼 관계 자체를 경제적 원천으로 삼고 있던 전업주부인 경우 이혼으
로 인해 보다 많은 경제적 어려움을 경험한다. 소득원의 상실뿐 아니라
현실적으로 취업을 통해 경제적 자립을 하기에는 장애요소가 많기 때문
이다. 특히 양육권을 가진 여성은 자녀 양육을 위해 불가피하게 직업을
갖게되지만 직장생활로 인해 오히려 자녀 양육에는 소홀하게 되는 모순
에 봉착하게 된다. 이와 같이 이혼여성들은 자신의 이혼사실이 자녀에게
부정적인 영향을 미칠지 모른다는 두려움을 가지고 있으면서도 이혼후
처하게 되는 현실적인 여건이나 자신의 정서적 어려움으로 인해 자녀와
의 의사소통기회는 줄고, 자녀의 욕구에 무감하게 되며, 보다 비일관적
인 훈육을 할 가능성이 높아지게 된다.

물론 이혼 전부터 빈곤했거나 혹은 이혼할 때 재산분할이나 자녀양육

비를 제대로 받지 못한 여성들 가운데 모자보호시설에 입소하게 되는 경우에는 국민기초생활보장법에서 정하고 있는 서비스를 받을 수 있으며 원하는 경우에는 직업훈련과 같은 국가지원의 사회복지서비스를 받을 수 있다(김인숙 외, 2000). 그러나 이외에 이혼여성이나 이혼가족에 대한 정부의 사회복지서비스는 거의 없고, 민간기관에서 제공하는 서비스 또한 이혼과 관련된 전문적인 실천은 매우 부족하다. 한국가정법률상담소의 법률상담 서비스, 여성의 전화의 이혼여성을 위한 집단상담이나 자조집단 지원 등이 있는 정도이다.

　이혼여성을 보다 적극적으로 원조하기 위해서는 경제적 원조나 법률적 조언뿐 아니라 애초에 이혼을 예방하기 위한 결혼준비프로그램이나 가족생활교육프로그램과 같은 예방 프로그램이 일차적으로 실시되어야 할 것이다. 나아가 이혼후 적응을 위한 전문적인 집단 상담이나 자조집단의 활성화를 도모해야 하며 기존에 부모의 이혼과정에서 철저하게 배제되었던 자녀들의 적응을 원조하는 프로그램이나 이혼가정의 문제를 다룰 수 있는 부모교육 프로그램 등이 정부 및 민간차원에서 개발, 보급되어야 할 것이다.

■ 읽을 거리

생리휴가 폐지 움직임에 여성노동계 강력 반발

(여성신문 2001. 6. 10)

　노동부장관과 노사정위원회가 지난 달 30일 생리휴가를 현재 국회에 계류중인 여성노동관련법과 연계시켜 논의하기로 한데 대해 여성노동계의 반발이 거세다.

　▶ 여성노동계가 모성보호관련법안 통과를 촉구하며 국회 앞에서 1인 시위를 벌이고 있다. 지난 5일 릴레이 시위에는 여성학자 오숙희씨를 비롯, 하유설 신부 등 종교인들도 동참했다. 이와 함께 여성에 대한 야간ㆍ휴일ㆍ연장근로 규제 완화 추진 움직임도 일고 있어 "여성노동권에

전면적인 개악의도"라며 노동계가 강력한 투쟁 의지를 표명하고 있다.

한국여성단체연합, 한국여성민우회, 한국여성노동자회협의회, 전국여성노동조합은 성명서를 통해 "모성보호 확대라는 미명하에 전체 여성노동자들의 노동조건과 건강에 실질적인 영향을 미치는 생리휴가를 맞바꾸려는 정부의 시도를 결사 반대한다"고 밝혔다.

민주노총도 "생리휴가는 모성보호의 기초"라며 "모든 여성에게 적용되는 생리휴가와 일부 출산 여성에게만 적용되는 산전후 휴가 연장과 맞바꿀 수 없다"고 강력히 주장했다. 민주노총은 또 "환경노동위원회에서 모성보호와 함께 논의되고 있는 여성에 대한 연장 · 야간 · 휴일근로에 대한 규제조항을 푸는 것은 여성노동자는 물론이고 전체 노동자들의 근로조건을 후퇴시킬 것이며, 노동시간 단축을 논의하고 있는 현시점에서 볼 때 시대역행적"이라며 강하게 반발하고 나섰다.

이번에 또다시 제기된 생리휴가 폐지 움직임은 재계의 요구를 반영한 것으로 전경련과 경총, 대한상의 등 경제5단체는 지난 달 여성고용관련 법안 입법추진에 대해 "육아휴직, 태아검진휴가, 유사산휴가, 가족간호휴직 등 새로운 제도의 도입이나 확대는 '유급생리휴가'와 같이 불합리한 제도를 폐지하는 등 전체 휴일 · 휴가 제도의 합리화 차원에서 동시에 검토되어야 할 것"이라고 밝힌바 있다.

재계는 1997년부터 지속적으로 "유급생리휴가제도는 전 세계적으로 유례없는 제도"라며 폐지를 주장해왔다.

이에 대해 김엘림 한국여성개발원 연구원은 "생리휴가를 시행하고 있는 나라는 우리나라와 일본, 인도네시아 3개국이고, 이 가운데 유급 생리휴가제를 실시하고 있는 곳은 우리나라뿐"이라고 말했다. 김 연구원은 그러나 "고용평등, 동일임금, 모성보호, 가정과 직장의 양립조건, 직장내 성희롱 등 다른 나라처럼 여성노동권을 보장받는 작업환경이 갖춰지지 않은 상태에서 외국에 없다는 이유로 생리휴가를 폐지한다는 것은 문제가 있다"고 지적한다.

여성에 대한 야간근로금지, 출산 · 육아휴직 확대 등 모성보호를 확대해 가는 세계적인 추세에 맞추어 모성의 사회분담화에 대한 방안을 확충한 후 생리휴가 폐지를 주장해도 늦지 않다는 얘기다.

김태홍 여성개발원 연구위원도 "생리휴가를 폐지했을 때 이를 보상해 줄 방안을 마련하지 않은 상태에서 유급생리휴가를 폐지하는 것은 생산직과 영세사업장에 집중돼 있는 여성노동자들의 조건을 감안할 때 국민적 지지를 받기 어렵다"고 지적했다.

　장지연 노동연구원 연구원은 "지난 해 노동부가 마련한 예방의학자들과의 토론회에서 전문의들은 생리기간 중 여성노동자의 생산성이 떨어진다고 밝혔다. 또 개인차가 있기는 하지만 생리전증후군이 심한 여성도 있고, 다른 나라에 비해 작업환경이 열악한 우리나라 여성노동자에게 생리휴가를 주어야 하는 필요성이 크다는 의견이 압도적이었다"고 밝힌다.

　여성노동계는 정부와 재계의 생리휴가 폐지와 여성의 근로조건 개악 움직임에 대해 모성보호관련법 개정을 위한 투쟁을 통해 풀어가겠다는 방침이다. 여성연합 측은 "생리휴가제는 모성보호관련법과 별도로 논의되어야 하지만 두 가지 모두 여성노동자들의 노동권과 국민 재생산, 여성의 인권 차원에서 매우 중요하다"며 "모성보호법 6월 국회 통과를 위해 여성노동계는 총력을 기울일 것"이라고 밝혔다.

김응석 · 이상헌. 「소년소녀가장가족의 생활실태와 정책과제」, 한국보건사회연구원, 1994.

김인숙 · 김혜선 · 성정현 · 신은주 · 윤영숙 · 이계경 · 최선화. 『여성복지론』, 나남 출판, 2000.

문화체육부. 『청소년백서』, 1998.

박민서. 「고령화사회의 노인취업실태와 바람직한 방향」, 『한국사회정책』, 5(1), 한국 사회정책학회, 1998.

보건복지부. 『보건복지통계연보』, 1999.

보건복지부. 『아동학대의 실태 및 후유증연구』, 2000.

신은주. 「사회복지전달계계내에서 '여성1366'의 위상과 전망」, 서울 여성의 전화, 1998.

오승환. 「소년소녀가장의 사회심리적 적응결정요인」, 『사회복지연구』, 제16호, 2000, p. 117-141.

이가옥 · 서미경 · 고경환 · 박종돈. 「노인생활실태분석 및 정책과제」, 서울: 보건사 회연구원, 1994.

이가옥 편. 『더불어 만드는 삶과 희망, 노인복지의 현황과 과제』, 나남출판, 1999.

이혜원. 『노인복지론』, 유풍출판사, 1999, p. 48-49.

이혜원. 「결식아동 중식지원사업의 평가: 시설유형별 부모의 만족도 비교」, 『아동복 지학』, 8호, 1999, p. 79-102.

최선화 외. 『사회문제와 사회복지』, 양서원, 1999, p. 410-415.

표갑수. 『아동청소년복지론』, 서울: 나남출판, 2000.

한국보건사회연구원. 「1998년 전국노인생활실태 및 복지욕구조사」, 『보건복지포 럼』, 1999.

한국여성개발원. 여성통계연보, 한국여성개발원, 1996.

Brooks-Gunn, J., Kleanov, P., Liaw, F. & Duncan, G. Toward an Understanding of the Effects of Poverty upon Children, In Fitzgerald H. E., Lester, B. M. & Zuckerman B.(Eds.), *Children of Poverty- Research, Health, and Policy Issues,* New York: Garland Publishing Inc., 1995.

Huston, A. ed. *Children in Poverty: Child Development and Public Policy,* Cambridge, MA.: Cambridge University Press, 1991.

Kadushin, A. *Child Welfare Services,* N.Y.: MaCmillan, 1980.

〔 추천자료 〕

1. 관련 인터넷 사이트

• 아동학대 신고상담센터

http://www.childabuse.or.kr

한국복지재단에서 제공한 사이트. 아동학대 방지 및 보호를 위한 기관으로, 언제 어디서나 아동학대행위를 신고할 수 있는 온라인 신고접수양식을 제공하며, 다양한 아동학대 사례를 소개하고 있다. 또한 아동학대의 피해와 후유증, 아동학대 발생원인 및 유형, 신고요령 및 예방법, 법적 대응방법과 관련 기관 정보 등을 제공하고 있다.

• 아동보육종합정보망

http://www.educare.or.kr

한국아동보육시설연합회에서 제공하는 사이트로 다양한 아동보육 관련 정보를 포함하고 있다.

• 청소년 관련 사이트 링크 모음

http://www.youthnet.re.kr/hjk/kor/link.htm

주요 청소년 관련 사이트를 링크시켜 놓은 페이지이다.

• 한국청소년상담원

http://www.kyci.or.kr/

상담원의 설립목적과 연혁을 수록하며 예약, 채팅, 음성 등의 상담서비스 안내. 상담사
례 연구논문의 데이터 검색서비스를 제공한다.

• 학교바로세우기 실천연대

http://www.srs.or.kr/

학실련의 창립목적과 연혁을 알려주고 한국 청소년 단체 협의회를 비롯한 참여단체 소
개. 공개 및 비공개 상담실을 운영하며 교육환경에 관한 정보가 포함된 자료가 수록되어
있다.

• 노인복지사업

http://welfare.or.kr/law/aged.htm

사회복지정보원이 제공하는 노인복지 관련 법규 모음 수록. 복지법, 시행령, 개정령, 시
행규칙, 고령자 고용촉진법에 대한 법규 전문을 게재하고 있다.

• Seniorwelfare

http://www.seniorwelfare.com/

노인복지, 복지정책, 복지제도 등의 정보를 마련하고 자원봉사 프로그램에 대해 안내한
다. 동호회와 게시판 서비스를 제공하고 노인관련 방송자료도 제시하고 있다.

• 남녀고용평등법

http://node3.assembly.go.kr:5555/law/law/e0/e003004.htm

법의 적용범위, 관계자 책무, 근로여성복지 기본계획수립에 관해 게재하고 있다. 고용시
남녀의 평등 기회 및 대우 등에 관한 규정을 수록하고 분쟁조정관련 조항 포함한다.

• 윤락행위등방지법

http://node3.assembly.go.kr:5555/law/law/d8/d805026.htm

윤락행위의 정의, 적용상 주의사항, 금지행위 등에 관해 명시하고 보호처분, 선도보호조
치 및 보호내용 수록하고 있다. 또한 요보호자를 위한 복지시설 및 여성복지상담소의 종

류, 설치, 운영 등에 관해 게재하고 있다.

• 여성, 모자복지사업

http://welfare.or.kr/law/women.htm

여성과 모자복지사업 관련법을 모아서 소개하며 모자보건법, 시행령, 개정법률안, 여성
발전 기본법 및 시행규칙 수록하고 있다.

2. 영상매체

• 학대로부터 우리 아이들을 지켜주세요.

(21분: 사회복지법인 한국 이웃사랑회: 99년 10월 제작)

아동학대의 실태와 대책 현황에 대한 소개한다.

• 절대빈곤의 아이들

(MBC PD수첩: 99년 11월 23일 방송: 52분)

IMF경제위기 이후 아버지의 실직과 어머니의 가출로 방치된 아이들의 문제를 조명
한다.

• 교실이야기

(KBS 일요스페셜, 2000년 3월 12일 방송: 55분)

한국심리학회 주관으로 모 중학교에 10일간 무인카메라를 설치하고 관찰한 내용을 통
해 집단따돌림의 문제와 대책을 논의한다.

• 잊혀진 황혼

(노인의 날 특집 다큐멘터리. 목포MBC 99년 12월 13일: 52분)

노인의 다양한 소외현실을 통해 현 사회보장제도의 한계를 재조명한다.

1. 소년소녀가장 제도란 아직 성인이 되지 않은 미성년자에게 가장의 역할과 지위, 나아가 책임과 의무까지 지우는 제도로서 반아동복지적인 제도라는 논의가 있다. 이 논의에 대한 각자의 입장을 토론해 보자.

2. 최근 실버타운과 같은 유료양로시설에 대한 사회적 논의와 관심이 높아지고 있다. 이러한 사회현상의 원인과 전망에 대해 노인복지적 관점에서 생각해 보자.

다음 견해에 대한 찬반토론을 해보자.

3. "굳이 여성복지로 따로이 구분할 것이 아니라 사회복지라는 보다 큰 틀 안에서 여성에 대한 처우를 개선해야만 한다. 그렇지 않으면 여성복지는 여성장애인, 여성노동자, 빈곤여성, 여성범죄, 폭력피해여성…… 등등. 여성을 대상으로 하는 모든 사회복지문제를 끌어 안아야 하는 모순에 빠질 수 있다. 이처럼 여성부에서 사회복지에 관한 모든 걸 끌어 안을 수 있는가? 그리고 이것이 바람직한가? 이것이 가능하고, 바람직하다면 사회복지는 크게 여성복지와 남성복지로 구분하면 되지 않겠는가?"

제12장

사회조직과 사회복지

사회복지의 '환경 속의 인간' 관점에서 '환경'이라 함은 때로 가족으로 때로는 다양한 조직, 지역사회, 국가의 개념으로 구체화되곤 한다. 특히 조직은 회사, 군대, 학교, 병원, 교회 등 혈연집단이나 친목집단이 아닌 특정 목표 추구를 위해 성립된 사회적 단위나 인간집단을 의미한다. 폴락(Pollak)은 사회사업 실천의 이론적인 기틀을 발전시키기 위해서는 조직이론과 성격발달의 정신분석이론과의 통합을 강조해야 한다고 했을 정도로 사회복지에서 조직은 환경과 개인을 관련짓는 매우 중요한 의미를 갖는다고 강조했다(남세진, 1998).

이러한 사회복지관련 사회조직은 크게 두 가지로 분류된다. 첫째, 복지관이나 사회복지시설 등과 같은 사회복지기관이다. 이들 사회복지기관은 사회복지 실천을 최우선의 목적으로 성립된 조직이므로 흔히 일차세팅(primary setting)으로 불린다. 한편 병원, 산업체, 학교 등과 같은 사회조직은 각각의 조직의 고유한 목적—진료, 생산, 교육 등—을 가지고 형성된 조직이지만 일차적 목적을 보다 잘 성취하도록 원조하는 지원의 수단으로 사회복지적 접근을 활용한다. 이러한 의미에서 이 기관들은 이차세팅(secondary setting)으로 불리운다. 예컨대, 병원은 환자의 질병 발견과 치료와 같은 의료서비스 제공을 일차적인 목적으로 하는 조직이지만 포괄적 의미에서 건강의 실현 즉, 환자와 가족의 안녕을 제고하기 위해 의료서비스와 더불어 사회복지서비스를 제공하고, 이는 산업체나 학교도 마찬가지이다. 학교의 목적 또한 학생들의 교육에 일차적인 목적을 가지지만 포괄적인 의미에서 전인교육과 학생복지의 실현을 위해 학교 사회복지사가 교육체계 내에서 활동하게 되는 것이다. 본 장에서는 대표적인 사회조직인 병원과 학교, 산업체에서 사회복지사들이 어떠한 기능과 역할을 수행하는지에 대해 구체적으로 살펴보고자 한다.

1. 병원에서의 사회복지 실천

1) 병원조직의 특성과 사회복지 실천의 위상

현대 의학과 생명기술의 획기적 발달은 인간 수명의 연장과 전염병의 감소를 가능하게 하였지만 역설적인 의미에서 보면 인구구조의 노령화로 만성질환의 종류 및 만성질환자의 수를 현저하게 증가시키게 되었다. 이러한 만성질환 및 장애의 증가, 의학기술의 발전으로 초래된 인구구조의 노령화, 그리고 가족구조의 변화 및 친족간 지지기능의 약화로 인한 의료에 대한 사회적 책임의 증가와 같은 현상은 과거 단순히 질병의 원인을 찾아 진단하고 치료하는 전통적인 의학적 접근의 한계를 드러내 의학에서도 좀더 포괄적이고 지속적인 보호와 지지의 필요성이나 질병의 심리사회적 측면의 중요성을 인식하는 후기 임상의학적 (post clinical medicine) 접근을 시도하게 만든 계기가 되었다. 이러한 변화들은 의료 분야의 사회복지 실천에 새로운 도전과 과제를 제시해주고 있다(조흥식 외, 2000)

병원에 사회복지사를 채용하도록 하는 법적근거는 의료법 시행령에 근거한다. 1973년 9월 20일 대통령령 제6863호로 공포된 의료법 시행령 제24조 2항 5호는 '종합병원에는 사회복지사업법의 규정에 의한 사회복지사 자격증을 가진 자 중에서 환자의 갱생, 재활과 사회복귀를 위한 상담 및 지도 업무를 담당하는 요원을 1인 이상 둔다' 고 규정하고 있다(김규수, 1999). 이에 종합병원이나 신경정신과 그리고 재활분야의 전문 병원에서는 자격을 갖춘 자를 채용하도록 하고 있고, 현재 병원 개원이나 종합병원 승격시에는 필요조건화 하고 있다. 따라서 최근 대규모 신설병원에서는 독립된 부서로서 사회복지과를 두고 다수의 사회복지사를 채용하여 여러 진료과와 팀웍을 이루도록 권장하고 있다. 그러나 의무조항이 아니기 때문에 아직도 많은 병원에서 사회복지사를 채용하지 않고 있거나 채용하더라도 1인의 사회복지사를 구색 맞추기 식으로 채용하는 경우가 흔한 상황이다.

병원조직의 특성이 병원내 사회복지실천의 위상과 활동이 어떠한 영향을 미치는가를 살펴보면 다음과 같다.

첫째, 병원조직은 질병, 신체적 장애나 의료적 처치에 관련된 욕구와 문제에 우선적인 관심을 두고 있다. 즉, 병원에 내원하는 모든 환자와 가족은 의료적인 서비스를 받을 목적으로 오게되지만 의료적인 목적을 보다 효과적으로 달성하기 위해서 다양한 지원적인 서비스가 동시에 요청되는 경우가 많다. 예컨대, 희귀질병이나 극빈 환자의 경우 지나치게 의료비용이 많이 들어서 외부 기금의 원조가 필요한 경우도 있고, 사고로 중도 장애를 겪게된 환자와 가족이 지역사회에서 잘 적응하기 위해서 필요한 서비스를 의뢰해야 할 경우 등 정보제공에서 심리사회적 지원에 이르기까지 다양한 사회복지서비스를 병행해야 할 경우가 많다. 사회복지사 입장에서는 사회복지서비스 제공이 최우선적인 과제이겠지만 그럼에도 불구하고 병원에서 일하는 사회복지사로서 반드시 염두에 두어야 할 것은 환자의 의료적 욕구가 충분히 달성되었는가 라는 점일 것이다.

　둘째, 오늘날 병원조직은 다양한 서비스를 통합적으로 제공해야 하므로 조직내 여러 전문직 간의 팀웍이 필수적이다. 다양한 전문직간에 공존과 협조가 가능하기 위해서는 상호 전문 분야에 대한 이해가 선행되어야 한다. 병원에서 활동하는 사회복지사는 의사, 간호사는 물론이고 영양사, 물리치료사, 언어치료사, 놀이치료사, 심리학자, 약사, 의무기록사와 같은 진료지원부서는 물론 원무과, 총무과 등의 행정부서와도 긴밀한 협조를 필요로 하게 된다. 대부분의 병원에서 사회복지사는 진료부나 진료지원부 내 독립된 과로 편성되는 게 일반적이나 일부병원에서는 독립된 과로 위상을 갖지 못하고 원무과와 같은 행정부서에 소속되거나 정신과나 재활의학과 등과 같은 특정 진료과에 소속되는 경우도 있다. 이와 같이 병원 내 사회복지과의 위상에 따라 타부서와 협조의 범위나 내용에 차이가 있을 수는 있다. 중요한 것은 주요 관련부서와 효과적으로 의사소통하고, 상호 분야에 대한 이해의 노력이 필요하다는 것이다. 초기 병원에서 활동하던 사회복지사들의 주요 업무중 하나가 의료사회복지가 무엇인가에 대해 의사, 간호사를 비롯한 병원내 인력에게 홍보, 교육하는 업무였다는 사실에서도 그 중요성을 알 수 있다.

　셋째, 병원 조직은 주요 이용고객인 지역사회주민의 의료 및 사회적 욕구에 민감하다. 따라서 병원에서 활동하는 사회복지사들 역시 병원내 뿐 아니라 지역사회의 욕구와 자원에 민감해야 한다. 해당 병원의 환자들의 인구사회학적 배경, 해당 병원이 육성하는 특수 진료과에 대한 파악 등을 해두어야 한다. 즉, 화상병동이나 노인병동을 특수크리닉으로 육성하는 병원의 경우에는 재활관련 프로그램이나 가족지원 서비스의 수요가 높기 마련이다. 또한 환자와 가족이 퇴원 후에도 어떠한 지역사회 자원을 활용할 수 있는지 파악해서 연결해주고 정보를 제공할 수 있어야 한다.

　넷째, 병원조직은 공익과 이윤을 동시에 추구한다. 병원은 고귀한 생명을 다루는 공익적인 성격을 가지면서도 자체 조직의 유지와 경영을 위해 이윤을 추구할 수밖에 없다. 따라서 병원의 이러한 이중성은 병원에서 활동하는 사회복지사의 실천에도 상당한 딜레마로 작용하게 된다. 예컨 대, 오갈 곳 없는 행려 환자의 경우, 당장 퇴원후 거처도 없고, 의료비도 상당히 밀려 있는 상황에서 해당진료과나 원무과가 일단 퇴원시키고 보 자 라는 목적으로 환자를 사회복지과로 의뢰하는 경우가 있다. 이러한 경우 병원에 속한 사회복지사가 이들에 대한 퇴원계획을 수립함에 있어 클라이언트의 권익을 최우선으로 옹호하기란 현실적으로 매우 어렵다. 따라서 사회복지사들은 병원 전반의 경영방침과 정책에 위배되지 않으 면서도 클라이언트의 이득에 기여할 수 있는 방법을 찾기 위한 이중적 부담을 갖게 되는 것이다.

2) 병원에서의 사회복지 실천과 기능

의료사회복지란 주로 병원과 같은 의료조직에서 수행되는 사회복지실 천의 한 분야이다. 사회복지적 방법을 동원하여 환자나 가족이 질병에 관련되어 갖게 되는 개인적, 또는 사회적 문제들을 해결하도록 도와주는 과정을 말한다(유수현, 1989). 따라서 사회복지사들이 의료기관에서 수 행하는 가장 핵심적인 기능은 다음과 같이 요약될 수 있다.

첫째, 질병에 대한 환자와 가족의 심리적 상태에 대해 이해한다.

둘째, 환자와 가족의 잠재적 능력과 자원을 발견한다.

셋째, 환자와 가족의 욕구에 적절한 지역사회의 자원을 동원하고 조정 한다.

넷째, 환자 및 그 가족들의 심리사회적 문제를 의료팀에게 이해시켜 그 들이 상호협동을 할 수 있도록 돕는다.

다섯째, 질병의 예방, 건강의 증진, 환자의 재활지도 및 사회복귀를 도모한다.

이러한 의료사회복지 기능을 알아보기위해 정신보건사회사업, 재활의료사회사업, 일반의료사회복지의 주요 활동 분야별로 세분하여 살펴보면 다음과 같다.

(1) 일반의료사회복지

일반의료사회사업분야는 병원에 속한 사회복지사가 환자의 질환이나 치료과정에 저해가 되는 다양한 심리사회적 문제를 해결할 수 있도록 지원하는 대부분의 활동을 수행한다. 예컨대, 질병이나 의료사고로 인한 가족과 환자의 심리사회적인 문제, 빈곤 환자의 경제적 지원 문제나 퇴원 후 생활문제, 자원봉사자 관리, 희귀난치질병 치료에 대한 외부 기금동원, 장기이식에 대한 코디네이터 역할, 지역사회에 대한 예방 교육 등으로 자원활용, 조정의 활동에 중점을 두고 있다. 이러한 활동은 다른 의료사회사업 분야에서도 가장 기본적인 직무이기 때문에 의료사회사업 전체에서 실제 가장 많은 비중을 차지고 있은 분야라고도 할 수 있다.

일반의료사회복지 활동을 장기이식을 예로 들어 살펴보자. 골수이식이나 신장이식 수술을 받는 환자는 대수술을 앞두고 불확실한 예후에 대한 심한 불안과 두려움을 가지게 되고 골수의 공여자에 대한 죄책감, 공여자의 마음이 변할까봐 갖게 되는 두려움, 막대한 수술비용으로 인한 경제적 부담, 이렇게 밖에 할 수 없는 자신의 처지에 대한 연민과 동정 등 다양한 심리적 문제를 겪게 된다. 이러한 심리적 불안은 회복에 부정적 영향을 미치므로 사회복지사는 지지상담과 치료동기를 강화시킬 수 있는 개입을 하게 된다. 또한 의료사회복지사는 공여의 순수성을 평가해야 한다. 즉, 공여자가 비혈연관계에 있을 경우 공여동기가 무엇인지, 법적인 문제는 없는지 혹시 장기 매매의 가능성은 없는지를 확인해야 한다. 공여자가 가족인 경우 가족간의 갈등도 있을 수 있으므로 이에 대한 면

밀한 개입도 필요하다. 공여자와 환자에게 상담을 통해 심리적 지지를
해주고 수술에 필요한 경제적 지원, 사후치료를 위한 계획과 퇴원후 사
후지도를 위해 가족을 교육하고 자조집단을 연결해 주는 것 역시 그들의
업무이다.

(2) 정신보건사회복지

정신보건사회복지는 정신보건사회복지사가 정신적 장애를 가진 환자
나 그 가족의 안녕과 정신건강을 제고시키기 위한 목적으로 사회복지통
합방법론을 활용하여 개입하는 실천활동이다. 따라서 병원 조직내에서
는 주로 정신과에서 활동하는 사회복지사들의 활동이 여기에 속한다고
할 수 있고, 정신과의사, 임상심리학자, 정신보건간호사, 작업치료사 등
과 팀웍을 하게 된다.

정신분열증을 비롯하여 정신과 질환의 상당수는 대부분 재발이 잦고,
만성화의 경로를 겪기 쉽기 때문에 지속적인 의료적 관리와 사회적 적응
에 대한 지원을 필요로 하게 된다. 특히 다른 질환에 비해 사회의 낙인이
심하기 때문에 환자의 정신 및 신체기능 회복수준과는 별개로 일상적인
사회생활로의 복귀에 다양한 어려움을 겪게 되는 것도 사실이다. 따라서
이러한 정신장애인들을 위하여 사회복지사는 재원기간에 다양한 심리
사회적인 어려움이나 장점 등을 평가하고, 가족치료, 집단상담 등을 실
시하게 된다. 나아가 퇴원 후에 사회적응을 돕기 위하여 낮병원과 같은
정신장애인 재활 프로그램과의 연결을 계획한다. 알코올중독자 환자와
같이 환자가 퇴원한 후에도 지속적으로 자기변화를 유지할 수 있도록 이
들을 퇴원한 환자로 이루어진 자조집단 등에 연결해주기도 한다. 이와
같이 정신보건사회복지사들의 궁극적인 관심은 정신장애를 가지고도
사회에 효과적으로 적응하고 복귀할 수 있도록 심리사회적으로 원조하
고 지원하는데 있다.

(3) 재활의료사회복지

병원내 재활의료사회복지사는 주로 재활의학과의 재활팀의 일원으로 활동하며 사회자원을 조직화하거나 동원하여 환자의 심리사회적, 직업적, 교육적 재활을 돕게된다. 즉, 장애를 갖게된 환자와 가족이 장애의 기능회복을 물론 장애를 가지고도 적극적으로 사회에 참여하여 자기실현을 성취할 수 있도록 돕는 것을 목적으로 한다. 병원내 재활팀은 재활의학과전문의, 간호사, 재활의료사회복지사, 작업치료사, 언어치료사, 물리치료사 등으로 이루어지며, 사회복지사는 특히 환자의 퇴원계획, 가족지원, 장애관련 정보제공, 자조집단 구성 등의 활동을 수행한다.

예컨대, 화상환자와 같이 외상으로 인한 치명적인 장애나 흉터가 남는 환자는 변화한 신체모습에 따른 절망감, 의존감, 적대감 등을 경험하고 직장생활, 사회생활, 성기능 상실 등을 두려워하게 된다. 이러한 환자들 중에는 어렵게 치료를 마치고도 심리적인 어려움을 견디지 못해 극단적으로는 자살을 하는 경우도 있고, 가족의 불화로 이혼이나 별거의 어려움을 겪는 경우도 있다. 그러므로 이러한 환자들에게 사회복지사는 장애에 대한 개인의 심리적인 적응과정을 상담하고, 가족이 겪는 역할변화에 대한 적응을 원조하는 지원을 하게 된다. 예컨대, 가장이 이러한 장애를 갖게 되는 경우 가족내 역할 변화는 더욱 크다. 즉, 환자를 주로 간호해야 하는 보호부담을 누가 담당할 것인가, 주된 경제적 활동의 담당자는 누가 할 것인가, 자녀들의 학습 및 교육활동에 대한 지원계획을 어떻게 변화시켜야 하는가 등의 가족내 갑자기 생긴 변화에 대해 가족은 혼돈상태에 있게 된다. 따라서 이러한 혼돈과정을 정리하고 적응할 수 있도록 상담하고, 다양한 외부적 자원을 연결하는 원조를 필요로 하게 되는 것이다. 이외에도 재활의료사회복지사는 입원기간 동안의 재활과정은 물론 퇴원후 재활과정에 따른 경제적 지원 및 사회복지서비스 이용에 대한 정보제공, 환자와 가족을 위한 집단 상담이나 교육, 사회적응훈련 등에 개입하게 된다.

2. 학교에서의 사회복지 실천

1) 학교조직의 현황과 특성

공교육제도의 발전은 곧 의무교육의 확대와 맥을 같이 한다. 현재 우리
나라의 경우 모든 국민이 6년의 초등교육과 3년의 중등교육을 받을 권리
가 있으며, 국가와 학생의 보호자는 이를 지킬 의무가 있다. 이러한 의무
교육의 확대 이외에도 높은 교육열과 학력중심의 사회풍토는 학교교육
이 양적으로 급격하게 팽창하게 만들었다. 학교교육의 양적 팽창은 진학
률의 증대에서도 쉽게 확인할 수 있는데, 1970년 초등학교에서 중학교로
의 진학률은 66.1%였지만, 2000년의 진학률은 99.9%로 나타났다. 또한
중학교에서 고등학교로의 진학률은 1970년의 경우 70.1%에서 2000년의
그것은 99.5%로 증가했다. 이러한 진학률의 증대는 당연히 학교와 학생
수의 증대를 가져올 수밖에 없었다. 학교수와 학생수의 증대는 〈표 12-
1〉과 같이 2000년 현재 초등학교 5,267개교, 중학교 2,731개교, 고등학교
1,957개교이며 이들 학교에 재학중인 학생수는 모두 795만명에 달하고
있다. 이러한 수치는 우리나라 총인구 중 17%에 달하는 것으로 학교조직
이 차지하는 비중과 그 역할이 얼마나 중요한지를 보여주는 근거라 할
수 있다.

결국 학교라는 조직은 모든 국민이 한 번씩은 거쳐가야 할 곳인 동시
에, 항시적으로 전국민의 1/5이 몸담고 있다고 볼 수 있다. 또한 학교라
는 공간은 아동, 청소년이 성장하면서 가정과 함께 가장 많은 시간을 보
내야 하는 곳이다. 하지만 이렇게 아동, 청소년의 발달단계에서 주요한

<表 12-1> 학교수, 학생수 및 진학률의 연도별 변화

연도	초등학교		초등학교→중학교 진학률	중학교		중학교→고등학교 진학률	고등학교*	
	학교수	학생수		학교수	학생수		학교수	학생수
1970	5,961	5,749,301	66.1	1,608	1,318,808	70.1	889	590,382
1980	6,487	5,648,002	95.8	2,100	2,471,997	84.5	1,353	1,696,792
1990	6,335	4,868,520	99.8	2,474	2,275,751	95.7	1,683	2,282,806
2000	5,267	4,019,991	99.9	2,731	1,860,539	99.5	1,957	2,071,468

출처:교육부 통계연보, 2000. *인문계와 실업계 고교만을 합산한 수치임.

위치를 점하는 학교가 과연 안전한 공간으로서 적절한 역할과 기능을 다하고 있는가 라는 질문에는 쉽게 답하기 어려운 실정이다. 해마다 많은 수의 학생들이 학업과 관련해 스트레스를 경험하고 있고, 흡연, 음주, 폭력, 자살 등의 문제에 노출되고 있다. 이러한 문제들의 해결을 위해 도움을 주기 위한 사회복지적인 원조활동은 매우 중요하며, 실질적인 접근을 위해서는 학교조직과의 협력과 연계가 반드시 필요하다.

이와 같이 학교사회복지는 학령기 아동, 청소년을 대상으로 학교조직 또는 학교와 연계를 맺는 사회복지기관의 사회복지사가 다양한 사회복지서비스를 제공하는 실천활동을 뜻한다. 학교에서의 사회복지실천은 기존의 사회복지기관에서 수행하던 아동, 청소년대상의 사회복지실천과는 상이한 특성들을 가지고 있다. 이러한 상이성은 바로 학교라는 조직과 관련되어 실천활동이 이루어지기 때문이다.

결국 학교라는 조직에서 활동하는 사회복지사의 경우, 교사라는 주전문직이 지배하고 있는 학교조직의 특성을 이해하는 것이 일차적으로 필요하다. 왜냐하면 자신이 속한 조직의 의사결정과정과 운영과정 및 여기에 일차적인 영향력을 행사하는 사람들을 파악해야만 학교라는 세팅을 효율적으로 활용할 수 있기 때문이다. 아울러 학교라는 이차세팅의 특성상 사회복지사는 학교 체계 내에서 자신이 활동해야 하는 존재이유를 끊임없이 알려야 하는 부담을 가질 수밖에 없다. 따라서 고유한 업무활동

이외에 교사들과 유연하고 협력적인 관계를 맺어야 한다. 즉, 학교에 진입한 대부분의 사회복지사가 가장 많이 부딪치는 문제는 자신이 기존의 상담교사와 어떤 차별성을 갖고 활동하며, 어떻게 유기적인 연계와 협력을 이루어나갈 것인지 보여줘야 한다는 점이다.

그러나 학교는 교육과 관련하여 독점적 지위를 가지고 있기에 다른 형태의 조직이나 전문가가 진입하기에는 높은 장벽을 가지고 있다. 또한 조직의 유지와 존속이 자생적인 노력과 경쟁에 의하지 않고 국가로부터의 지원을 통해 이루어지므로 조직간의 경쟁이란 특별한 경우를 제외하곤 찾아보기 힘들다. 그 결과 학교조직은 환경이 변화해도 조직의 생존을 위해 능동적으로 대응할 필요성이 적기 때문에 조직의 변화에 대해 소극적인 반응을 보이기 쉽고, 외부환경의 요구에 대해 폐쇄적인 반응을 보이게 된다.

2) 학교사회복지의 실천 현황과 전망

최근 사회적 관심사가 되고 있는 '학교의 붕괴, 교실의 붕괴' 현상은 일차적인 원인으로 입시위주의 경쟁적이고 왜곡된 교육체계의 문제를 들 수 있다. 그러나 또 한편으로는 학교에서 어려움을 겪고 있는 청소년들에게 효과적으로 접근할 수 있는 원조체계가 없다는 점도 이러한 교실 붕괴현상을 심각하게 만드는 원인이라 볼 수 있다. 문제의 발생전에 충분히 예방하고, 발생 초기에 적절한 도움을 제공할 수 있는 원조체계가 없기에, 심각한 상황으로의 진전을 미연에 막을 수 있는 많은 청소년들이 방치되고 있는 것이다.

청소년문제의 대처는 청소년들이 최대한의 접근성을 보장받으면서, 적시에 적절한 서비스를 제공받을 수 있는 원조체계의 확립에서 출발해야 한다. 그리고 그러한 원조체계가 가장 효율적이고 효과적으로 운영될 수 있는 공간은 바로 학교이다. 학교는 청소년들이 가장 많은 시간을 보내고 경험하는 생활공간이자 학생 개인에게 일어나는 문제들을 가장 먼저 확인할 수 있는 공간이기 때문이다.

이에 지난 몇 년간 청소년문제에 대한 새로운 대안적 원조체계로서 학교사회복지제도[62]의 도입이 거론되어 왔다. 학교사회복지제도는 청소년문제에 대해 학교를 기점으로 효과적으로 대응하는 다양한 전문원조체계중의 하나로 미국, 영국, 호주 등 여러 나라에서 시행되고 있다. 또한 학생에게 주어진 교육의 기회와 잠재력을 최대한 발휘할 수 있도록 학생 개인과 그 관련체계에 대해 다양한 개입활동을 수행되는 학교사회복지는 학교사회복지사에 의해 그 전문적 활동이 이루어진다.

우리나라에서 학교사회복지가 본격적으로 논의되기 시작한 것은 1990년대 후반부터이다. 일진회와 같은 학교내 학생폭력조직의 문제와 집단따돌림, 중퇴학생들의 증가 등 학교폭력과 교실붕괴의 문제가 대두되면서 하나의 대안적 방법으로 학교사회복지가 고려되었다. 이에 교육부에서는 전국 4개 중고교를 1차 연구시범학교로 선정하여 2년간 학교사회복지활동을 수행하도록 하였으며, 서울시 교육청에서는 중고등학교 3개교에서 독자적으로 학교사회복지제도실시를 위한 연구를 수행하였다.

그러나 교육부에서는 시범학교의 활동이 완료된 지금에도 구체적인 후속조치에 대해 별다른 언급이 없는 상태이며, 서울시에서만 5개 학교에 대해 시범연구사업을 수행하고 있는 실정이다. 공교육제도하에서 학교사회복지가 별다른 진전을 보이지 않는 이유로는 먼저 교육부의 경우,

---

62) 미국의 school social work을 학교사회사업이라 번역해 사용해왔으나, 최근에는 사회사업이 갖는 자선적 성향을 지양하고, 제반법규에서 모두 사회복지라는 용어를 사용하고 있으며 개념적 포괄성과 개방성을 고려하여 점차 학교사회복지로 전화해 가는 추세이다. 그러나 아직 학교사회복지의 개념이 명확하게 정립되어 있지 않은 관계로 여기서는 학교사회사업과 혼용하여 쓰고자 한다.

학교사회복지를 사회복지전문직이 수행하는 전문적 활동영역으로 인식하기보다는 새로운 프로그램 활동으로 인식했기 때문이다. 즉, 학교사회복지 시범학교에서 운영된 일부 프로그램의 내용만 도입하고자 했고, 실제 수행인력이나 원조체계, 그 전문성에 대한 고려는 하지 않았다. 이에 교육부는 사회복지사의 고용을 전제로 하는 학교사회복지제도보다는 기존의 교도교사나 일반교사들을 활용하는 전문상담교사제를 도입하였다. 따라서 학교에 상주하면서 학교사회복지실천을 수행하는 학교중심의 모형은 특정한 지방자치단체를 제외하고는 별다른 진전을 보이지 않고 있는 형편이다.

그러나 학교사회복지실천은 반드시 학교내에 사회복지사가 상주하는 활동만을 의미하지 않는다. 이른바 지역사회복지관 중심의 학교사회복지실천이라 일컬어지는 활동들은 1997년 삼성복지재단이 학교사회복지를 본격적으로 후원, 양성한 이래 지난 2~3년간 지속적인 성장을 해왔고, 전체 학교사회복지실천에서도 많은 부분을 차지하고 있다. 실제로 학교사회복지제도가 활성화되어 있는 미국도, 특정 주를 제외하고는 1개 학교에 사회복지사가 고용되어 있는 경우가 많지 않으며, 특정 학군의 학교들을 순회하거나, 지역사회복지기관에서 학교와 연계하여 실천활동을 수행하고 있다. 아울러 영국을 비롯한 유럽의 많은 국가에서는 지역사회복지기관을 중심으로 한 학교사회복지활동이 보다 보편적으로 수행되고 있다.

결국 학교사회복지실천이란 사회복지사가 어느 기관에 소속해 있느냐가 중요한 관건이 되는 것은 아니다. 그보다는 사회복지실천의 대상인 아동, 청소년들에게 실질적인 서비스를 제공하기 위해 학교체계라는 조직적 특성과 욕구를 보다 잘 반영하고, 활용할 수 있느냐가 더욱 중요하다. 예컨대, 지역사회복지관에 소속된 사회복지사가 지역내 학교와 공식적인 연계를 구축하고 학교내 상담실에서 주된 원조활동을 수행하며 학교내 인적, 물적 자원의 활용은 물론 지역내 여타 사회복지 자원과도 연계한다면 그는 훌륭하게 학교사회복지 실천을 하고 있는 것이라고 할 수 있다. 학교사회복지 실천을 활성화시키기 위해서는 제도화를 통한 법적 근거 마련도 중요하지만 이와 같이 구체적인 실천기반의 지속적인 확대도 매우 중요하다고 하겠다.

접촉이 잦은 학생들을 숨막히게 하는 교육현실 때문이라는 지적. 우리 사회가 능력보다는 학벌을 중요시하면서 학교교육은 창의성보다는 입시 위주의 교육에 치중해왔고 학생들은 오로지 일류대학 진학에 목맬 수밖에 없었다. 그러다 보니 대다수의 보통아이들은 소수 상위권 학생을 위한 들러리 역할에 만족해야 했고 따라서 공부에 별다른 취미를 갖지 못하고 있다. 결국 소외받은 다수의 반란이 자퇴로 이어지고 있다는 것.

최근에는 학교교육에 적응하지 못하는 학생뿐만 아니라 컴퓨터 등 특정분야에 관심을 갖고 나름대로 공부를 하겠다는 학생들의 자퇴도 늘어나고 있어 학교 교육 전반에 걸친 재점검과 대책마련이 시급한 것으로 지적되고 있다. 여기다가 최근 인기를 끌고 있는 대안학교나 검정고시 학원, 홈스쿨링(가정교육) 등 다양한 교육제도가 자리잡을 수 있도록 배려해야 한다는 것.

특히 한국방송통신대 김재웅 교수처럼 자녀의 의견을 따라 일찍부터 홈스쿨링으로 지도하고 있는 사례도 늘어나고 있다. 현재 홈스쿨링을 실시하는 학부모들의 모임인 '가정학교모임'에 150여명이 참여하고 있는 등 상당수의 부모들이 이 제도에 적극 호응하고 있다. 이들은 외국처럼 다양한 대안교육의

활성화를 통해 학교의 교육독점을 철폐해야 진정한 교육개혁이 이뤄질 수 있다는 것. 김 교수는 아이들이 자신의 재능과 적성을 살리고 창의력과 책임감을 키우기 위해서는 현재의 교육제도로서는 어렵다고 보고 있다.

• 학벌보다 능력이 우선되는 사회를

청소년 전문가들은 가출청소년이 반드시 비행청소년이거나 '문제아'만이 가출한다는 생각은 오히려 문제라고 말한다. 가출과 자퇴문제는 더 이상 비행청소년만의 문제가 아니라는 것이다. 요즘은 일시적 가출이 아니라 학교와 가정으로부터 완전히 독립하는 경우가 대부분이기 때문에 왜 집과 학교를 뛰쳐나가 '그들만의 문화'를 만들고 있는지 관심을 가질 때라는 것. 또 이들 청소년이 직업을 구하기 어려운 여건 때문에 쉽게 돈을 벌 수 있는 길을 찾다 보니 원조교제나 청소년범죄 등의 유혹에 빠지기도 한다. 따라서 가출을 막는데 급급해 하기보다는 가출이후 나름대로 건강한 삶의 방식을 익힐 수 있도록 가출청소년에 대한 사회안전망 구축이 시급하다는 지적이다. 그러나 아직까지는 자퇴학생에 대한 우리 사회의 인식이 좋지 않은 데다 대안교육체제가 정착돼 있

지 않기 때문에 학교생활에 적응하지 못하는 자녀에 대한 부모의 걱정
이 클 수밖에 없다. 전문가들에 따르면 아이들이 △학교에서 경쟁할 자
신이 없을 때 △점수를 잘 받아야 한다는 스트레스를 받을 때 △집안에
서 지나치게 야단을 맞을 때 통상적으로 학교를 두려워하게 된다.

　부모들은 이런 유형의 아이들에게는 우선 시험스트레스를 줄여주고
아이 앞에서 학교에 대한 부정적 이야기는 삼가는 등 아이 스스로 학교
의 중요성을 터득하고 학업에 흥미를 가질 수 있는 계기를 마련해줄 필
요가 있다는 지적이다.

　특히 달라지는 교육환경에 적극 대응해 학교교육이 책임을 다하기 위
해서는 교사와 학생, 학부모가 삼위일체가 돼 변화와 개혁의 선두에 서
야 한다는 것이다.

3. 산업체에서의 사회복지 실천

　현대사회에서 사람들은 다양한 역할을 수행하면서 살아간다. 한 개인
은 가족 내에서 한 남자의 아내이자, 자녀들의 어머니이며, 며느리이기
도 하다. 한 개인은 또한 지역사회의 복지 증진에 기여하는 자원봉사자
일 수도 있고, 산업체에서 일하는 직장인이기도 하다. 그 개인에게 요구
되는 기능은 개인이 처한 환경의 맥락에 따라 상이하게 다를 수 있으며,
그 환경이 개인에게 가하는 압력의 종류와 범위, 그 강도 역시 판이하게
다양하다. 개인이 수행하는 다양한 기능 중에서 특히 오늘날 그 범위와
비중이 점차 커지는 것 중의 하나가 바로 직장인으로서의 역할이다. 오
늘날 거의 대부분의 사람들은 그들 시간의 절반 이상을 산업체에서 보내
고 있다. 사회의 변화에 따라 산업체의 수는 급속도로 늘어났으며, 거기
에 편입되지 않았던 많은 사람들이 새롭게 그 장에 들어서고 있다. 산업
체에서의 역할 수행이 대단히 중요하기 때문에, 한 개인의 사회적 성취
도나 삶의 질 수준이 거기에 좌우된다고 해도 거의 틀린 말은 아니다. 바

로 이러한 산업체에서 이루어지는 사회복지 실천을 흔히 산업사회복지라고 한다. 본 절에서는 산업체의 특성과 산업사회사업의 실천영역에 대해 살펴보고자 한다.

1) 산업체의 특성

(1) 산업체의 내부적 작동원리 – 통제와 위계

일반적으로 산업체의 내부적 작동원리는 통제와 위계로 특징지워진다. 산업체는 통제의 장이며 그러한 통제를 효과적으로 달성하기 위해 위계적인 구조를 갖기 때문이다.

① 통제의 장으로서의 산업체

산업체는 노동력 상품으로부터 노동을 끌어내어 유용한 재화와 서비스를 산출하는 조직이다. 하지만 노동력 상품의 특성 때문에 노동을 끌어내기 위한 노력이 필요한데, 이 노력이 산업체를 통제의 장으로 특징지운다. 우리가 살아가는 자본주의 사회는 사람들이 가지고 있는 노동력을 상품으로 사고 파는 사회이다. 한 개인은 자신이 가진 노동력 상품을 판 대가로 임금이나 봉급을 받는다. 하지만 노동력 상품은 우리가 시장에서 흔히 사고 파는 통상적인 상품과는 여러 면에서 다르다(Bowles, 1985).

한 기업이 노동력을 구매했다면, 그 기업은 노동력 상품으로부터 노동을 효율적으로 끌어내기 위해 노력해야 할 필요가 있다. 산업체에서 노동력 상품으로부터 노동을 효율적으로 끌어내기 위한 노력은 항상 있어 왔으며, 앞으로도 계속 있을 것이다. 억압적이든, 자율적이든 간에 이 노력은 산업체를 특징짓는 중요한 작동원리이다. 하지만 이 노력이 때로는 한 개인의 건강, 안정, 조화, 번영 등의 삶의 질을 저해할 수 있다는 점이 문제이다. 가령, 더 많은 업무성과를 위해 노동강도를 높이거나 노동시간을 늘리는 경우를 생각해보자. 노동력 상품을 구입한 나로서는 그것이 당연한 일이지만, 높은 노동강도나 긴 노동시간은 그 노동력 상품에 결부된 한 개인의 건강을 해칠 수 있다. 보다 많은 업무성과를 위한 동기부여의 수단으로 인사고과제나 연봉제를 도입한 경우도 마찬가지이다. 직장 동료들간의 극심한 경쟁과 거기에서 탈락할 수 없다는 긴장이 초래되는 심리사회적 스트레스와 그에 따른 일탈행위는 개인의 삶의 질을 저해하는 중요한 요인이다. 육체적 피로이든, 심리사회적 스트레스이든 그러한 문제는 동시에 그 개인에게 부과된 다른 사회적 기능을 적절히 수행하지 못하도록 하는 결과를 초래할 수 있다.

② 위계조직으로서의 산업체

다른 상품들에서는 찾아보기 힘든 노동력 상품의 또 다른 특성은 그것의 사용이 집합적으로 이루어진다는 점이다. 그런데, 집합적 생산은 거기에 참여한 사람들의 기여정도를 정확하게 측정할 수 없다는 문제를 가진다. 가령, 세 명이 분업과 협업의 원리에 기초하여 옷 세 벌을 만들었다고 가정해보자. 이 경우 한 명이 각각 한 벌씩 옷을 만든 경우와는 달리 옷 세 벌에 대한 세 명의 기여정도가 정확하게 옷 한 벌씩이라고 판단할 수는 없다. 세 명이 가진 기술과 근면성에는 차이가 있기 때문이다. 집합적 생산에 참여한 사람들의 생산성을 정확하게 측정할 수 없을 경우에는 그로부터 얻어진 성과물을 배분할 별도의 기준이 있어야 하는데, 이 기준은 자칫 참여한 사람들의 불만을 초래할 수 있고, 생산의 효율성 역시 저해될 수 있다. 합리적인 사람들이라면, 당연히 적게 기여하면서 많은 성과물을 가져가려 할 것이기 때문이다.

그렇다면 이러한 상황의 비효율성을 최소화하는 방법은 무엇인가? 알친과 뎀세즈(Alchian & Demsetz, 1972)에 따르면, 각 사람들의 생산활동에 대한 감시(monitoring)가 집합적 생산에 추가적인 직무로 도입될 때 이러한 비효율성을 줄일 수 있다고 한다. 새롭게 도입된 감시의 직무는 기존의 사람들이 돌아가면서 수행할 수 있지만, 이러한 방법은 전문화의 이점을 저해하기 때문에, '전업 감시자(full-time monitor)'를 집합적 생산의 성원으로 끌어들이는 것이 더 효율적이다. 집합적 생산의 생산성이 '전업 감시자'의 직무수행 정도에 달려 있음을 모든 사람들은 잘 알고 있기 때문에, 그들은 '전업 감시자'에게 권위를 부여하며, '전업 감시자'는 집합적 생산의 중심이 된다. 집합적 생산의 위계구조가 만들어진 것이다.

대부분의 산업체는 위계적인 구조를 가진다. 직무의 권한과 한계가 명확하게 주어져 있으며, 그 직무들 사이에는 권위가 불균등하게 배분되어 있다. 그리고 이러한 권위의 불균등한 배분은 강력한 위계구조에 의해 제도화되어 있다. 조직의 목표를 달성하기 위해서 위계구조는 불가피하지만 많은 경우 그것이 초래하는 직무 사이의 갈등과 마찰, 인간관계의 위계화 등은 산업체에 참여하는 사람들의 삶의 질을 저해하는 요인이 될 뿐 아니라, 다양한 개인적 · 사회적 욕구를 산업체에서 산출되는 이유가 된다.

(2) 정부와 노동조합; 산업체의 주요 환경

통제와 위계라는 산업체의 내부적 작동원리는 산업체를 둘러싼 정치적, 사회적 환경의 영향력을 통해 끊임없이 변형되고 제한된다. 산업체를 둘러싼 정치적, 사회적 환경 중에서 특히 큰 영향력을 행사하는 것은 정부와 노동자의 집합적 조직인 노동조합이다.

① 정부의 개입

자본주의 사회에서 정부는 크게 세 가지의 방식을 통해 산업체의 작동원리를 변형하고 제한한다(신광영, 1994).

첫 번째의 방식은 노동관계법 체계를 통한 개입이다. 노동관계법은 자본과 노동이 산업체에서 특정한 행위를 할 수 있는 권한을 인정하거나 인정하지 않음으로써 산업체의 작동원리를 변형하고 제한한다. 단체교섭에 관한 법률적 규정과 고용, 해고, 쟁의, 분쟁해결 등에 적용되는 법규뿐 아니라 노동자의 경영참여와 정치참여 등에 적용되는 법규도 존재한다.

두 번째의 방식은 노동력 상품을 사고 파는 과정에 대한 개입이다. 정부가 노동력의 교환 과정에 개입하지 않을 경우, 노동력을 사는 자본은 무제한적으로 고용관계와 임금체계를 조정할 수 있다. 반대로 정부가 노동시장에 직접 개입한다면 노동력의 구매를 결정하고 구매한 노동력을 통제하는 과정에서 자본이 행사하는 권한은 줄어든다.

산업체에 대한 정부개입의 세 번째 방식은 정부가 제공하는 복지급여이다. 국가복지는 산업체에서 산출되는 개인적·사회적 욕구에 대응하기 위한 사회복지적 개입의 결과이지만, 국가복지 그 자체는 역으로 산업체의 작동원리를 변형하고 제한한다. 가령, 에스핑 안데르센(Esping-Andersen, 1990)에 의해 제시된 탈상품화(de-commodification)의 개념은 사회복지급여로 인해 줄어드는 시장의존성의 정도를 측정하는 지표이다. 탈상품화의 정도가 높을 경우, 한 개인의 시장의존성은 더 줄어들 것이며, 그것은 다시 산업체의 통제와 위계에 대한 종속에서 한 개인이 탈피할 수 있는 가능성을 높여준다.

② 노동조합

산업체의 작동원리는 거기에 편입된 사람들의 집합적 행동에 의해서도 변형되고 제한된다. 앞에서 살펴보았듯이, 자본주의 사회에서 노동력 상품은 집합적으로 사용되는 경향이 있다. 그리고 노동력의 집합적 사용은 노동자들이 집합적으로 행동할 수 있는 여러 조건들을 창출해낸다. 노동조합으로 대표되는 노동자의 집합적 행동은 산업체의 작동원리를 변화시키는데 있어 핵심적인 역할을 수행한다. 여러 학자들에 따르면, 산업체의 통제방식은 노동자의 집합적 행동과 노동조합의 역량에 의해 크게 달라져왔다. 가령, 프리드만(Friedman, 1977)에 따르면, 노동력 상품으로부터 노동을 효율적으로 끌어내기 위해 통제전략은 두 가지로 유형화될 수 있다. 그에 의하면, 강압적이며, 비인간적인 '직접 통제(direct control) 전략'은 집합적 행동의 역량이 약한 경우에 적용되어 왔다. 반면에 직무에 걸맞은 권위와 보상을 부여하는 '책임수반 자율성(responsible autonomy) 전략'은 집합적 행동의 역량이 강한 경우에 제시된다.

노동자의 집합적 행동은 또한 산업체에 대한 국가개입을 통해 산업체의 작동원리를 변형시키기도 한다. 산업체에 대해 국가가 개입하는 과정을 역사적으로 살펴보면, 노동자의 집합적 행동이 대단히 큰 역할을 수행했음을 알 수 있다. 국가복지의 발전과 노동자의 집합적 행동이 밀접한 상관관계에 있음은 이미 여러 차례에 걸쳐 밝혀진 바이기도 하다.

2) 산업체에서의 사회사업 실천

산업사회사업은 산업체를 초점으로 사회복지 전문직에 의해 수행되는 사회복지 실천 영역의 하나이다. 산업사회사업은 19세기 말부터 20세기 초반 사이에 시작되고, 1910년 이후 활성화된 복지 자본주의(welfare capitalism)의 시대에 산업체를 초점으로 개입한 사회복지 전문직의 실천 활동에서 비롯되었다. 따라서 현재까지는 산업사회사업이 가장 발전한 국가는 미국이라 할 수 있다. 사회사업의 접근이 미국에서 발전하여 한국에 유입된 것과 마찬가지로, 산업사회사업 역시 유사한 경로를 통해 한국에 도입되었다. 하지만 우리나라의 경우 아직까지는 산업체를 초점

으로 개입하는 사회복지 실천, 즉 산업사회사업의 실천이 활성화되어 있
는 것은 아니다.

하지만 앞으로의 발전가능성을 염두에 두면서 산업사회사업실천을 이
해하는 것은 매우 중요하다고 할 수 있다. 전통적으로 산업사회사업이
상정했던 개입수준은 조직의 경계를 뛰어넘지는 않았다. 즉, 산업체에
속한 일반 피용자를 원조하는 것이 산업사회사업의 주된 실천영역이었
던 것이다. 하지만 최근에는 이 경계를 뛰어넘어 산업사회사업의 실천영
역을 확장하려는 시도가 매우 활발하다. 이러한 변화상황을 고려하여,
여기에서는 산업사회사업의 실천영역을 5가지로 구분하여 살펴본다
(Smith & Gould, 1993).

(1) 피용인 원조 모형

산업사회사업의 실천 영역 중에서 가장 먼저 발전하고, 그런 만큼 잘
알려진 모형은 피용인 원조, 혹은 피용인 상담(employee counseling)이
라고 불리는 영역이다. 이러한 영역의 산업사회사업은 특히 직무 수행과
관련하여 피용인이 가지게 되는 개인적, 정서적, 행동적 문제에 대응하
기 위한 사회심리적 서비스, 규정, 정책으로 특징지워진다. 동시에 이러
한 실천 영역은 건강의 유지 및 증진, 질병의 예방 프로그램을 수반한다.

이 모형은 피용인이 문제를 가진 직접적 클라이언트라는 점에 기초하
여, 이들에게 직접적으로 원조를 제공하는 것이 산업사회사업의 핵심적
실천영역임을 강조한다. 피용인 원조 모형은 산업체나 노동조합의 후원
에 의해 제공될 수 있지만, 일반적으로 노동조합의 후원에 의해 진행될
때 제기되는 쟁점이 더 적은 것으로 알려져 있다. 이 모형에서 사회복지
전문직은 교사-훈련자(teacher-trainer), 건설적 대항자(constructive
confrontator)의 역할뿐 아니라, 전통적인 사회복지 전문직의 역할, 즉 상
담자(counselor), 조정자(mediator), 옹호자(advocate), 중개자(broker)의

역할을 수행한다.

⑵ 고용주-산업체 서비스 모형

점차 그 중요성이 증대하고 있는 산업사회사업의 실천영역을 지칭하는 이 모형은 산업사회사업 개입의 일차적인 초점을 피용인이나 산업체의 구성원에 두는 것이 아니라, 산업체 그 자체에 둔다는 특성을 가진다. 이 모형은 산업체에 소속된 피용인 전체의 이해관계나 욕구와 관련된 광범위한 정책이나 서비스를 개발하고 시행하는 방식의 개입을 중시한다. 가령, 다음과 같은 것들이 이 모형에 기초한 산업사회사업의 실천영역이 된다.

- 산업체나 노동조합의 후원에 기초한 피용인 가족을 위한 데이 케어 (day care) 서비스의 제공
- 기업복지 급여 패키지의 설계 및 확장
- 피용인 가족에게 긴장과 스트레스를 초래하는 인력배치 정책의 재검토
- 평등고용과 차별철폐 등을 포함하는 공정한 사규의 설계 및 정비
- 투명하고 공정한 경영방침의 협의 및 개발
- 혁신적이며 전향적인 퇴직, 조기퇴직, 부분 퇴직 프로그램의 개발
- 안전 및 건강 증진을 위한 작업환경의 조성

이러한 모형에서 사회복지 전문직의 핵심적 역할은 조언가(consultant), 평가-분석가(evaluator-analyst), 훈련자(trainer), 프로그램 개발자(program developer), 협상가(negotiator)의 역할이다.

(3) 소비자 서비스 모형

산업계와 산업체가 점차로 그들의 소비자나 고객과의 접촉빈도가 많아짐에 따라, 이들에게 서비스를 제공하는 것의 중요성이 점차 커져왔다. 소비자의 특수한 욕구에 대응할 수 있는 독특하면서 광범위한 서비스의 필요성에 대한 산업체의 관심 역시 증대하고 있는 실정이다. 소비자 서비스 모형은 특히 취약한 소비자나 고객에게 사회사업 개입을 행하는 실천영역이다. 이러한 프로그램은 흔히 소비자 교육 활동, 회사의 상품이나 서비스 지급, 단기상담 등이다. 이 모형에서 사회복지 전문직의 역할은 상담자(counselor), 프로그램 계획가(program planner), 조언가(consultant), 옹호자(advocate)이다.

(4) 공공관여 모형

공공관여 모형은 산업체를 둘러싼 지역사회를 경제적, 사회적으로 보다 풍요롭게 하기 위한 기업의 다양한 노력들과 관련된 실천영역을 말한다. 흔히 기업의 사회적 책임으로 요약되는 이러한 활동들은 전통적인 산업복지의 영역은 아니지만, 산업사업실천의 주체인 사회복지 전문직은 기업의 이러한 노력에 직접 관여하여 왔다. 이 모형은 지방세제, 고용기회, 생필품의 가격과 질, 거주비용, 치안 등 지역사회의 다양한 요소들이 산업체의 생존과 발전에 영향을 미친다는 인식의 확산에 따라 발전해 왔다. 오늘날, 다양한 산업체들이 지역사회의 복지 증진을 위해 자원봉사에 참여하거나 지역사회에 필요한 물적 자원을 직접 기부한다. 이 모형에서 사회복지 전문직은 기부 할당 분석가(charitable allocation analyst), 기업의 사회적 책임에 대한 담당자(corporate social responsibility director), 지역사회 관계 조언가(community relations consultant), 지역사회 서비스 조정자(community service coordinator) 등의 역할을 수행한다.

(5) 공공정책 모형

　산업사회사업 실천의 또 다른 영역으로 등장하고 있는 것은 산업체나 피용인 전체의 삶의 질에 영향을 미칠 수 있는 공공정책 영역이다. 이 모형에서 산업사회사업 실천은 산업체와 피용인의 삶의 질에 직·간접적으로 영향을 미치는 정부 정책, 서비스, 프로그램을 개발하고, 분석하고, 옹호하는 것이다. 정책 입안 및 분석, 프로그램의 개발, 네트워킹 등이 이러한 모형에서 중시되는 사회복지 전문직의 역할이다.

김규수. 『의료사회사업실천론』, 형설출판사, 1999.

김병성. 『학교의 사회심리학』, 서울: 양서원, 1991.

김인숙 · 김혜선 · 성정현 · 신은주 · 윤영숙 · 이혜경 · 최선화. 『여성복지론』, 나남
　　　　출판, 2000.

남세진. 『인간과 복지』, 한울아카데미, 1992.

박경일 · 김경호 · 김옥희 · 김희면 · 서미경 · 양정하 · 이경희 · 장중탁 · 전광현.
　　　　『사회복지학강의』, 양서원, 2001.

박용순. 『사회복지개론』, 서울: 학지사, 1999.

박태룡. 『노인복지이론과 실제』, 대구대학교출판부, 1999.

신광영. 『계급과 노동운동의 사회학』, 나남출판사, 1994.

안향림 · 박정은. 『정신의료사회사업』, 서울: 홍익제, 1994.

유수현. 종합병원 내 의료사회복지사의 전문적 지위에 관한 연구, 『의료사회복지논
　　　　문자료집 1』, 대한의료사회복지사 협회, 1989.

윤저 · 송기창 · 조동섭 · 김승주. 『교육행정학원론』, 서울: 학지사, 1995.

윤현숙 외. 『의료사회사업의 실제』, 한림대학교의료원 사회사업과, 도서출판가호,
　　　　1997.

이가옥. 『더불어 만드는 삶과 희망』, 나남출판, 1999.

이상균 · 조성희. 학교사회사업: 새로운 전문영역으로서의 가능성, 『상황과 복지』, 3,
　　　　1998, p. 153-174.

이인정 · 최해경. 『인간행동과 사회환경』, 나남출판, 1995.

조흥식 외. 『사회복지실천 분야론』, 서울: 학지사, 2000.

최경애. 『의료사회사업실무핸드북-뇌졸중 프로그램 만들기』, 서울: 나눔의집, 2000.

최선화 · 박광준 · 황성철 · 안홍순 · 홍봉선. 『사회문제와 사회복지』, 양서원, 1999.

한인영 · 홍순혜 · 김혜란 · 김기환. 『학교와 사회복지』, 서울: 학문사, 1998.

Alchian, A., & H. Demsetz. "Production, Information Costs, and Economic Organization," *American Economic Review,* Vol. 62, 1972.

Allen-Meares, P., Washington, R., & Welsh, B. *Social Work Services in School,* Englewood Cliffs, N. Y.: Prentice-Hall, 1996.

Bowles, S. "The Production Process in a Competitive Economy: Walrasian, Neo-Hobbesian, and Marxian Models," *American Economic Review,* Vol. 75, 1985.

Esping-Andersen, G. *The Three Worlds of Welfare Capitalism,* Policy Press, 1990.

Friedman, A. *Industry and Labour: Class Struggle at Work and Monopoly Capitalism,* Macmillan, 1977.

Link, R. "Social Work Services to School in the Midwestern States and in London: A Comparative study on the Nature of Guest Profession," *Social Work in Education,* 13(5), 1991. p. 278-294.

National Association of Social Workers. *NASW Standards for School Social Work Services,* Washington, DC: Author, 1992.

Smith, M., & G. Gould. "A Profession at the Crossroads," P. Kurzman, & S. Akabas. eds., *Work and Wellbeing; The Occupational Social Work Advantage,* NASW Press, 1993.

(추천자료) ···

1. 관련 인터넷 사이트

• 한국정신보건사회사업학회

http://kamhsw.welfare.net/

• 의료샘— 의료정보서비스

http://www.medikorea.net/

의료보험, 의료정책, 보건복지부 소식, 통계정보 등 다양한 의료관련 정보 및 사이트를 제공한다.

• NASW Standards for School Social Work Services
http://naswca.org/schoolsw.html
미국 NASW가 제공하는 학교사회사업 서비스 기준에 관한 자료가 있다.

• 학교사회사업 홈페이지 (School Social Work Home Page)
학교사회사업의 역사에 대한 소개와 학교사회사업 관련 사이트를 링크시켜 놓았다
http://www.doe.state.in.us/sservices/socwork.htm

• 근로복지공단
http://www.hitel.net/~KLWC29/
산업재해보상보험법에 의거, 근로자의 업무상 재해를 신속공정하게 보상하고 이에
필요한 시설을 설치, 운영하며, 재해근로자의 복지수행사업, 중소기업근로자복지진
흥법에 의한 복지사업을 행함으로써 근로자의 복지증진에 이바지하기 위해 설립된
공공기관이며, 1976년 근로복지공사로 설립된 이후, 1995년 지금의 근로복지공단으
로 발전하였다. 사이트에서는 근로복지공단 소개, 산업재해보상법법 전문, 근로복지
사업 안내, 보험시설 안내 등 이 포함되어 있다.

• 한국여성노동자회협의회
http://www.kwwnet.org/kwwau/index.html
1992년 현재의 모습을 갖춘 전국적인 조직으로서, 일하는 여성의 정치, 경제, 사회적
지위 향상을 목적으로 직장내 차별문제, 고용불안정 문제, 취업기회의 부족, 육아문
제 등의 문제를 해결하기 위해 노력하는 곳이다. 사이트에는 협의회의 주요활동과
사례 그리고 일하는 여성들이 안고 있는 문제를 지적하고 있는 글들과, 국내외 연대
단체들을 소개하고 있다.

1. 의료사회복지사의 활동이 활성화되어 있는 병원을 기관방문하여, 병원조직에서의 사회복지사의 역할과 위상, 다양한 진료팀과의 협력과정, 현장에서의 애로사항, 보람 있었던 사례 등을 조사하고, 발표해 보자.

2. 우리나라 교육현장 및 정책의 문제점을 다양한 청소년 문제와 관련시켜 토론해 보자.

제13장

사회적 부적응과 사회복지

사회복지실천에서는 사회에 적응하지 못하는 주요 클라이언트로 비행청소년과 범죄인 그리고 알코올중독자 및 약물남용자를 포함한 정신장애인을 꼽고 있다. 물론 이들의 사회적 부적응 상황은 서로 다르다. 예컨대 비행청소년은 가벼운 일탈행위로 보호처분을 받아 선도 혹은 보호서비스를 받고, 범죄인은 형사처벌을 받아 교정서비스를 받으며, 정신장애인은 정신보건 혹은 정신장애인복지서비스를 받는다. 어쨌든 이들 비행청소년, 범죄인, 정신장애인은 문제의 예방과 재활을 위해 사회복지실천의 다양한 서비스를 받아야 할 중요한 클라이언트라 할 수 있다. 이 장에서는 사회복지학계의 지침에 따라 비행과 범죄에 초점을 둔 교정복지와 정신장애인 중심의 정신보건사회복지를 살펴보도록 하겠다.

1. 비행 · 범죄와 사회복지

교정복지는 비록 사회복지실천의 전문분야로서 제도적 장치는 없으나 비행청소년과 범죄인을 주요 클라이언트로 삼는 사회복지의 한 분야로

자리잡고 있다. 즉 비행과 범죄에 사회복지실천 측면에서 개입해야 한다는 법적 통제는 없으나 교정복지는 비행청소년과 범죄인의 재활뿐 아니라 비행과 범죄의 예방에도 관심을 가짐으로써 사회복지실천의 주요 분야로 다루어지고 있다. 교정복지의 이해를 돕기 위해 먼저 비행과 범죄에 대해 살펴보고, 교정복지의 개념, 대상, 현장, 과제를 알아보도록 하겠다.

1) 비행과 범죄에 관한 이해

비행과 범죄에 관한 이해를 위해 비행과 범죄에 관한 개념, 비행청소년과 범죄인의 특성, 비행과 범죄를 올바로 이해하기 위한 노력을 알아보자.

(1) 비행과 범죄

비행과 범죄는 분명히 다름에도 불구하고 흔히 비행과 범죄를 혼동함으로써 비행청소년을 범죄소년으로 표현하여 비행청소년에 대한 낙인을 가중하고 있다. 따라서 비행과 범죄를 분명히 이해할 필요가 있다.

비행은 범죄에 비해 그 행위에 의한 피해가 적을 뿐 아니라 형법에 의한 형사사건과 구분하여 소년법에 의해 소년보호사건으로 처리하고 있다. 즉 소년법에서는 반사회성이 있는 20세 미만의 소년들에게 형사처벌하지 않고 비행의 정도에 따라 1호처분에서 7호처분을 내리도록 하고 있다. 뿐만 아니라 청소년의 비행은 보호처분을 받지 않았더라도 집단괴롭힘, 자동차 홈집내기, 유흥가출입 등 지역사회 내에서 여러 유형으로 나타나고 있다. 이 같이 비행은 20세 미만의 청소년에 한정하여 이들의 일탈행위에 초점을 두고 있다.

한편 범죄는 범죄의 구성요건에 의해 법원으로부터 형사처벌을 받은 경우를 일컫는다. 즉 범죄로 인정할만한 특정 행위가 있어야 하고, 그 행위가 약속된 법을 위반해야 하며, 그 행위에 대한 본인의 책임능력이 있어야 한다. 이 같은 요건을 갖춘 범죄행위는 형법에 의해 법원으로부터 처벌을 받는다. 예컨대 우리나라에서는 9가지의 형벌(사형, 징역, 금고, 구류, 자격상실, 자격정지, 벌금, 과료, 몰수)을 집행하고 있다. 물론 14세 이상 20세 미만인 청소년에 의한 행위일지라도 형사처벌을 받는다. 따라서 범죄는 비행에 비해 법을 위반한 정도가 심하며, 처벌 역시 보다 엄중하기 때문에 비행을 범죄와 혼돈해서는 안 된다.

(2) 비행청소년과 범죄인의 특성

비행청소년을 포함하여 범죄인을 이해하고자 할 때 현재 우리나라의 비행청소년과 범죄인이 일반적으로 지니는 특성을 몇 가지로 요약할 수 있다. 특히 이들 각 특성은 상호순환적으로 작용하여 서로 영향을 주고 있다는 점이 강조되어야 한다.

첫째, 비행청소년과 범죄인은 가난하다. 빈곤이 반드시 비행과 범죄의 요인은 아니나 많은 비행청소년과 범죄인의 가정은 가난한 것으로 나타나고 있다. '유전무죄(有錢無罪) 무전유죄(無錢有罪)' 라는 말이 비행청소년과 범죄인은 가난하다는 우리 사회의 실상을 그대로 대변해주고 있다.

둘째, 비행청소년과 범죄인의 가정은 가족기능이 약하다. 특히 범죄인은 구금되어 사회생활을 못하기 때문에 가족 기능이 떨어지기도 하나 비행청소년과 범죄인의 가정은 대체로 비행과 범죄가 발생하기 전부터 가정의 정상적인 기능을 못하거나 그 기능이 매우 약한 것으로 나타나고 있다. 예컨대 비행청소년은 대체로 부모의 이혼, 별거, 알코올중독 등과 같은 가족의 특성을 지닌다.

셋째, 비행청소년과 범죄인은 정상적인 교육과정을 거치지 못하고 있

다. 비행청소년과 범죄인의 학력은 일반적으로 낮고 학업에 불성실하다
는 점이 특징이다. 특히 소년범이나 비행청소년의 경우 학교로부터 퇴학
당하거나 학업을 중단하고 가출한 경우가 많아 이들의 교육정도는 매우
빈약한 것으로 나타나고 있다. 이들은 흔히 '가방끈이 짧다' 고 표현한다.

넷째, 비행청소년과 범죄인의 사고는 반사회적 성향이 강하다. 누구나
사회에 대하여 불만이 없을 수 없다. 그러나 범죄인의 경우 사회에 대한
불신감이나 반항적인 태도는 유달리 강하게 나타나고 있다. 특히 사회로
부터 자신들은 범죄인으로 낙인찍히고 있다는 큰 자학에 빠져 있다.

다섯째, 비행청소년과 범죄인은 사회 적응에 필요한 대처 능력이 약하
다. 비행청소년과 범죄인은 비교적 한 번쯤 생각하고 행동할 수 있는 경
우에도 매우 즉각적으로 반응하여 행동한다. 그래서 이들은 흔히 '법은
멀고 주먹은 가깝다' , '한탕주의' 라는 표현을 한다. 또한 어려운 일을 견
디어 내는 힘도 약하여 전반적인 사회생활을 꾸려 나가는데 대체로 적응
력이 부족하다.

(3) 비행과 범죄를 이해하기 위한 노력

비행과 범죄에 대한 올바른 이해를 위해 우리가 기울여야 할 노력을 다
음의 몇 가지로 정리할 수 있다.

첫째, 비행과 범죄에 대한 올바른 이해를 위해서는 인간행동에 관한 이
해가 필요하다. 비행과 범죄에 대해 보다 과학적인 이해가 필요한데 이
를 위해 인간의 성격과 개인의 독특한 양육과 성장 배경 등을 깊이 있게
이해해야 한다.

둘째, 비행과 범죄를 비행청소년 혹은 범죄인들만의 문제로 보지 말고
비행청소년 혹은 범죄인이 지역사회 내에 처해 있는 환경요인을 이해하
려고 노력해야 한다. 어떤 비행 혹은 범죄든지 그 비행청소년과 범죄인
만의 이유로 이루어졌다고 단언할 수 없다. 그의 가정, 동료집단, 지역사

회 등의 외부 환경적 요인이 작용하고 있음을 인정해야 한다. 그럼으로써 정확한 대처 방안이 가능하기 때문이다.

셋째, 비행과 범죄를 성실한 태도로 이해해야 한다. 만약 내 주변인이 어떤 사건으로 구속되었다고 했을 때 모든 과정을 얼마나 성실한 마음으로 대처할 것인가? 돈 혹은 주변의 배경을 동원하여 해결하여 하지는 않았는가? 모든 것을 법대로 따르고 법대로 집행하려고 하는 사람은 과연 얼마나 되는가? 비행이나 범죄를 성실한 태도로 받아들이지 않는다면 이들의 교정 현장은 '있는 자에 의한 없는 자에의 착취'로 일관할 것이고, 비행청소년과 범죄인을 위한 재활의 장이 될 수 없을 것이다.

넷째, 비행과 범죄에 대한 언론매체의 성실한 역할이 절실히 필요하다. 비행과 범죄에 대한 언론의 개입 방향은 대중의 여론화에 중대한 역할을 한다. 또한 비행과 범죄에 대한 여론은 곧 범죄와 관련된 정책의 입안을 담당하는 정치인에게 당장 영향을 미친다. 그러므로 언론매체는 지역사회주민들이 언론의 영향과 여론화라는 조건을 극복하고 비행과 범죄에 대해 올바르게 이해할 수 있도록 본연의 자세를 취해야 한다.

2) 교정복지의 개념

교정복지의 개념을 보다 명확히 하기 위해 현재 교정복지 관련 현장에서 사용하고 있는 유사용어도 함께 이해하는 것이 바람직하다. 즉 비행청소년과 범죄인 재활의 대표적인 현장이라 할 수 있는 소년원과 교도소 등에서 사용하는 '보호(保護)', '교정(矯正)', '교정사업(矯正事業)'에 관한 개념을 정리한 후 교정복지의 개념을 살펴보도록 하겠다.

첫째, 보호는 비행청소년의 재활과 관련하고 있는 소년원, 소년분류심사원, 보호관찰소 등의 현장에서 사용하는 용어이다. 이 용어는 이들 현장이 법무부의 보호국 산하에 소속하고 있고, 이들 비행청소년은 가벼운

보호처분을 받았기 때문에 처벌보다는 양육의 성격이 강하다고 할 수 있다. 따라서 보호는 비행청소년이 바르게 성장할 수 있도록 제반 생활을 돌보면서 비행으로부터 빠져 나올 수 있도록 돕는 일이다.

둘째, 교정은 교도소와 같은 교정시설에서 사용하는 용어로 범죄인의 범죄 성향을 바로잡아 사회에 적응할 수 있도록 돕는 일이라 정의할 수 있다. 즉 교정은 형사처벌을 받은 범죄인의 재활에 중점을 두고 있다. 따라서 교정은 보호보다 엄한 통제의 성격을 띤다.

셋째, 교정사업은 범죄인을 재활하기 위해 관여하는 제반의 업무를 의미한다. 따라서 교정사업은 교정정책(교정제도), 교정행정(교정조직), 교정실무(교정프로그램)를 총괄한다.

넷째, 교정복지는 사회복지학을 바탕으로 한 비행청소년 혹은 범죄인의 재활을 위한 전문분야이다. 이 분야의 일은 관련 대학이나 기관에서 연구와 사회복지사의 현장활동으로 이루어진다. 비행청소년과 범죄인의 교정은 어떤 특정한 분야의 일이 아니라 심리학, 정신의학, 교정학, 사회복지학 등 여러 분야의 전문인력이 협력하여 이루어지는 바 교정복지 역시 그 중 한 부분을 맡아 활동하는 것이다. 즉 교정복지는 교정사업 중 교정실무에 초점을 두고 비행청소년과 범죄인의 재활에 직접 개입하는 것이다. 물론 비행과 범죄예방도 함께 포함해야 한다.

결국 교정복지란 개별사회사업, 집단사회사업, 지역사회사업, 사례관리 등과 같은 기초적인 사회복지실천방법을 활용하여 범죄인이나 비행청소년이 심리사회적으로 가장 편안한 상태를 유지하면서 사회에 적응하여 활동할 수 있도록 돕는 활동이다. 그러므로 비행청소년과 범죄인의 재활을 위해 정상적이고 원칙적인 활동에 참여하려는 사회복지사는 사회복지실천에 관한 전문적인 지식과 기술을 익혀야 하고, 나아가 범죄인과 비행청소년에 대한 전반적인 상황 그리고 당국의 정책 등을 필수적으로 이해해야 한다.

3) 교정복지의 대상

교정복지는 비행청소년과 범죄인의 재활뿐 아니라 비행과 범죄의 예방과 이 분야에 대한 시민의 관심과 참여를 유도하는 데도 개입해야 한다. 따라서 교정복지의 대상 역시 다양하다. 여기에서는 교정복지의 주요 대상으로 비행청소년, 범죄인, 비행청소년과 범죄인의 가족, 일반시민을 들고자 한다. 이들에 대하여 정리하면 다음과 같다.

(1) 비행청소년

비행청소년은 소년법원의 심리(審理)에 의해 보호처분을 받은 사회부적응 청소년들이 대부분을 차지하고, 검찰의 선도조건부기소유예로 처리된 청소년과 경찰서장이 처리한 12-13세의 초범소년을 포함한다. 지난 5년간 이들 비행청소년의 보호사건 처리현황을 살펴보면 〈표 13-1〉과 같다.

〈표 13-1〉 소년보호사건 처리현황

(단위 : 명, %)

연도	계	보호처분								불처분	심리불개시	검찰청송치	기타
		소계	1호처분	2호처분	3호처분	4호처분	5호처분	6호처분	7호처분				
1995	29,677(100)	28,641(96.5)	25,229(85.0)	1[11,517]	2[8,981]	675(2.3)	42(0.1)	1,671(5.6)	1,021(3.5)	322(1.1)	656(2.2)	26(0.1)	32(0.1)
1996	32,697(100)	30,992(94.8)	27,271(83.4)	[12,241]	[9,599]	604(1.9)	82(0.3)	1,881(5.7)	1,154(3.5)	647(2.0)	953(2.9)	53(0.2)	52(0.1)
1997	39,639(100)	37,559(94.8)	33,504(84.5)	[12,595]	[14,017]	653(1.7)	43(0.1)	2,214(5.6)	1,145(2.9)	650(1.6)	1,304(3.3)	59(0.1)	67(0.2)
1998	39,300(100)	37,081(94.3)	33,139(84.3)	[12,719]	[13,712]	851(2.2)	10(0.0)	1,884(4.8)	1,197(3.0)	897(2.3)	1,250(3.2)	26(0.0)	46(0.1)
1999	36,460(100)	32,348(88.7)	28,599(78.4)	[10,677]	[11,234]	920(2.5)	14(0.0)	1,621(4.5)	1,194(3.3)	1,848(5.1)	2,118(5.8)	106(0.3)	40(0.1)

자료 : 2000 청소년백서([ ]는 1호 처분과 병합된 인원)

이외에도 경찰로부터 훈방되었거나, 학교에서 처벌받은 학생들, 기타
지역사회에서 비행이 엿보이는 청소년들도 포함된다. 한편 비행청소년
의 비행정도가 갈수록 심해질 뿐만 아니라 비행유형 중에서 특히 약물남
용, 학교폭력, 성폭력, 오토바이폭주, 청소년 성매매 등이 사회적 쟁점으
로 부각되고 있다.

(2) 범죄인

범죄인은 형사처벌을 받은 자들로 사회 부적응의 정도가 심한 경우이
다. 이들의 재활은 비행청소년에 비해 어려운 것이 사실이나 대체로 과
거에 비행청소년이었던 자들의 변화가 가장 어렵다는 것이 특징일 것이
다. 참고로 〈표 13-2〉에서 보는 바와 같이 교통범죄를 제외한 우리나라의
범죄는 지난 10년간 범죄 건수나 범죄인구비율이 지속적으로 증가하고
있다.

〈표 13-2〉 범죄발생 · 검거현황

구분 연도	발생건수	검거건수	검거율 (%)	검거인원	총 인 구 (단위:천명)	인구비
1990	683,474	572,826	83.8	827,993	42,793	1,597
1991	728,570	638,636	87.7	905,137	43,268	1,684
1992	739,154	641,569	86.8	927,226	43,663	1,693
1993	842,705	789,796	93.7	1,126,678	44,056	1,913
1994	870,758	768,491	88.3	1,079,047	44,453	1,959
1995	903,718	777,845	86.1	1,080,074	44,850	2,015
1996	941,968	815,966	86.6	1,116,557	45,247	2,082
1997	934,933	805,764	86.2	1,129,933	45,991	2,033
1998	1,081,669	957,946	88.6	1,310,947	46,430	2,330
1999	1,104,946	1,027,390	93.0	1,431,882	46,858	2,358

자료 : 2000 범죄백서(교통범죄 제외, 인구비는 인구 100,000명당 발생건수)

(3) 비행청소년과 범죄인의 가족

비행청소년과 범죄인의 가족이 교정복지의 대상자가 되어야 한다는 것은 다음의 두 가지 이유에서이다.

첫째, 한 가정에서 비행청소년 혹은 범죄인이 생겨남으로써 그 가정의 가족이 겪어야 할 심리적, 경제적인 여러 어려움을 해결해 나갈 수 있도록 관련인 혹은 관련 기관으로부터 도움을 받아야 한다는 점을 들 수 있다.

둘째, 비행청소년 혹은 범죄인의 재활을 위해서는 가족의 변화 혹은 노력이 있어야 할 경우에는 이들 가족이 중요한 교정복지의 대상이 되어야 한다.

(4) 일반시민

일반시민은 직접적인 교정복지의 대상은 아니다. 그러나 모든 시민이 교정사업을 이해하고, 특히 교정제도와 범죄인에 대해 철저히 이해하는 것이 곧 교정사업의 발전에 크게 기여하는 길이라고 할 수 있다. 이는 교정사업이 시민운동 차원에서 교정복지운동과 기타 구체적인 방법으로 일반시민들에게 알려지고 또한 이들이 관심을 갖게 해야 한다는 원칙에서 비롯된 것이다.

4) 교정복지실천 현장

교정복지실천 현장으로 경찰, 검찰, 법원, 교정시설, 보호시설, 민간시설, 비행과 범죄 취약지역사회를 들 수 있다. 각 현장에서 교정복지 관련 사회복지사의 역할을 중심으로 이들 현장을 소개하도록 하겠다.

(1) 경찰

교정복지 관련 사회복지사가 경찰과 관련하여 개입하는데 다음과 같은 역할을 할 수 있다.

첫째, 청소년지도위원으로 활동하게 되면 청소년비행을 예방하는 데 참여할 수 있다. 나아가 지역사회의 범죄예방을 위한 지역사회주민의 조직가로서 활동도 가능하다.

둘째, 관할 지역 담당 경찰관을 알고 지냄으로써 지역사회 내의 요주의자나 범죄인을 위한 변호인 내지는 경찰관과 이들간의 중재자 역할을 할 수 있다.

(2) 검찰

검찰과 관계하면서 교정복지 관련 사회복지사는 다음과 같은 역할을 수행할 수 있다.

첫째, 피의자를 위해 검찰에 대변자나 변호자가 될 수 있다. 이는 비행청소년이 검사의 조사를 받을 때 그의 담당 검사가 미처 알지 못하고 있는 사정을 상세히 알려 줄 수 있다.

둘째, 범죄예방위원으로 활동한다면 비행청소년의 지도, 감독을 통해 상담가 혹은 예방자의 역할을 할 수 있다.

(3) 법원

우리나라 사법제도 중 특히 재판과정에서 사회복지사가 공식적으로 개입할 수 있도록 제도화된 창구는 없다. 오직 지방법원의 소년부지원에 소년자원보호자협의회를 통해 자원봉사자로 활동하면서 개입할 수 있다. 법원단계에서 굳이 교정복지 관련 사회복지사의 역할을 찾는다면 재판전 사전조사업무를 조사자 혹은 판결을 위한 정보제공자의 역할을 들 수 있다.

(4) 교정기관

교정기관은 법무부 교정국 산하의 범죄인 교정과 관련하고 있는 기관을 일컫는다. 교정복지 관련 사회복지사는 자원봉사자로서 교정기관을 통해 다음과 같은 활동을 할 수 있다.

첫째, 수용자가 교도소 생활에 적응할 수 있도록 돕는다. 예컨대 동료 수용자와의 발전적인 관계 형성, 작업장에 잘 적응하는 일 등에 관여할 수 있다.

둘째, 수용자와 교도관의 관계향상을 위해 도울 수 있다.

셋째, 수용자의 범죄유형에 따라 심층적 치료에 개입할 수 있다.

넷째, 수용자의 가족을 지지하고 도울 수 있다.

다섯째, 수용자를 위한 새로운 프로그램을 수시로 개발하여 기여할 수 있다.

(5) 보호기관

보호기관은 법무부 보호국 산하 기관으로 비행청소년의 보호와 재활에 관련하고 있다. 교정복지 관련 사회복지사는 비행청소년의 재활을 위해 요구되는 전문적인 기술을 바탕으로 보호관찰소, 소년원, 소년분류심사원 등에서 활동할 수 있다.

(6) 민간기관

대표적인 민간기관으로 갱생보호공단과 아동복지법이 규정하는 '아동보호치료시설'을 들 수 있다. 이들 기관에서 교정복지 관련 사회복지사는 비행청소년을 이해하고 나아가 함께 어울릴 수 있으며 이들의 치료에도 개입할 수 있다. 한편 선도보호소와 가출청소년을 위한 쉼터에 사회복지사가 전문적인 활동을 펼치고 있다.

(7) 비행과 범죄 취약 지역사회

교정복지실천 현장으로 비행 혹은 범죄와 밀접히 관계하고 있는 지역사회를 들 수 있다. 이 곳은 대체로 사회복지관이 운영되고 있는 지역사회로 한정하여 볼 수 있다. 이들 지역사회는 비행이나 범죄가 일어날 수 있는 여건이 강한 취약 지역사회로 꼽히고 있는 실정이다. 그래서 이런 지역사회에는 사회복지관이 있고, 이 곳의 사회복지사들은 비행청소년을 관리하거나 이들의 비행을 예방하는 차원에서 활동하고 있다.

요컨대 지역사회 내 사회복지관의 사회복지사들은 비행 혹은 범죄로 빠질 수 있는 지역사회 내 청소년들을 주시하여 사전에 대처할 수 있어야 한다. 이는 평소 청소년들에 대한 개인적 성향, 가족관계, 학교생활 등 다양한 정보를 가지고 있으므로 다른 어떤 전문인력보다 쉽게 접근할 수 있다. 이들 사회복지사들에게는 비행과 범죄 예방에 관련하여 다음과 같은 몇 가지 역할이 주어지고 있다.

첫째, 지역사회주민들에게 사법서비스를 제공할 수 있다.

둘째, 지역사회자원을 동원하여 비행과 범죄예방을 위해 실제적으로 개입할 수 있다.

셋째, 지역사회의 사회복지사는 제반의 교정복지실천 현장과 교류하여 비행청소년 혹은 범죄인과 이들 현장과의 중개자 역할을 할 수 있다.

5) 교정복지의 과제

비행청소년과 범죄인의 재활을 위한 한 분야로서 교정복지는 앞으로 우리나라 교정사업의 중요한 영역으로 부각될 것으로 전망된다. 이런 전망과 관련하여 교정복지 관련 사회복지계가 수행해야 할 과제를 제시하면 다음과 같다.

(1) 교정복지의 제도화

사회복지학(사회사업학)을 전공한 전문인력이 교정사업현장에 근무할 수 있도록 제도를 마련해야 한다. 제도의 개선이나 새로운 제도의 구비는 국가적인 차원에서 결코 쉬운 일이 아니다. 그러므로 현장을 이해하지 못하고 함부로 제도개성을 운운하는 것은 공염불일 수도 있다. 지금의 실상을 고려할 때 우리는 전략상 법무부의 교회직과 분류심사직 공무원과 협력하면서 사회복지학 전공자를 투입할 수 있으며, 이들 공무원에게 사회복지학을 교육시켜 활동하게 할 수도 있다. 이러한 작업이 보다 순조롭게 이루어질 수 있도록 관련 전문분야에서는 현장활동과 연구를 통해 교정복지를 홍보해야 한다.

(2) 교정복지의 교육과 연구의 활성화

교정복지의 제도화를 위해서는 대학의 사회복지학을 포함한 사회복지학 관련인들이 중추적으로 나서야 한다. 불행하게도 전국적으로 사회복지학과나 사회사업학과를 설치한 대학에서 교정복지론 과목에 대한 강의가 이러한 상황을 반영하지 못하고 있다. 특히 이 분야가 대학에서 연구하는 연구자에게 다른 분야와 달리 큰 매력을 주지 못하고 있다. 설상가상으로 교정복지실천 현장이 지극히 폐쇄 혹은 방만하여 더욱 연구자들의 활동을 불편하게 하고 있다. 그럼에도 불구하고 이런 난관을 극복하고 성실한 연구와 교육이 대학과 교정복지실천 현장의 협력으로 이루어져야 한다.

(3) 교정복지 관련 전문기술 개발

비행청소년과 범죄인의 개인적 특성을 비롯하여 이들의 비행과 범죄가 날로 복잡하게 변화하고 있다. 이런 현상은 이들의 재활을 위해 보다 전문적인 기술을 요하는 것이다. 그러므로 이 분야에 관심을 가지고 있

는 실무자 혹은 지역사회 내의 전문가들은 현장에서 적용이 가능한 전문
적인 기술과 구체적인 프로그램을 개발하여 제공해야 한다.

2. 정신보건과 사회복지

우리나라 성인들의 정신질환 평생 유병률은 약 32~33%에 달하며, 이
것은 전 국민 중 1/3이 정신질환을 앓은 과거력을 가지고 있거나 현재 또
는 미래에 환자가 될 수 있다는 것을 의미한다. 이러한 정신보건 영역에
서 사회복지의 개입은 클라이언트의 질병보다 질병으로 인한 문제해결
능력의 향상, 사회적 기능의 회복과 재활에 일차적 목적이 있다. 1997년
정신보건법이 실시된 이후 정신보건사회복지사의 실천의 장이 과거 정
신병원 등 의료기관 중심에서 지역사회 정신보건센터 및 사회복귀시설
등 지역사회로 점차 이동하고, 업무영역 또한 임상 중심적 접근에서 거
시적 실천 및 다체계적 접근방법으로 전환하고 있다. 정신보건사회복지
사들은 치료영역에서 클라이언트 개인과 집단 및 가족들을 위한 전문적
인 서비스 프로그램과 기술훈련을 제공하고, 재활영역에서 지역사회와
의 거리를 가깝게 하는 재활치료를 실현하기 위한 일상생활훈련과 지역
사회주민들의 정신질환자에 대한 편견을 없애기 위한 계몽교육, 지역사
회자원을 활용하여 사회적응을 돕는 일은 물론 재가복지서비스 개발에
앞장선다. 정신보건예방영역에서는 정신보건교육과 자문, 위기개입, 정
신질환의 조기 발견과 조기 치료를 돕는 일, 정신건강에 대한 인식증진
등을 돕는다. 아직까지는 정신보건사회복지의 주요 업무영역으로 만성
정신질환자중심의 재활접근이 주종을 이루고 있었지만 최근 들어 아동
학대, 배우자 학대, 노인학대 등 학대와 방임, 실직 및 노숙자들의 정신건
강문제, 알코올 및 약물남용, 청소년 폭력과 자살 등 보다 광범위한 정신

건강의 문제로 실천의 폭이 확대되고 있다. 또한 지역사회지지체계확립이나 증진이 중요시되면서 일차적 예방의 중요성이 강화되고 있다. 따라서 정신보건사회복지사는 기존의 임상가 역할에 더하여 사례관리자, 교육자, 행정가, 프로그램 개발자, 중개자로서의 역할이 요구되고 있다.

1) 지역사회정신보건 현황과 문제점

지역사회정신보건이란 정신건강이라는 이름으로 지역사회에서 행해지는 모든 활동을 의미하는 것으로서 협의의 의미에서 정신장애에 개입해오던 것을 포괄적인 의미에서의 정신장애 예방, 치료, 재활 및 사회복귀의 차원으로 도약시킨 것이다(양옥경, 1996). 탈중앙화와 탈시설화를 기반으로 시작한 지역사회정신보건은 정신질환자를 시설에서 내보내는 단순한 탈수용화에 그친 것이 아니라 지역사회 내에서 정신장애인들에 대한 편견과 격리를 제거한 지역사회정신건강을 달성하기 위한 인도주의적 이념의 실천이다.

1960년대부터 미국, 이탈리아 등 외국에서는 지역사회정신보건이 정신보건서비스체계의 중요한 축으로 자리잡은 이후 꾸준한 탈 시설화가 진행되어 전체병원 또는 시설입원환자의 1/2 내지 3/4에 해당되는 많은 정신질환자가 지역사회에서 거주하게 되었다. 우리나라의 경우 1970년대 카톨릭대학병원 정신과에 개설된 우리나라 최초의 정신과 낮병원과 광주 천주의 성요한병원에서 실시한 정신장애인 재활프로그램들을 계기로 본격적인 지역사회 개입이 시작되었다. 특히 1986년 태화기독교사회복지관 부설 샘솟는집이 문을 열면서 처음으로 병원거점(hospital-based)이 아닌 지역사회거점(community-based) 재활프로그램이 시작되었고 이는 우리나라 지역사회정신보건에 새로운 전기를 마련하였다(윤명숙, 1999).

한국의 정신보건분야는 1995년 12월 정신보건법 제정 이후 기존의 의료모델을 기반으로 한 시설 수용 및 장기입원 위주의 소극적이고 폐쇄적인 접근에서 벗어나 정신장애인들의 지역사회 내 예방 및 치료·재활을 통한 효과적 사회복귀를 도모하려는 다양한 움직임들이 나타나고 있는 실정이다. 또한 1999년 2월에 개정된 "장애인복지법" 개정으로 정신장애인이 법정장애인으로 포함되게 되면서, 정신질환자들도 장애인으로서 국가의 적극적 보호와 지원을 받을 수 있는 근거를 가지게 되었다. 정신보건법 시행 만 4년이 지난 지금 전국에 지역사회정신보건센터와 사회복귀시설 같은 새로운 시설과 개념이 급속도로 활성화되고 있다. 지역사회정신보건은 그 대상이 지역사회 전체이고 전체 지역사회 주민의 삶의 질을 주목적으로 하는 사업이다. 아직까지 지역사회정신보건사업의 정의, 지역사회정신보건센터 설립을 비롯한 지역사회정신보건사업 전반에 관한 정부, 관련 서비스 기관 및 전문가들의 합의가 도출되지 못한 점도 있다. 그러나 기존의 정신장애자들에 대한 소외와 편견을 극복하고 최소한의 규제를 원칙으로 이들이 지역사회에서 자신의 권리를 누리고 양질의 삶을 살 수 있도록 원조하는 상호 협조적인 과정은 지역사회정신보건의 가장 중요한 실천원칙이다.

(1) 정신장애의 개념과 정신보건 특성

정신질환(Mental Illness)은 정신장애(Mental Disorder)와 서로 혼용하여 쓰이고 있는데, '정신질환'은 생물학적·심리적 병인으로 인하여 정신기능의 영역인 지능, 지각, 사고, 기억, 의식, 정동, 성격, 정신운동 등에서 병리적인 현상이 진행되는 것을 말한다. '정신장애'는 정신적 손상에 의해 이차적으로 나타나는 일상생활기능이나 사회생활에 있어서의 어려움이라고 할 수 있으며, 이를 위해 재활프로그램으로 일상생활기술훈련, 사회생활기술훈련, 직업훈련 등의 정신사회재활 접근이 필요하다.

일반적으로 제시되는 정신보건의 특성들을 정리해보면 첫째, 정신질환자는 자신의 병에 대한 병식(病識)이 없는 경우가 많고 스스로 자기 몸을 돌볼 능력이 없는 경우가 많다. 둘째, 비교적 장기치료와 관리가 필요하다. 셋째, 아직까지 사회보장제도가 미흡한 우리나라의 경우 정신질환은 곧 빈곤화로 이어지는 것을 의미하므로 정신보건서비스를 전적으로 시장이나 가족의 영역에만 맡겨 놓을 수 없다.

넷째, 정신장애인이 선택할 수 있는 자원이나 공급자 견제 능력이 부족하여 공공보건의료의 지지가 필요하다. 다섯째, 장기적인 치료로 가족들의 부담이 크고 가족들의 지지가 적은 경우가 많아 공공부문의 지지를 필요로 한다. 여섯째, 정신장애인 치료 및 재활시설들이 지역주민들에 의해 혐오시설로 분류되는 경우가 많다. 일곱째, 정신장애인의 예방ㆍ치료ㆍ재활에는 정신과의사, 정신보건사회복지사, 정신보건간호사, 정신보건임상심리사, 작업치료사 등 다양한 전문집단의 개입이 필요하므로 이들을 효과적으로 조정하는 기능이 중요하다. 여덟째, 사회복지적이고 행정적인 서비스가 차지하는 비중이 높다. 아홉째, 정신장애인이나 보호자의 수치감이 커서 공식적인 기관이 아니면 접근이 어렵다(김창엽, 1998).

(2) 한국 정신보건체계의 현황과 문제점

우리나라 정신보건시설은 그 시설수와 정신병상수 모두가 매우 빠른 속도로 증가하고 있다. 1999년 6월 30일 현재 우리나라의 정신보건시설 중 정신의료기관은 총 675개소, 정신요양시설은 63개소, 사회복귀시설 16개소, 정신보건센터 38개소로 지난 4년 간 1995년 대비 연 평균 15.4%씩 정신병상수가 증가하고 있다. 아직까지 의료기관이 중심을 이루고 있고 민간병원의 대형화 현상이 지속되고 있으나 지역사회관련 정신보건센터(보건소 형 포함)와 이용 및 주거시설인 사회복귀시설이 지난 2년 사이 급속하게 늘어나고 있다. 현재 정신보건영역에 일하고 있는 정신보건사회복지사는 1급과 2급을 포함하여 약 400여명에 이르고 있으며 한 국정신보건사회사업학회에서 주관하는 1년 간의 전문적인 수련과정을 거쳐 매년100여명의 신규 자격증소지자들이 배출되고 있다. 정신보건사업은 보건의료정책 수립과 집행, 전 인구를 대상으로 하는 보건사업과 예방 및 건강증진이라는 기능적인 특성상 공공보건의료부문에서 상당부분 주도적으로 사업을 전개해 나가야 함에도 아직까지 민간부분에 비해 공공부문의 관여가 미흡한 실정이다.

환자의 현황을 살펴보면 정신의료기관 입원 환자 중 정신분열증 환자가 가장 많아 57%인 19,000명이었고 그 다음이 알코올중독으로 전체입원환자의 약 18%인 약 6,000명으로 나타났다. 연령별로는 가장 활발한 생산연령층인 20~40대가 전체입원환자의 70%를 넘는 것으로 나타났다. 또한 전체입원환자의 43%를 넘는 환자가 6개월 이상의 장기입원을 하고 있었고 1년 이상 입원하고 있는 환자도 전체입원환자의 1/4을 넘는 것으로 나타났다(서동우 외, 1999). 사회보장제도의 미흡과 취약한 지역사회지지체계로 인하여 정신질환으로 인한 부담은 전적으로 환자자신이나 가족들에게 맡기고 있는 실정이다. 이로 인하여 수용환자 중 많은 수가 지역사회에서 생활이 가능함에도 불구하고 오랜 기간 수용되어 있는 상황이다. 실제로 1999년 6월말 현재 우리나라 전체 입원·입소환자 59,051명의 약 43%가 현재 입원·입소한 시설이 적절하지 못한 것으로 나타났다(서동우 외, 1999).

(3) 지역사회정신보건사업의 이념과 내용

지역사회정신보건의 이념들을 살펴보면 첫째, 최소한의 규제원칙이다. 정신장애의 치료·재활에 있어서 사회환경요소의 중요성을 인식하면서 격리와 수용을 전제로 하는 대단위 시설중심의 입원치료에서 최소한의 규제를 보장하는 자유롭고 친근한 환경에서의 치료와 재활의 전환을 의미한다. 즉, 지역사회정신보건은 한 개인이 자신의 치료나 서비스를 받는데 있어서 자유, 자기결정권, 자율성, 존엄성 그리고 자유의지의 선택을 강조하는 인간주의적인 이념에 기초하고 있다. 둘째, 정상화의 원칙이다. 정상화란 모든 사람이 차별 없는 동등한 기회를 보장받는 것으로 삶의 질 향상에 목표를 두고 있다. 정상화는 장애인을 정상인으로 만드는 것이 아니라 정신장애인의 생활조건이나 환경을 정상화하면서 장애 및 사회적 불리로 인해 파생되는 문제들을 최소화시킨다는 것을 의미한다. 셋째, 사회통합의 원칙으로서 사회통합은 정상화개념에 기반을 두고 있다. 사회통합은 사회적 상호작용을 매우 중시하는 것으로서 그 장애인이 거주하는 지역사회에서의 물리적인 통합이 전제되며 주거지 마련이 중요하다. 또한 지역사회관련 자원들과의 활발한 교류도 매우 중요하게 작용한다(양옥경, 1996).

지역사회정신보건사업에 포함되어야할 핵심적인 내용은 첫째, 질병관리를 위한 의료서비스 둘째, 기능적인 재활을 위한 사회재활서비스 셋째, 삶의 질 향상을 위한 사회보장서비스 넷째, 최소한의 생활유지를 위한 요양서비스를 들 수 있다(신영수 외, 1994). 정신장애인들의 효과적인 지역사회 복귀를 지원하기 위해서 정신과의사, 정신보건사회복지사, 정신보건간호사, 정신보건 임상심리사 등 다학문적 접근이 요구되며, 이를 위해서는 ① 적극적으로 클라이언트 찾기와 아웃리치(outreach) ② 진단 및 평가, 지지적 상담, 약물관리, 약물남용 서비스 등과 같은 정신건강치료 ③ 24시간 전화상담, 방문위기개입 등의 위기개입서비스 ④ 신체 및 구강건강 보호 ⑤ 주거 ⑥ 소득보장 ⑦ 자조모임 등과 같은 상호지지 ⑧ 가족과 지역사회지지 ⑨ 사회재활, 직업재활 등의 재활서비스 ⑩ 보호와 권익 옹호 ⑪ 사례관리가 필수적이다.

2) 알코올과 약물남용 현황과 문제점

최근 들어 우리사회에 청소년들의 약물남용뿐만 아니라 일반 직장인, 주부 등 여러 계층의 약물남용 문제가 심각하게 등장하고 있다. 약물남용과 관련된 용어로는 약물오용, 약물사용, 약물의존, 약물중독 등 여러 가지가 사용되고 있는데, 일반적으로 이들 용어에 대한 뚜렷한 구별 없이 자의적으로 사용하는 경향이 있다. 약물남용은 한 개인이 어떤 약물을 계속해서 약물의 원래 의도된 목적과는 다른 용도로 사용하거나 혹은 그 개인이 약물사용에 대해서 통제할 수 없을 때 예를 들면, 그 사람의 생활양식이 특정약물의 획득이나 사용욕구에 의해 지배받을 때 혹은 약물복용이 개인의 가족, 직업 및 기타 사회적 기능수행에 장애를 가져올 때를 말한다. 즉 약물남용은 의학적 상식, 법규, 사회적 관습으로부터 일탈하여 쾌락추구를 목적으로 약물을 사용하거나 용법보다 과잉으로 약물을 섭취하는 행위를 말한다. 일단 기분의 변화를 목적으로 술이나 약물을 사용하는 것이 중독의 전제조건이고 중독을 구분하는 가장 중요한 증상은 조절능력 상실이다. 조절이 잘되지 않을 때 나타나는 주요 세 가지 증상은 약물에 대한 집착, 강박적 사용, 재발 등이다. 알코올이나 신경안정제 및 아편계열의 약이 주종을 이룰 때는 내성이나 금단증상이 두드러지는 증상이었지만, 1980년대 이후 등장한 필로폰, 코카인, 흡입제 등은 내성이나 금단증상이 잘 생기지 않으면서도 인간에게 미치는 파괴적인 효과는 알코올이나 아편계열의 약들과 비교가 안될 정도로 강력하다.

약물중독의 특성들을 살펴보면 첫째, 약물중독은 일차적이다. 즉 가정폭력, 범죄, 질병, 빈곤 등 다른 모든 문제의 일차적인 원인이 된다. 둘째, 진행적이다. 약물을 지속적으로 사용할수록 계속 증상이 악화되게 된다. 셋째, 만성적이다. 약물중독은 당뇨처럼 지속적이고 계속적이다. 넷째, 치명적이다. 적절한 치료를 받지 않으면 약물중독자들은 일찍 죽을 가능성이 많고 그 외 약물과 관련된 교통사고, 화상, 낙상 등을 당할 확률이 높다. 다섯째, 가족병이다. 약물중독은 전체가족체계에 영향을 미쳐 가족역할, 기능, 의사소통 등에 역기능을 가져온다(윤명숙, 1998).

지난 90년대 초반부터 민간기관중심으로 활성화되기 시작한 알코올 및 마약중독 상담. 치료재활기관에서 일하는 사회복지사들의 수가 점차 증가하고 있으며 최근 지역정신보건센터 선택사업으로 알코올중독 재활 및 약물남용 개입이 명시됨에 따라 정신보건사회복지사들의 진출이 매우 활발해지고 있다.

(1) 청소년 약물남용

한국 사회에서 남용되는 약물은 합법적 약물과 불법적 약물 두 가지로 구분된다. 이들 남용 약물을 가장 많이 사용하는 집단은 15~16세 집단으로, 이 시기의 청소년들은 그들이 사용하는 약물의 성분이나 용도, 약물 사용에 따른 부작용 등에 대해 잘 모르는 경우가 많으며, 다른 약물과 복합적으로 사용하고 있어 더욱 복잡한 양상을 띠게 된다.

1998년도 YMCA 연구 결과에 의하면, 학교 청소년 중 술·담배를 제외한 유해 약물을 사용한 청소년들이 선호하는 약물은 진통제, 각성제, 라식스, 본드, 니스, 부탄가스, 러미나 순으로 나타났다. 이 결과에 따르면 본드와 부탄가스, 니스 등 같은 종류의 환각 물질을 모두 합칠 경우 흡입제가 진통제에 이어 두 번째로 많이 사용하는 약물인 것을 알 수 있다. 또한 술·담배를 제외한 약물을 사용해 본 경험이 있는 학교 청소년은 전체 대상자의 11.86%에 달했는데, 남용 수준은 30.6%, 중독 수준은 18.86%이었고, 즉시 치료를 받아야 하는 수준도 7.14%나 차지하는 것으로 높게 나타났다. 소년원에 있는 청소년들의 경우는 더욱 심각한 것으로 나타났는데 흡입제에 대한 선호 경향이 뚜렷하게 나타났고 남용과 중독 수준도 학교 청소년과는 비교가 되지 않을 만큼 높은 비율을 차지하였다.

여러 가지 약물 중 술과 담배는 이른바 '입구마약'으로 불리며 가장 보편적으로 사용되는 약물이다. 청소년들은 성인에 비해 술을 자주 마시지는 않지만 술을 마실 때 폭음하는 경향이 높고 폭음을 두려워하지 않는다. 이에 따라 필름이 끊긴다거나 숙취로 고생하는 등 심각한 증상으로 고생하게 되며 공격적인 행동과 같이 과격한 행동이 종종 나타난다(Pandina 등, 1991). 청소년기의 알코올남용은 비행, 가족불화, 자동차 사고, 학업성적의 저하와 같은 심리 사회적 문제와 연관성이 높다. 이러한 문제가 있는 청소년들일수록 마약이나 범죄 등 다른 비행으로 진행하는 비율이 높고, 성인이 되어서도 음주로 인한 부정적인 경험이 지속되는 경향이 있다(Banes & Welte, 1988).

한국청소년들의 유해화학물질과 기타 약물 남용 실태 및 문제점에 대해서 살펴보면 우리나라 청소년들의 약물 사용 경험은 술이 가장 많았고 진통제, 담배, 진해제, 각성제 순으로 나타나 청소년 음주문제에 대한 사회의 관심이 증진될 필요가 있다. 또한 일반청소년들에 비해 소년원생 등 비행청소년들의 약물남용은 심각한 지경이며, 고등학생 중에 습관적으로 거의 매일 담배를 피우는 비율은 10%를 상회하고 있어서 금연학교의 체계적 운영 등이 필요하다. 성별로 볼 때 여자보다 남자들의 약물사용경험과 습관적 사용경험의 비율이 전반적으로 높게 나타나지만, 최근 5년간 여성청소년들의 약물사용경험 및 남용비율이 급증하고 있다. 약물을 최초로 사용하는 연령이 전반적으로 어려져서 10세 이전에 약물을 최초로 사용하는 비율이 10%를 넘으며, 특히 중학교 시절에 많이 시작하는 것으로 나타나고 있다. 청소년들의 약물사용이 비행과 높은 상관관계를 가져서 비행경험이 높을수록 약물을 많이 사용하는 것으로 나타났다(주왕기, 조영제, 1997).

청소년 약물남용의 대표적인 특성들을 살펴보면 첫째, 10대 청소년들은 성인들보다 복합적으로 약물을 사용하는 비율이 더 높다. 둘째, 청소년들은 심리 내적인 이유로 음주하는 비율이 성인에 비해 더 높다. 셋째, 성인과 10대의 알코올중독 과정은 유사하지만 중독현상은 10대들에게 좀더 빨리 발생하는 경향을 보인다. 넷째, 청소년들의 경우 성인들에 비해 약물의존의 심리적이고 정서적인 의존현상이 더 일찍 발생한다. 다섯째, 음주문제에 대한 부정체계(denial system)는 성인과 유사한 편이지만 청소년들의 부정체계가 좀더 복잡하다. 여섯째, 청소년들은 성인들에 비해 주변에 더 많은 협력자(enabler)들을 가지고 있어 약물문제 해결에 어려움을 겪는다(윤명숙, 1996).

이처럼 청소년들이 일단 약물을 사용하게 되면 남용하게 되거나 중독되는 경향이 높은 것을 알 수 있다. 따라서 청소년들이 약물을 사용하기 이전이나 약물을 사용하는 초기 단계에서 문제를 예방하는 것이 절실히 필요하며, 약물에 남용되거나 중독된 청소년들을 위한 전문적이고 체계적인 치료·재활이 매우 시급하다.

(2) 알코올중독의 현황과 문제점

알코올중독은 단순한 의료적 문제라기보다 인간의 신체적, 경제적, 사회적, 정서적, 영적, 가족적 기능에 심각한 손상을 가져오는 우리사회의 대표적인 정신건강 문제이다. 알코올중독은 단일 요인보다는 복합적인 요인들이 영향을 미쳐서 발생하는 다면적인 현상으로서, 동일한 경과나 진행양상을 보이지 않으며 아직까지 효과적인 단일 치료방법이 없고 재발률이 높다는 특성을 가지고 있다.

최근 10년간 알코올문제와 관련된 역학조사결과들에 따르면 성인 중 4.2~10.9%는 알코올의존 상태에 있는 것으로 조사되고 있다(김용석, 1999; 조성진 외, 1998). 또한 최근 10년 간 알코올로 인한 사망자가 660% 증가하고 있고(통계청, 1997), 정신병원내 알코올중독자들의 입원율도 지속적으로 증가하고 있어 1997년 기준 수련병원에서 알코올중독자가 차지하는 병상점유율이 13%, 종합병원은 20%로 전체적으로는 16%였으며, 남녀별로는 남자가 15%, 여자가 2%로 전체적으로 19,294개의 병상가운데 약 3,140명의 알코올중독자가 입원해 있는 것으로 추정된다. 그러나 전체 알코올중독자들 중 입원이나 외래치료를 받고 있는 사람들은 매우 극소수이며 절대다수는 아직까지 가정 및 지역사회에 방치되어 있는 실정이다. 또한 여성 음주자 및 알코올중독자들의 경우 그 수가 급증하고 있음에도 불구하고 사회적 편견과 낙인 및 관련 서비스 부족으로 말미암아 치료·재활체계 접근성이 매우 낮은 현상을 보이고 있다. 이러한 알코올중독의 재발은 가장 심각한 임상현장의 문제로서 치료받은 알코올중독자의 50~60%가 3개월 이내에 재발하는 것으로 나타났다. 우리나라의 경우도 예외는 아니어서 알코올중독자들의 재입원율이 매우 높으며 나이가 많거나 만성적인 중독자들이 임상현장의 일차적 표적집단을 형성하고 있는 것으로 나타났다(윤명숙, 1996).

사회 문화적으로 알코올문제에 관해 상대적으로 허용적이고 수용적인 우리사회에서 알코올중독자들의 특성 및 문제영역에 대한 심도 깊은 접근은 아직까지 미약한 실정이다. 국내 알코올중독 치료·재활 관련 현황을 살펴보면 알코올중독자에 대한 접근방법이 장기입원 중심의 정신병원에 절대적으로 치우쳐 있으며 상대적으로 지역사회 내에서 이들의 사회복귀를 체계적으로 원조해 줄 수 있는 재활프로그램들이 매우 미약한 실정이다. 이러한 연유들로 인해 중독자들을 위한 치료가 음주를 중단하는 것과 수용의 수준을 크게 벗어나지 못하고 있으며, 치료효과에 대한 평가와 퇴원 후 지역사회 복귀 실태에 대한 추적조사가 거의 이루어지지 못하고 있다. 또한 알코올중독자들이 경제적 사유와 관련 서비스의 절대적 부족으로 인해 입원치료 후 치료를 중단하는 것이 특징적으로 나타나고 있어서 재발로 이어지고 있고 회복과정 중에 있는 알코올중독자와 가족들에 대한 적절한 서비스제공 역시 적절하게 이루어지지 못하고 있다. 최근 들어 정신보건법상에 보건소 업무로 알코올 및 약물중독자 관리가 들어가고, 일부 지역사회복지관을 중심으로 알코올중독자 및 그 가족들의 음주, 경제적 빈곤, 가정폭력 문제 등을 상담하는 기관들이 증가하고 있다. 또한 1999년부터 지역사회 정신보건센터의 선택사업으로 알코올중독 재활프로그램이 제시됨으로써 지역사회 관리, 재활이 보다 활성화될 전망이다.

알코올중독이 진행적이고 만성적이며 재발률이 높다는 점을 고려할 때 중독자들의 효과적인 사회복귀를 원조해주기 위한 체계적이고 단계적인 보호는 필수적이다. 그러나 1980년대 이후 알코올중독자들의 정신의료기관 입원율 증가와 알코올 관련 음주운전, 가정폭력, 빈곤 등 관련 문제들의 급증에도 불구하고 문제음주자들의 신체, 심리, 사회적 특성 및 욕구에 대한 체계적이고 전문적인 개입방안은 아직 초보적이다. 치료·재활 프로그램은 단계적이고 연속적으로 접근할 수 있어야 하며 알코올중독자들의 다양한 차이점들을 고려하고 중독자들의 개별화된 기능과 손상 그리고 프로그램기간과 다양한 프로그램 유형 등을 고려하여 개입할 수 있어야 한다.

참고문헌

보건복지부. 『국가정신보건전달체계개발에 관한 연구』, 한양대학교 지역사회보건연
　　　구소, 2000.

서동우 · 이영문 · 김윤 · 임정기 · 김동진. 「전국 정신보건시설의 정신보건 프로그
　　　램 및 재원환자의 정신건강 실태조사」, 한국보건사회연구원, 1999.

양옥경. 『지역사회정신건강』, 서울: 나남출판사, 1996.

윤명숙. 「청소년약물남용과 상담」, YMCA청소년약물남용상담실, 1996.

윤명숙. 『알코올 및 약물남용』, 정신보건사회복지사이론교육교재, 한국정신보건사
　　　회사업학회, 1998.

주왕기 · 조영제. 「청소년 약물남용 전국실태조사」, 『청소년학연구』, 제4권 제1호,
　　　1997.

최옥채. 『교정복지론』, 서울: 아시아미디어리서치, 2000.

Brown, S. Treating *The Alcoholic-A Developmental Model of Recovery*, Wiley, 1985.

Moos, RH., Finney JW., Chrinkite RC. *Alcoholism Treatment*, New York: Oxford
　　　University Press, 1990.

(추천자료) ···

김대중. 『사랑하는 가족에게』, 서울: 새빛문화사, 1992.

남궁연 옮김. 『진흙탕에서』, 서울: 성바오로출판사, 1989.

박효진. 『하나님이 고치지 못할 사람은 없다』, 서울: 홍성사, 1999.

신영복. 『감옥으로부터의 사색』, 서울: 햇빛출판사, 1988.

유인옥. 『옥』, 서울: 도서출판 삼문, 1994.

이경재. 『폭력교실』, 서울: 백성, 1997.

이진순. 『종수이야기』, 서울: 知와 사랑, 2000.

이승호 · 박찬운, 『한국 감옥의 현실』, 서울: 사람생각, 1998.

장형수. 『현저동 101번지』, 서울: 문학생활사, 1987.

전병용. 『감방별곡』, 서울: 공동체, 1990.

정약용. 『유배지에서 보낸 편지』, 서울: 창작과비평사, 1991.

정태시 옮김. 『죽음의 수용소에서』, 서울: 제일출판사, 1991.

홍인표. 『하얀집의 왕』, 서울: 창작과비평사, 1989.

1. 범죄 관련 신문기사를 읽거나 혹은 방송을 들을 때 용어, 범죄상황, 처벌과정 등을 쉽게 이해할 수 있는가?

2. 우리나라에서 가장 심각하다고 생각하는 비행 혹은 범죄는 무엇이며, 그 주요 원인은 무엇인가?

3. 우리나라의 경찰, 검찰, 법원, 보호기관과 시설(법무부 보호국, 소년원, 보호관찰소 등), 교정기관과 시설(법무부 교정국, 교도소, 구치소 등)이 각자의 역할을 얼마나 충실히 수행하고 있으며, 이들 기관과 시설의 충실한 역할수행을 위해 우리 국민이 기여할 수 있는 방법은 무엇인가?

4. 한국의 대표적인 약물은 무엇이며 현재 가장 약물남용과 관련한 가장 큰 문제점은 무엇이라고 생각하는가?

5. 당신의 집 바로 옆에 정신장애인을 위한 주거시설이 들어선다면 당신의 입장은 무엇인가?

6. 지역사회정신보건 사업의 활성화를 위해 가장 먼저 고려되어야 하는 것은 무엇인가?

제14장

사회적 불평등과 사회복지

　사회적 불평등의 해소는 사회복지의 주된 목표이자 사회복지 실현을 위한 방법이라는 점에서 사회복지와 밀접한 관련성을 지닌다. 따라서 사회복지의 특성과 기능을 명료하게 인식하기 위해서는 무엇보다도 사회적 불평등과 사회복지의 관련성에 대한 이해가 필요하다. 본 장에서는 사회복지적 차원에서 사회적 불평등이 주목되어야 하는 이유, 사회적 불평등의 원인, 사회적 불평등 해소를 위한 사회복지 대책 등을 고찰하여 봄으로써 사회적 불평등과 사회복지의 관련성을 체계적으로 정리하고자 한다.

1. 사회복지와 사회적 불평등

　사회적 불평등(social inequality)은 사회복지적 차원에서 필히 주목되어야만 할 부분이다. 물론, 사회복지에서 일차적으로 주목되는 문제들은 앞의 2장에서 살펴본 사회구성원의 기본적 욕구(basic need)의 충족, 사회문제(social problem)의 해결이지만, 이들 문제의 근본적 뿌리가 사회

적 불평등(social inequality)에 있음에 비추어 보면, 사회적 불평등 해소
는 비복지(diswelfare) 문제의 예방 차원에서 뿐 아니라 '정의롭고 평등
한 사회를 통해 사회구성원의 행복이 실현될 수 있도록 한다' 는 사회복
지의 근본적 목표의 달성이라는 측면에서도 주목되어야 할 문제라 할 수
있다.

  물론, 최소한의 생활조차 영위하지 못하는 요보호 대상자에 대한 사회
복지적 차원의 일차적 대응은 기본 욕구 충족에 필요한 관련 자원과 서
비스를 제공하는 것일 수 있다. 그러나 관련 자원과 서비스의 제공이 개
별 대상자의 차원에 불과한 그것도 일시적 차원의 대응일 수 있음을 감
안하면, 온전한 문제해결을 위해서는 개별 대상자들의 욕구 발생의 근본
적 원인을 규명하여, 곧 사회문제에 대응하는 제도적 대책의 마련이 요
청된다.

  예를 들면, 독거 노인에게 최저생활 보장을 위해 생계비를 지원하는 것
이 하나의 사회복지적 방편일 수도 있지만, 보다 근원적인 문제해결을
위해서는 이와 같은 노인문제의 원인을 규명하고, 문제해결에 상응할 수
있는 제도적 대책을 마련하는 것, 곧 사회문제로서 개별 대상자들의 문
제를 진단하고 관련 대책을 모색하는 것이 보다 근본적일 수 있다.

  이와 같은 부분에 주목하여, 개별 대상자들의 기본 욕구 미충족뿐 아니
라 사회문제 발생의 근본적인 원인을 찾아보면, 이들 문제들은 무엇보다
도 자원 결핍에서 비롯된 것임을, 그리고 이와 같은 자원결핍은 사회적
불평등에 토대한 것임을 확인할 수 있다. 따라서 사회적 불평등은 사회
복지가 근본적으로 다루어야 할 구조적 문제라 할 수 있다. 예를 들면, 노
령에 따른 퇴직, 자녀들과의 별거 등의 문제는 경제적 자원이 결핍된 계
층에게는 최저생활 유지에의 위기일 수 있으나, 경제적 자원이 풍요로운
계층에게는 그리 큰 문제가 되지 않을 수 있어, 정작 핵심적인 문제로 상
정해야 할 부분은 무엇보다도 사회구조적 차원의 불평등임을 확인할 수

있다. 이는 역으로, 모든 노인들에게 적정한 자원이 평등하게 분포되어 최저생활이 보장된다면, 노령에 따른 퇴직 혹은 자녀들과의 별거는 사회적으로 문제되지 않을 수 있음을 의미하는 것이다.

이와 같은 예시는 사회적 불평등이 사회복지 실현의 사회구조적 토대 마련과 관련하여 보다 주목해야 할 문제임을 시사하는 것으로, 사회적 불평등의 해소는 복지문제의 원천적 해결의 차원에서 뿐 아니라 복지문제의 예방이라는 차원에서도 주목해야 할 영역이다.

한편 사회적 불평등은 사회복지 실현의 방법적 측면에서도 주목되는 부분이다. 사회복지제도와 정책에서는 사회적 불평등과 욕구(need), 사회문제(social problem)와의 밀접한 관련성에 주목하여, 사회구성원의 기본 욕구 충족 및 사회문제 해결 과정에서 계층간 소득재분배를 주된 방법으로 활용한다. 이는 곧 사회구성원의 욕구충족이 당면 목표라 할지라도 계층간 불평등 해소에 적극적일 수 있는 방법을 활용하여 재원을 마련하고 자원을 분배함으로써, 대상자의 기본 욕구 충족 및 사회문제 해결뿐 아니라 사회적 불평등 역시 완화되도록 한다는 것이다. 곧, 비복지(diswelfare) 문제를 계층간 자원 재분배라는 방식을 통해 해결함으로써, 비복지 문제의 해결과 더불어 비복지 문제 발생의 원천적 토대인 사회적 불평등 역시 해소한다는 점에서, 사회복지제도 및 정책은 여타 제도 및 정책과는 상이한 특성을 지닌다. 이와 같은 측면에 비추어 보면, 사회적 불평등은 사회복지 실현의 방법적 측면에서도 주목되는 부분임을 확인할 수 있다.

그렇다면 사회적 불평등의 원인은 무엇이고, 사회적 불평등 해소를 위한 관련 사회복지 대책은 어떤 것들이 있는 것일까? 다음 2절과 3절에서는 이에 대해 고찰하도록 한다.

2. 사회적 불평등의 원인

사회적 불평등의 원인에 대한 개괄에 앞서 자본주의 사회의 사회적 불평등의 심각성을 네델란드의 경제학자 펜(Jan Pen)의 비유를 통해 설명하여 보면 다음과 같다(이정우, 1992). 그는 현실의 소득불평등을 가상적인 가장행렬을 통해 묘사하고 있는데, 가장행렬에 참여하는 사람들의 키는 소득에 비례하도록 설정하고 있다. 과연, 1시간 동안의 가장행렬은 어떠한 양상으로 진행되었을까?

그의 묘사에 따르면, 맨 먼저 나타난 사람들은 두더지와 같은, 곧 땅속에 머리를 파묻고 거꾸로 서서 행렬하는 사람들로 기술되고 있는데, 이들은 빚만 지고 살아가는 그야말로 파산한 극빈층에 해당되는 사람(?)들로 보인다. 다음으로, 소인국 난쟁이들의 행렬이 5분여에 걸쳐 이어지게 되는데, 파트타임 등으로 생계를 연명하는 사람들, 그리고 공적부조제도 등 국가적 지원을 통해 최소 생계를 영위하는 사람들이 이에 해당된다. 다음으로는 키가 1미터가 채 안되는 난쟁이의 행렬이 연속되는데, 저임금 노동자들이 이에 해당되어 출현하게 된다. 한편 가장행렬 시간이 한참을 흘렀음에도 불구하고, 정상적인 키를 지닌 사람은 좀처럼 찾아 볼 수 없는 채 난쟁이들의 가장행렬은 지속되어, 가장행렬 다운 모습(?)을 보여준다.

1시간의 가장행렬에서 평균 신장을 보유한 사람은 가장행렬이 끝나기 12분 전인 48분에서야 비로소 등장한다. 사람다운 사람을 본 이후에 전개되는 가장행렬은 더욱 가관이라 할 수 있는데, 등장하는 사람들의 키가 급속하게 커지는 양상이 나타나게 된다. 마지막 6분을 남겨두고는 상위 10% 계층에 해당되는 사람들의 등장이 시작되어, 2미터에 이르는 신장을 보유한 화이트 칼라층이 나타나고, 마지막 1분을 남기고는 9미터 키의 중소기업 중역이 등장하고, 수입이 좋은 회계사, 의사, 변호사 등은

20미터의 키를 기록한 채 등장하게 된다. 마지막 남은 몇 십 초에는 기형적인 거인들의 행렬이 나타나는데, 대부분은 대기업의 중역들이라 할 수 있다. 60미터에 이르는 사람이 있는가 하면, 거대 석유회사 중역의 경우는 110미터의 신장을 보여주기도 한다. 더 큰 볼거리는 가장행렬의 마지막을 장식하는 사람들로, 머리가 구름 위에 있어 미터 단위의 자로는 애초부터 키를 잴 수 없을 정도의 기형의 모습이 나타나기도 한다. 곧, 키가 1Km에 이르는 사람이 있고, 아예 키를 잴 수 없어 추정하여야 하는 기형의 거인들의 모습이 출현하며 가장행렬은 마치게 된다.

이상과 같은 펜(Pen)의 묘사는 자본주의 사회의 소득불평등 양상을 우화로서 극명하게 표현해 준다. 가상적으로 진행된 1시간의 가장행렬은 무엇보다도 자본주의 사회에서 정상적인 모습으로 살아가는 사람들이 극소수임을 보여준다. 5/6에 이르는 사람들은 소득미흡에 따른 발육부진으로 난쟁이의 모습으로 살고 있는 반면, 나머지 1/6에 이르는 사람들은 과잉발달로 인한 기형으로 살아가고 있음을 보여준다. 곧, 펜에 의해 묘사된 가장행렬은 자본주의 사회의 소득불평등 양상이 어느 정도 심각한지를 보여줄 뿐 아니라, 소득불평등에 따른 기형적인 삶의 모습을 보여주는 것으로 우화라 할 수 있다. 그리고 계층간 소득재분배를 통한 소득불평등의 완화가 사회구성원 모두에게 정상적인 삶을 되찾도록 하는 길임을 시사하여 주기도 한다.

그렇다면, 이와 같은 소득불평등은 어떤 요인에 의해 비롯된 것일까? 여기에서는 소득불평등에 대한 기존 이론적 논의의 개괄을 통해, 소득불평등의 다양한 원인들을 고찰하도록 한다.

(1) 능력이론(Ability theory)

성공한 사람은 일반인과는 다른 특출한 능력이 있는 것으로 일반적으로 생각되는데, 이와 같은 측면에 주목하여 능력이론에서는 소득불평등 역시 개인 능력의 차이, 곧 능력의 차이에 따른 생산성의 차이와 밀접한 관련성을 지닌 것으로 바라본다. 이에 따라, 능력있는 사람이 더 많은 소득과 부를 차지하게 되는 것으로 바라본다. 능력이론에서 소득결정과 관련된 능력이란 인지적 능력(산술능력, 정보소화 능력, 논리적 추론력)뿐 아니라 비인지 능력(성취동기, 추진력, 근면성, 리더쉽) 등을 포괄하는 것으로, 이와 같은 능력들은 유전적 과정에 의해 결정되기도 하지만 성장 환경과의 상호작용에 의해 결정되는 것으로 인식한다(이인재, 1994). 이와 같은 설명에 비추어 보면, 상식적인 논리로부터 출발한 것이지만, 능력이론에서 소득불평등 원인에 대한 설명은 매우 설득력이 높은 것으로 평가된다.

한편 이와 같은 능력이론의 설명에 대해 몇 가지의 비판들이 제기되는데, 그 하나는 능력의 후천성에 대한 부분으로, 이는 사람의 능력은 선천적으로 결정되기보다는 후천적으로 결정되는 측면이 강할 수 있음을 지적하는 것이다. 이와 같은 지적은 능력이론이 시사하는 함의, 곧 "소득불평등은 자연적인 산물로 어쩔 수 없는 것"이라는 함의와는 상반된다는 점, 곧 이와 같은 비판은 교육 등 후천적인 측면에 대한 개선을 통해 소득불평등이 완화 내지 해소될 수 있음을 제기한다는 점에서 능력이론의 이론적 함의와는 상반된다. 다른 하나는, 능력의 분포와 소득의 분포가 상이하기에, 소득불평등에 대한 능력이론의 설명이 적합치 못하다는 지적이다. 흔히, '피구의 역설(Pigou's paradox)'로 칭해지는 이 지적은 개인의 능력은 사람의 키나 몸무게와 같이 정규분포에 가깝게 분포하는 특성을 지니나, 소득의 분포는 왼편으로 치우쳐 편포하는 대수분포 양상으로 나타나, 능력분포와 소득분포가 상응하지 못한다는 것이다. 따라서 소득불평등을 능력의 차이를 반영하는 것으로 간주하는 것은 적합치 않다는 것이다(이정우, 1992).

(2) 선택이론(Individual Choice Theory)

모험하는 사람만이 성공할 수 있는 것과 마찬가지로 개인의 소득수준 역시 경제적인 고려하에 개인이 선택한 것으로, 그리고 이와 같은 선택의 결과가 개인들간 소득격차와 소득불평등으로 귀결된 것으로 설명하는 이론적 관점이 선택이론이다. 곧, 사회구성원에게는 소득수준 결정과 관련된 선택이 주어지게 되는데, 여기에서 주요하게 감안되는 것이 위험성이라는 것이다. 위험 회피적인 성향의 사람들은 비교적 안정적인, 그러나 소득수준은 상대적으로 낮은 경로를 선택하는 반면, 위험선호적인 성향의 사람들은 위험부담을 감수한 결과로 일부는 매우 높은 소득수준을 향유하게 된다는 것이다(Sahota, 1978). 물론, 이중 일부의 사람들은 위험발생으로 인해 매우 낮은 소득수준으로 귀결되기도 한다. 선택이론에서는 이와 같은 개인들의 선택의 결과들에 의해 소득불평등 양상이 나타나는 것으로 설명한다.

선택이론에서의 선택에는 직접적인 소득경로뿐 아니라 소득과 관련된 각종 부분들(여가와 노동, 진학과 취업, 위험과 안정)이 포괄되기에, 선택이론의 소득불평등에 대한 설명은 상당히 설득력이 있어 보인다. 그러나 선택이론은 소득불평등을 사회구조적 문제로 바라보기보다는 사회구성원의 자발적 선택에 의거한 것으로 인식하여, 소득불평등을 정당화하는 함의를 지닌다는 점에서 곧 소득불평등 개선을 위한 함의가 부재하다는 점에서 보수적인 이론으로 평가된다.

(3) 인적자본론(Human Capital Theory)

소득의 결정은 개인의 생산성에 기초하고, 생산성은 인적자본에 대한 투자의 결과라는 점에 주목하여, 인적자본론에서는 개인의 소득수준이 개별적인 인적자본 투자에 의해 결정되는 것으로 설명한다. 이와 같은 인적자본론의 설명은 교육수준과 소득수준의 밀접한 정적(+) 상관관계를 통해 명료하게 예시된다. 물론, 학교교육이 인적자본에 대한 투자 유형으로 대표적이지만, 인적자본론에서 인적자본 투자의 영역은 광범위하게 상정되고 있다. 직업훈련, 학령전 교육, 비공식적인 훈련과 교육 및 건강, 이주 등 개인의 생산성과 직간접적으로 관련되는 부분들 모두 인적자본 투자 영역으로 포괄되며, 이와 같은 영역에서 인적자원 개발 노력의 차이는 생산성의 차이로, 그리고 이는 궁극적으로는 소득수준의 차이로 귀결된다는 것이다(Sahota, 1978). 따라서 이와 같은 측면에 비추어, 인적자본론에서는 소득불평등을 개인의 인적자본 투자 노력의 차이에서 비롯된 것으로 설명한다.

생산성을 기초로 고용과 임금을 결정하여야 하는 시장경제체제에서, 인적자본 투자의 차이를 통해 소득불평등의 발생을 설명하는 이와 같은 인적자본론은 매우 설득력이 높은 이론이라 평가된다. 그러나 다음과 같은 측면에서 인적자본론의 한계가 지적되기도 한다(Sahota, 1978). 첫째로는 소득결정이 고용주와 노동자 양측에 의해 결정됨에 비추어 보면, 단순히 노동력 상태에만 입각하여 소득결정이 이루어지는 것으로 인식하는 인적자본론은 소득결정 양상을 일면적으로 이해하는 한계를 지닌다는 것이다. 둘째로는 인적자본론의 설명은 근로소득의 불평등에만 해당될 뿐 자산소득 등 여타 소득원의 불평등에는 적합하지 못한, 그리고 이와 같은 부분을 간과한 한계를 지닌 것으로 평가되기도 한다. 셋째로는 소득불평등이 인적자본 투자에 대한 개인적 노력의 차이에서 비롯된 것으로 바라보는 인적자본론은, 소득불평등의 사회구조적 기인성을 간과한 채 개인적 책임으로 정당화하려 한다는 점에서 이론적 함의가 비판되기도 한다.

(4) 상속이론(Inheritance Theory)

앞서 고찰한 이론들이 소득불평등을 개인의 능력, 선택 혹은 투자노력의 차이에서 기인된 것으로 바라보아 소득불평등 발생의 책임을 개인에게 주로 부여하는 것과는 달리, 상속이론에서는 소득불평등이 부(wealth) 상속의 차이에서, 곧 부의 불평등 구조에서 기인된 것으로 인식한다는 점에서 상이한 관점을 지닌 이론으로 평가된다. 물론, 상속이론에서 소득불평등과 관련되는 상속의 영향 일명 '집안 배경'의 영향은 주로 물질적인 부의 상속에 집중되고 있긴 하지만, 유전적 상속(지능 등의 능력) 및 문화적 상속(양육환경에서 비롯되는 성격 및 기질) 등 역시 소득불평등과 밀접한 관련성을 지닌 상속의 형태로 주목되기도 한다(Sahota, 1978). 소득불평등에서 상속의 영향은 특히 비슷한 집안 배경끼리의 결혼이라는 "동류혼" 경향을 매개로 더욱 심화되고 있는 것으로 지적된다.

상속이론은 부의 불평등이 소득불평등에 미치는 영향을 새롭게 제기하고 있다는 점, 그리고 소득불평등의 사회구조적 책임성을 제기한다는 점에서 주요한 이론적 함의를 지니나, 소득구성에서 자산소득의 비중이 감소되고 있는 추세 및 계층이동의 단절성이 해소되고 있는 추세 등에 비추어 보면, 이의 설명력은 제한적일 것이라는 점에서 관련 논의들로부터 비판되기도 한다.

(5) 노동시장이론(Labor Market Theory)

노동시장이론은 소득불평등의 사회구조적 기인성을 가장 두드러지게 제기하는 이론의 하나로, 이 이론에서는 개인간 소득격차는 개인의 능력 및 인적자본 투자 노력의 차이에 의해 '선택'된 것이라기보다는 노동시장내 불평등 구조에 의해 '강제'된 것으로 바라본다. 따라서 이 이론에서는 소득불평등은 자연발생적인 것 혹은 정당한 것으로 합리화될 수 없고, 노동시장내 불평등 구조의 개혁을 통해 해소되어야 할 문제로 인식한다.

노동시장이론은 내부노동시장이론, 분단노동시장이론 등으로 구분될 수 있는데, 내부노동시장이론의 경우는 개인적 능력 및 노력의 차이보다는 내부노동시장의 존재와 여기에서의 관행이, 분단노동시장이론에서는 소득수준 및 근로여건, 그리고 소득결정 양상이 상이한 분단노동시장의 소재가 소득결정에 주요하게 영향을 미치는 데서, 개인간 소득격차와 소득불평등이 기인되는 것으로 바라본다(이정우, 1992; 이인재, 1994). 곧, 분단노동시장이론의 설명에 의하면, 동일한 인적자본수준을 보유한 사람들일지라도, 주변부 노동시장에 소재한 기업에 취업한 경우(예: 중소기업)와 중심부 노동시장에 소재한 기업에 취업한 경우(예: 대기업) 노동시장 특성의 차이로 인해 소득격차가 발생될 수밖에 없다는 것이다.

이와 같은 노동시장이론에서의 설명은 소득불평등이 노동력 공급 측면(노동력의 상태)에서 기인되기보다는 노동력 수요 측면(기업특성)과 보다 밀접하게 관련되어 있음을 제기하는 것으로, 소득불평등이 사회구조적 산물임을 시사한다는 점에서 기존 이론들과는 차별적인 함의를 지닌다.

이상에서는 소득불평등의 원인이 무엇인지를, 곧 소득불평등 발생의 관련 요인을 기존 이론들에 대한 고찰을 통해 검토해 보았다. 관련 이론들의 검토 결과, 이론적 관점에 따라 소득불평등의 원인은 상이하게 진단되고 있음을 확인할 수 있었고, 관련 원인에 따라 소득불평등 해소의 대책 역시 상이하게 모색될 수 있음을 시사받을 수 있었다. 예를 들면, 개인들의 인적자본 투자 노력의 차이가 소득불평등의 주요 원인이라 진단되었을 경우에는, 소득불평등 완화와 빈곤해소를 위해서는 빈곤층 및 저소득층의 인적자본 수준의 증진을 위한 대책, 예를 들면 '빈곤층 자녀들의 교육수준 향상을 위한 정책' 혹은 '빈곤층 및 저소득층을 대상으로 한 직업훈련정책' 등이 주요 대책으로서 활용되어야 할 것으로 보인다.

반면, 분단노동시장구조가 소득불평등의 주요한 원인으로 진단되었을
경우에는, 노동시장내 온존되어 있는 차별 구조와 불평등 구조 해소를
위한 대책들이 소득불평등 완화와 빈곤 해소를 위해 적극 활용되어야 할
것으로 보인다.

이상과 같은 예시에 비추어 보면, 한 사회의 소득불평등 해소와 사회구
성원의 복지수준 증진을 위해서는 무엇보다도 해당 사회의 소득불평등
원인을 정확하게 진단하는 노력이 선차적으로 이루어져야 할 것으로 판
단된다. 그리고 이후 원인 분석결과를 토대로 적합한 소득불평등 해소
방안을 모색하고 이를 적극 실행함을 통해 소득불평등의 완화가 이루어
질 수 있도록 하여야 할 것이다.

3. 소득불평등의 해소를 위한 사회복지 대책

소득격차와 소득불평등 모두를 불공정한 것으로 간주할 수는 없지만,
현대사회에서 발생되는 소득불평등은 대체로 공정치 못한 측면을 지닌
다. 그리고 이와 같은 소득불평등 양상이 방치될 경우 더더욱 계층간 소
득격차를 심화시킬 뿐 아니라, 저소득층의 빈곤과 사회적 소외감의 심화
를 가져옴은 물론, 사회적 통합성을 저해하고 계층간 갈등을 촉발시켜
사회적 위기상황을 초래할 수 있다. 따라서 공정한 소득분배의 실현과
소득불평등 완화, 그리고 이에 입각한 사회구성원의 복지수준 향상과 더
불어 사회발전의 성취를 위해서는, 계층간 소득재분배 정책이 강력하게
추진되지 않으면 안된다. 서구 선진국들에서는 소득불평등의 이와 같은
부정적 여파에 주목하여 1930년대 자본주의의 전반적 위기 이후 복지국
가 등장과 더불어 소득재분배와 관련된 정책을 강력하게 실행하고 있는
실정이다.

소득불평등 해소와 관련하여 소득재분배를 논의함에 있어, 기본적으로 문제되는 부분은 '과연 어느 정도까지 소득재분배를 실현할 것인가' 하는 점이다. 적정한 소득분배에 대해서는 관점들에 따라 그 인식이 상이할 수 있기에, 이에 대해 합의를 도출하는 것은 매우 힘든 일이다. 일부에서는 '모든 사람들이 동일하게 분배된 상태'로의 수량적 평등의 개념이 적정한 소득분배로 제기되는 반면, 일부에서는 수량적 평등은 형식적 평등에 불과하고 '본인의 기여에 상응하는 분배'가 오히려 실제적 평등에 근사할 수 있다는 점에서 형평(衡平)의 개념이 적정한 소득분배의 상태로 제기되기도 한다. 한편 일부에서는 결과적 평등이 적정한 소득분배로 인식되기도 하는 반면, 일부에서는 기회의 평등의 부여만으로도 충분한 것으로 그리고 이를 통해 야기된 소득불평등은 정당한 것으로 간주되어야 할 것으로 인식되기도 한다(김태성, 1995).

물론, 이와 같은 인식의 차이들로 적정한 소득분배의 상태에 대해 온전한 합의를 도출하기는 힘들지만, 소득불평등 해소가 저소득층의 최저생활 보장과 더불어 사회구성원 전체의 복지수준의 향상에, 그리고 더 나아가서는 건강한 사회발전의 토대가 된다는 점이 공감되면서, 소득불평등 해소의 필요성에 대해서는 사회적 공감이 형성되고 있는 실정이며, 이를 기반으로 서구 국가들에서는 소득불평등 해소를 위한 관련 정책, 특히 소득재분배와 관련된 사회복지정책이 강력하게 추진되고 있다.

그렇다면, 소득불평등 완화와 관련된 대책들은 어떤 것이 있는 것일까? 관련 대책들을 세 가지 유형으로 구분·정리하여 보면 다음과 같다. 첫째로는 소득불평등이 노동시장 진입 이전의 기회의 불평등에서 기인됨에 주목하여, 기회의 평등 실현을 통해 불평등을 완화하고자 하는 대책이다. 다음으로는, 노동시장 진입 이후 노동시장에서 발생하는 불평등을 해소하려는 대책이다. 마지막으로는, 노동시장 진입 및 노동시장의 불평등 해소 대책에도 불구하고 발생된 소득불평등에 대해 계층간 소득재분배를 통해 소득불평등을 완화하고자 하는 대책이다(이두호 외, 1992).

1) 기회평등 정책

기회평등 정책은 노동시장 진입 이전의 기회 불평등에서 야기되는 소득불평등의 해소에 주된 초점을 맞춘 대책으로, 노동시장 진입 이전 저소득층 및 빈곤층 자녀들에게 관련 자원 및 서비스를 적극 제공하여 줌으로써 소득불평등 발생을 예방하고자 함에 주목한다.

아동양육 프로그램은 이와 같은 유형의 대표적 정책이라 할 수 있다. 양육환경의 차이는 이후 소득불평등 발생과 밀접한 관련성을 지닌다. 왜냐하면 성장환경의 차이는 아동의 능력과 자질의 차이로, 그리고 이는 이후 교육이수의 차이로 연결되고, 종국적으로는 노동시장 지위 차이와 소득수준 차이로 귀결될 수 있기 때문이다. 따라서 교육환경, 건강환경, 주거환경 등의 계층간 격차를 보상해 줌으로써, 기회의 평등이 이루어질 수 있도록 하는 대책이 소득불평등 완화를 위해 요청된다.

이와 같은 정책의 예를 들면, 교육환경과 관련해서는 저소득층 자녀들의 건전한 양육환경 조성과 관련된 탁아프로그램, 조기교육이 평등하게 이루어질 수 있도록 하기 위한 학령전 교육프로그램, 정규교육과정을 이수함에 요청되는 지원을 적극 제공하여 주는 정규교육 프로그램(예: 빈곤지역 학교교육의 질 향상을 위한 조치, 빈곤층 자녀의 중도탈락을 예방하기 위한 상담 프로그램, 빈곤층 자녀들에 대한 학비지원 프로그램) 등이 교육환경의 평등성 제고를 위한 정책이라 할 수 있다. 한편 저소득층 자녀들에 대한 학교급식 프로그램, 저소득층의 의료비 부담을 완화하기 위한 의료보호제도 등도 성장과정에서 야기되는 건강수준 차이가 소득불평등으로 귀결되지 않도록 하기 위해 마련된, 곧 평등한 건강환경

조성을 위한 정책이라 할 수 있다. 또한 열악한 주거환경이 건강수준의
차이 혹은 인성 및 능력발달의 차이로 귀결되지 않도록 하기 위한 공공
주택 프로그램 혹은 주거비 보조 프로그램은 주거환경의 격차를 보상하
기 위한 정책이라 할 수 있다.

2) 노동시장 정책

노동시장 정책은 노동시장에서 계층간 취업률 격차, 취업지위 격차의
해소를 통해 소득불평등을 완화하기 위한 대책으로, 이는 저소득층 기술
능력을 강화하는 대책, 저소득층 고용기회를 확대하는 대책, 그리고 저
소득층 임금수준을 제고하기 위한 대책 등으로 구성된다.

① 직업훈련 프로그램

저소득과 빈곤은 무엇보다도 고용에 필요한 혹은 좋은 일자리에 요청
되는 기술능력이 결여된 데서 비롯될 수 있음에 주목하여, 직업훈련 프
로그램은 빈곤층 및 저소득층에 대한 기술훈련 교육을 제공함을 통해,
이들의 고용 증대 및 소득 증대를 도모한다.

② 일자리 창출 프로그램

빈곤탈출과 소득수준의 향상을 위해서는 무엇보다도 고용, 특히 적정
소득이 보장된 형태로의 고용이 요청된다. 그러나 일자리가 제한적인 상
황에서 기술능력이 상대적으로 미흡한 저소득층 및 빈곤층이 취업할 수
있는 기회는 구조적으로 제약될 수밖에 없는 실정이다. 이와 같은 측면
에 주목하여, 일자리 창출 프로그램에서는 재정적 보조를 통해 공공부문
혹은 민간부문에 적합한 일자리를 창출함으로써, 빈곤층 및 저소득층의
고용을 증진시키고, 이를 통해 빈곤 해소와 소득 향상을 도모한다.

③ 최저임금제도

최저임금제도는 취업한 근로자들의 최저생활이 유지될 수 있도록, 정부가 최저한 임금선을 설정하여 이의 준수를 법적으로 기업주들에게 강제하는 제도로, 최저임금 이하로의 임금 지급을 해소함으로써 빈곤층의 빈곤 탈출과 저소득층의 소득 향상을 도모 하는 대책이다.

3) 소득재분배 정책

소득재분배 정책은 계층간 소득을 직접적으로 재분배함으로써 소득불평등을 완화하기 위한 정책으로, 소득재분배 기제를 기준으로 조세정책과 사회보장정책으로 구분된다.

① 조세정책

조세정책은 조세 부과에 따른 가처분 소득의 변화를 통해 소득불평등에 영향을 미치는 대책이다. 일반적으로 조세정책은 저소득층 및 빈곤층에게 직접적으로 자원을 지원하지는 않는다는 점에서 소득보장정책과는 차이를 지닌다. 물론, 부의 소득세(Negative Income Tax)의 경우는 소득지원이 이루어지는 조세정책 프로그램이라는 점에서 예외라 할 수 있다. 그러나 소득지출의 감면을 통해 저소득층 및 빈곤층의 경제적 지위에 상대적 변화를 야기한다는 점에서, 소득지원과 마찬가지로 소득분포 개선에 주요하게 영향을 미치는 효과를 지닌다.

한편 조세정책과 관련하여 주목되어야 할 부분은, 조세정책의 소득재분배 효과가 조세부과율 체계 및 조세부과 항목의 구성에 따라 달라질 수 있다는 점이다. 곧, 누진세 방식에 입각할수록, 또한 누진율이 높을수록, 관련 조세 프로그램은 긍정적인 소득재분배 효과와 높은 소득불평등 감소 효과가 기대될 수 있다. 한편 조세 구성은 일반적으로 소득세, 재산세 및 상속세, 간접세, 사회보장세 등으로 구성되는데, 간접세의 경우는 역진적 성격을 지닌 반면, 소득세, 재산세 및 상속세 등은 누진적인 성격을 지니고 있어, 조세 구성에 있어 간접세 비중이 낮을수록 반대로 소득세, 재산세 및 상속세의 비중이 클수록, 긍정적인 소득재분배 효과를 기대할 수 있다.

나아가 소득세 부과에서 면세점의 설정도 빈곤층 및 저소득층의 소득상태 변동과 밀접하게 관련된다는 점에서, 면세점 역시 소득재분배와 관련하여 주요한 기제로 주목될 필요가 있다.

② 소득보장정책

소득보장정책은 계층간 직접적인 소득이전 곧 소득재분배를 통해 저소득층 및 빈곤층의 생활안정을 도모하고 이와 더불어 소득불평등을 완화하기 위한 정책으로, 사회적 수당, 사회보험, 공공부조, 사회보험 등 앞서 9장에서 서술된 사회복지 제도들이 주된 프로그램이 되고 있다.

사회적 수당은 모든 사회구성원이 재원을 조세로 부담하고, 관련 조건 충족시 모든 사회구성원이 지원을 받을 수 있는 사회보장제도로, 기여나 자산조사 등의 조건 없이 사회구성원 모두가 최저생활을 유지할 수 있도록 하고 있다는 점에서 주요한 의의를 지닌다. 그러나 이 제도에서는 소득재분배 효과가 여타 제도들에 비해 미약한 단점을 지닌다.

사회보험은 근로계층의 생활안정을 도모하고자 마련된 제도로, 소득비례적 보험료 기여를 통해 마련된 재원을 활용하여 해당 위험 발생시 생활안정에 필요한 지원을 제공받도록 하고 있다. 기여 및 급여가 소득수준과 연계되어 있다는 점에서 긍정적인 소득재분배 효과가 존재한다.

공적부조는 정부 일반재정에서 재원을 마련하여, 빈민들의 최저생활보장을 위해 경제적 지원을 제공하는 제도적 장치로, 조세에 입각한 재원 마련 및 빈민층에 한정된 지원이라는 측면에서 여타 제도 유형들에 비해 상대적으로 소득재분배 효과가 높은 특성을 지닌다. 그러나 지원이 빈민층에만 한정되어 소득보장의 범위가 제한적인 한계를 지닌다.

4. 한국의 소득불평등과 사회복지정책

한국사회는 60년대 이후 추진된 경제개발계획을 통한 급속한 산업화로 "한강의 기적"이라 명명될 정도의 비약적인 경제성장을 이루었다. 그리고 이와 같은 경제성장의 성취는 이전에 볼 수 없었던 경제적 풍요를 가져다 주었지만, 다른 한편으로 성장의 과실인 경제적 풍요가 일부 고소득 계층에 독점되고 저소득 계층의 상대적 박탈감이 심화되는 결과를 야기하고 있는 실정이다. 더욱이, 경제성장 지상주의에 입각한 발전과정에서 분배의 문제 곧 사회복지의 발전은 등한시되어, 한국의 소득불평등은 매우 악화된 실정이다. 특히, 최근에는 IMF 경제위기와 구조조정을 겪으며 한국의 소득불평등은 더욱 심화되어 계층간 심각한 불평등 문제가 중심적인 사회문제로 부각되고 있는 상황이다(손병돈, 2000).

〈표 14-1〉은 한국의 소득불평등 수준을 OECD 서구 선진국과 비교한 것으로, 소득불평등 정도가 어느 정도인지를 단적으로 보여준다.

표에서 소득불평등도 수치는 Gini계수에 의거한 측정치로, 소득분배가 완전히 평등할 경우는 0, 소득분배가 완전히 불평등한 경우를 1로 상정하여 산출된 소득불평등 계수이다. 이 표에 따르면, OECD 국가 중 영국, 미국, 이스라엘을 제외하고 대부분의 국가가 0.23~0.28대의 지니계수치를 보여 상대적으로 소득불평등도가 낮은 편임을 확인할 수 있다. 반면, 한국의 소득불평등도는 1998년 0.316, 1999년 0.320, 2000년 1/4분기의 경우는 0.325로 소득불평등이 매우 악화된 상황임을 확인할 수 있다. 특히, 1998년 이후 지니계수치는 지속적으로 높아지는 것으로 나타나, IMF

경제위기와 구조조정 이후 더욱 소득불평등도가 증대되고 있음을 보여준다.

　서구 국가들에 비해 한국의 소득불평등도가 높은 원인은 여러 가지 측면에서 찾을 수 있겠지만, 무엇보다도 사회복지의 저발전이 주요한 원인의 하나로 지적될 수 있다. 일례로, 소득불평등도가 가장 낮은 스웨덴, 덴마크, 핀란드 등의 북구 유럽국가들은 1995년도에 사회복지비로 GDP의 30% 이상을 지출하고 있는 반면 한국의 경우는 3.98%에 불과하여, 사회복지에 대한 국가적 투자의 미흡이 한국의 높은 소득불평등 발생의 주요한 배경이 되고 있음을 보여준다(OECD, Social Expenditure Database 1980-1996). 이와 같은 점은 소득불평등도가 상대적으로 높은 미국 역시 GDP 대비 사회복지비 지출이 15.7%에 불과하다는 점에서, 사회복지비 지출과 소득불평등간 밀접한 상관성을 확인해 준다.

〈표 14-1〉　서구 국가들과의 소득불평등도 비교 (Gini계수)

국 가	소득불평등도	국 가	소득불평등도
벨기에 (1992)	0.230	노르웨이 (1995)	0.242
캐나다 (1994)	0.286	스웨덴 (1992)	0.229
덴마크 (1992)	0.240	영국 (1995)	0.346
핀란드 (1991)	0.223	미국 (1994)	0.369
이스라엘 (1992)	0.305	한국 (1998)	0.316
이탈리아 (1991)	0.290	한국 (1999)	0.320
룩셈부르그 (1994)	0.235	한국 (2000. 1/4)	0.325
네델란드 (1991)	0.272	한국 (2000)	0.317

자료 : Luxemboug Income Survey Center (http://www. lissy.ceps.lu)
한국 자료 : 통계청, [2000년 2/4분기 및 상반기 도시근로자가구의 가계수지동향]

　따라서 이와 같은 점에 주목하면, 한국사회의 높은 소득불평등 구조의 개선을 위해서는 무엇보다도 경제성장 지상주의의 그늘 아래 그간 방치되었던 사회복지 부문의 정상적 발달을 도모하는 노력이 선차적으로 이루어져야 할 것으로 보인다. 곧, 국민의 생활안정과 더불어 소득불평등 해소를 위해 사회복지 부문에 보다 많은 재원이 투여되는 정책적 조치가 이루어져야 할 것으로 생각된다. 그리고 또한 사회복지제도 적용에서 누락된 소외계층의 적극적인 포괄 및 급여수준의 실질화를 통해, 사회복지제도가 소득재분배의 기제로 그 역할을 적극 담당할 수 있도록 하는 조치 역시 시급히 이루어져야 할 것이다. 또한 아직까지도 수지상등(收支上等)의 원리에만 충실한 사회보험의 기여체계 및 급여체계 역시 소득재분배 효과의 제고에 걸림돌임을 감안하여, 이의 개선 역시 적극 추진되어야 할 것으로 판단된다.

김기덕 외. 「1982-1992년 근로자 가구의 소득분배 변화 추세」, 『사회복지연구』, 제6호, 서울대 사회복지연구소, 1995.

______. 「소득보장정책의 소득재분배 효과」, 『사회복지연구』, 제7호, 서울대 사회복지연구소, 1996.

김기원. 「노동복지정책의 소득재분배 효과」, 『사회복지연구』, 제7호, 서울대 사회복지연구소, 1996.

김태성. 「저소득층 소득분배형태의 변화 추세 : 1966-1992」, 『사회복지연구』, 제6호, 서울대 사회복지연구소, 1995.

______. 「조세정책의 소득재분배 효과」, 『사회복지연구』, 제7호, 서울대 사회복지연구소, 1996.

손병돈. 「외환위기 전후 소득분배구조의 변화」, 『상황과 복지』, 제7호, 2000.

이두호 외. 『빈곤론』, 나남출판사, 1991.

이인재. 「소득분배구조에 관한 연구」, 『소득분배구조에 관한 연구』, 서울대 사회복지연구소, 1994.

이정우. 『소득분배론』, 비봉출판사, 1992.

이준구. 『소득분배의 이론과 현실』, 다산출판사, 1989.

정원오. 「지난 20년간 임금불평등의 변화 추세」, 『사회복지연구』, 제6호, 서울대 사회복지연구소, 1995.

조흥식. 「기회평등정책의 소득재분배 효과」, 『사회복지연구』, 제7호, 서울대 사회복지연구소, 1996.

Sahota, G. S. "Theories of Personal Income Distribution: A Survey," *Journal of Economic Literature*, 1978, pp. 1-55.

1. 화려한 시내 중심가와 빈민주거 지역 모두를 방문하여 보고, 소득불평등이 사람들
   의 삶에 어떠한 의미를 지니는지를 생각해 보자.

2. 라스베가스에서 도박으로 백만 달러를 하룻밤에 탕진한 고소득층의 삶의 행태와
   실직으로 인해 같이 살던 아이들을 고아원에 보내며 라면으로 생계를 영위하며 막
   노동을 하고 있는 실직자의 삶의 행태를 떠올리며, 우리사회의 소득불평등이 어떤
   요인에서 기인된 것인지를 생각하여 보고, 친구들과 토론해 보자.

3. 빈곤과 소득불평등이 개인의 책임인지 사회의 책임인지에 대해 친구들과 토론해
   보자.

4. 우리사회에서의 빈곤과 소득불평등 해소를 위한 국가적, 사회적 노력이 어느 정도
   경주되고 있는지를, 관련 대책들의 실태 조사를 통해 알아보도록 하자.

5. 인구집단들(남성과 여성, 장애인과 비장애인, 흑인과 백인)간 불평등의 양상과 원
   인, 개선방안에 대해서도 생각해 보고 친구들과 토론해 보자.

6. 사회복지 제도 및 정책의 발전 수준 차이가 사회구성원의 삶(빈곤과 불평등)에 어
   떠한 영향을 미치는지를 국가간 비교를 통해 고찰해 보도록 하자.

제15장

시민참여와 사회복지 :
시민운동, 자원봉사, 공동모금

개인이나 가족의 삶의 질 향상이나 지역사회 전체의 생활여건 개선에는 종종 시민들의 직접적인 참여가 요구되기도 한다. 사회복지를 제공하는 공공조직은 시민들의 욕구에 대해 반응을 보이지 못하거나 기대 이하의 반응을 보일 수 있다. 전문주의를 기반으로 하는 사회복지조직들 또한 이러한 행태를 보일 수 있다. 현대사회의 복잡다단함으로 인해 공공조직이나 민간 사회복지조직들이 전혀 주목하지 못하는 새로운 문제들이 발생하는가 하면 이들 조직들이 지닌 한계로 인해 적절한 대응이 이루어지지 못하기도 한다. 이러한 상황에서는 사회문제로 인해 고통받는 인구집단이 문제해결을 위한 행동에 직접 나서거나, 혹은 문제상황의 개선을 위해 새로운 시민조직들이 태동되기도 한다. 사회복지에서 시민참여란 바로 이러한 맥락에서 논의될 수 있다.

시민참여와 사회복지의 관련에서 중요하게 논의될 수 있는 내용들은 다양하겠지만, 여기에서는 시민운동과 자원봉사 그리고 공동모금에 관한 것만을 다루고자 한다. 사회복지와 관련하여 시민운동은 억압되거나 박탈된 인구집단의 복지증진을 위한 활동을 포함하여 다양한 내용으로 전개될 수 있다. 자원봉사는 지역사회의 공공선을 위한 활동에 시민들이 자신의 시간과 노력을 자발적으로 희사하는 행위이다. 시민운동도 실제에 있어서는 참여하는 시민들의 자원봉사에 기반하여 이루어진다. 한편 공동모금은 공익적인 목적을 위하여 시민들이 자발적으로 기여한다는 점에서는 자원봉사와 같으나, 희사하는 내용이 물질(현금이나 재화 등)이라는 점에서만 다르다. 위 세 가지 모두 복지증진을 위한 시민들의 자발적 참여를 전제한다는 점에서는 공통의 성격을 지닌다.

1. 시민운동

시민운동은 보통 시민단체(NGO/NPO)를 중심으로 이루어진다. 시민단체를 더 정확히 말하면 비정부조직(NGO; Non-Governmental Organization)이면서 동시에 비영리조직(NPO; Non for Profit Organization)을 의미한다. 시민단체는 종종 제3부문(혹은 제3섹터)으로 지칭되는데, 이는 현대사회에서 시민단체가 국가(제1부문)와 시장(제2부문) 못지 않게 중요한 역할과 기능을 수행하고 있기 때문이다. 시민단체를 중심으로 이루어지는 시민운동의 내용을 살펴보기 위해 먼저 우리나라 시민단체의 현황을 보기로 한다.

1) 우리나라의 시민단체 현황

우리나라의 시민단체는 1987년 민주화 항쟁 이후 그 수가 급격히 증가하였으나 정확한 규모는 알려져 있지 않다. 1999년의 조사에 따르면 모두 4,023개의 시민단체가 활동중인 것으로 나타났다. 이들 조직의 지부까지 합하면 약 20,000여 개의 시민단체가 존재하고 있는 것으로 볼 수 있다. 지역별로 보면 다음과 같은 분포를 보이고 있다.

<표 15-1> 우리나라 시민단체의 지역분포

지역 구분	빈도수	백분비
서 울	2,196	54.6
부 산	169	4.2
대 구	98	2.4
인 천	119	3.0
대 전	96	2.4
광 주	135	3.4
울 산	38	0.9
경 기	336	8.4
강 원	74	1.8
충 남	82	2.0
충 북	85	2.1
경 남	124	3.1
경 북	101	2.5
전 남	120	3.0
전 북	197	4.9
제 주	53	1.3
합 계	4,023	100.0

자료 : 시민운동정보센터와 인사이트리서치, 99년 조사, 민간단체 각종 통계
(http://www.kngo.net/new/pds/pds-cmcc.htm)

표에서 보듯 4,023개의 시민단체(NGO) 가운데 과반수가 서울에 집중
되어 있고, 그 다음이 경기(8.4%), 전북(4.9%) 등의 순이다. 한편 울산
(0.9%), 제주(1.3%), 강원(1.8%)에는 상대적으로 적은 수의 시민단체가
존재하고 있다.

많은 시민단체들이 여러 가지 활동을 전개하고 있는 까닭에 아래에 소
개된 통계는 지나친 단순화의 위험을 안고 있지만, 우리나라 시민단체
활동내용의 대략적인 구성은 다음과 같이 설명된다. 4,023개의 단체를

분야별로 분류하면 시민사회단체가 1,013개(25.2%)로 제일 많고 사회서비스단체가 743개(18.5%)이며 환경단체가 287개(7.1%), 지역자치 혹은 빈민단체가 222개(5.5%) 등으로 나타났다. 11개 분야 중 상위 3개 부문, 즉 시민사회(25.2%), 사회서비스(18.5%), 문화(15.8%) 3개 부문의 단체수가 전체의 59.5%로서 우리나라 시민단체가 몇 개 분야에 집중되어 있음을 알 수 있다.

〈표15-2〉 우리나라 시민단체의 분야별 분포

분야 구분	빈도수	백분비
시민사회	1013	25.2
지역자치	222	5.5
사회서비스	743	18.5
환경	287	7.1
문화	634	15.8
교육 / 학술	235	5.8
종교	107	2.7
노동 / 농어민	217	5.4
경제	501	12.5
국제	44	1.1
기타	20	0.5
합계	4023	100.0

자료: 〈표15-1〉과 같음

이들 단체들은 100여 년의 역사를 가진 YMCA와 같이 비교적 연륜이 있는 단체가 소수 있는가 하면, 대부분(77.5%)은 1980년대 이후 조직되었다. 주목할만한 것은 1980년대 이후 설립된 단체의 상위 3개 분야가 지역자치(98.0%), 환경(96.1%), 교육/학술(84.1%)인데 비해, 1960, 70년대 설립된 단체의 상위 3개 분야는 국제(42.8%), 종교(30.9%), 경제(30.8%)이며, 1950년대 이전에 설립된 단체의 상위 3개 분야는 기타(16.7%), 문화(7.8%), 노동/농어민(7.7%)으로 나타났다는 점이다. 이는 우리나라의 사회발전 추세에 따라 시민단체들의 성격에서 변화가 나타났다는 것을 의미한다.

2) 시민단체와 복지활동

앞에서 살펴보았듯이 사회복지서비스 분야의 시민단체가 전체의 18.5%로 상당한 비중을 점하고 있다. 시민단체들은 다음과 같은 다양한 유형의 사회복지 활동, 혹은 운동을 전개한다.[63]

(1) 정치적 역할(advocacy role)

시민단체는 빈곤, 실업, 성차별 등과 같은 사회적 쟁점에 대해 문제를 제기하여 이를 공론화하고, 나아가서는 문제해결을 위한 입법화의 압력을 행사하는 역할을 수행한다. 박탈되고 억압받는 시민의 복지증진을 위한 권리쟁취라는 점에서 시민단체의 정치적 역할은 '복지권 운동' 의 핵심을 이룬다. 그 예로는 IMF 실업상황에서 전국적으로 많은 시민단체들이 연대하여 전개한 국민기초생활보장법 제정을 위한 연대회의를 들 수 있다. 정치적 압력을 효과적으로 행사하기 위하여 시민단체는 성명서, 시위, 홍보, 서명운동, 공익소송 등 다양한 전략을 동원하기도 한다.

(2) 정책 역할(policy consultation)

문제해결을 위한 구체적인 정책대안을 제시하거나 사회복지 정책에 대해 자문하는 활동을 의미한다. 한 예로 참여연대 사회복지특별위원회는 국민연금제도, 의료보험제도 등과 같은 사회보험제도의 개선을 위한

---

63) 성경륭, 「NGO와 복지」, 경희대 NGO 대학원 특강자료 (2000.5.12) 참고.

정책개발에서 활발한 활동을 전개한 바 있다.

(3) 기금조성 역할(fund-raising)

시민단체의 활동은 해당 단체가 추구하는 대의(大義 causes)에 동조하는 시민이나 조직이 후원하는 자원으로 이루어진다. 시민단체 활동을 지원하기 위한 기금조성 및 배분 자체를 활동내용으로 하는 조직도 만들어지고 있다. 대표적인 예로 뒤에 설명할 사회복지공동모금회는 사회서비스 분야의 시민단체 활동을 지원하기 위한 조직이다. 유산 1% 기부운동을 벌이고 있는 '아름다운재단' 이나, 아동복지 자금지원을 위해 인터넷 기업들이 결성한 '아이들과 미래' 등은 기금조성 및 배분 자체를 활동내용으로 하는 조직이다.

(4) 서비스 전달 역할(service delivery)

NGO 중에 비교적 많은 단체들의 활동에서 볼 수 있듯, 다양한 종류의 복지 서비스를 직접 제공하는 역할을 수행한다. 기존의 민간사회복지기관(아동양육시설, 양로원, 부랑인복지시설 등)이나 IMF 구제금융 사태 이후 출현한 실업극복국민운동, 푸드뱅크(food bank) 등이 여기에 속한다.

(5) 자원봉사(volunteer activities)

실상 시민단체의 활동이나 운동은 시민들의 자원봉사에 기반을 두고 있다. 거의 예외 없이 시민단체들은 자원봉사자를 모집하고 훈련하여 배치한 후 그들의 협조를 받는다. 한편 시민단체 가운데는 자원봉사를 활동분야로 하는 단체도 나타나고 있다. 대표적인 단체로는 '볼런티어21'을 들 수 있다.

2. 자원봉사

최근 들어 자원봉사에 관한 국내외의 관심이 증가하고 있다는 증거들이 있다. 국내에서는 초중고와 대학들이 자원봉사를 교과과정에 포함시켰는가 하면, 자원봉사에 기반을 둔 다수의 시민단체(NGO)들이 활발한 활동을 하고 있다. 한편 국제연합(UN)은 2001년을 '세계자원봉사자의 해(IYV; International Year of Volunteers)'로 선포하였다. 자원봉사를 둘러싼 이러한 일련의 흐름은 분명히 민간 사회복지에서 중요한 발전을 의미하는 것이다. 과거 소수의 유복한 사람들이 '자선'과 '박애' 차원에서 자신이 지닌 자원(물적 자원이든 혹은 노력이든)을 공익을 위해 희사하였던 것으로부터 다수의 평범한 시민들에 의한 자원봉사로 이타주의 실천의 지평이 확대되었다는 의미이다. 여기에서는 자원봉사란 무엇이고 그 추세는 어떠한지를 살펴보기로 한다.

1) 자원봉사의 개념

자원봉사란 무엇인가? 어떤 행위를 자원봉사라고 명명할 수 있는 기준은 무엇인가? 이러한 의문에 대한 해답을 찾기 위해서 자원봉사라는 용어의 어원부터 살펴보기로 한다. '자원봉사'는 한자로 自願奉仕로 표기되며, 영어로는 volunteerism로 표기된다. 自願이란 '스스로 원해서', 즉 자발적으로 행한다는 의미를 담고 있다. 奉仕라는 말은 대가나 보수를 받지 않고 행하는 활동을 의미한다. 영어의 service가 여기에 해당한다. 한편 volunteerism이란 단어의 어원은 '자유의지'라고 하는 라틴어 voluntas에 기인하고 있다. 라틴어 voluntas에 행위자를 의미하는 '-eer'을 붙여 volunteer가 되었고 그 의미는 '자발적으로, 자유의지로 행위하는 사람'이다. volunteer가 담고 있는 다른 재미있는 의미는 '自願兵' 또는 '義勇軍'이다.

자원병(의용군)의 의미를 포함한 자원봉사자의 개념에 부합되는 사례가 우리 역사상에도 있었다. 지금부터 약 400여 년 전인 1593년 2월에 행주산성을 지키고 있던 권율 장군은 왜군과 힘든 싸움을 벌이고 있었다. 전투가 치열해지자, 행주산성으로 피난 와 있던 여성들이 앞치마에 돌맹이를 담아 날라서 왜군을 격퇴하는 싸움에 크게 기여하였다. 그 때 이후로 여성들의 앞치마를 '행주치마'라고 부르게 되었다. 당시 자발적으로 전투에 참여하였던 조선의 여성들은 자원병(의용군)의 의미를 지닌 영어의 volunteer 의미에 정확히 부합하는 자원봉사자였던 것이다.

오늘날 자원봉사란 '개인, 집단, 지역사회에서 발생하고 있는 여러 가지 사회문제를 예방하거나 통제, 개선하고자 노력하는 공적·사적 여러 조직에서, 제공하는 서비스에 보수를 받지 않고 자발적으로 참여하는 개인들의 지속적인 활동'을 의미한다. 이를 정리하면 다음과 같은 특징(요소)들을 찾을 수 있다.

<u>㉠지역사회의 공공선을 위한 활동에 ㉡자발적으로 ㉢아무런 보수를 받지 않고</u> 행하는 <u>㉣지속적이며 체계적인</u> 활동

㉠ 공익성(公益性): 자원봉사 활동은 공익을 위한 것
㉡ 자발성(自發性): 강제나 억지로 하는 것이 아닌 그야말로 자발적인 것
㉢ 무보수성(無報酬性): 봉사활동의 대가 또는 반대급부를 요구하지 않는 것
㉣ 지속성(持續性, 체계성 體系性): 한 때의 위문 행사가 아닌 계속적이며, 어떤 계획에 따라 행해지는 체계적인 것

2) 자원봉사의 발전과정과 추세

자원봉사는 우리의 전통사회에서 그 원형을 찾아볼 수 있다. 두레, 품 앗이, 계, 향약 등의 전통적 상부상조제도에는 위에서 소개한 자원봉사 의 네 가지 요소들을 부분적으로 발견할 수 있다. 그러던 것이 한국이 근 대화 과정에 들어서면서 오늘날의 자원봉사의 요소들에 정확하게 부합 되는 자원봉사 활동들이 수행되기 시작하였다. 일제치하의 암울한 사회 상황에서 농민 의식계몽과 일손 돕기 차원에서 대학생들이 시작한 농활 은 가장 역사가 오랜 자원봉사 활동으로 남아있다. 한편 일제시대에 시 작된 불우한 이웃에 대한 자원봉사활동들은 해방과 한국전쟁을 거치면 서 우리 사회의 자원봉사 활동에서 가장 중요한 영역으로 발전해왔다.

자원봉사는 대다수의 국민들이 물질적인 삶의 조건을 충족시킨 이후 에 활발해지는 것이 여러 국가의 경험이다. 우리나라의 경우에도 물질적 인 삶의 조건들이 크게 향상된 1980년대 이후 자원봉사활동이 다양화되 고 활발해졌다. 이와 관련하여 최근 자원봉사의 변화추세를 몇 가지 소 개하면 다음과 같다.

첫째, 자원봉사활동의 영역이 전통적인 불우이웃에 대한 원조로부터 환경, 문화, 의료, 정치, 교육, 국제행사 등으로 크게 확대되고 있다. 예컨 대 환경감시, 문화행사 보조, 무의촌 진료, 선거모니터와 의정감시, 국제 행사 자원봉사(올림픽, 엑스포) 등이 그 예들이다. 최근에는 2002년 월드 컵축구대회를 앞두고 '새 서울 월드컵2002 시민연대'가 구성돼 활동하 는 등 월드컵을 주제로 한 지방자치단체들의 자원봉사 운동이 시작됐다. 또한 월드컵문화시민운동협의회가 구성돼 전국에서 월드컵을 앞두고 문화 시민운동을 펴고 있다. 월드컵 조직위원회는 이미 자원봉사자 모집 을 시작하였다. 한편 최근에는 2001년도 유엔 세계자원봉사의 해 (International Year of Volunteer)를 앞두고 한국위원회가 구성돼 각종 자원봉사 진흥 행사들을 계획하고 있다.

둘째, 신입사원 채용시 자원봉사 경력을 우대하는 기업들이 늘고 있다. 과거에는 사회복지 기관·시설에서 이러한 현상이 있었는데, 최근에는 기업에서도 자원봉사 경력을 존중하고 있다. 아울러 신입사원에게 자원봉사활동 의무를 부과하는 기업도 생겨나고 있다. 어떤 기업에서는 직원들에게 자원봉사활동을 할 수 있도록 유급휴가를 주는 문제를 검토하고 있다. 예컨대 삼성사회봉사단은 매년 5~6만명의 그룹사원들이 자원봉사에 나설 수 있도록 지원하고 있다. 삼성은 매년 10월경 삼성자원봉사 대축제 기간을 설정, 5000여 개의 사원 봉사팀들로 하여금 자원봉사 경연대회를 벌이게 하고 있다. 이 밖에도 현대, LG 등 대기업들이 사원들의 봉사활동을 신입사원 채용시, 또는 연수에 포함시키고 있다.

셋째, 사회봉사를 교과목으로 개설하는 대학들이 증가하고 있다. 한양대와 동덕여대에서 농활, 의료봉사 등을 교과내용으로 하는 사회봉사 과목이 최초로 개설되었고, 오늘날에는 100여개 이상의 대학들이 사회봉사 교과목을 운영하고 있다. 사회봉사에 관심을 갖는 대학들을 회원으로 하여 1996년에 '한국대학사회봉사협의회'가 결성되어 활동 중에 있다.

넷째, 자원봉사활동에 대해 정부가 이를 제도적으로 뒷받침하려는 시도가 나타나고 있다. 일차적으로는 부족한 사회복지지출을 민간의 자원봉사를 통해 해결해보려는 의도에서 출발한 것이지만 자원봉사활동의 활성화를 위한 자극이 될 것으로 보인다. 구체적으로 자원봉사활동 활성화를 위해 자원봉사경력을 사회적 경력으로 인정해주는 등의 내용을 담은 〈자원봉사활동지원법〉이 수차례 국회에 제출된 바 있으며, 일부 기초자치단체에서는 〈자원봉사활동지원 조례〉를 제정하기도 하였다(예컨대 전라북도 전주시 등). 이와 함께 선진국처럼 자원봉사정신의 생활화를 위해 초.중.고등학교 교과과정에 자원봉사 내용을 포함시킨 종합생활기록부 작성 제도가 시행 중에 있다. 자원봉사활동지원법은 취업시험 등

각종 시험에 자원봉사경력이 인정될 있도록 법적 근거를 마련하고 자원
봉사경력을 일종의 헌혈증서처럼 활용할 수 있도록, 자원봉사 저축제(마
일리지제도) 등을 도입하는 것을 골자로 하고 있다.

　다섯째, 일부 자원봉사활동은 유급의 가정봉사원들에 의해 수행되는
半자원봉사-半직업활동의 형태로 발전하고 있다. 심각한 문제나 증상을
지닌 대상자를 돌보는 일을 자원봉사자들에게 맡기기보다는 유급 가정
봉사원에게 맡기는 것이 더욱 효과적이라는 선진국의 경험이 우리에게
도 적용되고 있는 것이다. 서울시에서는 몇 년 전부터 사회복지 도우미
라는 유급 봉사자를 활용하고 있고, 여타 지역에서도 유급봉사원이 활동
중에 있다. 최근의 실업상황에서 사회복지도우미라는 공공근로 영역이
개발된 것도 이와 맥을 같이 한다.

　가정봉사원(homehelper, homemaker) 파견서비스는 요보호자들을 시
설에 수용하지 않고 그들의 가정에 봉사원을 파견하여 그들이 일상생활
을 영위할 수 있도록 돕는 서비스로서 그 대상은 주로 노인(치매), 장애
인, 아동, 환자, 산모, 문제가족 등이다. 보통 여러 명의 유급 봉사원이 대
상자의 가정을 계획에 따라 방문하여 식사준비, 세탁, 청소, 병간호, 편지
쓰기, 은행 가기, 말벗 등의 활동을 한다. 시간제 고용(part-time) 형태로
고용되는 이들에 대한 보수는 정부에서 지급한다. 가정봉사원으로 활동
할 수 있는 사람들은 심신이 건강하고, 자원봉사활동에 대해 이해와 포
용성을 지녀야 하며, 가사원조와 보호, 수발에 관한 경험과 상담, 조언의
능력을 구비해야 한다. 유급 가정봉사원은 당연히 자원봉사자 경험이 있
는 사람들 가운데서 선발되고 있다.

　여섯째, 자원봉사 관리전산망이 국내 복지재단에 의해 구축되고 있어
자원봉사계에 관한 정보교류와 자원교류가 활성화되고 있다. 삼성복지
재단의 후원으로 한국사회복지협의회가 운영중인 자원봉사전산망
(http://www.bokji.net)은 우리나라에서 가동중인 가장 포괄적인 자원봉

사 정보망이며, 그 외에도 여러 단체와 조직, 지역센터가 구축한 전산망 (혹은 홈페이지)이 구축되어 있다.

일곱 번째, 자원봉사에 대한 언론의 관심이 높아졌다. 이는 더불어 사는 삶이라는 자원봉사의 가치가 사회구성원들에게 갖는 호소력을 반영하는 것으로 볼 수 있다. 구체적으로 중앙일보사에서는 신문사 캠페인으로 '자원봉사'를 선정하여 지금까지 수년동안 집중 보도하고 있다. 중앙일보 이외에도 각 신문에서 자원봉사에 관한 기사를 자주 싣고 있고, KBS, MBC, SBS 3개 방송사에서도 'PD수첩', '시사매거진2580' 등의 프로그램을 통해 자원봉사에 대한 보도물을 다수 내보내고 있다.

여덟 번째, 자원봉사자를 외국에 파견하는 사업이 국가적으로 추진되고 있다. 이는 과거 우리나라가 외국으로부터 원조를 받은 데 대한 보답의 의미도 있고, 국제적으로 한국의 위상이 높아진 것을 반영하여 국제사회에서 이에 걸맞는 역할을 수행한다는 의미도 있다. 외무부 산하 국가기관으로 설립된 한국국제협력단(KOICA)에서는 네팔, 방글라데시 등 제3세계 가난한 국가들에 의사, 간호사, 사회복지사 등 각종 기술인력을 파견하고 있다. 2년간의 해외활동을 하고 귀국하는 봉사단원에 대해서는 정착금 지급, 취업알선 등 배려를 하고 있다. 이는 과거 우리나라에서 활동한 적이 있는 미국의 평화봉사단(Peace Corps)과 같은 것이다. 한국국제협력단 이외에도 몇몇 민간조직들이 외국에 자원봉사자를 파견하는 사업을 전개하고 있다.

아홉 번째, 자원봉사에 대한 행정기관의 이해가 증진되고 있다. 한 예로 전라북도 전주시는 전국 기초자치단체로는 최초로 '자원봉사과'를 설치하여 민-관의 파트너쉽에 기초한 자원봉사활동의 진흥에 나서고 있다. 최근에는 전국의 많은 기초자치단체가 '자원봉사계'를 설치하고 있다. 정부부처 가운데 보건복지부, 여성부, 문화관광부, 행정자치부, 법무부 등이 경쟁적으로 봉사활동을 지원하고 있으며 특히 행정자치부는 매

년 전국의 시, 군, 구에 특별교부세를 보내 기초자치단체와 합동으로 종
합자원봉사센터의 설립을 지원하고 있다. 현재 165개 이상의 시, 군, 구
에 자원봉사센터가 설립되어 있다. 또한 보건복지부가 16개 시.도사회복
지협의회에 자원봉사정보안내센터를, 문화관광부가 역시 광역시.도들
에 청소년자원봉사센터를, 여성특위(현재의 여성부)가 전국 252개 시.
군.구에 여성자원활동센터를 설립하여 지원하고 있다. 이들 센터들은 대
부분 민간이 운영하나 일부는 지방자치단체가 직영하기도 한다. 종합자
원봉사센터들은 최근 한국자원봉사센터협의회를 구성했다

3) 우리나라 자원봉사 활동의 과제

앞에서 살펴 본 것처럼 최근 자원봉사에서 중요한 변화와 발전추세가
나타나고 있음에도불구하고 우리나라 자원봉사 활동은 다음과 같은 과
제들을 안고 있다.

(1) 저조한 자원봉사 참여율

우리나라의 자원봉사는 선진국에 비해 그 참여자 수가 적은 것이 가장
큰 특징이다. 그 점에서 아직도 자원봉사가 정착되지 못했다고 할 수 있
다. 1995년도 보건사회부 자료에 따르면 우리나라의 자원봉사 인구는 전
체국민의 약 1% 수준인 40여만 명뿐이다. 물론 이는 대부분 사회복지 분
야 자원봉사자들로 한정된 수치이긴 하지만 선진국의 40~50%에 비하
면 비교도 안되게 크게 낮은 수치가 아닐 수 없다. 사회복지 외에 환경,
교통, 지역사회 개발, 문화, 스포츠 등 각 분야의 자원봉사자들을 모두 합
치면 약 10%에 달할 것으로 전망 된다.

1999년 4월부터 12월까지 '볼런티어21' 이 정부의 자금지원을 받아 한

국갤럽과 함께 조사한 통계자료가 가장 최근의 체계적인 조사라 할 수 있다. 전국의 만 20세 이상 성인 1천5백33명을 대상으로 면접조사를 실시한 결과를 보면 지난 1년 동안에 자원봉사를 했다고 대답한 응답자 수는 14.02%에 달했다. 자원봉사 참여자의 인구사회학적 배경으로는 기혼여성, 중류층, 종교를 갖고 있는 자, 그리고 직업 측면에서는 자영업과 가정주부가 대다수를 점하고 있는 것으로 나타났다. 이들은 주당 평균 2.2시간 자원봉사를 하는 것으로 조사되어 이를 기초로 추정한 결과 우리나라 국민의 년간 자원봉사 시간은 총 4억 5,119만 시간이었다. 자원봉사 시간의 금전적 가치는 2조 4,545억원으로 추산되어, GDP 대비 0.58% 규모였다. 이러한 수치는 OECD 평균 자원봉사 참여율 28%나 자원봉사의 금전적 가치(GDP 대비) 1.1%에 비추어 볼 때, 선진국의 절반 수준인 것으로 나타났다.

(2) 봉사활동 분야의 편중 및 높은 중도탈락률

이들의 봉사활동 분야를 보면 종교단체(34.4%), 사회복지기관(23.9%) 그리고 시민단체(11.2%)의 순으로 종교단체나 사회복지 기관 봉사활동에 편중되어 있는 것으로 조사됐다. 한편 자원봉사 참여경로로는 '타인의 권유 및 단체의 권유' (68.5%)가 가장 중요한 경로로 나타났다. 자원봉사활동에 참여하지 않는 가장 큰 이유로는 '어떻게 하는지 몰라서' 가 지적되고 있다. 전체적으로 중.고등학생 및 주부들이 봉사활동의 주류를 이루고 있는 형편이다. 한편 우리나라 자원봉사 활동의 가장 큰 문제점으로는 높은 중도탈락률이 지적되고 있다.

(3) 자원봉사자에 대한 교육, 훈련의 부족
최근 전국에 자원봉사센터들이 늘어나고 있으나 아직 전문인력이 부족해 자원봉사자들을 체계적으로 교육, 훈련시키지 못하고 있다. 이는 외국의 전국자원봉사센터와 같은 전국적인 훈련기관이 없고 '자원봉사 관리자' 자격증 제도가 없기 때문이다. 우리나라는 자원봉사센터 직원 들의 상당수가 비전문가들이고, 공무원들이 맡는 경우도 많다. 이처럼 체계적인 교육.훈련이 이루어지지 못한 결과 중.고등학생 자원봉사의 경 우 거의 형식에 흐르고 있어 문제가 될 정도이다.

⑷ 자원봉사 전달체계의 미확립

정부의 지원체계도 난립되어 있다. 행정자치부를 비롯한 몇몇 중앙부 처들은 자원봉사 진흥을 위해 각자 센터들을 설립, 지원하고 있어 행정 의 중복상태를 보이고 있다. 〈자원봉사활동진흥법〉 역시 수 년째 법안 만 나와있지 입법화되지 못하고 있는 실정이다.

3. 공동모금

앞(제4장)에서 살펴보았듯이 전통사회 이래 극빈자를 돕기 위해서나 공동체의 삶의 질 향상을 위한 구성원들이 기부행위들이 있었다. 유대교 의 자선상자(charity box)처럼 기부자와 수혜자의 익명성을 보장하면서 기부와 배분이 거의 동시에 이루어지도록 하는 모금 및 기부방식도 있었 다. 우리나라의 전통사회에서 행해지던 걸립(乞粒) 역시 일종의 모금이 었다. 풍악을 울리면서 걸립패가 마을의 가가호호를 방문하여 액을 물리 치고 복을 기원하면 집주인은 걸립패에게 주식(酒食)으로 접대하는 한편 곡식을 기부하였다. 이렇게 하여 모아진 곡식의 일부는 마을의 절량가구 (絶糧家□)에게 전달되는 것이 보통이었다. 십시일반(十匙一飯)이란 사 자성어의 의미가 전통사회에서도 널리 받아들여졌던 것이다. 여기서 설명하고자 하는 공동모금은 동서양에 전통으로 내려오는 자선상자와 십시일반을 현대적인 형태로 구조화한 것이다[64].

1) 공동모금의 의의

공동모금활동은 시대적으로 그 명칭이 다르게 사용되어 왔으며 오늘날에도 나라에 따라 그 명칭이 다르게 사용되고 있다. 미국의 경우 초창기에는 'Community Chest' 라는 용어를 사용했으나 오늘날에는 'United Way' 를 사용하고 있고 일본의 경우는 'Community Chest' 를 그대로 사용하고 있으며, 그 외의 나라들도 United Fund 등 상이한 용어를 사용하고 있는 경우가 많다. Chest, 즉 상자라는 말은 유대교 이래의 자선상자에 기원을 두고 있는 용어이다. 우리나라에서는 구세군의 '자선냄비', 연말연시에 이루어졌던 '불우이웃돕기 성금모금', 적십자의 '적십자회비' 등이 주요한 모금활동이었다. 이 가운데 '불우이웃돕기 성금모금'이 '사회복지공동모금' 으로 발전하였고, 나머지는 본래의 이름과 내용을 유지하고 있다.

이러한 공동모금제도의 의의는 여러 측면에서 살펴볼 수 있지만 〈사회복지공동모금회법〉에 제시되어 있는 목적을 바탕으로 도출할 수 있을 것이다. 즉 제1조(목적)에서 "이 법은 사회복지공동모금회의 공동모금을 통하여 사회복지에 대한 국민의 이해와 참여를 제고함과 아울러 자발적인 성금으로 조성된 재원을 효율적으로 공정하게 관리 운용함으로써 사회복지증진에 이바지함을 목적으로 한다"고 규정하고 있다. 구체적으로 공동모금의 의의는 다음과 같이 정리될 수 있다.

첫째, 지역사회주민들의 자발적이고 적극적인 참여를 통한 상부상조

---

64) 이하의 내용은 류기형(2000)을 참고하였다.

정신과 시민참여정신의 고양 및 주민복지의식 고취, 둘째, 조직적이고 체계적이며 일원화된 모금활동을 통한 모금의 효율성 확보 및 증대된 모금액 확보, 셋째, 객관적이고 공정하며 전문적이고 투명한 배분을 통해 기금활용의 효과성 및 형평성 확보, 넷째, 민간차원에서의 재원확보를 통한 민간사회복지기관 및 시설의 자율성과 전문성의 확보, 그리고 다섯째, 지역의 자주성에 의한, 즉 지역사회주민을 원동력으로 한 지역사회복지 증진 등이다.

2) 공동모금의 특성과 사회적 기능

공동모금은 봉사활동으로서의 민간운동, 지역사회중심, 효율성과 일원화, 공표, 그리고 전국적인 협조 등과 같은 특성을 지니고 있는데 이들을 소개하면 다음과 같다.

(1) 봉사활동으로서의 민간운동

자원봉사와 마찬가지로 공동모금은 시민들의 자발적인 참여를 특징으로 한다. 자원봉사에서는 공익을 위해 시민들이 노력과 시간을 기부한다면, 공동모금에서는 물적자원을 희사한다. 자원봉사가 시민사회에서 하나의 운동 혹은 문화로 자리잡을 때 활발하게 전개될 수 있는 것처럼, 공동모금 또한 시민운동 혹은 시민 문화로 자리잡을 때 발전하게 된다. 이 운동은 사회연대, 상부상조의 정신을 바탕으로 지역주민의 자주적 봉사활동으로서 전개되고 있으며 이러한 의미에서 민간활동이다.

(2) 지역사회중심

지역사회를 단위로 해서 그 지역주민들에 의해 설립된 지역공동모금회는 거주자, 즉 기부자와 그 지역사회에 있는 수혜자, 민간복지조직들

의 협력에 의하여 자주적으로 그 지역의 특성에 맞추어 지역사회의 복지
증진을 꾀하는 것을 특징으로 한다.

(3) 효율성과 일원화

사회복지사업에서 민간활동은 항상 시대의 요청에 부응하여 자발적이
고 개척적인 자세로 운영되며 사업내용도 다양하게 이루어진다. 그런데
만약 이러한 상황에서 각 시설이나 단체들이 각각 개별적으로 기부금을
모집하게 되면 여러 가지 낭비와 어려움에 직면하게 되는데 특히 기부자
의 경우에는 횟수가 거듭됨에 따라 불편을 느낄 뿐만 아니라 객관적인
평가에 따라서 기부금액을 결정하기가 어려워진다. 그러므로 기부자의
선의를 가장 효율적으로 활용하기 위해서는 모금을 일원화하여 지역사
회를 대표하는 공동모금회가 기부자를 대신하여 면밀한 조사를 토대로
적정한 평가를 통해 배분함으로써 기부금을 효율적으로 활용되게 할 수
있는 것이다. 그리고 일원화에 있어서 또 하나의 합리성은 기부금 모집
에 대한 노력, 시간, 경비가 절약된다는 점이다. 즉 기부금의 모집, 관리,
배분을 일원화함으로써 통합적인 조정도 도모할 수 있고 이에 따른 효율
성을 기할 수 있다.

(4) 공표

공동모금회는 갹출한 기부금의 관리, 배분을 기부자의 신탁에 의해서
실행하는 것이기 때문에 모든 면에서 명확하게 해야 한다. 즉 공동모금
회는 모금실시에 앞서 각 시설 및 단체들로부터 신청된 필요액을 심사하
여 배분계획을 세우고 모금목표액을 결정한다. 그리고 그 내용을 공표함
으로써 기부자인 지역주민에게 필요액에 관한 이해를 구함과 동시에 모
금의 결과에 있어 돈의 용도에 관해서도 공약하는 것이다. 그리고 기부
금의 배분이 종료된 후에도 그 결과를 새로이 공표한다. 이와 같이 모든

것을 공표하여 운영한다는 원칙은 공동모금의 성격상 당연한 것인데 더욱이 그것이 모금을 위한 필요에서 뿐만 아니라 사회복지사업의 사회화를 위한 중요한 관건이 된다.

(5) 전국적인 협조

공동모금제도는 지역성을 특성으로 하고 있지만 공동모금은 전국적으로 일제히 전개하는 것이 바람직하다. 왜냐하면 각 지역 공동모금회는 전국적인 협조관계를 유지하면서 같은 기간동안 전국에서 일제히 공동모금운동을 전개하며 여론에 강력하게 호소하여 국민 한 사람 한 사람이 이 운동을 이해하고 이 운동에 참가하도록 호소해야 하기 때문이다. 각 지역의 자주적 활동이 상호협조하여 운동을 전개할 때 사회연대정신의 고양이라는 또 하나의 사명을 이룩할 수 있다.

이러한 특성을 가진 공동모금의 사회적 기능은 합리적 기부금모금을 통한 사회복지 자금조성, 국민의 상부상조정신 고양, 사회복지에 관한 이해의 보급과 여론의 형성, 그리고 민주적 사회인으로서의 권리와 책무의 수행이라고 할 수 있다.

3) 공동모금과 시민참여

지역사회는 사회복지실천의 장이며 또한 사회복지자원을 동원할 수 있는 장으로 수혜자(클라이언트), 자원제공자, 그리고 지지 및 협력자 등을 동시에 포함하고 있는 지역사회복지의 기반이다. 따라서 지역사회복지의 실천주체는 지역사회복지를 실천하기 위해서 지역사회에 살고있는 사람들(주민 또는 시민)과 불가분의 관계를 가질 수밖에 없다. 즉 수혜자로서의 시민, 자원제공자로서의 시민, 그리고 지지 및 협력자로서의 시민 등 다양한 위치에 있는 시민들과 관계를 가지지 않을 수 없다. 이러한 관점에서 지역사회복지발전을 위해 중요한 역할을 담당해야 하는 공동모금활동에 있어서 시민들의 참여는 공동모금활동의 존폐를 결정할 수 있는 중요한 요소라고 하겠다. 즉 공동모금회를 관리 운영하는 자원봉사자들, 모금자로서의 자원봉사자들, 기부자로서의 자원봉사자들, 그리고 이 외에 공동모금활동에 대해 지지하고 협력하는 자원봉사자 등 다양한 유형의 자원봉사자들의 참여와 협력에 의해 공동모금활동이 성립 전개될 수 있으며 이들의 참여와 협력이 얼마나 적극적이고 활발한가에 따라 공동모금활동의 발전 및 활성화의 정도가 달라질 것이다.

시민참여의 유형은 다양하게 나눌 수 있지만 시민과 공동모금회와의 관계를 "협력적 동반자관계"로 설정하고 다양한 참여유형을 통해 시민들의 참여를 유도할 수 있다는 관점에서 그 참여유형을 모금활동에 초점을 맞추어 논의하고 참여확대방안을 제시해 보고자 한다.

모금활동과 관련하여 가장 먼저 제시할 수 있는 시민참여유형 및 확대방안은 모금활동참여자로서, 즉 모금자로서의 자원봉사자와 홍보자로서의 자원봉사자 등으로 참여하게 하는 유형 및 방안이다. 즉 자원봉사단을 조직하여 모금과 홍보활동을 전개하도록 하는 것이다. 여기에는 구체적으로 각 지역단위 부녀회, 노인회 등과의 연계를 통한 여성자원봉사단과 노인자원봉사단, 각급 학교와 연계한 학생자원봉사단, 기업체의 근로자 등과의 연계를 통한 근로자자원봉사단, 각 사회단체 등과의 연계를 통한 조직화 등의 방법에 의해 구·군 등 지역단위별, 학교단위별, 기업단위별, 공동체별, 단체별, 행정조직의 활용 등 다양한 자원봉사단을 조직결성하고 이를 통해 시민들이 참여하도록 유도할 수 있을 것이다. 이경우에는 모금 및 홍보활동을 지원하는 경우와 또한 직접 기부자로서의 역할을 겸하는 경우도 있을 것으로 봉사단조직화의 시너지효과라고 할 수 있다.

두 번째는 수혜기관을 통한 시민참여확대방안을 들 수 있다. 수혜기관
들은 사회복지 및 인간서비스기관들로서 대부분 자체적으로 자원봉사
자들을 활용하고 있다. 이러한 기존의 자원봉사자들을 특히 집중모금 기
간동안에 공동모금회의 모금 및 홍보활동에 참여하게 하고 이들을 통해
이웃들이 모금에 참여할 수 있도록 유도할 수 있다.

세 번째는 야구, 축구, 농구 등 연고 스포츠 팀 및 스타선수를 동원하는
방법을 통한 참여유형 및 확대방안을 들 수 있다. 예를 들어 특정 스포츠
팀 자원봉사단 등과 같은 팀별 자원봉사단을 조직하여 모금 및 홍보를
전개하거나 유명한 선수나 연예인 등과의 연계를 통한 '사랑의 3점슛',
'사랑의 홈런', '사랑의 골' 등이나 '승리의 사랑' 회원모집 등을 통해
스포츠 팀 및 선수, 그리고 시민이 함께 참여할 수 있게 유도할 수 있을
것이다.

네 번째는 지역단위별 "공동모금자문단"과 같은 조직을 구성하고 이
를 통해 지역유지들이 공동모금회에 참여할 수 있도록 유도하고 또한 각
지역단위별 자원봉사단과 연계시켜 상호 협력하도록 한다면 지역단위
의 모금 및 홍보가 보다 원활하게 이루어질 수 있을 것이다.

다섯 번째는 이상에서 제시한 방안과는 다른 측면, 즉 모금방법유형개
발 및 모금원개발을 통해 많은 시민들이 자발적으로 참여할 수 있도록
유도하는 방안을 들 수 있다. 예를 들어 걷기대회, 바자회, 골프대회, ARS
모금, 백화점 및 가전제품회사 등과의 제휴에 의한 모금, 은행창구모금
등 특별하고 다양한 내용의 특별행사(special event) 및 방법 등과 같은
모금방법 및 모금원 개발을 통해 많은 시민들이 참여할 수 있도록 유도
할 수 있을 것이다.

이러한 방안들을 적극적으로 활용한다면 어느 정도 시민들의 적극적
인 참여를 유도할 수 있을 것으로 기대된다. 그러나 이러한 적극적인 시
민참여를 유도하기 위해서는 다음과 같은 전제가 수반되어야 할 것으로

생각된다.

첫째, 다양한 홍보전략을 통해 각계 각층의 모든 시민들에게 바로 다가 갈 수 있어야 할 것이다. 이를 위해 언론매체들의 적극적인 참여와 지원이 이루어져야 하고 계속적인 홍보전략개발이 수반되어야 할 것이다.

둘째, 다양한 모금방법 및 모금원에 관한 연구개발이 계속적으로 이루어져야 할 것이다. 특히 시민들의 관심을 불러일으킬 수 있고 모금은 물론 홍보의 효과를 기대할 수 있는 특별행사 및 사업프로그램의 연구개발은 시민들의 사회복지의식 및 이해의 증진을 위해서는 물론 연중 계속적으로 공동모금에 관한 관심을 가지도록 하는데 크게 기여할 수 있을 것이다.

셋째, 사회지도층의 솔선수범을 유도해야 한다. 더불어 함께 살아가는 사회분위기를 조성하기 위해서는 사회지도층의 솔선수범이 있어야 가능하고 모금활동에 있어서는 보다 활성화가 가능할 것이다.

넷째, 모금된 돈이 어떻게 그리고 얼마나 효과적으로 사용되었는지에 관해 명확하게 공표하여 자신이 낸 돈에 대해 보람과 긍지를 가질 수 있도록 해야 할 것이다.

4) 공동모금의 현황

1998년 7월 1일부터 〈사회복지공동모금회법〉이 시행됨에 따라 기존의 〈사회복지사업기금법〉이 동년 12월 31일 폐지되었다. 1998년 11월에 전국공동모금회와 16개 지역공동모금회가 설립되어 활동을 시작하였다. 공동모금회의 모금사업은 연말연시 집중모금과 연중모금으로 구분되며, 다른 모금단체와 연계한 공동모금사업도 있다. 1998년 12월 1일부터 1999년 2월 16일까지 공동모금회가 처음 실시한 집중모금기간 중 총 모금액은 166억원으로 전년도 196억원에 비해 15% 감소하였다. 이는 IMF

경제상황 때문인 것으로 해석된다(보건복지부, 2000). 한편 2000년도 모금실적은 349억원이었으며, 2001년도 모금실적(2000. 12~2001. 2)은 총 395억원으로 나타났다.

모금된 성금은 1999년도의 경우 배분액 기준으로 노인복지에 33.2%, 아동청소년복지에 28.3%, 여성복지에 25.9%, 지역복지 등에 18.3%, 그리고 장애인복지에 8.7% 배분되었다.

한편 전라북도 사회복지공동모금회가 실시한 조사결과(최원규, 2000)에 따르면 시민들은 공동모금에 대해 다음과 같은 견해를 보이고 있는 것으로 나타났다. 응답자들은 여러 가지 이웃돕기 성금들에 대해 비교적 높은 인지도를 보이고 있는 것으로 나타났다. 반면 공동모금에 대해서는 응답자의 54.7%만이 안다고 대답하여 인지도 면에서 공동모금이 크게 뒤처져있는 것으로 나타났다. 조사대상자들 가운데 2.5%를 제외한 대다수는 1999년에 한 가지 이상의 성금에 참여한 것으로 나타났다. 반면 각종 성금에 활발하게 참여하지 못한 주된 이유로는 '모금에 대한 불신'이 37.6%로 가장 높게 나타났고, 그 다음이 '바빠서(29.9%)'와 '여유가 없어(20.5%)'로 나타났다.

1999년도 1년간 기부참여액수는 평균 14만 8655원이나 중앙값으로 보면 5만원으로 나타났다. 소수의 고액기부자를 제외한다면 다수의 기부자들은 보통 년간 5만원, 소득의 0.28%정도를 기부하는 것으로 조사되었다. 각종 성금에 대한 정보를 전해주는 매체로는 단연 TV가 돋보였다(87.8%). TV 외에 신문잡지(36.5%)나 공공장소(35.9%), 라디오(20.7%) 등도 홍보효과가 적지는 않았으나 TV와는 비교할 수 없을 정도였다. 각종 성금을 전달한 경로를 보면 전화ARS(55.8%), 직장(39.4%), 은행계좌입금(26.7%) 등이 순이었다. 일반적으로 널리 홍보되는 신문사(3.6%)나 방송사(7.2%)를 통한 성금 전달은 '불편한' 방법으로 인식되고 있었다.

자신이 각종 성금을 낸 이유로는 '어려운 사람을 돕기 위해(75.4%)'라는 규범적이고 모범적인 응답이 압도적이었다. 그러나 일반 시민들이 성금을 내야 하는 이유로 제시하고 있는 바는 크게 ① 자선의 미덕(63.5%)과 ② 사회적 관심(20.8%) 및 ③ 공리적 관심(14.3%)으로 대별되었다. 조사대상자 혹은 성금 기부자들이 기대하는 성금의 사용처의 순위는 사회복지생활시설(36.8%) - 소년소녀가장돕기(12.5%) - 빈곤가정돕기(11.1%) - 사회복지 이용시설(10.0%) - 저소득장애인(8.9%) - 독거노인 95.9%) - 사회복지 관련단체(5.0%) 등으로 나타났다. 이러한 결과는 현재의 사회복지공동모금회가 지향하는 바와 부합된다. 즉, 일반적인 공동모금회가 아닌 '사회복지' 공동모금회의 명칭과 내용에 부합되는 기대를 시민들이 하고 있는 것으로 나타났다.

응답자의 90% 이상은 불우이웃돕기 성금에 참여할 의향이 있는 것으로 조사되었다. 특히 언제 기부동기가 유발되는지를 질문한 결과 'TV, 신문 등에서 어려운 사람 소개할 때'가 78.4%로 가장 많고, 그 다음이 연말연시(10.6%), 그리고 명절(7.0%) 등의 순으로 나타났다. 이를 보면, 시민들은 평소 어려운 이웃의 존재를 모르고 지내다가 매스컴에서 이를 보도하면 '돕고자 하는' 동기가 유발되는 것으로 이해할 수 있다. 아울러 연말연시나 명절과 같이 다소 소비성향이 높아지는 시기에 '어려운 이웃'의 문제를 생각해보는 것으로 나타났다. 기부금 내는 방법의 편리한 정도를 질문한 결과는 편리한 순서대로 전화 ARS, 자동이체, 길거리 모금, 학교와 직장, 온라인 지로용지, 방문모금 등의 순이다. 불편한 순서대로 기부방법을 나열하면 신문사 전달, 방송사 전달, 방문모금 등의 순으로 나타났다.

참고문헌

김미숙 · 김유경 · 김성희. 「자원봉사센터의 현황과 효율적 운영방안」(정책보고서 98-10), 한국보건사회연구원, 1998.

김영호. 『자원복지이론과 실제』, 서울: 홍익재, 1989.

남미애. 「우리나라 자원봉사활동 체계모형개발에 관한 연구」, 부산대학교 박사학위 논문, 1997.

류기형. 「공동모금의 이해와 시민참여확대 방안」, 사회복지공동모금회 부산지회 세 미나 자료(2000.6.2).

보건복지부. 『보건복지백서』, 2000.

성경륭. 「NGO와 복지」, 경희대 NGO 대학원 특강자료(2000.5.12).

시민운동정보센터, 인사이트리서치, 99년조사, 민간단체 각종 통계 자료' (http://www.kngo.net/new/pds/pds-cmcc.htm)

유기형 외. 『자원봉사론』, 서울: 양서원, 1999.

조휘일. 『현대사회와 자원봉사』, 서울: 홍익재, 1998.

최원규. 「사회복지공동모금회와 기부에 대한 전북도민 인식조사 보고서」, 2000.

(추천자료) ···

사이버 참여연대 http://www.peoplepower21.org/home.html

경제정의실천시민연합 http://www.ccej.or.kr/

자원봉사전산망 http://www.bokji.net

사회복지공동모금회 http://www.chest.or.kr/

1. 국내에서 활동 중인 시민단체 가운데 하나를 선정한 후, 홈페이지를 방문하여
   해당 단체의 사회복지와 관련된 활동내용을 정리해 보시오.

2. 시민단체 활동 중 '복지권 운동' 의 사례를 찾아 정리해 보시오.

3. 우리나라 자원봉사의 추세와 과제를 설명해 보시오.

4. 지역의 공동모금회를 방문하여 모금과정의 실제를 파악해 보시오.

저자약력

백 종 만

- 전북대학교 행정복지학부 사회복지전공 교수
- 한국사회복지학연구회 회장, 참여연대 사회복지위원회 위원장 역임
- 『한국사회복지의 선택』(공저, 나남)

최 옥 채

- 전북대학교 행정복지학부 사회복지전공 교수
- 법무부 교정위원 중앙협의회 부회장
- 군산 나운종합사회복지관 운영위원

홍 경 준

- 전북대학교 행정복지학부 사회복지전공 교수
- 한국의 『사회복지체제 연구』(나남)
- 『전북지역 실업극복 민간네트웍 연구』(공저)

박 현 선

- 전북대학교 행정복지학부 사회복지전공 교수
- 한림대부속 한강성심병원 정신의료사회복지사
- 삼성생명 사회정신건강연구소 임상연구원

최 원 규

- 전북대학교 행정복지학부 사회복지전공 교수
- 전북대학교 사회과학대학 부학장 역임
- 『한국사회복지의 선택』(공저, 나남)

윤 명 숙

- 전북대학교 행정복지학부 사회복지전공 교수
- 나우리 정신건강센터 부소장
- 한국정신보건사회사업학회 임상수련팀장

이 상 록

- 군산대학교 행정복지학부 사회복지전공 교수
- 참여연대 사회복지위원회 실무위원
- 『직업상담의 이론과 실태』

사회와 복지

초판 발행 2001년 3월 2일
개정1쇄 발행 2001년 8월 30일
개정7쇄 발행 2012년 4월 5일

지은이 / 백종만 최원규 최옥채 윤명숙 홍경준 이상록 박현선
펴낸곳 / 도서출판 나눔의집
펴낸이 / 박정희
주　소 / 152-790 서울시 금천구 가산동 60-3 대륭포스트타워 5차 1105호
전　화 / 02-2103-2480
팩　스 / 02-2624-4240
www.ncbook.co.kr

값 15,000원
ISBN 89-88662-50-4

● 잘못된 책은 바꿔 드립니다.